SOCCER HEAD COACHES CATALOGUE

サッカー監督図鑑

オールカラー! 世界と日本の現役サッカー監督176人のすべて

杉山茂樹 著
Shigeki Sugiyama

廣済堂出版

Introduction

サッカーの進化

サッカーファンをやめられない一番の理由として、サッカーが年々面白くなっていることが挙げられる。サッカーほどプレイが日進月歩している競技はない。サッカーは主に足でボールを操作するスポーツ。足は手より神経的に未開発なので、主に手でボールを操作するその他の球技スポーツより、伸びシロがある。技術の向上を見込むことができる。

5年前、10年前に、巧いと思ったプレイが、いまでは当たり前に見える——といったケースは日常茶飯事だ。古い試合のビデオを見せられると緊張感に乏しい、気の抜けたビールを飲まされたような気分になる。

戦術性は増している。相手のディフェンス能力、言い換えれば、ボールを奪う能力は、飛躍的に増した。選手のボール操作術と同じぐらい進歩している。設定は年々、厳しくなっている。

こちらを管轄するのは監督だ。その指導力の向上も、サッカーの進歩と密接な関係にある。

サッカーは選手がするもの。監督がするものではない。日本ではつい最近まで、そうした声が普通にささやかれていた。責任を逃れようとする監督が、「ひとたび試合が始まれば、監督は無力」と、サッカーにおける監督の力を意図的に矮小化するコメントを吐いても、それに少なからぬ人が同意した。

サッカーは個人記録の類が少ない競技だ。「選手を選ぶのは、監督の趣味のようなもの」とは、イビチャ・オシムの言葉だが、それは言い換えれば、サッカーの監督が絶大な力を保有していることを言明したことになる。あえて言えば、独裁者だ。世界のサッカー界は、監督によってリードされてきた経緯がある。

今日のサッカーに最も大きな影響を与えた監督を1人挙げるならば、20世紀最高の監督としてＦＩＦＡ（国際サッカー連盟）から表彰されたリナス・ミホルス（左上写真）になる。「彼がトータルフットボールを提唱する前と後で、サッカーは１８０度変わった」とは、その後、プレッシングフットボールを提唱したアリーゴ・サッキの言葉だが、彼らの言葉は哲学、理念で溢れていた。

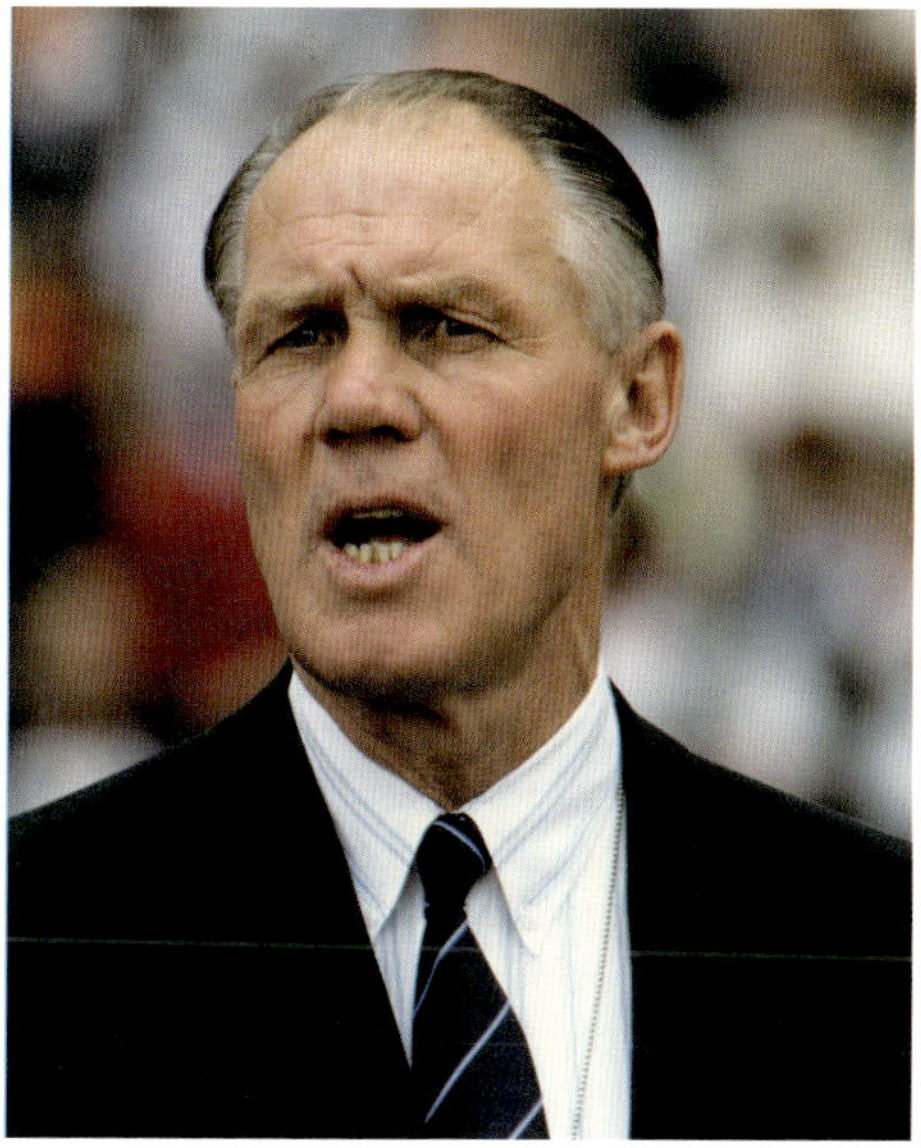

ミホルスの弟子であるヨハン・クライフしかり。サッカー、スポーツの枠内で話をするのが日本の監督だとすれば、彼はそれを大きく超えた人間としてのあり方について論じようとした。

まさに趣味、趣向について語ろうとした。ピッチにどんな絵を描きたいのか。クライフは好みをハッキリと口にした。そのクライフも、05年に永眠した師匠のミホルスに続き、

16年3月、68歳の若さでこの世を去った。

バロンドールを3回獲得した元オランダ代表のスーパースター。クライフ（左上写真左）を語るとき、最初に来るのはその現役時代の栄光だ。次いで、バルセロナ監督としての功績になるが、クライフの貴重さは、サッカー界で常識化している「名選手、名監督にあらず」を覆《くつがえ》した点にある。名選手。いまで言うところのメッシであり、クリスティアーノ・ロナウドだ。彼らが監督として成功する姿は、想像だにできないが、クライフはそれをやってのけた。天職のように。

そして言葉を発した。なにより発信力に優れていた。クライフを崇拝する指導者は、欧州に多く存在する。その死を悼《いた》む声が大きくなるのは当然だが、死は悼んでも、クライフの理念、哲学に疎《うと》いのが日本人だ。国内のサッカーが、欧州の流れと異なる方向に進もうとする現在の姿は、その考察の甘さと深く関係している。

「名選手、名監督にあらず」を覆した人物は、もう1人いる。クライフと同じ時代を生きたベッケンバウアー（左上写真右）だ。バロンドール2回。監督としては、西ドイツ代表監督で86年メキシコW杯準優勝、90年イタリアW杯優勝の実績がある。ちなみに、選手と監督、両方でW杯覇者に輝いたのは、マリオ・ザガロ（ブラジル）に次いで世界で2人目の快挙になる。

クライフが現役時代フォワードだったのに対し、ベッケンバウアーはリベロ。どちらが監督に適したポジションかと言えば、リベロだ。しかし、ベッケンバウアーは、監督として発信力に乏しかった。影

響力という点でクライフに劣った。バイエルン会長、06年ドイツW杯組織委員長に就任するなど、監督を退《しりぞ》いたあと、お偉いさんになってしまったこともあるが、哲学者的な魅力に乏しい監督だった。

　両者は74年のW杯決勝で対戦。リナス・ミホルス監督とクライフが率いたオランダは、西ドイツに敗れた。しかし、その後のサッカー界に大きな影響を与えたのはオランダだ。「そのトータルフットボールの延長上にあるのがプレッシングフットボールだ」とは、サッキの言葉だが、現代サッカーはこの2つの「発明」の上に立脚しているといっても言い過ぎではない。

（トータルフットボール＋プレッシングフットボール）÷2。布陣で言い表せば（4−3−3＋中盤フラット型4−4−2）÷2。すなわち4−2−3−1になる。この布陣が流行《はや》る背景には、歴史的な必

然が潜んでいる。(4ー3ー3+中盤フラット型4ー4ー2)÷2を、最初に4ー2ー3ー1と称したのは、98年フランスW杯でベスト4入りしたオランダのフース・ヒディンク監督(右上写真)。彼は、この大会から2人から3人に増えたメンバー交代枠を、戦術的交代という武器を用いて巧みに操った監督としても知られる。

95年名古屋グランパスにやってきたのはアーセン・ベンゲルだが、直前まで話はヒディンクの線で進んでいたという。ベンゲルは以降、アーセナルの監督を20年続けることになった。02年日韓共催W杯の日本代表監督に招聘《しょうへい》を試みるも、失敗。ベンゲルの紹介とやらでフィリップ・トルシエに代表監督は落ち着くことになったが、そこでヒディンクとつながりができていれば、02年日韓共催W杯の日本代表監督に彼を招くことができていたかもしれない。

タラレバ話をしたくなる理由は、欧州サッカー界の本流が、いまだ日本に確実にたどり着いていないことに尽きる。これまで、数多くの監督が来日し、指揮をとっているが、世界との架け橋になり得たケースはごくわずかだ。

クラブや協会など、雇い主からファンに向けて、なぜこの監督なのかという説明も弱い。その結果、理念、哲学を語らずに、結果に振り回されるバランスの悪い世界が出来上がってしまった。サッカーの特殊性は、依然としてあぶり出されぬまま。サッカーの魅力について語る監督はあまりにも少ない。

本書はその点を多少なりとも意識して作成したつもりだ。日本サッカーにとって誰を招いたら有効か。世界のスタンダードに近づけるか。

現役時代の名選手度も記している。「名選手、名監督にあらず」についても実感してもらえるはずだ。現役時代の実績に、監督力は必ずしも比例しない。選手が監督とは別種の職業であることがおわかりいただけると思う。監督という世界のサッカーを支えている人々に、この際、とくと目を凝《こ》らしてほしいものである。

選手のレベルだけ高くても、サッカーは強くならない。監督のレベルも、それと同じぐらい上がらなければダメだ。監督は選手を指導する立場にあるので、選手と同じレベルでは物足りない。選手のレベルを超える監督でないと、選手のレベルは上がらない。理屈的にはそうなる。

世界にはその環境がシンプルに広がっている。サッカーがより面白いスポーツへと発展をとげている理由だ。サッカー発展の陰に監督あり。サッカーを構成する各要素の中で、最大の功労者ではないかと僕は見ている。

杉山茂樹

サッカー監督図鑑

オールカラー！

Soccer Head Coaches Catalogue ▶ Contents

世界と日本の現役サッカー監督176人のすべて

―目次―

Head Coaches of The World

世界の監督
166人

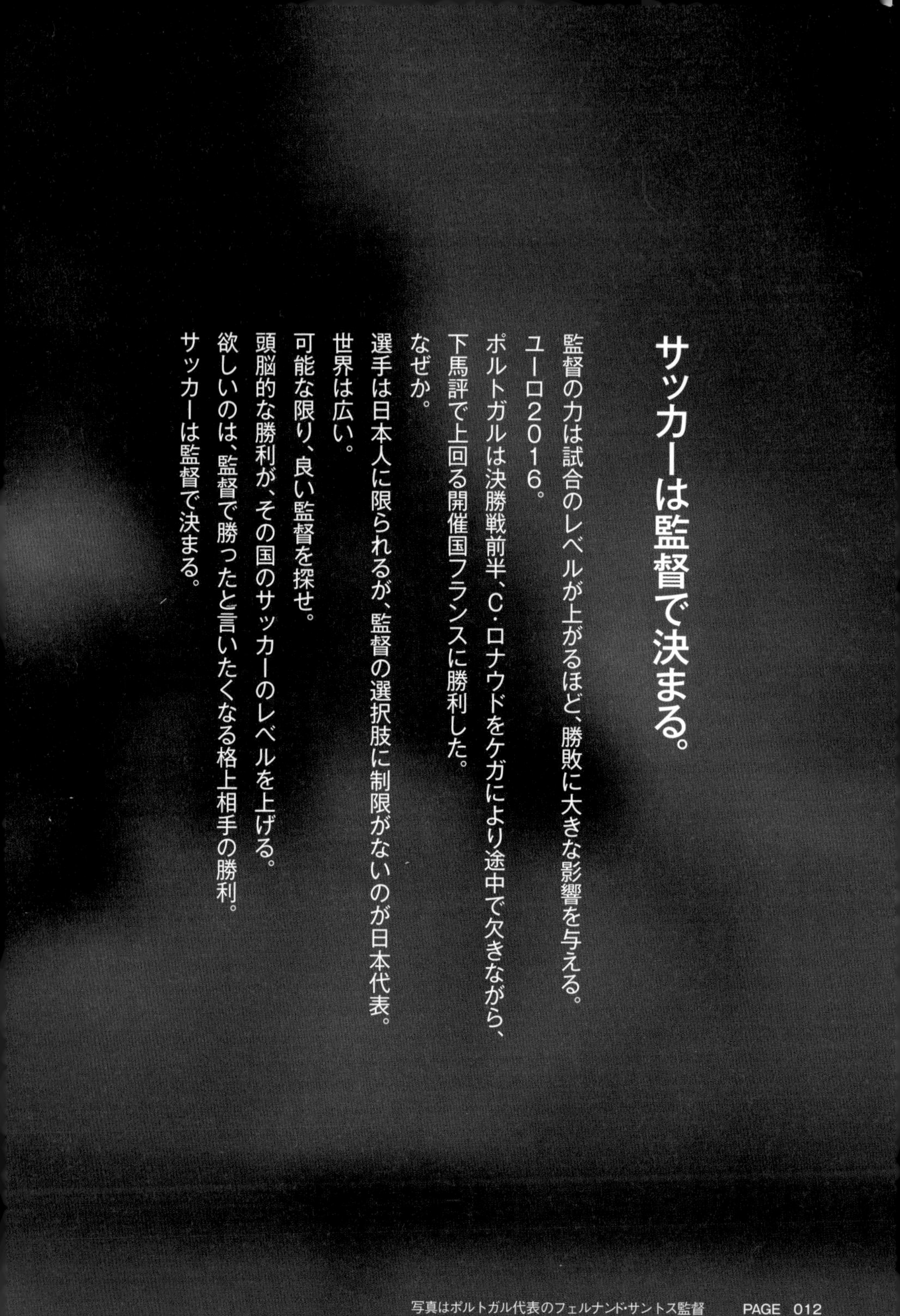

サッカーは監督で決まる。

監督の力は試合のレベルが上がるほど、勝敗に大きな影響を与える。
ユーロ２０１６。
ポルトガルは決勝戦前半、C・ロナウドをケガにより途中で欠きながら、
下馬評で上回る開催国フランスに勝利した。
なぜか。
選手は日本人に限られるが、監督の選択肢に制限がないのが日本代表。
世界は広い。
可能な限り、良い監督を探せ。
頭脳的な勝利が、その国のサッカーのレベルを上げる。
欲しいのは、監督で勝ったと言いたくなる格上相手の勝利。
サッカーは監督で決まる。

写真はポルトガル代表のフェルナンド・サントス監督

PORTUGAL

2016−2017 CL&EL出場監督数国別ランキング

どの国の監督が欧州戦線で活躍しているかを探る表。とりわけ自国以外のクラブにどれほど人材を送り込んでいるかは要チェックポイントになる。日本代表監督候補としても、海外志向が強い監督は狙い目になる。イングランド人監督は0人。ブラジル人監督も同様。4人を送り込むライバル国・アルゼンチンとの大きな違いである。

国名	人数	国外クラブ監督	国内クラブ監督
ポルトガル	9人	レオナルド・ジャルディム（モナコ／フランス） パウロ・ソウザ（フィオレンティーナ／イタリア） ジョゼ・モウリーニョ（マンチェスター・U／イングランド） パウロ・ベント（オリンピアコス／ギリシャ） パウロ・フォンセカ（シャフタール・ドネツク／ウクライナ）	ヌーノ・エスピリト・サント（ポルト） ジョルジェ・ジェズス（スポルティング） ルイ・ビットリア（ベンフィカ） ホセ・ペセイロ（ブラガ）
スペイン	7人	ジュゼッペ・グアルディオラ（マンチェスター・C／イングランド） ウナイ・エメリ（パリ・サンジェルマン／フランス） トーマス・クリスティアンセン（アポエル／キプロス） オスカル・ガルシア（ザルツブルグ／オーストリア）	ルイス・エンリケ（バルセロナ） エルネスト・バルベルデ（アスレティック・ビルバオ） フラン・エスクリバ（ビジャレアル）
イタリア	7人	カルロ・アンチェロッティ（バイエルン・ミュンヘン／ドイツ） クラウディオ・ラニエリ（レスター／イングランド） アンドレア・ストラマッチョーニ（パナシナイコス／ギリシャ）	マッシミリアーノ・アッレグリ（ユベントス） マウリツィオ・サッリ（ナポリ） ルチアーノ・スパレッティ（ローマ） エウゼビオ・ディ・フランチェスコ（サッスオーロ）
オランダ	6人	ディック・アドフォカート（フェネルバフチェ／トルコ） フランク・デ・ブール（インテル／イタリア）	フィリップ・コクー（PSV） ペーター・ボス（アヤックス） ジョン・ファン・デン・ブルム（AZ） ジョバンニ・ファン・ブロンクホルスト（フェイエノールト）
ドイツ	6人	トルステン・フィンク（オーストリア・ウィーン／オーストリア） ミヒャエル・ビュスケンス（ラピド・ウィーン／オーストリア）	トーマス・トゥヘル（ボルシア・ドルトムント） ロジャー・シュミット（レバークーゼン） アンドレ・シューベルト（ボルシア・メンヒェングラートバッハ） マルクス・ヴァインツィール（シャルケ）
フランス	5人	アーセン・ベンゲル（アーセナル／イングランド） ジネディーヌ・ジダン（レアル・マドリー／スペイン） クロード・ピュエル（サウサンプトン／イングランド）	ブルーノ・ジェネシオ（リヨン） クリストフ・ガルティエ（サンテティエンヌ）
スイス	5人	レネ・ワイラー（アンデルレヒト／ベルギー） マルティン・シュミット（マインツ／ドイツ） ルシアン・ファブレ（ニース／フランス）	ウルス・フィッシャー（バーゼル） ウリ・フォルテ（FCチューリッヒ）
アルゼンチン	4人	ディエゴ・シメオネ（アトレティコ・マドリー／スペイン） ホルヘ・サンパオリ（セビージャ／スペイン） マウリシオ・ポチェッティーノ（トッテナム／イングランド） エドゥアルド・ベリッソ（セルタ／スペイン）	
ウクライナ	3人	ロマン・フリゴルチェク（ガバラFK／アゼルバイジャン）	セルゲイ・レブロフ（ディナモ・キエフ） ユーリ・ベルニドゥブ（FCゾリャ・ルハンシク）
ルーマニア	3人	ミルチェア・ルチェスク（ゼニト／ロシア）	マリウス・スムディカ（アストラ） ラウレンティウ・レゲカンプフ（ステアウア・ブカレスト）
ベルギー	3人		ミシェル・プロドーム（クラブ・ブルージュ） ペーター・マエス（ゲンク） ハイン・ファンハーゼブロウク（ヘント）
ロシア	3人		イワン・ダニリアンツ（ロストフ） レオニド・スルツキ（CSKAモスクワ） イゴール・シャリモフ（クバン・クラスノダール）
トルコ	3人		セノール・ギュネス（ベシクタシュ） ムスタファ・アクジャイ（オスマンシュポル） アイクト・コジャマン（コンヤシュポル）
チェコ	2人		インドリッチ・トルピショフスキ（リベレツ） ズデネク・シュチャスニ（スパルタ・プラハ※2016年9月26日退任）
セルビア	2人	ブラディミル・イビッチ（PAOK／ギリシャ） アレクサンダル・ヤンコビッチ（S・リエージュ／ベルギー）	
ブルガリア	3人	イバイロ・ペテフ（ディナモ・ザグレブ／クロアチア） スタニミル・ストイロフ（アスタナ／カザフスタン）	ゲルギオ・デルメンジェフ（ルドゴレツ・ラズグラド）
オーストリア	1人	アディ・ヒュッター（ヤングボーイズ／スイス）	
北アイルランド	1人	ブレンダン・ロジャース（セルティック／スコットランド）	
ノルウェー	1人	ストーレ・ソルバッケン（コペンハーゲン／デンマーク）	
ポーランド	1人	ヤッェク・マギエラ（レギア・ワルシャワ）	ヤツェク・マギエラ（レギア・ワルシャワ）
ジョージア	1人	ショタ・アルベラーゼ（マッカビ・テルアビブ／イスラエル）	
アイルランド	1人		ステフェン・ケニー（ダンダーク）
スロバキア	1人		ロマン・ピバルニク（プルゼニ）
イスラエル	1人		バラク・バハル（ハポエル・ベア＝シュバ）
アゼルバイジャン	1人		グルバン・グルバノフ（カラバフ）

※赤字はチャンピオンズリーグ（CL）出場監督、青字はヨーロッパリーグ（EL）出場監督

本書の見方

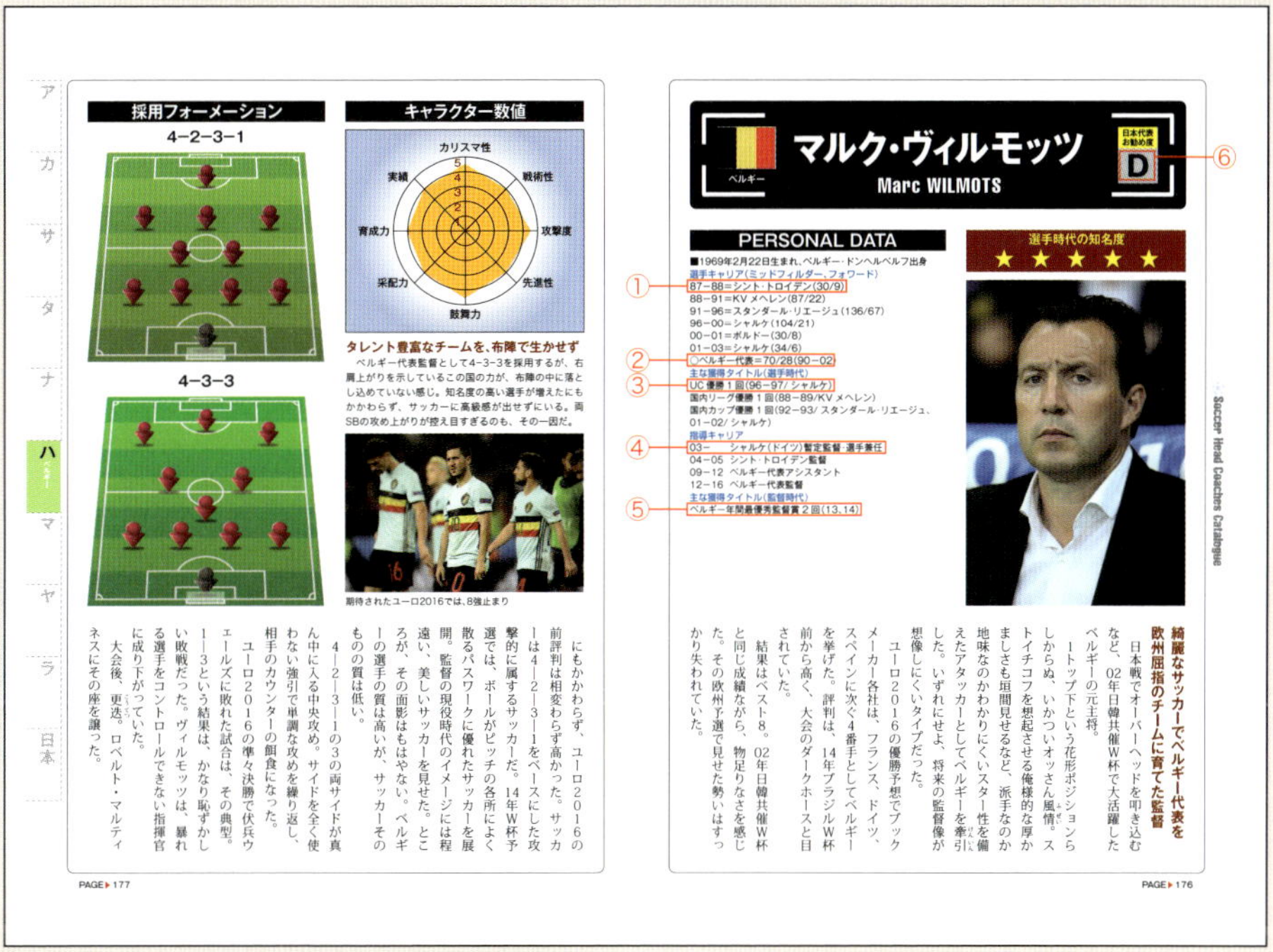

ア
カ
サ
タ
ナ
ハ ベルギー
マ
ヤ
ラ
日本

マルク・ヴィルモッツ
Marc WILMOTS
ベルギー
日本代表お勧め度
D
⑥

PERSONAL DATA

■1969年2月22日生まれ、ベルギー・ドンヘルベルフ出身
選手キャリア(ミッドフィルダー、フォワード)
① 87−88＝シント・トロイデン(30/9)
88−91＝KV メヘレン(87/22)
91−96＝スタンダール・リエージュ(136/67)
96−00＝シャルケ(104/21)
00−01＝ボルドー(30/8)
01−03＝シャルケ(34/6)
② ○ベルギー代表＝70/28(90−02)
主な獲得タイトル(選手時代)
③ UC 優勝 1 回(96−97/ シャルケ)
国内リーグ優勝 1 回(88−89/KV メヘレン)
国内カップ優勝 1 回(92−93/ スタンダール・リエージュ、01−02/ シャルケ)
指導キャリア
④ 03−　シャルケ(ドイツ)暫定監督・選手兼任
04−05　シント・トロイデン監督
09−12　ベルギー代表アシスタント
12−16　ベルギー代表監督
主な獲得タイトル(監督時代)
⑤ ベルギー年間最優秀監督賞 2 回(13、14)

選手時代の知名度
★★★★★

Soccer Head Coaches Catalogue

綺麗なサッカーでベルギー代表を欧州屈指のチームに育てた監督

日本戦でオーバーヘッドを叩き込むなど、02年日韓共催W杯で大活躍したベルギーの元主将。

1トップ下という花形ポジションらしからぬ、いかついオッサん風情《ふぜい》。ストイチコフを想起させる俺様的な厚かましさも垣間見せるなど、派手なのか地味なのかわかりにくいスター性を備えたアタッカーとしてベルギーを牽引《けんいん》した。いずれにせよ、将来の監督像が想像しにくいタイプだった。

ユーロ2016の優勝予想でブックメーカー各社は、フランス、ドイツ、スペインに次ぐ4番手としてベルギーを挙げた。評判は、14年ブラジルW杯前から高く、大会のダークホースと目されていた。

結果はベスト8。02年日韓共催W杯と同じ成績ながら、物足りなさを感じた。その欧州予選で見せた勢いはすっかり失われていた。

PAGE▶176

採用フォーメーション

4−2−3−1

4−3−3

キャラクター数値

カリスマ性
戦術性
攻撃度
先進性
鼓舞力
采配力
育成力
実績
5
4
3
2
1

タレント豊富なチームを、布陣で生かせず

ベルギー代表監督として4−3−3を採用するが、右肩上がりを示しているこの国の力が、布陣の中に落とし込めていない感じ。知名度の高い選手が増えたにもかかわらず、サッカーに高級感が出せずにいる。両SBの攻め上がりが控え目すぎるのも、その一因だ。

期待されたユーロ2016では、8強止まり

にもかかわらず、ユーロ2016の前評判は相変わらず高かった。サッカーは4―2―3―1をベースにした攻撃的に属するサッカーだ。14年W杯予選では、ボールがピッチの各所によく散るパスワークに優れたサッカーを展開。監督の現役時代のイメージには程遠い、美しいサッカーを見せた。ところが、その面影はもはやない。ベルギーの選手の質は高いが、サッカーそのものの質は低い。

4―2―3―1の3の両サイドが真ん中に入る中央攻め。サイドを全く使わない強引で単調な攻めを繰り返し、相手のカウンターの餌食になった。

ユーロ2016の準々決勝で伏兵ウエールズに敗れた試合は、その典型。1―3という結果は、かなり恥ずかしい敗戦だった。ヴィルモッツは、暴れる選手をコントロールできない指揮官に成り下がっていた。

大会後、更迭《こうてつ》。ロベルト・マルティネスにその座を譲った。

PAGE▶177

大会略称一覧

CL＝UEFAチャンピオンズリーグ
CC＝UEFAヨーロッパチャンピオンズカップ(CLの前身)
EL＝UEFAヨーロッパリーグ
UCWC＝UEFAカップウィナーズカップ(ELの前身)
UC＝UEFAカップ(ELの前身)
FCWC＝FIFAクラブワールドカップ
IC＝インターコンチネンタルカップ(FCWCの前身)
LC＝リベルタドーレスカップ
CSA＝コパ・スダメリカーナ
ACL＝AFCアジアチャンピオンズリーグ
ACC＝AFCアジアクラブチャンピオンシップ(ACLの前身)
W杯＝FIFAワールドカップ
コンフェデ杯＝FIFAコンフェデレーションズカップ
ユーロ＝UEFAヨーロッパ選手権
コパ・アメリカ…略さず
ゴールド杯＝CONCACAFゴールドカップ
アジア杯＝AFCアジアカップ
五輪＝オリンピック

① 現役時代の所属クラブ在籍年＝所属クラブ名(出場試合数/得点数)
② 現役時代の代表キャリア＝出場試合数/得点数(デビュー年ー試合出場最終年)
③ 現役時代の主な獲得タイトルと回数(獲得シーズン・年/チーム)
※タイトルの略称は左の「大会略称一覧」参照
④ 指導シーズン・年　指導チーム(国外チームの場合はその国名)役職
⑤ 監督として獲得した主なタイトル(シーズン・年/チーム)、受賞した個人タイトル
※掲載している主なタイトルは、各大陸連盟主催のクラブ大会(スーパーカップは除く)、国内リーグ、国内カップ(国内リーグカップは除く)、FIFA、各大陸連盟、各国(リーグ)の年間最優秀監督賞(大会名の略称は左参照)
⑥ 著者による“日本代表お勧め度”の5段階評価(A〜E)

※本書のデータは2016年9月28日現在

ホルヘ・サンパオリ
Jorge SAMPAOLI

アルゼンチン

日本代表お勧め度
A

PERSONAL DATA

■1960年3月13日生まれ、アルゼンチン・サンタフェ州出身

指導キャリア

94−95	アルムニ・デ・カシルダ監督
96	ベルグラーノ・デ・アレキト監督
96−97	アルヘンティーノ・デ・ロサリオ監督
97	アルムニ・デ・カシルダ監督
98	ベルグラーノ・デ・アレキト監督
99−00	アプレンディセス・カシルデンセス監督
00	アルヘンティーノ・デ・ロサリオ監督
01	アルムニ・デ・カシルダ監督
02	フアン・アウリク(ペルー)監督
02−03	スポルト・ボーイズ(ペルー)監督
04−05	コロネル・ボログネシ(ペルー)監督
06	コロネル・ボログネシ(ペルー)監督
07	スポルティング・クリスタル(ペルー)監督
07−09	オヒギンス(チリ)監督
10	エメレク(エクアドル)監督
11−12	ウニベルシダ・デ・チレ(チリ)監督
12−16	チリ代表監督
16−	セビージャ(スペイン)監督

主な獲得タイトル(監督時代)

CSA 優勝 1 回(11/ ウニベルシダ・デ・チレ)
国内リーグ優勝 3 回(11前、11後、12前 / ウニベルシダ・デ・チレ)
コパ・アメリカ優勝 1 回(15/ チリ)
南米年間最優秀監督賞 1 回(15)

選手時代の知名度
★☆☆☆☆

攻撃サッカーと守備的サッカーを試合で使い分ける、ビエルサの弟子

2016年まで約4年間、チリ代表監督を務めたアルゼンチン人。14年ブラジルW杯の成績はベスト16。前任者でサンパオリが師と仰《あお》ぐビエルサが、10年南アフリカW杯で残した結果と同じだ。

ブラジルにPK負け。その幕切れは不運だった。4年前のビエルサも最後の相手はブラジルで、結果は0―3。だが、ビエルサの場合は中2日。出場停止選手も多数いた。にもかかわらず攻撃的に打って出た。

両監督ともに3バックを用いたが、コンセプトは異なっていた。攻撃的な3バックと5バックになりやすい守備的な3バック。サンパオリはグループリーグのスペイン戦でも、守備的な3バックで臨んだ。守りを固めてカウンターは、拙攻を繰り返すスペインに効果抜群だった。結果は2―0の勝利。

スペインとは4年前にも対戦してい

採用フォーメーション

3−3−2−2

3−4−3（中盤フラット型）

キャラクター数値

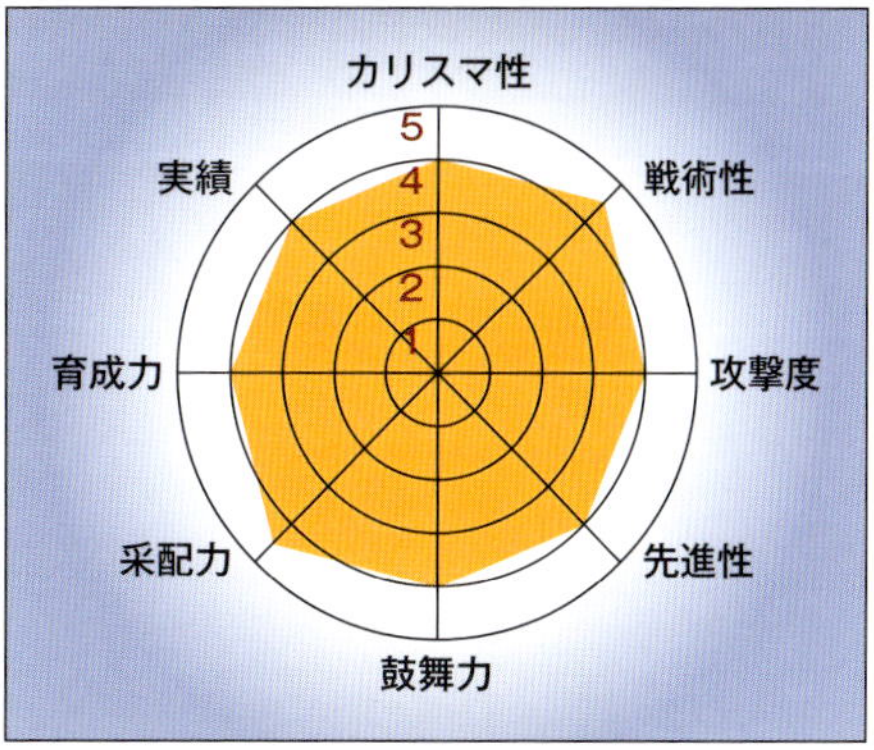

師匠ビエルサと異なる臨機応変さ

3バックと一口に言っても、守備的なものもあれば攻撃的なものもある。攻撃的なものしか使わないのが、師匠と言われるビエルサだとすれば、サンパオリは臨機応変に対応。守備的な3バックも使い分ける。つまり、カリスマ性という点でビエルサには劣る。

2015年のコパ・アメリカでは、チリ代表を初優勝に導いた

る。ビエルサは1―2。運に見放された結果ながら、負けは負け。一方、サンパオリは守備的なサッカーで敵《かたき》を討った。

攻撃的サッカーを全開にして臨んだ試合もあった。グループリーグ第3戦の対オランダ戦だ。布陣は5バックになりにくい3―4―3。アヤックス型だ。オランダ伝統の布陣で、オランダと撃ち合い、0―2で敗れた。ビエルサの弟子らしい負け方だった。

16―17は、ヨーロッパリーグ（以下、EL）3連覇中のセビージャで指揮をとる。チリ代表監督時代の後半、参謀役としてともに戦ったクライフサッカーの信奉者、ファン・マヌエル・リージョを従えて。

攻撃的か、守備的かと言えば、今回は攻撃的になるはず。ハノーファーから新加入した清武弘嗣を、どう使うかにも注目が集まる。清武にとってはいい勉強の場になるだろう。16―17の欧州で、最も注目すべきチームの一つであることは間違いない。

ディエゴ・シメオネ

Diego SIMEONE

アルゼンチン

日本代表お勧め度

A

PERSONAL DATA

■1970年4月28日生まれ、アルゼンチン・ブエノスアイレス出身

選手キャリア(ミッドフィルダー)

87−90＝ベレス・サルスフィエルド(76/14)
90−92＝ピサ(55/6)、92−94＝セビージャ(64/12)
94−97＝アトレティコ・マドリー(98/21)
97−99＝インテル(57/11)、99−03＝ラツィオ(90/15)
03−05＝アトレティコ・マドリー(36/2)
05−06＝ラシン・クラブ(37/3)

主な獲得タイトル(選手時代)

UC 優勝 1 回(97−98/ インテル)、国内リーグ優勝 2 回(95−96/ アトレティコ・マドリー、99−00/ ラツィオ)
国内カップ優勝 2 回(95−96/ アトレティコ・マドリー、99−00/ラツィオ)、コンフェデ杯優勝 1 回(92/ アルゼンチン)
コパ・アメリカ優勝 2 回(91、93/ アルゼンチン)

指導キャリア

06　ラシン・クラブ監督
06−07　エストゥディアンテス監督
07−08　リーベル・プレート監督
09−10　サン・ロレンソ監督
11　カターニャ(イタリア)監督
11　ラシン・クラブ監督
11−　アトレティコ・マドリー(スペイン)監督

主な獲得タイトル(監督時代)

EL 優勝 1 回(11−12/ アトレティコ・マドリー)
国内リーグ優勝 3 回(06前 / エストゥディアンテス、08後 / リーベル・プレート、13−14/ アトレティコ・マドリー)
国内カップ優勝 1 回(12−13/ アトレティコ・マドリー)
スペイン年間最優秀監督賞 2 回(12−13、13−14)

選手時代の知名度

★★★★★

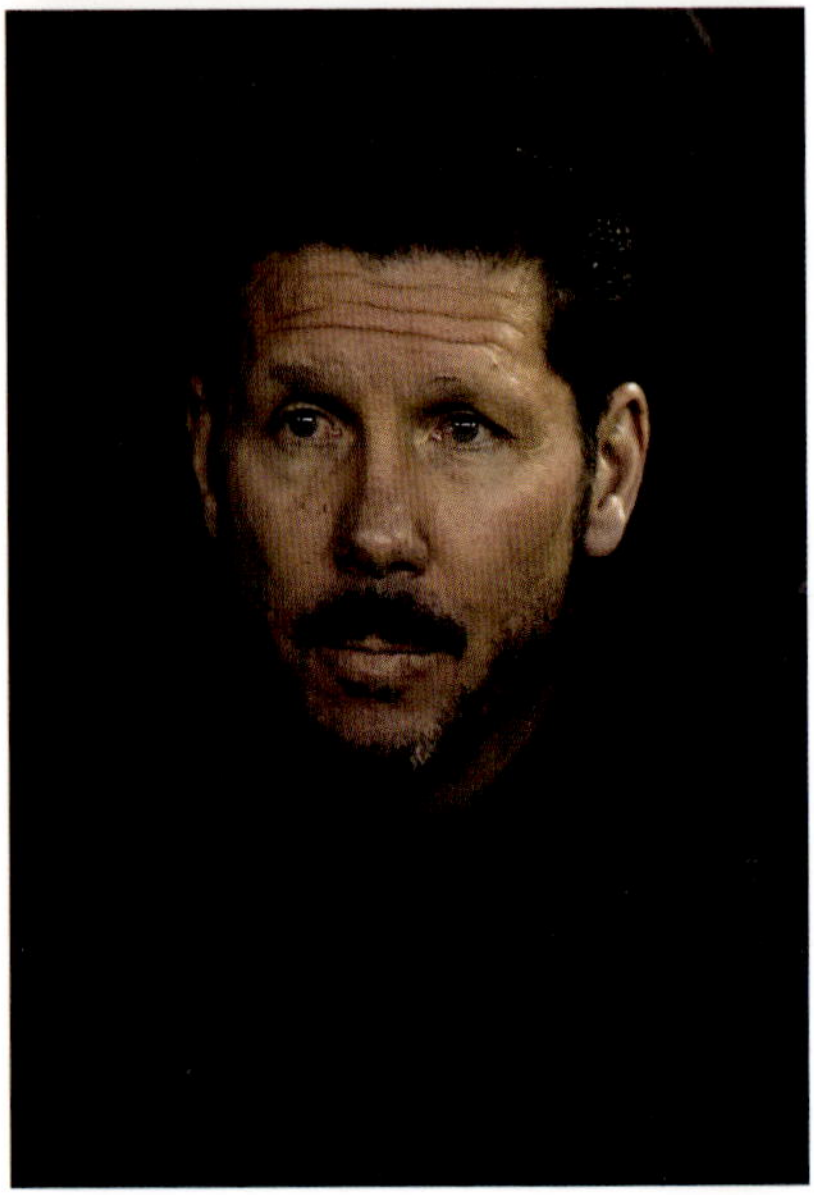

名選手が名監督となった代表格。最も今日的なサッカーをする監督

すでに名監督の仲間入りを果たしているシメオネ。「名選手、名監督にあらず」という格言にしたがえば、シメオネは例外に属する。現役時代は名選手だった。しかし、ほかの一般的な、それこそバロンドール候補になりそうな名選手とは種類が違う。一言で言えば、悪役。ピッチの上は、彼にとって戦いの場だった。「勝利のためには手段を選ばず」を地で行くような選手。

想起するのは98年フランスW杯だ。サンテティエンヌで行われた準々決勝対イングランド戦。シメオネの巧みな挑発に乗ってしまい報復行為を犯したベッカムを、退場に追いこんだシーンだ。爽やか系のベッカムを注文どおり手玉にとる姿に、シメオネの真骨頂を見た気がした。

まさかそのとき、彼に名監督への道が開けていたとは、つゆほども思わなかった。

採用フォーメーション

4－4－2（中盤フラット型）

4－2－3－1

キャラクター数値

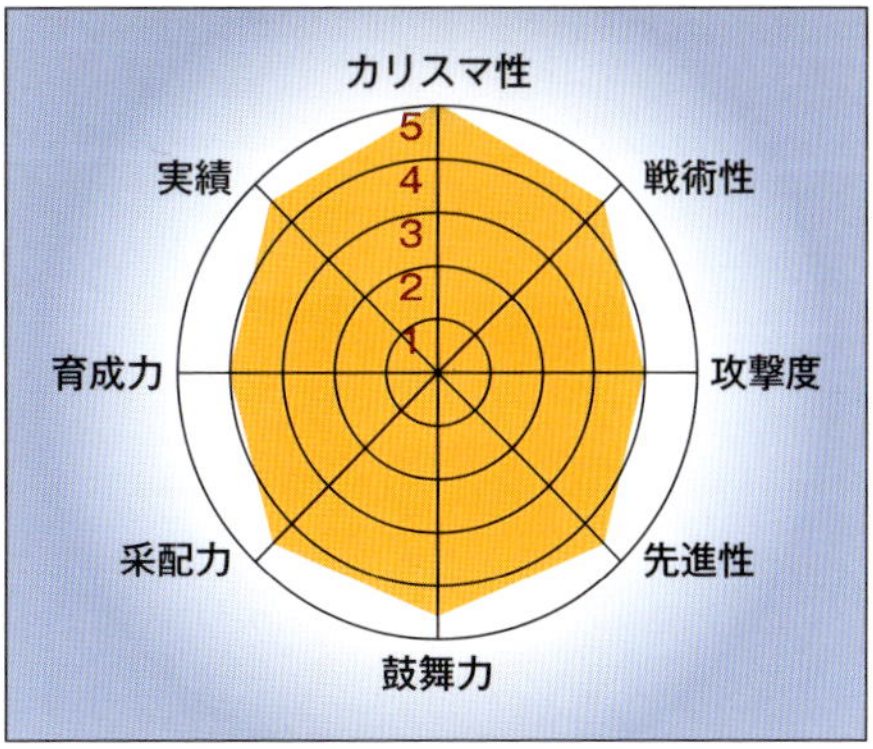

4－4－2で網を張るシメオネの基本形

中盤フラット型4-4-2。13-14シーズンのCLで決勝進出を果たしたときの布陣だが、これがシメオネの基本形だ。4-2-3-1も使うが、4-4-1-1的。中盤4人の並びはほぼフラットだ。そこにしっかり網を張り、後ろにボールを漏らさないという考え方。

13-14CL決勝では、先制するも涙を飲んだアトレティコ

監督業は06年、アルゼンチンのラシンでスタートさせた。その後、同国で3クラブの監督を務め、11―12シーズンの途中にイタリアのカターニャへ。弱小チームを一部残留に導くことに成功した。だが、世界にその名を知らしめたのは、アトレティコに渡ってから。

就任は11―12シーズンの途中。するといきなり、チームをEL優勝へと導いた。極めつきは13―14。18シーズンぶりのスペインリーグ優勝をもたらしただけでなく、リスボンで行われたCL決勝にも進出した。

相手はレアル・マドリー。アトレティコは93分まで1―0で試合をリードしたが、土壇場で延長に持ち込まれ、力尽きた。痛かったのはアルダ・トゥランの不在（累積警告）。彼がいれば、結果は違っていたはずだ。

その2年後のCLでも、アトレティコは再びマドリーと決勝で対戦した。結果は1―1延長PKでマドリー。3度目の正直に期待がかかる。

マルセロ・ビエルサ

アルゼンチン

Marcelo BIELSA

日本代表お勧め度

A

PERSONAL DATA

■1955年7月21日生まれ、アルゼンチン・ロサリオ出身

選手キャリア(ディフェンダー)

76−78＝ニューウェルズ・オールドボーイズ (25/0)
78−79＝インスティトゥート・デ・コルドバ (10/0)
79−80＝アルヘンティーノ・デ・ロサリオ (30/1)

指導キャリア

90−92　ニューウェルズ・オールドボーイズ監督
92−94　アトラス(メキシコ)監督
95−96　クラブ・アメリカ(メキシコ)監督
97−98　ベレス・サルスフィエルド監督
98　エスパニョール(スペイン)監督
98−04　アルゼンチン代表監督
07−11　チリ代表監督
11−13　アスレティック・ビルバオ (スペイン)監督
14−15　マルセイユ(フランス)監督

主な獲得タイトル(監督時代)

国内リーグ優勝３回(91、92後 / ニューウェルズ・オールドボーイズ、98後 / ベレス・サルスフィエルド)
五輪優勝１回(04/ アルゼンチン)
南米年間最優秀監督賞１回(09)

選手時代の知名度

★☆☆☆☆

アテネ五輪で金メダルに導くも、それ以外ではタイトルに縁がない

02年日韓共催W杯で、フランスとともに本命に挙げられていたアルゼンチン。だが、まさかのグループリーグ敗退に終わる。監督のビエルサが採用した布陣は3―3―1というか3―3―1―3というか、3列表記にすれば中盤ダイヤモンド型の3―4―3。アヤックススタイルと言うべく、オランダ伝統の布陣だ。アルゼンチン代表監督に就任する前、ビエルサは短期間ながらスペインのバルセロナにあるエスパニョールの監督を務めている。アルゼンチンの記者いわく、バルセロナでクライフやグアルディオラと交流があり、その影響を受けたのだ、と。

02年の大失敗にもめげず、ビエルサは04年アテネ五輪にも3―4―3で臨んだ。結果は優勝。内容も申し分なし。相手ボールを瞬時に奪還。支配率も高ければ、スピード豊かなサイド攻撃も見せる攻撃的でスペクタクルなサッカ

採用フォーメーション

3−3−3−1

4−3−3

キャラクター数値

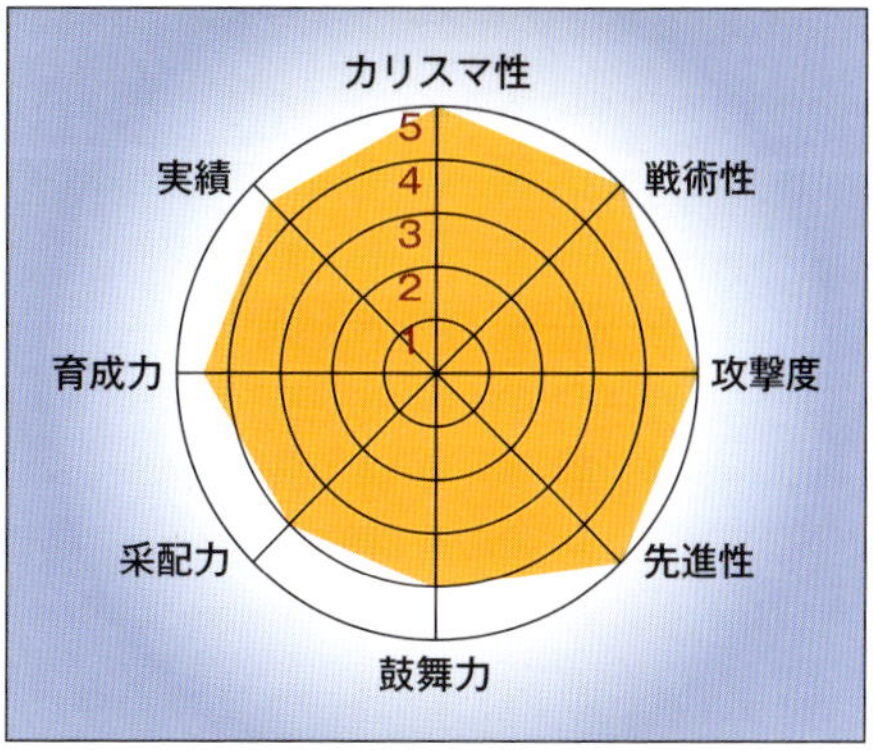

中盤ダイヤモンド型3−4−3を重用

ビエルサと言えば中盤ダイヤモンド型3-4-3（3-3-3-1）。マルセイユでもこれを採用するが、一方で4-2-3-1なども併用。それぞれは駒を一つ動かせば移行できる親戚のような布陣だが、ビエルサと騒ぐわりに、この考え方は日本に浸透していない。

04年アテネ五輪で金メダルを獲得したアルゼンチン

ーを展開。観戦者を堪能させた。

だが、大成功と言えるのはこれくらいだ。惜しかったのは、チリ代表監督として出場した10年南アフリカW杯。グループリーグ最終戦の相手は優勝候補のスペインで、チリは接戦を予感させる立ち上がりを見せた。だが、GKブラボがバックパスに足を滑らせ、クリアミス。ビジャにこぼれ球を拾われて先制点を許すと、さらに退場者を出し、10人での戦いを強いられた。結果は1—2。チリは大善戦むなしく、グループリーグ2位で通過。その結果、決勝トーナメント1回戦を、移動込みの中2日でブラジルと対戦する羽目に。結果は0—3。奇才と言われながら、W杯でその力を証明したことはない。

クラブレベルでも、11—12のEL準優勝が最高の成績だ。このとき、決勝で敗れた相手はシメオネのアトレティコ。CLには出場経験さえない。16年7月6日、ラツィオ監督就任が発表されたが、わずか2日後に破談となった。

アルゼンチン	# ホセ・ペケルマン **José PEKERMAN**	日本代表お勧め度 **A**

PERSONAL DATA

■1949年9月3日生まれ、アルゼンチン・エントレリオス州出身

選手キャリア(守備的ミッドフィルダー)

66－74＝アルヘンティノス・ジュニアーズ(134/12)
74－78＝インデペンディエンテ・メデリン(101/15)

指導キャリア

81－82　チャカリータ・ユース監督
82－92　アルヘンティノス・ジュニアーズ・ユース監督
92－94　コロコロ(チリ)ユース監督
94－01　U－20 アルゼンチン代表監督
04－06　アルゼンチン代表監督
07－08　トルーカ(メキシコ)
09　ティグレス(メキシコ)監督
12－　コロンビア代表監督

主な獲得タイトル(監督時代)

FIFA U－20W杯優勝 3 回(95、97、01/ アルゼンチン)
南米年間最優秀監督賞 3 回(12、13、14)

選手時代の知名度
★★★☆☆

育成年代の指導から頭角を現した、アルゼンチンが誇る屈指の名将

ボール支配率は55対45。ザックジャパンはペケルマン率いるコロンビアにボール支配率では上回った。が、結果は1―4。試合時間がもう10分あれば、さらに2点ぐらい奪われていても不思議はない、救いようのない大敗。14年ブラジルW杯における話だが、ボール支配率は、前評判が高いほうが上回るのが一般的だ。コロンビアと日本ほどの実力差があればなおさらだが、実際にはそうならなかった。ペケルマンの意図が映し出された一例と言っていい。日本にボールをつながせ、真ん中に入りがちになるところを奪う。そして、奪った反動を利して押し寄せる。奪い方、奪う場所にたけたサッカーと、奪われ方、奪われる場所に頓着《とんちゃく》ないサッカーとの差が、スコアになって現れた。奪い方、奪われ方にこだわるサッカー。守備的サッカーとは違う。

ペケルマンは10年南アフリカW杯後、

採用フォーメーション

4−4−2（中盤フラット型）

4−2−3−1

キャラクター数値

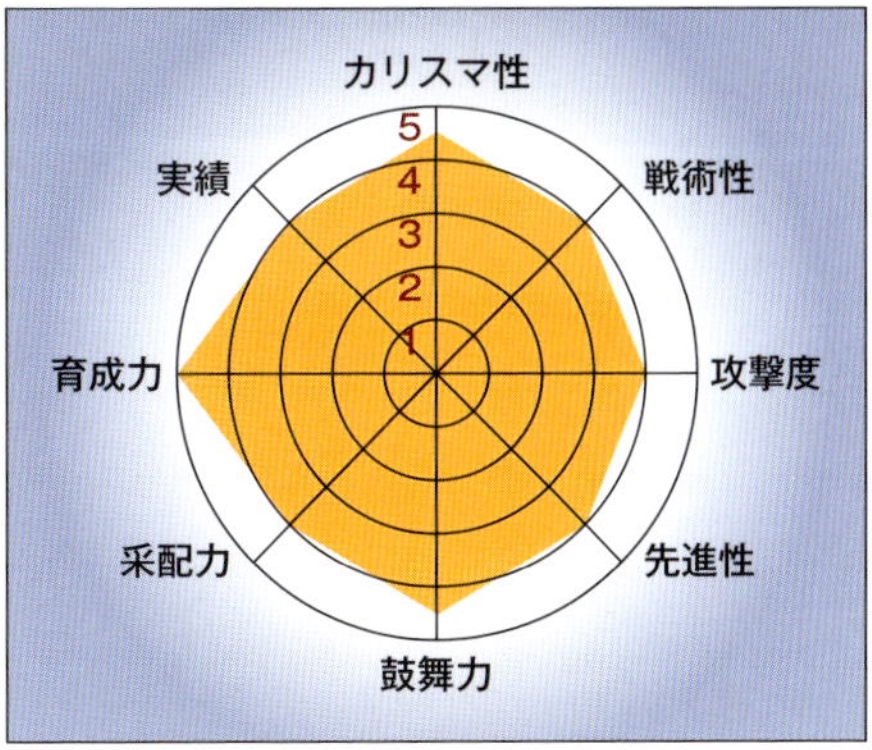

14年W杯で日本を大敗させた名采配

ブラジルW杯グループリーグ第3戦で日本と対戦。4−1で快勝した。試合時間があと10分あれば、もう2点ぐらいは叩き込まれていたと思わせる大敗劇。日本の攻撃が真ん中に固まるところを狙い、ボールを奪っては、サイドに散らし、カウンターを仕掛けた。

日本に大勝したコロンビアの10番ハメス・ロドリゲス

ザッケローニより先に日本代表監督候補に名前が挙がった人物だ。4年後、その彼に本番で大敗を許す姿は、皮肉であり、滑稽《こっけい》だ。

育成のプロとして頭角を現したペケルマン。アルゼンチンのユース監督として、3度世界一に輝いた実績がある。アルゼンチンA代表としては06年ドイツW杯で采配を振るい、準々決勝で開催国ドイツにPK負けした。先制したアルゼンチンが、同点に追いつかれたのは、時のエース、リケルメを下げたあとで、ペケルマンは試合後、記者からその点を厳しく追及された。ボールの奪い方、奪われ方にこだわるサッカーを実践したい監督にとって、相手ボールに反応しようとしない、ボールを持ってなんぼのリケルメは扱いにくい存在。そこで自分のやり方を押し通して失敗したペケルマン。

だが、現在のサッカー界にはリケルメタイプはもういない。ペケルマンに適した時代を迎えている。

アルゼンチン

ヘラルド・マルティーノ

Gerardo MARTINO

日本代表お勧め度
A

PERSONAL DATA

■1962年11月20日生まれ、アルゼンチン・ロサリオ出身

選手キャリア（ミッドフィルダー）

80−90＝ニューウェルズ・オールドボーイズ（392/35）
90−91＝テネリフェ（15/1）
91−94＝ニューウェルズ・オールドボーイズ（81/2）
94−95＝ラヌース（30/3）
95　＝ニューウェルズ・オールドボーイズ（15/0）
96　＝オヒギンス（11/1）
96　＝バルセロナ SC グアヤキル（5/0）

主な獲得タイトル（選手時代）

国内リーグ優勝３回（87−88、90−91、92後/ニューウェルズ・オールドボーイズ）

指導キャリア

98　アルミランテ・ブロウン監督
98−00　プラテンセ監督
00−01　インスティトゥート監督
02−03　リベルタ（パラグアイ）監督
04　セロ・ポルテーニョ（パラグアイ）監督
05　コロン監督
06　リベルタ（パラグアイ）監督
06−11　パラグアイ代表監督
12−13　ニューウェルズ・オールドボーイズ監督
13−14　バルセロナ（スペイン）監督
14−16　アルゼンチン代表監督
17−　アトランタ・ユナイテッド FC（アメリカ）監督

主な獲得タイトル（監督時代）

国内リーグ優勝４回（02、03、06/ クラブ・リベルタ、04/ セロ・ポルテーニョ）
南米年間最優秀監督賞（07）

選手時代の知名度
★★★☆☆

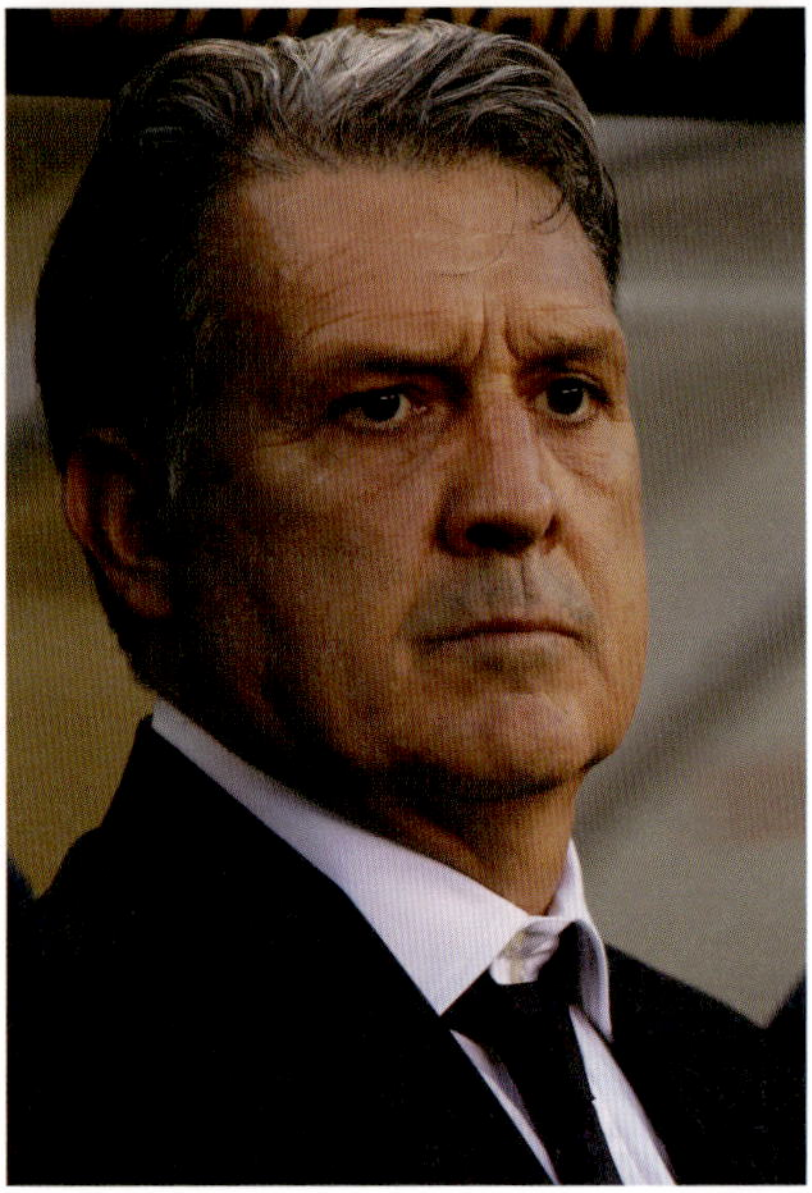

ビエルサの門下生とも言うべき攻撃的サッカーを標榜《ひょうぼう》する監督

14年ブラジルW杯後、アルゼンチン代表監督に就任。その前の1年間（13―14シーズン）は、バルサ監督を務めていた。前任者ビラノバが病気で療養することになったため、マルティーノがその代役に指名されたというわけだ。

グアルディオラ監督時代、ベンチでそのかたわらに座り、腹心として参謀役をこなしたビラノバ。一方のマルティーノには、欧州で監督に就いた経験さえない。メンバーは前任者とほぼ同じ。ファンもグアルディオラのスタイルに慣れ親しんでいる。さぞやりにくかったに違いない。結局、在任期間は1年に終わった。国内リーグ2位。チャンピオンズリーグ（以下、CL）ベスト8。CL決勝がマドリー対アトレティコというマドリードダービーになったこと、後任のルイス・エンリケが、いきなりCL優勝を飾ったことも、マルティーノが熱心なサポーターである

採用フォーメーション

4−3−3

4−2−3−1

キャラクター数値

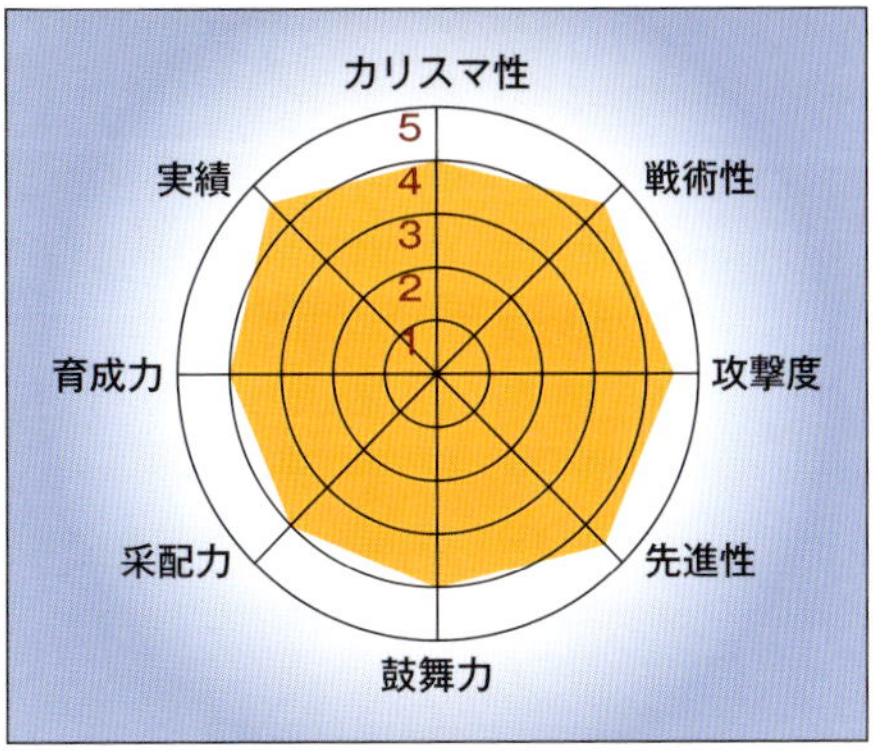

バルサに縦方向のスタイルを導入した

グアルディオラ時代のバルサは支配率の高さを売りにしていたが、13−14シーズン、マルティーノが監督になると、それは10%程度ダウン。サッカーは従来より縦方向に速いサッカーに変化した。ルイス・エンリケに監督が代わってもその傾向は残っている。

マルティーノの指導で変わったネイマールのポジション

バルセロニスタから低い評価を受ける理由だ。が、いま振り返れば、大崩れしていてもおかしくない苦境をよくしのいだという印象。

ビエルサの門下生。その理由はベースに流れている哲学が攻撃的サッカーであるからだ。グアルディオラやビラノバよりボールを奪ってからダイレクトにゴールに向かうサッカー。ポジショニングにもうるさい様子だった。マルティーノと同時に加入したネイマールは当初、左サイドを守れず、居心地の良さを求めて真ん中に入ろうとした。ブラジル代表のように。

だが、その癖はシーズン後半になると正されていた。ネイマールの出場時間はそれとともに長くなった。相手のサイドバックの攻め上がりにも、毎度確実に対応するようになった。マルティーノの指導のたまものだ。そのあたりにこだわりのない監督がビラノバの後任だったなら、その3FWの魅力は半減していた可能性がある。

アルゼンチン

アレハンドロ・サベージャ

Alejandro SABELLA

日本代表お勧め度
C

PERSONAL DATA

■1954年11月5日生まれ、アルゼンチン・ブエノスアイレス出身

選手キャリア(ミッドフィルダー)

74−78＝リーベル・プレート(118/11)
78−80＝シェフィールド・ユナイテッド(76/8)
80−81＝リーズ・ユナイテッド(27/2)
82−84＝エストゥディアンテス(113/7)
85−86＝グレミオ(10/0)
86−87＝エストゥディアンテス(36/3)
87−88＝フェロカリル・オエステ(27/2)
88−89＝イラプアト(31/0)
○アルゼンチン代表＝8/0(83−84)

主な獲得タイトル(選手時代)

国内リーグ優勝２回(75/ リーベル・プレート、83/ エストゥディアンテス)

指導キャリア

09−11　エストゥディアンテス(アルゼンチン)監督
11−14　アルゼンチン代表監督

主な獲得タイトル(監督時代)

国内リーグ優勝１回(10前 / エストゥディアンテス)
LC 優勝１回(09/ エストゥディアンテス)

採用フォーメーション

4−4−2(中盤ダイヤモンド型)

選手時代の知名度

★★★★☆

キャラクター数値

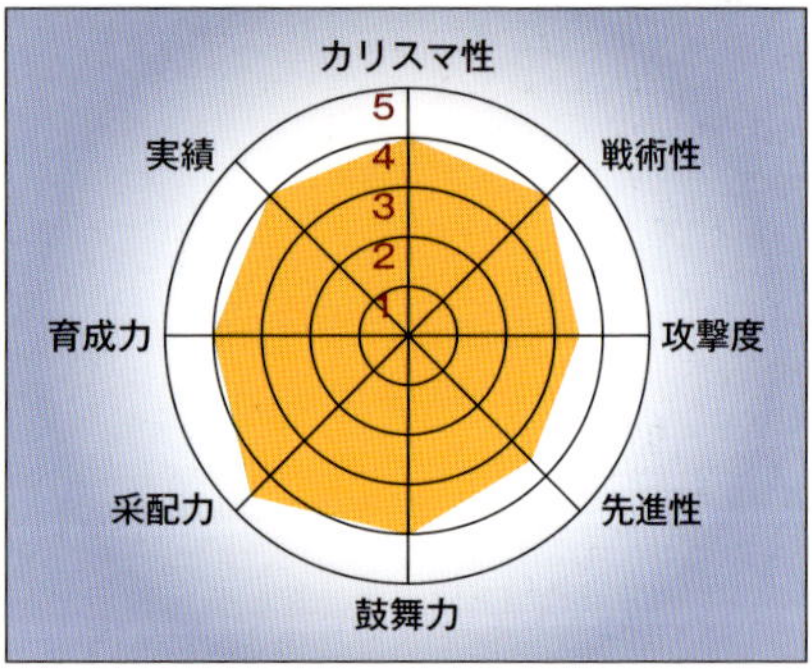

メッシを代表チームで高い位置に配置

　メッシという王様を、ピッチにどう落とし込むか。10年南アフリカW杯でアルゼンチン代表監督を務めたマラドーナが、ピッチの真ん中で王様然とプレイすることを許したのに対し、14年のサベージャはより高い位置に置き、相手ボール時のリスク回避に成功した。

メッシの穴を最小限にとどめて、14年W杯では準優勝に導いた

　14年ブラジルW杯で、アルゼンチンを準優勝に導いた監督。その前評判は決して高くなかった。アルゼンチンが準々決勝で延長ＰＫ負けした06年ドイツ大会、同じく準々決勝で大敗した10年南アフリカ大会ともに、その相手はドイツで、両国の差は縮まっていないと見られていた。過去２大会には穴があった。リケルメ(06年)であり、メッシ(10年)だ。すなわち、相手ボールに転じたとき、もろさを見せるチームだった。サベージャ率いる14年のアルゼンチンも、最後の相手はドイツ。舞台は決勝戦で、相手に決勝ゴールを許したのは１１３分。まさに惜敗だった。可能な限り、頑張った。メッシの穴を最小限にふさいだからだが、０トップを考案したグアルディオラほどうまく扱えなかった。メッシとどう向き合うか。次回18年ロシア大会も、アルゼンチン代表は同じ問題と対峙《たいじ》する。

アルゼンチン

エドゥアルド・ベリッソ

Eduardo BERIZZO

日本代表お勧め度
B

PERSONAL DATA

■1969年11月13日生まれ、アルゼンチン・クルスアルタ出身

選手キャリア(センターバック)

88−93＝ニューウェルズ・オールドボーイズ(126/10)
93−96＝アトラス(94/10)
96−99＝リーベル・プレート(94/3)
99−00＝マルセイユ(13/0)
00−01＝リーベル・プレート(30/2)
01−05＝セルタ(101/4)
05−06＝カディス(14/0)
○アルゼンチン代表＝13/0(96−00)

主な獲得タイトル(選手時代)

国内リーグ優勝5回(90−91、92後／ニューウェルズ・オールドボーイズ、97後、97前、00後／リーベル・プレート)

指導キャリア

07−10　チリ代表アシスタント
11　エストゥディアンテス監督
12−14　オヒギンス(チリ)監督
14−　セルタ(スペイン)監督

主な獲得タイトル(監督時代)

国内リーグ優勝1回(13前／オヒギンス)

採用フォーメーション

4−2−3−1

選手時代の知名度

★★★★☆

キャラクター数値

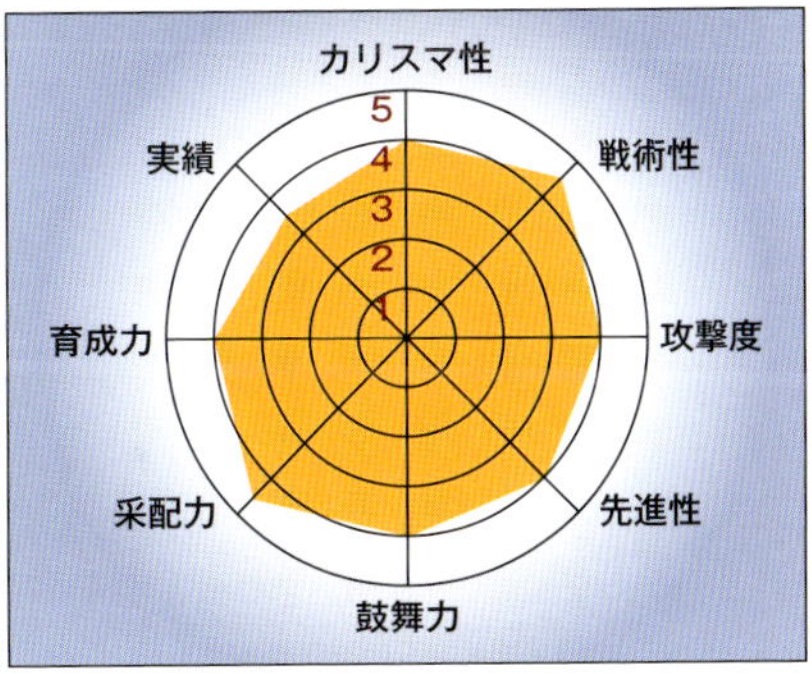

スペイン伝統の布陣で、地位を確立した

セルタと言えば昔から、美しいサッカーはするが、強くはない、良く言えば好チームの代名詞として語られてきた。14-15シーズンに監督に就任したベリッソも、4-2-3-1の布陣から、目に優しいサッカーを展開。スペインで独自の地位を確立している。

ビエルサのスタイルを踏襲する、スペインリーグ屈指の戦術家

アルゼンチン代表歴13回を数える元センターバック。14―15シーズン、ルイス・エンリケの後任として、セルタ・デ・ビーゴの監督に就任した。セルタは現役時代にプレイした（01〜05）チーム。03―04にはクラブとしてただ一度だけＣＬ出場を果たしているが、ベリッソはそのとき、守備の要《かなめ》として活躍した。その数年前からスペインリーグ上位に君臨していたセルタを「欧州で最も良いサッカーだ」と絶賛したのはクライフだが、監督となったベリッソもクライフに好まれそうなサッカーをしている。セルタ絡《がら》みの試合は面白い。

10年南アフリカW杯に臨んだチリ代表と言えば、監督のビエルサを想起するが、そのとき、コーチを務めていたのがベリッソ。ビエルササッカーの信奉者だ。現在のスペインリーグを面白くしている戦術家と言っていい。

アルゼンチン

マウリシオ・ポチェッティーノ

Mauricio POCHETTINO

日本代表お勧め度
A

PERSONAL DATA

■1972年3月2日生まれ、アルゼンチン・サンタフェ州出身

選手キャリア(センターバック)

88－94＝ニューウェルズ・オールドボーイズ(153/8)
94－00＝エスパニョール(216/11)
01－03＝パリ・サンジェルマン(70/4)
03－04＝ボルドー(11/1)
04　　＝エスパニョール(21/1)
04－06＝エスパニョール(38/1)
○アルゼンチン代表＝20/2(99－02)

主な獲得タイトル(監督時代)

国内リーグ優勝２回(90－91、92後 / ニューウェルズ・オールドボーイズ)
国内カップ優勝２回(99－00、05－06/ エスパニョール)

指導キャリア

09－12　エスパニョール(スペイン)監督
13－14　サウサンプトン(イングランド)監督
14－　　トッテナム(イングランド)監督

採用フォーメーション

4－2－3－1

選手時代の知名度

★★★★☆

キャラクター数値

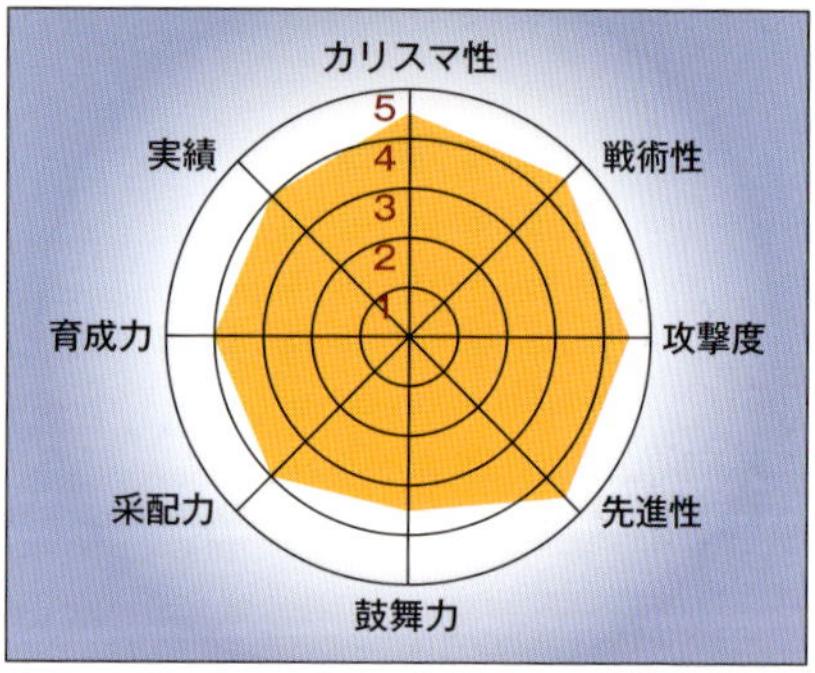

4－2－3－1で美しいサッカーを実践

現役時代を過ごした古巣のエスパニョールで監督デビュー。13年、サウサンプトン監督に就任。13-14、8位に導く。翌シーズン、スパーズへ。15-16、2位に押し上げ、脚光を浴びる。布陣（4-2-3-1）が鮮明に浮き出る。見た目に綺麗な美しいサッカーをする。

プレミアで評価を上げている、元アルゼンチン代表選手の監督

元アルゼンチン代表のCB。欧州では、エスパニョールに長く在籍。引退後、09－10シーズン、監督業の第一歩もエスパニョールでスタートさせた。それは中村俊輔が在籍したシーズンと重なるが、彼をチームに落とし込む余裕がそのときの彼にはなかった、と言うべきか。しかし、当初から攻撃的で、筋は良さそうに見えた。バルサ系であり、ビエルサ系。

13－14はプレミアに渡り、吉田麻也のいるサウサンプトンへ。2部から昇格したばかりのチームを残留に成功させた。14－15は8位。案の定、他チームが放っておかなかった。15－16はトットナムへ。岡崎慎司のレスターと優勝争いを演じるに至った。「来季はマンU監督か?」などという声まで上がっている。

まさにトントン拍子。上りの階段はどこまで続くか、見物だ。

マルセロ・ガジャルド
Marcelo GALLARDO

アルゼンチン

日本代表お勧め度
C

選手時代の知名度
★★★★★

採用フォーメーション
4−4−2(中盤フラット型)

キャラクター数値

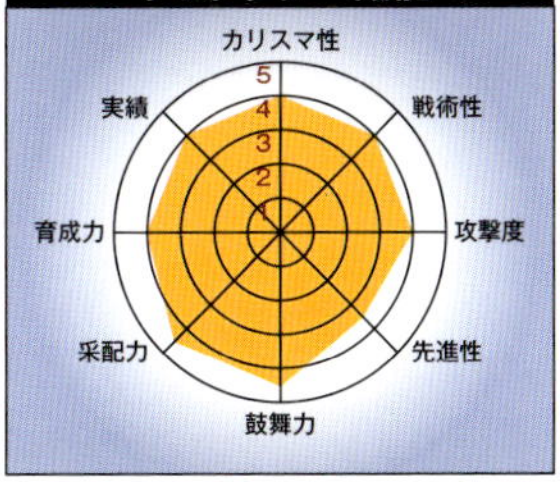

PERSONAL DATA

■1976年1月18日生まれ、アルゼンチン・ブエノスアイレス州出身

選手キャリア(ミッドフィルダー、アタッカー、右ウイング)

93−99=リーベル・プレート(109/18)
99−03= モナコ(103/18)
03−06=リーベル・プレート(132/38)
07−08=パリ・サンジェルマン(22/12)
08　　=ＤＣユナイテッド(15/4)
08−10=リーベル・プレート(21/7)
10−11=ナシオナル(12/3)
○アルゼンチン代表=44/13(94−03)

主な獲得タイトル(選手時代)

LC 優勝 1 回(96/ リーベル・プレート)
国内リーグ優勝 8 回(93前、94前、96前、97前、97後、04後 / リーベル・プレート、99−00/ モナコ、10−11/ ナシオナル)

指導キャリア

11−12　ナシオナル(ウルグアイ)監督
14−　　リーベル・プレート監督

主な獲得タイトル(監督時代)

LC 優勝 1 回(15/ リーベル・プレート)
CSA 優勝 1 回(14/ リーベル・プレート)
国内リーグ優勝 1 回(11−12/ ナシオナル)

本能的な動きを最大の武器にプレイしてきた元攻撃的MF。現役時代のプレイぶりから察するに、思慮深さという監督に求められる資質を満たしていないように見えた。だが、最初に監督の任に就いたナシオナル・モンテビデオに続き、リーベル・プレートの監督に就任するや、さっそく14年コパ・スダメリカーナで優勝。続く15年にはリベルタドーレス杯を制し、監督として即、成功を収めた。同年12月に行われたクラブW杯では、欧州代表のバルセロナを向こうに回し、健闘。敗れはしたが、監督業に適性があることを証明してみせた。「名選手、名監督にあらず」。この格言をいい意味で外してくれた1人。今後が期待できる若手監督だ。

ラモン・ディアス
Ramón DIAZ

アルゼンチン

日本代表お勧め度
C

選手時代の知名度
★★★★★

採用フォーメーション
4−4−2(中盤フラット型)

キャラクター数値

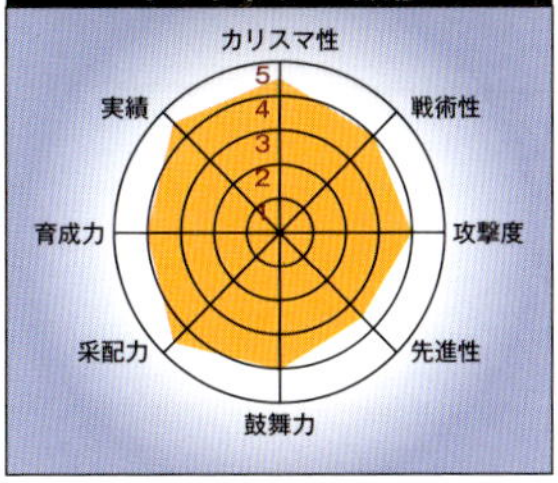

PERSONAL DATA

■1959年8月29日生まれ、アルゼンチン・ラリオハ州出身

選手キャリア(フォワード)

78−81=リーベル・プレート(123/57)
82−83=ナポリ(25/3)、83−86=アベッリーノ(78/22)
86−88=フィオレンティーナ(53/17)
88−89=インテル(33 /12)、89−91=モナコ(60/24)
91−92=リーベル・プレート(52/27)
93−95=横浜マリノス(75/52)
○アルゼンチン代表=22/10(79−82)

主な獲得タイトル(選手時代)

国内リーグ優勝 4 回(79、81、91 前 / リーベル・プレート、88−89/ インテル)、国内カップ優勝 1 回(90−91/ モナコ)

指導キャリア

95−00　リーベル・プレート監督
01−02　リーベル・プレート監督
04−05　オックスフォード・ユナイテッド(イングランド)監督
07−08　サン・ロレンソ監督
11−12　インデペンディエンテ監督
12−14　リーベル・プレート監督
14−16　パラグアイ代表監督

主な獲得タイトル(監督時代)

LC 優勝 1 回(96/ リーベル・プレート)
国内リーグ優勝 7 回(96前、97後、97前、99前、02後、07後 / サンロレンソ、14/ リーベル・プレート)

Jリーグ発足時、横浜マリノスの助っ人として活躍したことで知られるが、日本のオールドファンのあいだでは古くから知られた存在だった。79年に日本で開催されたワールドユースで得点王に輝いた選手としての記憶が鮮明だ。そこで2トップを組んだ相手はディエゴ・マラドーナ。10年W杯でアルゼンチン代表を率いた元スーパースターは、「名選手、名監督にあらず」の典型になるが、ラモン・ディアスはその罠《わな》にはまらなかった。選手時代の名声に恥じないクオリティを監督としても発揮。サッカーのお荷物になることなく、立派にとどまっている。

マッシミリアーノ・アッレグリ
Massimiliano ALLEGRI

イタリア

日本代表お勧め度
C

PERSONAL DATA

■1967年8月11日生まれ、イタリア・リボルノ出身

選手キャリア(攻撃的ミッドフィルダー)

84−85=クオイオペッリ (7/0)
85−88=リボルノ (29/0)
88−89=ピサ (2/0)、89−90=リボルノ (32/8)
90−91=パビア (29/5)、91−93=ペスカラ (64/16)
93−95=カリアリ (46/4)
95−97=ペルージャ (41/10)
97　　=パドバ (21/0)
97−98=ナポリ (7/0)
98−00=ペスカラ (46/4)
00−01=ピストイエーゼ (18/1)
01−03=アリアネーゼ (32/8)

指導キャリア

03−04　アリアネーゼ監督
04−05　SPAL 監督
05−07　グロッセート監督
06−07　ウディネーゼ監督
07　　　レッコ監督
07−08　サッスオーロ監督
08−10　カリアリ監督
10−14　ミラン監督
14−　　ユベントス監督

主な獲得タイトル(監督時代)

国内リーグ優勝３回(10−11/ミラン、14−15、15−16/ユベントス)
国内カップ優勝２回(14−15、15−16/ユベントス)
イタリア年間最優秀監督賞２回(11、15)

選手時代の知名度

★★★☆☆

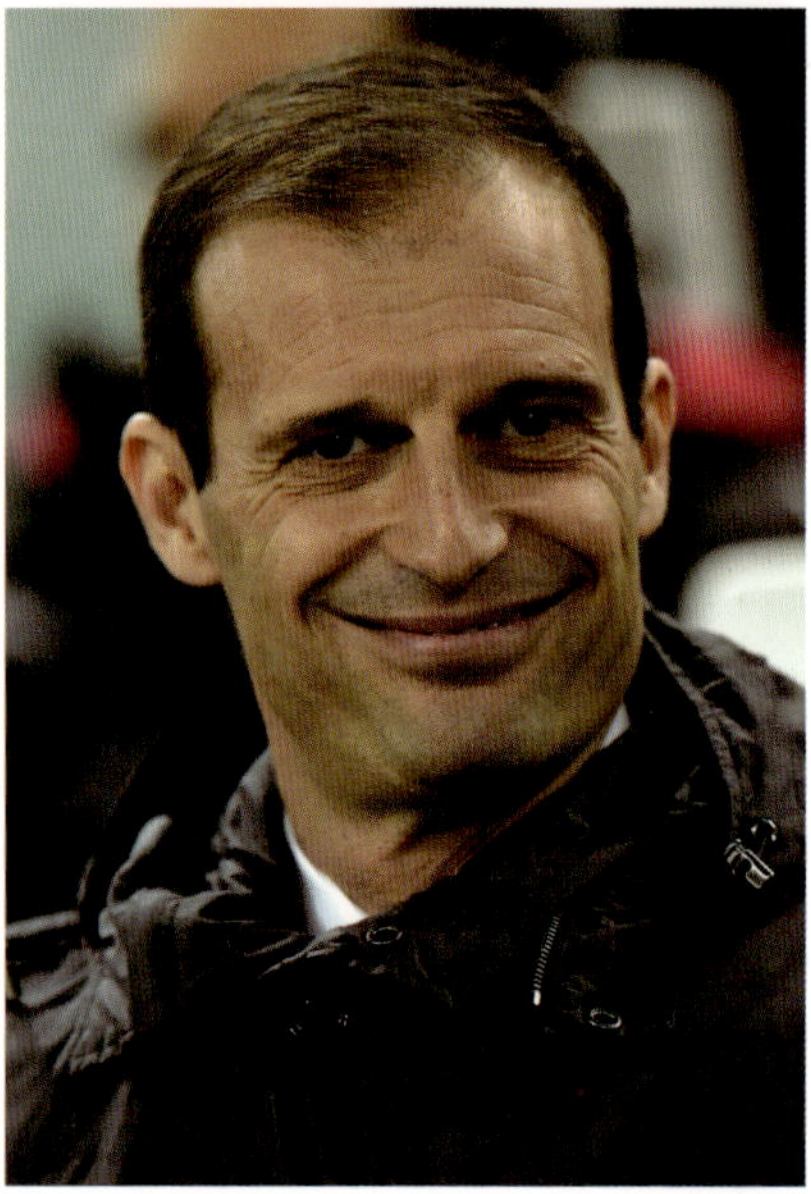

現在イタリア屈指の名監督だが、欧州で高評価を得るには至らず

現在のイタリアを代表する監督。10―11シーズン、ミラン監督に就任するや、いきなりチームをセリエA優勝に導く。実に7シーズンぶりのことだった。ミラニスタにとってアッレグリは救世主に値した。その後の成績は2位、3位。シーズンなかばで解任になった13―14は8位に終わった。そこからさらに沈んでいったミランに対し、アッレグリは翌シーズン、ユベントスに渡り、彼自身2度目のセリエA優勝を飾る。

だが、一口にセリエA優勝と言っても、かつてと現在は重みが違う。イタリアのレベルは、ここ10年で急落。最後のCL優勝はミランが記した06―07。当時、セリエAのUEFAランキングは2位だったが、現在は4位。CLでは、振るわない状態が続いた。クラブの財政難、それに伴う選手不足。守備的サッカーから脱し得ていないことも大きな要因だ。

採用フォーメーション

4−3−1−2

4−4−2（中盤フラット型）

キャラクター数値

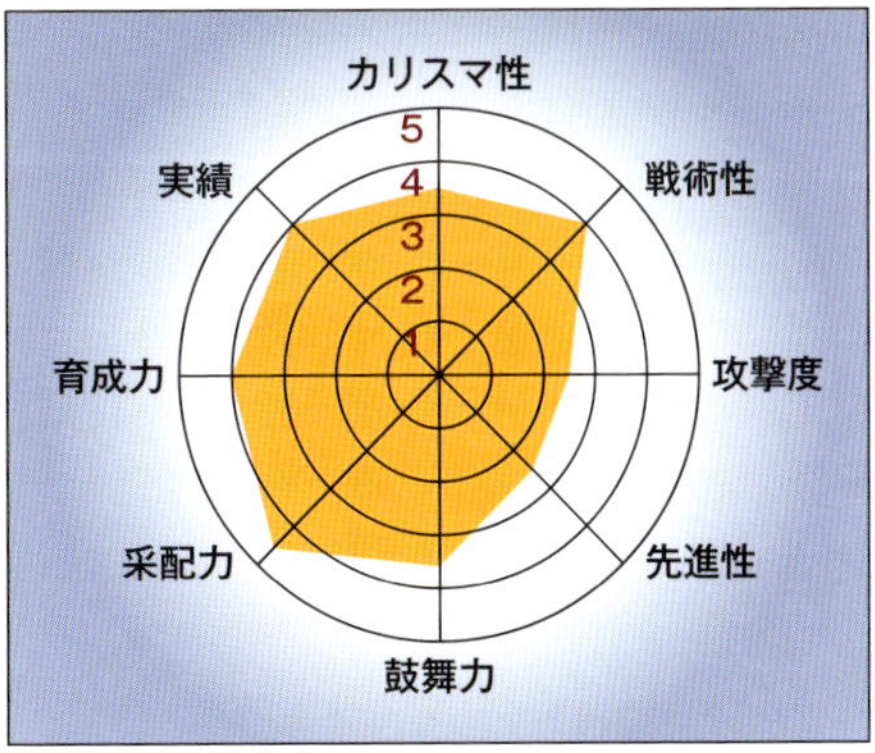

守備的スタイルを脱しない布陣を採用

多くのイタリア人監督同様、大一番になると受けて立つ傾向がある。14−15のCL決勝しかり。4−3−3で臨むバルサに対し、4−3−1−2同然の中盤ダイヤモンド型4−4−2で臨んだ。国内では勝てても、欧州の格上相手に番狂わせを狙うことは難しい。

14−15CL決勝ではバルセロナに完敗したユベントス

そうした意味で、14—15のユーベは画期的だった。CL準優勝。準決勝で、優勝候補のマドリーを下した末の決勝進出だった。だが、アッレグリもほかのイタリア人監督同様、守備的だ。マドリーには言わば寝技が通じたが、決勝のバルサには通じなかった。

布陣は4—3—1—2。守備的MFに3人を置くサッカーだ。ユーベのMFは内で構えるので、サイドアタッカーは両サイド各1人（サイドバック）。対するバルサは2人。ユーベはサイドの攻防で数的不利に陥りやすい状態にさらされていた。バルサのラキティッチの先制ゴールはまさに、守備的サッカーの負の産物と言えた。

アッレグリのサッカーは、似たような価値観に支配されるイタリア国内では十分通用する。が、欧州の舞台ではどうなのか。実績がない。寝技にはまる相手にしか番狂わせは起こせない。イタリアでは名将で通るが、欧州では。これがアッレグリの現状だ。

イタリア

カルロ・アンチェロッティ

Carlo ANCELOTTI

日本代表お勧め度
B

PERSONAL DATA

■1959年6月10日生まれ、イタリア・レッジョエミリア県出身

選手キャリア(ミッドフィルダー)
76−79＝パルマ (55/13)、79−87＝ローマ (171/12)
87−92＝ミラン (112/10)

主な獲得タイトル(選手時代)
CC 優勝 2 回(88−89、89−90/ ミラン)、IC 優勝 2 回(89、90/ ミラン)
国内リーグ優勝 3 回(82−83/ ローマ、87−88、91−92/ ミラン)
国内カップ優勝 4 回(79−80、80−81、83−84、85−86/ ローマ)

指導キャリア
95−96　レッジャーナ監督
96−98　パルマ監督
99−01　ユベントス監督
01−09　ミラン監督
09−11　チェルシー(イングランド)監督
11−13　パリ・サンジェルマン(フランス)監督
13−15　レアル・マドリー(スペイン)監督
16−　　バイエルン・ミュンヘン(ドイツ)監督

主な獲得タイトル(監督時代)
CL 優勝 3 回(02−03、06−07/ ミラン、
13−14/ レアル・マドリー)
FCWC 優勝 2 回(07/ ミラン、14/ レアル・マドリー)
国内リーグ優勝 3 回(03−04/ ミラン、
09−10/ チェルシー、12−13/ パリ・サンジェルマン)
国内カップ優勝 3 回(02−03/ ミラン、09−10/ チェルシー、
13−14/ レアル・マドリー)
イタリア年間最優秀監督賞 2 回(01、04)
フランス年間最優秀監督賞 1 回(12−13)

選手時代の知名度
★★★★★

世界を代表するイタリア人監督は、人並み外れた経験値の持ち主

　最も美しいサッカーをしたイタリア代表と言えば、ビチーニ時代、88年欧州選手権（西ドイツ）で3位になったチームを想起するが、現役時代のアンチェロッティはそこで主にセンターハーフとして活躍。また、所属クラブのミランでは、アリーゴ・サッキ時代にCL連覇（88—89、89—90）を主力として経験している。

　現在はグアルディオラ、モウリーニョと並ぶ3大監督の1人だ。実績的には第一線で活躍する監督の中でナンバーワンと言える。ステイタスのバロメーターとなるCLで、ミランで2度、レアル・マドリーで1度、計3度優勝。これは、ボブ・ペイズリーと並ぶ歴代最多タイ記録にあたる。

　そして、16—17、グアルディオラの後任として、バイエルンの監督に就任。バイエルンでCL史上最多となる4度目のVを飾ることができるか。歴代単

採用フォーメーション

4−3−3

4−3−1−2

キャラクター数値

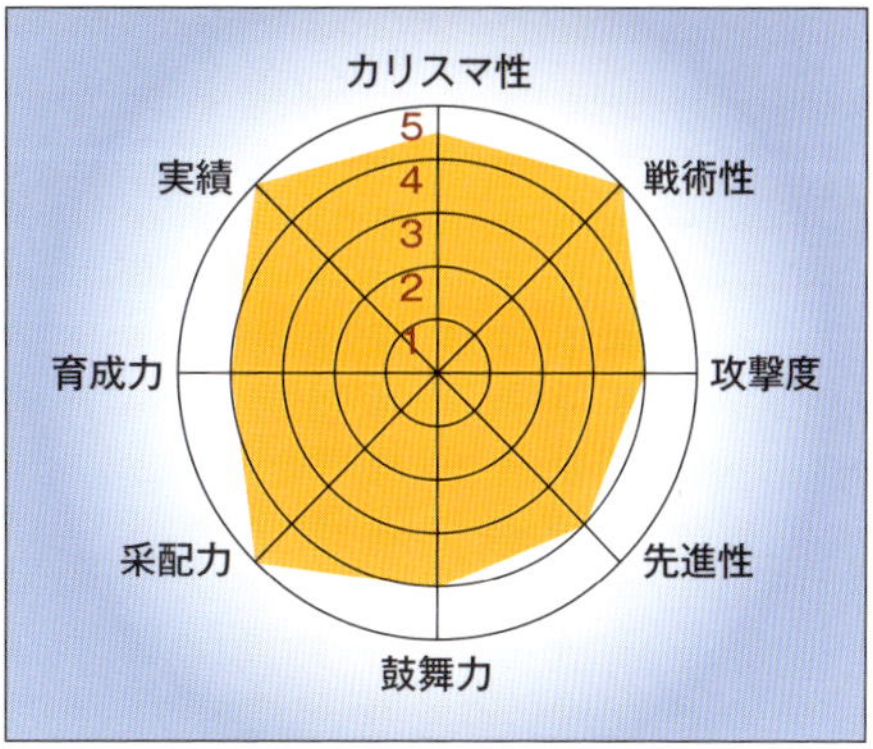

守備的と攻撃的の使い分けができる

ミランでCLを制した06−07は4−3−1−2。マドリーでCLを制した13−14は4−3−3。守備的なサッカーと攻撃的なサッカーをクラブの流儀にしたがい使い分け、それぞれで優勝をとげた。どちらの方法論で臨んでも欧州一。真似のできる人は、ほかにいない。

13−14CLではレアル・マドリーを優勝に導いた

独1位に躍り出る大きなチャンスを得たことになる。

だが実は、前回のCL制覇（13—14、マドリー）は、4度目になっているはずだった。と言いたくなる理由は、04—05の決勝だ。前半を終了してスコアは3—0。アンチェロッティのミランは、ベニーテス率いるリバプールに、勝ったも同然のスコアでハーフタイムを迎えた。しかし、そこからミランは、リバプールに3—3に追いつかれ、延長PKで敗れた。

精神的に安定した大崩れしにくい大人のサッカーを身上とするアンチェロッティ。だが、この後半戦だけは例外。醜態をさらけ出した。言い換えれば、そうした経験をしながらの3回という数字だけに価値がある。勝って覚えることと、負けて覚えることがあるとすれば、高次元で両方を経験したアンチエロッティには、選手時代のCL2連覇を含め、人並み外れた経験値が備わっていることになる。

イタリア

ファビオ・カペッロ

Fabio CAPELLO

日本代表
お勧め度

C

PERSONAL DATA

■1946年6月18日生まれ、イタリア・ゴリツィア県出身

選手キャリア（ミッドフィルダー）

63−67＝SPAL（49/3）、67−70＝ローマ（62/11）、70−76＝ユベントス（165/27）、76−80＝ミラン（65/4）

主な獲得タイトル（選手時代）

国内リーグ優勝４回（71−72、72−73、74−75/ ユベントス、78−79/ ミラン）、国内カップ優勝２回（68−69/ ローマ、76−77/ ミラン）

指導キャリア

82−86　ミラン・ユース監督
87　ミラン監督
91−96　ミラン監督
96−97　レアル・マドリー（スペイン）監督
97−98　ミラン監督
99−04　ローマ監督
04−06　ユベントス監督
06−07　レアル・マドリー（スペイン）監督
07−12　イングランド代表監督
12−15　ロシア代表監督

主な獲得タイトル（監督時代）

CL 優勝１回（93−94/ ミラン）
国内リーグ優勝９回（91−92、92−93、93−94、95−96/ ミラン、96−97、06−07/ レアル・マドリー、00−01/ ローマ、04−05、05−06 ユベントス※04−05、05−06 は八百長事件発覚により、のちに剥奪《はくだつ》）
イタリア年間最優秀監督賞１回（05）

選手時代の知名度

★★★★★

名将サッキの後継者となった名将。そのサッカーはやや守備的スタイル

プレッシングサッカーを提唱し、88〜90年にかけてミランを2年連続欧州一に導いたアリーゴ・サッキの前任者であり、後任者。

CL元年にあたる92―93、決勝でマルセイユに惜敗。雪辱を期して臨んだ93―94も決勝に進出した。

だが、相手はクライフ率いるドリームチームのバルサ。試合前、欧州の識者100人中87人がバルサ優勝を予想するなど、ミラン不利が伝えられた。だが、結果は4―0。前評判と結果に、これほど差がある決勝戦も珍しい。

そんなカペッロに目をつけたのがバルサの宿敵マドリー。ボスマン判決の内容が施行された96―97、彼を監督に招いた。

しかし、待ち受けていたのは地元記者の抵抗。従来路線で行きたい彼らと、規律重視のカペッロは対立。カペッロはマドリーを直ちに国内優勝に導いた

採用フォーメーション

3−4−1−2

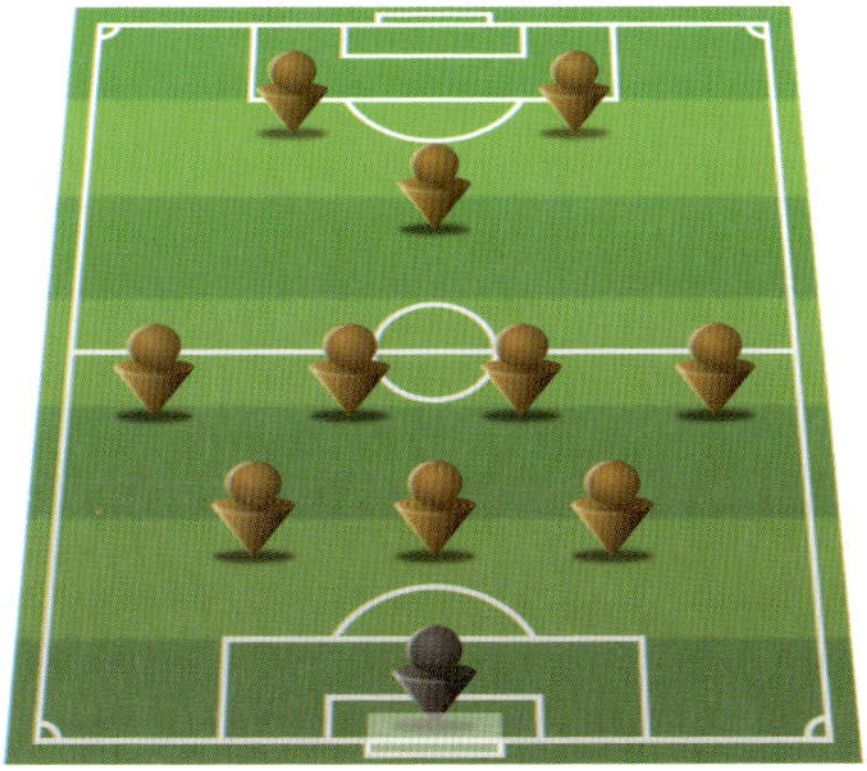

4−4−2（中盤フラット型）

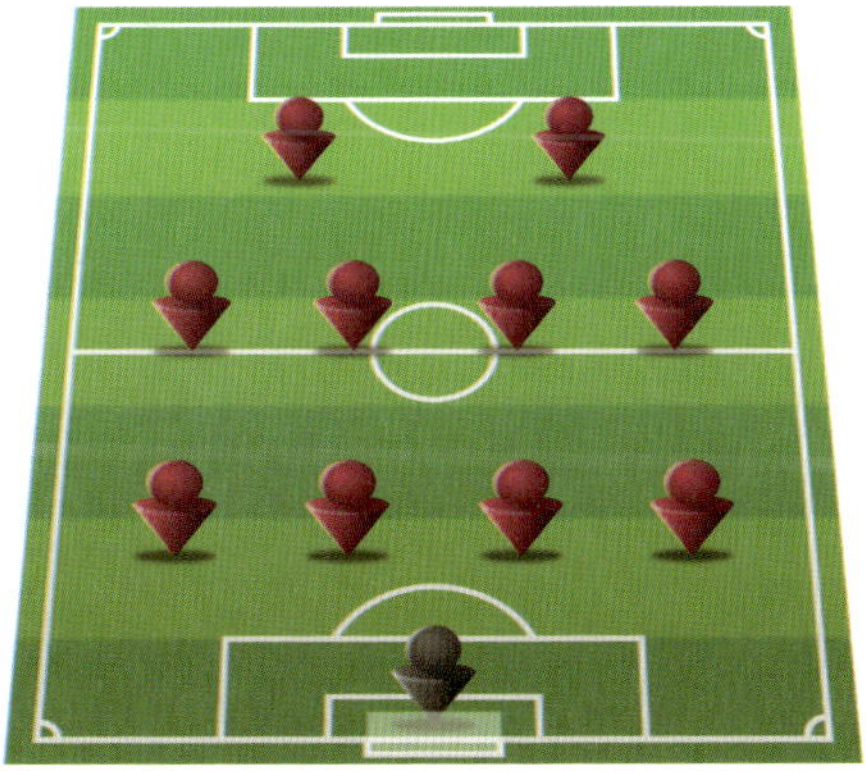

キャラクター数値

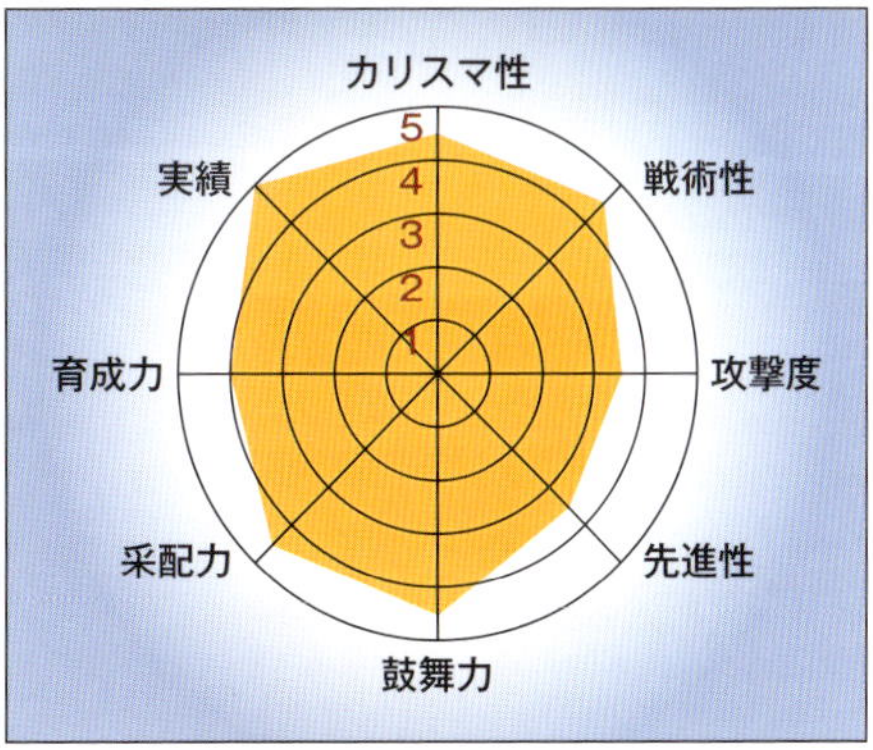

ローマ時代は守備的3−4−1−2を採用

ローマ監督時代は守備的な3−4−1−2が定番で、2トップ下の座を争ったのが、中田英寿とトッティだった。中田は敗れ、ローマを去ったが、4−2−3−1とか4−3−3とか、カペッロが別の布陣を採用していたら、彼のその後は違ったものになっていたはずだ。

ローマ時代の採用布陣が、中田のその後を変えた

ものの、わずか、1シーズンでマドリーを去った。

32シーズンぶりにマドリーがCL優勝を飾ったのはその翌年。監督はハインケスだったが、勝因は規律を重んじ、クラブの体質を変えたカペッロの遺産だと語る地元記者は少なくない。

97―98の優勝をもって欧州の表舞台に復帰したマドリー。この優勝を含め、以降4度優勝を飾り、バルサとともにいまの欧州の中心に位置するが、カペッロはこの一連の流れを語るとき、外せない人物になる。

プレッシングを提唱したアリーゴ・サッキとの違いは、奪取後の攻撃にある。支配率重視型のサッキに対し、カペッロはゴール前に勝負球を早めに送るダイレクトプレイ重視型だ。

どちらかと言えば守備的。のちにイングランド代表、ロシア代表監督を務めたが、守備的サッカーが衰退した欧州で、特段インパクトを示すことはできなかった。

アントニオ・コンテ

Antonio CONTE

イタリア

日本代表お勧め度 **B**

PERSONAL DATA

■1969年7月31日生まれ、イタリア・レッチェ県出身

選手キャリア（ミッドフィルダー）

85－91＝レッチェ（89/1）
91－04＝ユベントス（295/29）

主な獲得タイトル（選手時代）

CL 優勝 1 回（95－96/ ユベントス）
UC 優勝回（92－93/ ユベントス）
国内リーグ優勝 5 回（94－95、96－97、97－98、01－02、02－03/ ユベントス）
国内カップ優勝 1 回（94－95/ ユベントス）

指導キャリア

05－06　シエナ アシスタント
06　アレッツォ監督
07　アレッツォ監督
07－09　バーリ監督
09－10　アタランタ監督
10－11　シエナ監督
11－14　ユベントス監督
14－16　イタリア代表監督
16－　チェルシー（イングランド）監督

主な獲得タイトル（監督時代）

国内リーグ優勝 3 回（11－12、12－13、13－14/ ユベントス）
イタリア年間最優秀監督賞 3 回（12、13、14）

選手時代の知名度

★★★★☆

攻撃的サッカーで頭角を現すも、トップレベルでは守備的に収まる

90年代なかば、ユーベの黄金期を支えた、泥臭い中盤選手。現役時代のプレイで印象深いのは、名称がCLになってユーベが初の優勝を飾った95—96の開幕戦、対ドルトムント戦。デル・ピエーロのセンタリングに、ざんばら髪を振り乱し、ゴールをものにした渾《こん》身《しん》のダイビングヘッドは、コンテを語るときに外せないシーンになる。

アレッツォ、バーリ、アタランタ、シエナを経て10—11シーズン末、ユーベの監督の座に就いたコンテ。目を引いたのは布陣だった。4—2—4。シエナを1部に引き上げた布陣をユーベでもそのまま採用した。とはいえ、4—4—2の両サイドハーフが高い位置を取り、ウイングと化す布陣と言えば、そう驚くことはない。話題を呼んだ理由は、決して攻撃的ではないイタリアで、あえてそう言いきったことにある。

ウイングの有無は、攻撃的サッカー

採用フォーメーション

4−2−4

3−3−2−2

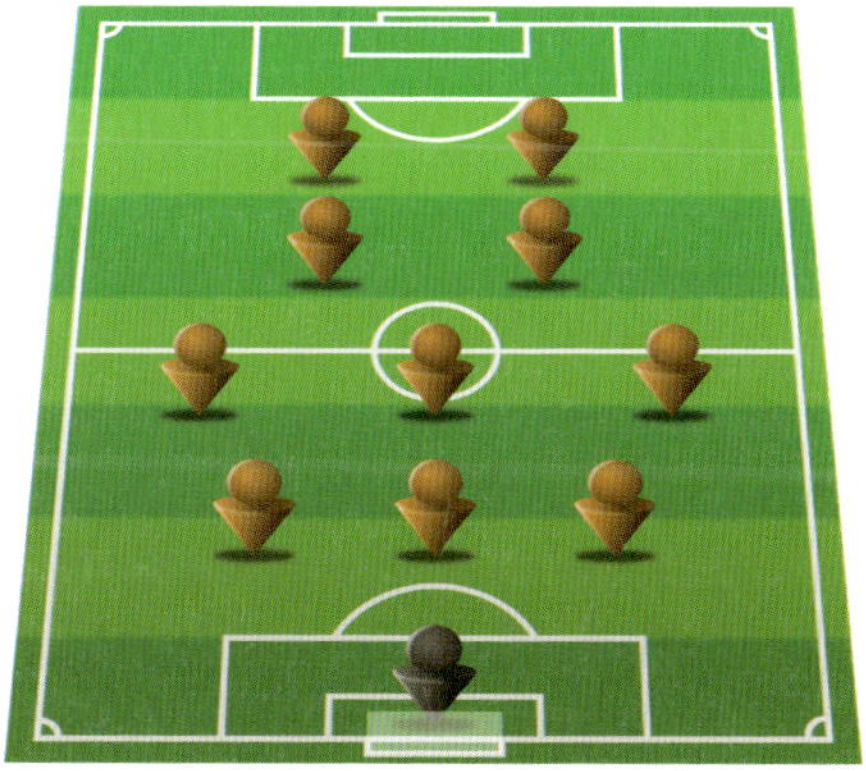

キャラクター数値

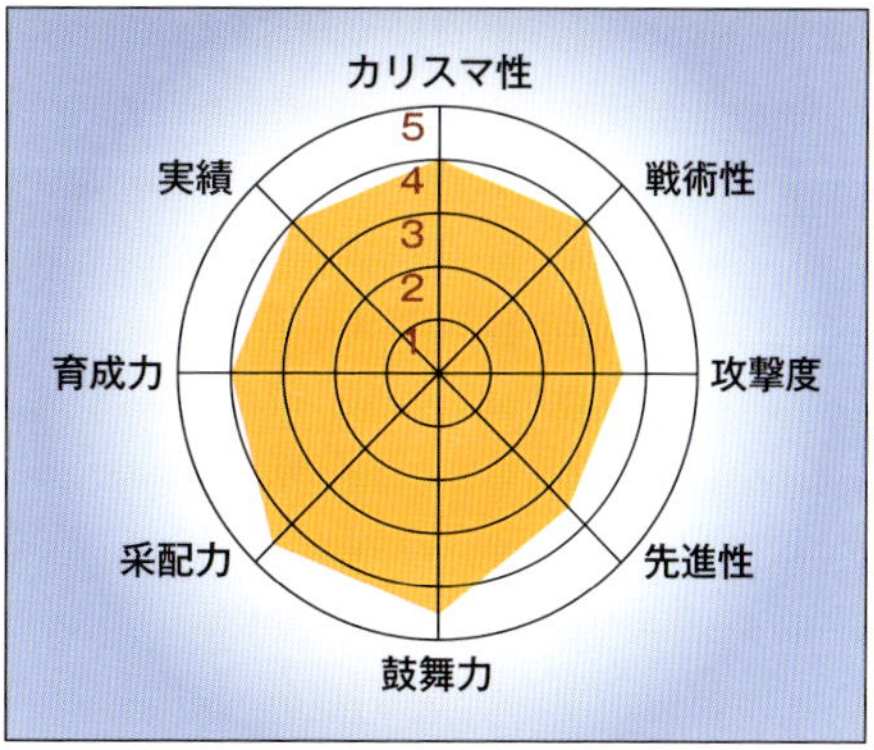

古巣ユベントスでは3バックを採用した

中盤フラット型4−4−2を、より攻撃的にした4−2−4を採用して話題を集めたコンテ。4−3−3を採用したり、攻撃的サッカーを嗜好《しこう》したが、ユーベ時代（11〜14年）、ユーロ2016では、守備的な3バックも披露。理想主義者から現実主義者へ、色を変えた。

11−12は、ユーベを02−03以来のスクデットに導いた

度を推し量るバロメーター。その伝統がイタリアにはなかった。サッカーが守備的になるのは、当然の帰結だった。ユーベの監督に就任したコンテは、その流れに反するサッカーで、話題を集めていた。就任以来、セリエＡ３連覇。コンテのユーベは、国内では無敵の強さを誇った。しかし、気がつけば布陣は、シエナを1部に上げたときのものから変わっていた。

３―５―２。いつしか、守備的サッカーと言われても仕方のない、従来のイタリアらしい布陣に収まっていた。トップを維持するためには冒険はできないと判断したのだろうが、一方で２シーズン出場したＣＬでは、ベスト８が最高位。自身が選手として活躍した90年代中頃には、遠く及ばない結果に終わった。

一方、イタリア代表監督として３―５―２で臨んだユーロ２０１６では、準々決勝でドイツにＰＫ負けするも見せ場を作り、独自性をアピールした。

イタリア

ルチアーノ・スパレッティ

Luciano SPALLETTI

日本代表お勧め度
A

PERSONAL DATA

■1959年3月7日生まれ、イタリア・フィレンツェ県出身

選手キャリア（ミッドフィルダー）

85−86＝エンテッラ（27/2）
86−90＝スペツィア（120/7）
90−91＝ビアレッジョ（29/1）
91−93＝エンポリ（53/3）

指導キャリア

94　エンポリ監督
94−95　エンポリ・ジュニアユース監督
95−98　エンポリ監督
98−99　サンプドーリア監督
99−00　ベネツィア監督
00−01　ウディネーゼ監督
01−02　アンコーナ監督
02−05　ウディネーゼ監督
05−09　ローマ監督
09−14　ゼニト・サンクトペテルブルク（ロシア）監督
16−　ローマ監督

主な獲得タイトル（監督時代）

国内リーグ優勝２回（10、11−12/ ゼニト）
国内カップ優勝３回（06−07、07−08/ ローマ、09−10/ ゼニト）
イタリア年間最優秀監督賞２回（06、07）

選手時代の知名度

★☆☆☆☆

守備的なイタリアの異端監督は、ローマ時代に「0トップ」を採用

74年W杯で準優勝したオランダ代表は、その当時の選手が書き示してくれたラフな布陣図によれば、3FWの真ん中（クライフ）が、下がり目に位置するスタイルだった。

日本の一般的なファンが「0トップ」に触れたのは、10年南アフリカW杯の本田。より進歩的なファンは、ローマの「オリンピコ」で行われた08−09シーズンのCL決勝か。それまで右ウイングで使っていたメッシを、グアルディオラはセンターフォワードで起用。バルサの先制点は、マンUDF陣が混乱に誘われた結果だった。だがこれは、オリンピコの3分の1を占めた地元ファンにとっては見慣れた並びだった。0トップはスパレッティが指揮するローマの定番スタイルだったからだ。最先端を行く攻撃的な布陣。UEFA公式マガジンは、ローマの0トップをそのようなタイトルで紹介してい

採用フォーメーション

4−3−3

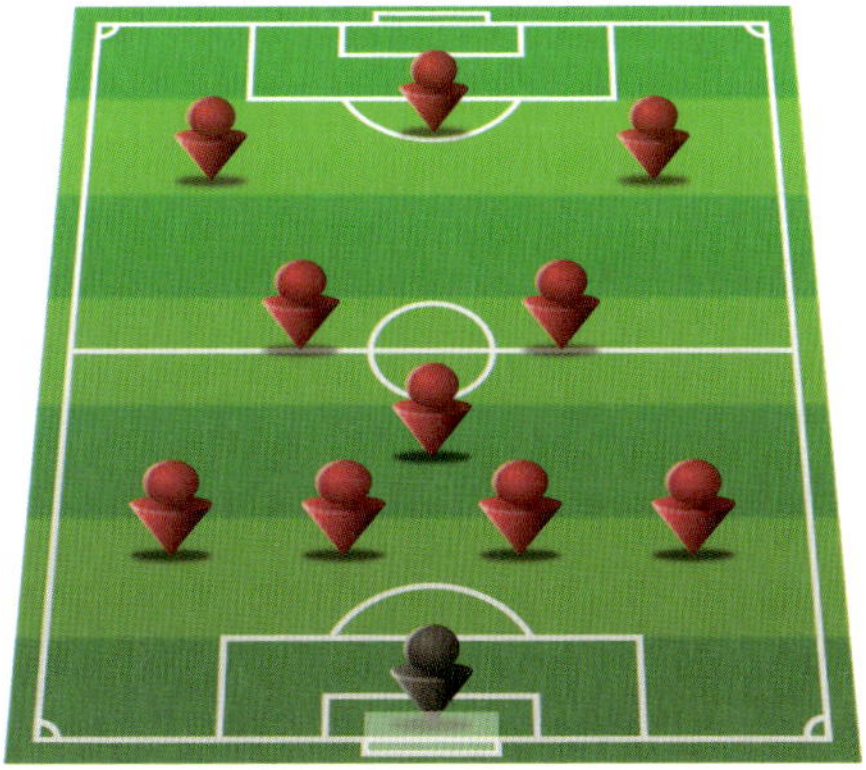

0トップ型4−2−3−1

キャラクター数値

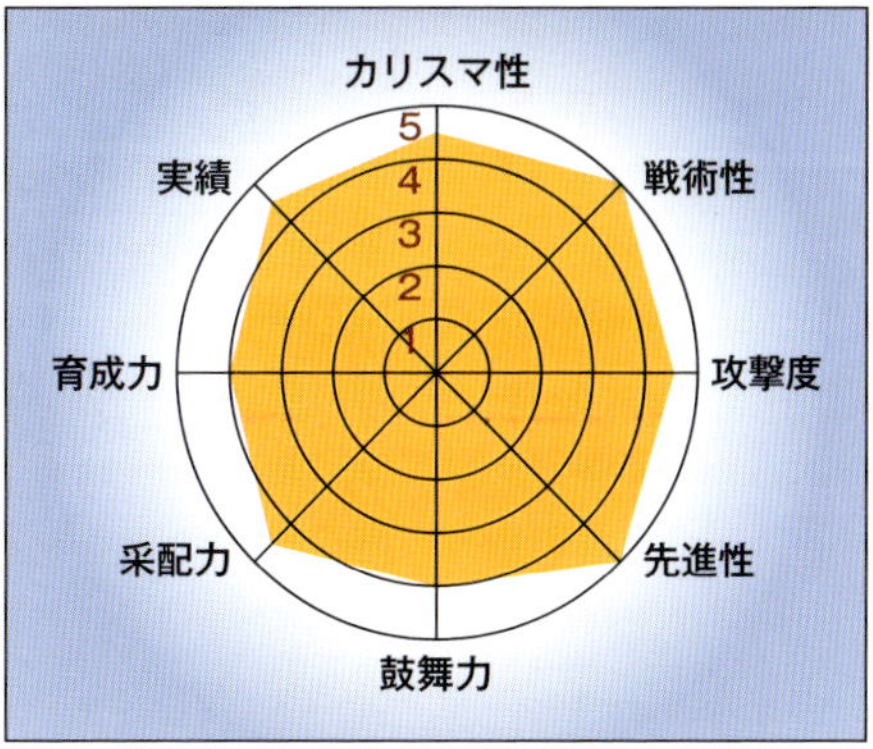

「0トップ」を採用したイタリア人監督

「0トップ」を流行《はや》らせた人物。4バックは屈強さが自慢のセンターバック（CB）と、機動力が自慢のサイドバック（SB）で構成される。その内と外との関係を乱そうとする作戦が0トップだ。CBよりSBのほうに圧力をかけようとする狙いがある。

0トップによって新境地を開いた、ローマのトッティ

た。0トップ役はトッティ。それまでトップ下だった彼を、低い位置で構えるセンターフォワード役にすえた。4—2—3—1の3の両サイドがトッティより高い位置で構えたほどだ。相手サイドバックを牽制《けんせい》するために。

だが、グアルディオラはスパレッティと関わりがない。接点として考えられるのはクライフ。もう1人0トップを披露した人物がクーマンであったこともその推理に拍車をかける。スパレッティ以外の3人はバルサで同じ時代を過ごした間柄。ではスパレッティはどうなのか。守備的な国イタリアにあっては明らかに異端児だが、プレッシングを唱えたアリーゴ・サッキもイタリア人。中には進歩的なサッカーを好む監督もいる。その分だけ目立つ。注目したくなる。

15—16の途中からローマに復帰。日本代表監督候補にも挙がったことがある。相変わらず日本に不足するタイプの人材であることは間違いない。

ズデネク・ゼーマン
Zdenek ZEMAN

イタリア

日本代表お勧め度
A

PERSONAL DATA

■1947年5月12日生まれ、チェコ・プラハ出身（二重国籍）

指導キャリア

69−70	チニシ監督
70−71	バチガルポ監督
71−72	カリーニ監督
72−73	ミシルメリ監督
73−74	エサカルサ監督
74−83	パレルモ・ジュニアユース監督
83−86	リカタ監督
86−87	フォッジャ監督
87	パルマ監督
88−89	メッシーナ監督
89−94	フォッジャ監督
94−97	ラツィオ監督
97−99	ローマ監督
99−00	フェネルバフチェ（トルコ）監督
00	ナポリ監督
01−02	サレルニターナ監督
03−04	アベッリーノ監督
04−05	レッチェ監督
06	ブレッシャ監督
06	レッチェ監督
08	レッドスター・ベオグラード（セルビア）監督
10−11	フォッジャ監督
11−12	ペスカーラ監督
12−13	ローマ監督
14	カリアリ監督
15	カリアリ監督
15−16	ルガーノ（スイス）監督

選手時代の知名度

★☆☆☆☆

攻撃サッカーを貫くベテラン監督は、イタリアのサッカー界で大成した

イタリア・セリエAに欠かせない名物監督。出身はチェコで、大学時代に国内で起きた動乱「プラハの春」により、イタリアに移住。のちに二重国籍者となった。

選手としての顕著なキャリアはない。バレーボールをはじめとする他スポーツを愛好するなど、体育教師志向の指導者としてスタート。サッカー専門家への道をスタートさせたのは74年。パレルモ・ユースの指揮をとるが、イタリア全土、欧州にかけてその名が広まったのは、89年、監督に就任したフォッジャ時代。セリエBだったチームを、攻撃的サッカーでセリエAの9位まで押し上げ、話題をさらった。

長身。『蜘蛛女のキス』などに出演したウイリアム・ハート似のルックス。まさにハリウッド俳優を彷彿《ほうふつ》とさせる重厚な雰囲気を備えた、大物感溢れる近寄りがたい監督だ。物静かで哲学的

採用フォーメーション

4−3−3

4−1−4−1

キャラクター数値

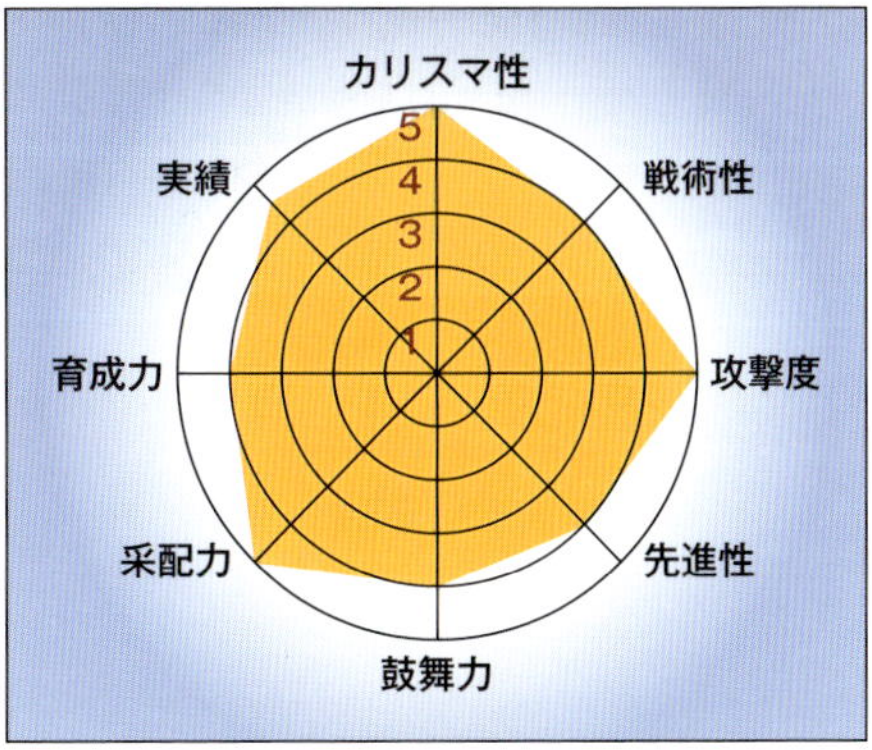

イタリア内では珍しい4−3−3を採用

いまでこそ4−3−3は一般的な布陣で通るが、ある時期、オランダとバルセロナ以外ではほとんど使用されていなかった。イタリアでの守備的サッカーの流行とそれは大きく関係するが、ゼーマンはそのイタリアで一貫して4−3−3を使い続けてきた。

ゼーマンの指導によって躍進した当時のフォッジャ

な物言いもそうだが、スポーティではない。文学的であり、知的。人を納得させるだけの言葉を持つ。それだけに、その口から放たれる「攻撃的」にはインパクトがある。肝がすわっている感じで、怖ささえ感じさせる。

愛用する布陣は4—3—3。「攻撃に最も奥行きと深みが出せる布陣」とはゼーマンの言葉。高い位置からプレスをかけ、守備的サッカーに陥るイタリアに、苦言を呈することしばしばだが、イタリアサッカーへの愛は人一倍。フェネルバフチェ、レッドスター、ルガーノの監督に就いた過去はあるが、長年の指導者歴の中で、イタリアを出たのは、この3度だけ。それ以外はセリアA・Bの、とりわけ中小チームを中心に、絶えることなく采配を振るい、イタリアの各所に攻撃的サッカーを息づかせようとしている。14—15はカリアリ、15—16はルガーノを指揮。60代後半だが、もう一度雄姿を拝めるのか？

日本にはイチ押しの監督だ。

チェーザレ・プランデッリ

イタリア

Cesare PRANDELLI

日本代表お勧め度
C

PERSONAL DATA

■1957年8月19日生まれ、イタリア・ブレッシャ県出身

選手キャリア(ミッドフィルダー)

74－78＝クレモネーゼ (88/4)
78－79＝アタランタ (27/1)
79－85＝ユベントス (89/6)
85－90＝アタランタ (119/7)

主な獲得タイトル(選手時代)

CC 優勝 1 回(84－85/ ユベントス)
UCWC 優勝 1 回(83－84/ ユベントス)
国内リーグ優勝 3 回(80－81、81－82、83－84/ ユベントス)
国内カップ優勝 1 回(82－83/ ユベントス)

指導キャリア

90－92 アタランタ・ジュニアユース監督
92－93 アタランタ・ユース監督
93－94 アタランタ監督
94－97 アタランタ・ジュニアユース監督
97－98 レッチェ監督
98－00 ベローナ監督
00－01 ベネツィア監督
02－04 パルマ監督
04 ローマ監督
05－10 フィオレンティーナ監督
10－14 イタリア代表監督
14 ガラタサライ(トルコ)監督
16－ バレンシア(スペイン)監督

主な獲得タイトル(監督時代)

イタリア年間最優秀監督賞 1 回(09)

選手時代の知名度

★★★★☆

ユーロでアズーリを準優勝に導いた、近代イタリアの有力監督の1人

10年南アフリカW杯でイタリアは名将リッピを監督に立てながら、1勝もできずにグループリーグ落ち。そこで救世主として期待されたのが、プランデッリだった。ところが、4年後の結果も1勝2敗。ブラジルW杯でもグループリーグ落ちの憂《う》き目にあった。

だが、プランデッリは、その中間年に開催されたユーロ２０１２では準優勝を飾っていた。そこでイタリアは2度、優勝したスペインと戦った。グループリーグ初戦と決勝戦だ。

プランデッリが第1戦で採用した布陣は3―5―2。3バックは5バックと紙一重。相手にサイドを突かれると守備的サッカーに陥りやすい布陣だ。しかしこの試合のイタリアは、中盤の5人がフラットに構える文字どおりの3―5―2を、ほぼ最後まで貫き通した。スペインがサイドを狙わず、真ん中に固まる攻撃に出たからだ。結果は

採用フォーメーション

4−3−1−2

3−5−2

キャラクター数値

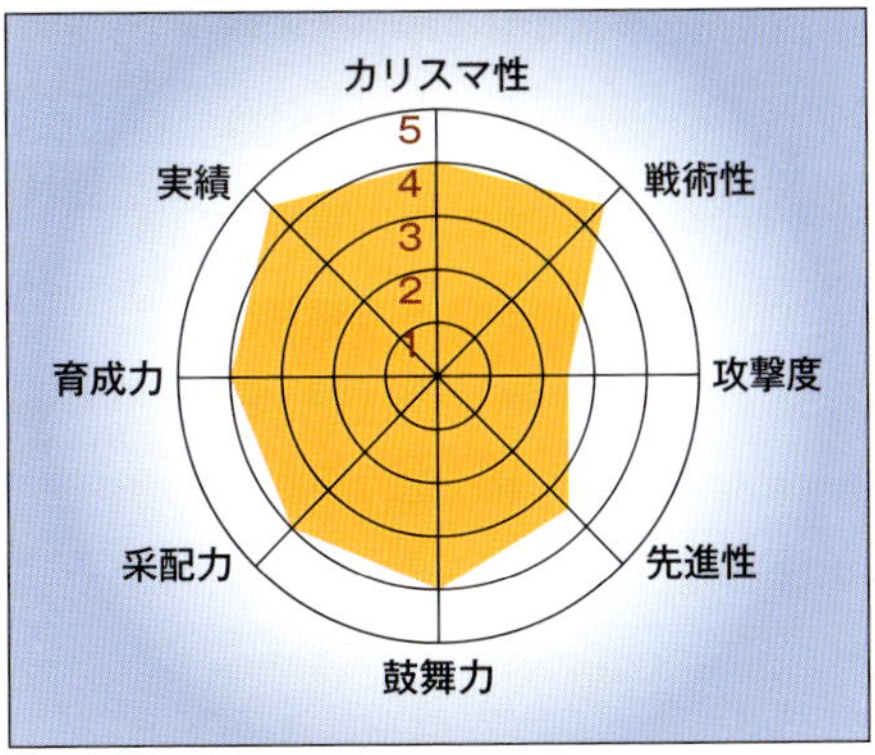

ウイングを置く布陣を好まない点が特徴

中盤ダイヤモンド型4−4−2（4−3−1−2、4−1−3−2）、中盤フラット型の3−5−2など、現代サッカーにおいては攻撃的とは言えない布陣を好んで用いる。4−2−3−1、4−3−3など、ウイング的な選手を置く布陣を好まないイタリア人らしい監督だ。

イタリアはユーロ2012決勝でスペインに完敗した

引き分け。イタリアは先制ゴールを奪い、スペインをあわてさせた。

最大の見せ場は準決勝。相手はドイツ。スペインと並ぶ優勝候補だ。プランデッリが採用した布陣は中盤ダイヤモンド型4―4―2。相手にサイドを突かれると4―3―1―2になりやすい布陣だが、このときのドイツもサイド攻撃を怠《おこた》った。イタリアにパスをつながれ、1―2で敗れた。

プランデッリは決勝に、スペインとの前戦で採用した布陣3―5―2で臨んだ。が。結果は0―4。スペインは同じ過ちを2度起こさなかった。

その2年後の14年ブラジルW杯。4―3―1―2、4―3―3、4―2―3―1を使って、良く言えば、相手に応じた戦いをした。悪く言えば、自主性のないサッカー。守備的サッカーをしたいのだけれど、それでは世の中と波長が合わないから、渋々攻撃的サッカーをしてみた。が、結果は出なかった――との推理が成り立つ。

ジャン・ピエロ・ガスペリーニ

イタリア

Gian Piero GASPERINI

日本代表お勧め度
C

PERSONAL DATA

■1958年1月26日生まれ、イタリア・トリノ県出身

選手キャリア（ミッドフィルダー）

76−77＝ユベントス(0/0)
77−78＝レッジャーナ(16/0)
78−83＝パレルモ(128/11)
83−84＝カベーゼ(34/2)
84−85＝ピストイエーゼ(34/4)
85−90＝ペスカラ(160/21)
90−91＝サレルニターナ(35/1)
91−93＝ビス・ペサロ(61/3)

指導キャリア

94−03 ユベントス・ジュニアユース監督
03−06 クロトーネ監督
04−06 クロトーネ監督
06−10 ジェノア監督
11 インテル監督
12−13 パレルモ監督
13−16 ジェノア監督
16− アトランタ監督

採用フォーメーション

3−5−2

選手時代の知名度

★★★☆☆

キャラクター数値

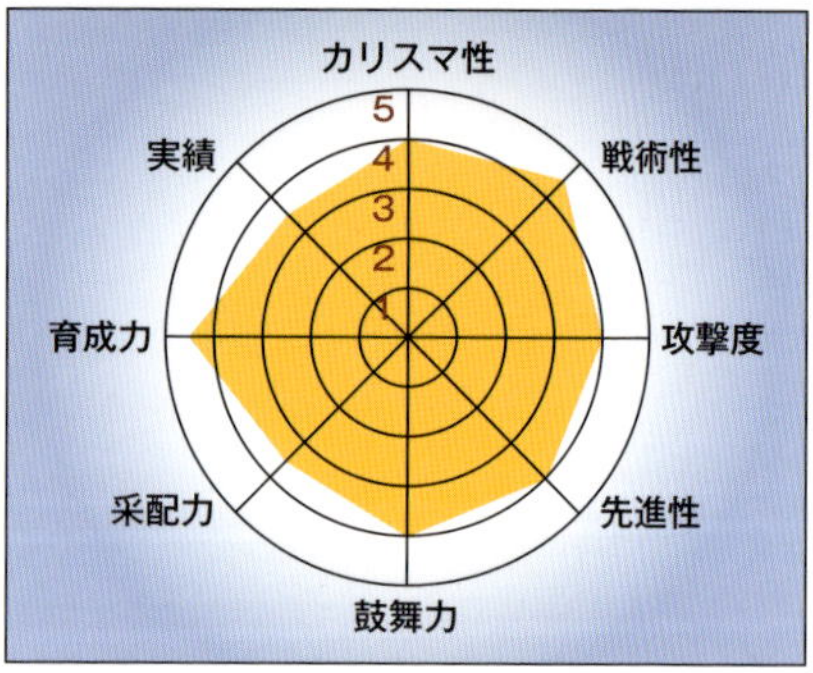

守備的にも攻撃的にも戦える柔軟性を持つ

13−14、ジェノアの監督の座に就くと、試合ごとに布陣を変更するマルチな戦いを披露。4バックと3バックでは3バックを好むが、守備的な3バック（3−4−1−2）も採用すれば、攻撃的な3バック（3−4−3）も採用する。最近では、3−5−2の使用頻《ひん》度《ど》が増えている。

低迷していた名門ジェノアを、セリエAの舞台へと引き上げた

06―07シーズン、そのときセリエBだったジェノアの監督に就任。ジェノアと言えば94―95、カズこと三浦知良がプレイしたチームとして知られるが、シーズン終了後、チームは降格。以降12年間昇格できずにいた。その沈黙を破ったのがガスペリーニ。セリエAに昇格した07―08は10位。翌08―09は5位。ELを戦うレベルまで急浮上させた。そして11―12、インテルの監督に迎えられたが、9月には解雇。パレルモ、そして再びジェノアで、その後、采配を振るったが、かつてのような輝きはない。中盤フラット型3―4―3。5―4―1になりにくい攻撃的サッカーを好むが、パスコースが少なく、CFにキープ力の高い選手が不可欠であり、万能性に欠けるためだ。「中盤フラット型3―4―3は、長期のリーグ戦には不向き」と、ガスペリーニのサッカーは語っている？

イタリア

フランチェスコ・グイドリン

Francesco GUIDOLIN

日本代表お勧め度

C

PERSONAL DATA

■1955年10月3日生まれ、イタリア・トレビーゾ県出身

選手キャリア(ミッドフィルダー)

75−77=ベローナ(24/1)、77−78=サンベネデッテーゼ(35/3)
78−79=ベローナ(14/1)、79−80=ピストイエーゼ(35/3)
80−82=ベローナ(62/12)、82−83=ボローニャ(24/1)
83−84=ベローナ(2/0)、84−86=ベネツィア(41/1)

指導キャリア

86−88 ジオルジオーネ・ジュニアユース監督
88−89 ジオルジオーネ監督
89−90 トレビーゾ監督、90−91 ファノ監督
91−92 エンポリ監督、92−93 ラベンナ監督
93 アタランタ監督、94−98 ビチェンツァ監督
98−99 ウディネーゼ、99−03 ボローニャ監督
04−05 パレルモ監督
05 ジェノア監督、05−06 モナコ(フランス)監督
06−07 パレルモ監督、07 パレルモ監督
07−08 パレルモ監督、08−10 パルマ監督
10−14 ウディネーゼ監督、16− スウォンジー(ウェールズ)監督

主な獲得タイトル(監督時代)

国内カップ優勝1回(96−97/ビチェンツァ)

採用フォーメーション

4−3−3

選手時代の知名度

★★☆☆☆

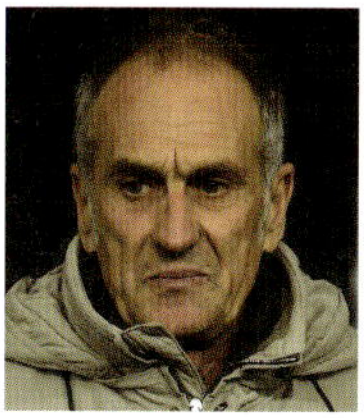

キャラクター数値

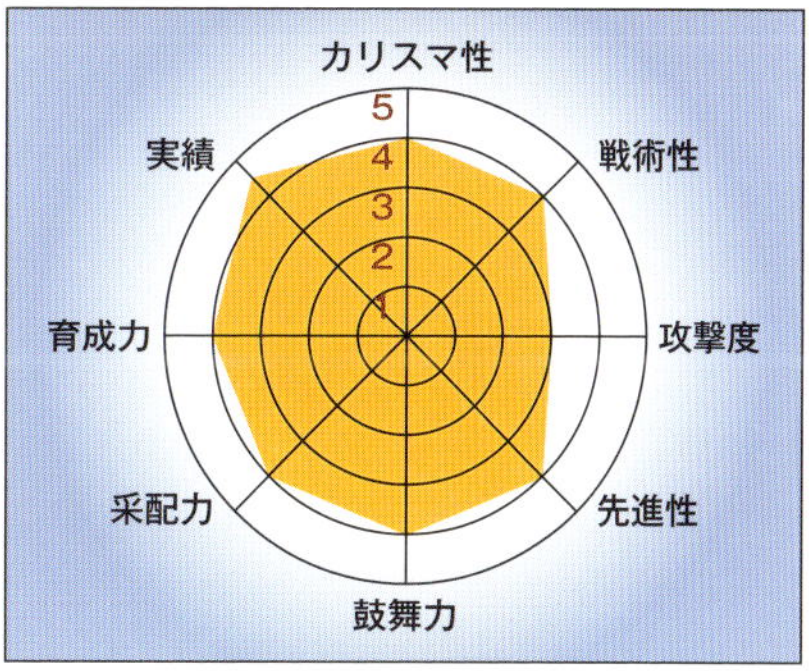

スウォンジーをプレミア残留に導いた名将

16年1月18日、プレミアのスウォンジーの監督に就任。当時、順位は降格ラインギリギリの17位。藁《わら》をもつかむ思いで招聘《しょうへい》したスウォンジーの期待に、グイドリンは応えた。チームを最終的に11位まで押し上げ、監督力を見せつけた。攻撃的とは言えないサッカーで。

対戦相手の戦い方に合わせて、自チームの戦術を柔軟に変える

相手に合わせて、戦い方を変えてくる監督。自分たちの良さを出そうとするのではなく、まず相手の良さを消そうとする監督――そう言えば、ちまたに溢れていそうな気がするが、そのつど布陣を変えるなど、徹底してディテイルにこだわる監督は思いのほか少ない。グイドリンはその対応の広さを売りにする監督だ。しかしそれは、監督不信を招く恐れを秘めている。毎試合、戦い方が違う場合もある。先週正しかったことが、今週は間違いになる可能性も出てくる。監督が選手との力関係で、監督が大きく上回っている場合は問題ない。弱小チームを率いる場合などが、それに当たる。ウディネーゼ、ビチェンツァでとりわけ大きな成功を収めた理由だが、ビッグクラブからはお呼びさえかからない。16年1月から、活動場所をイングランドに移した。

イタリア

マウリツィオ・サッリ

Maurizio SARRI

日本代表お勧め度

C

PERSONAL DATA

■1959年1月10日生まれ、イタリア・ナポリ出身

指導キャリア

90−91　スティア監督
91−93　ファエッレーゼ監督
93−96　カブリリア監督
96−98　アンテッラ監督
98−99　バルデマ監督
99−00　テゴレト監督
00−03　サンソビーノ監督
03−05　サンジョバネーゼ監督
05−06　ペスカラ監督
06−07　アレッツォ監督
07　アベリーノ監督
07−08　ベローナ監督
08−09　ペルージャ監督
10　グロッセート監督
10−11　アレッサンドリア監督
11　ソッレント監督
12−15　エンポリ監督
15−　ナポリ監督

採用フォーメーション

4−3−3

選手時代の知名度

★☆☆☆☆

キャラクター数値

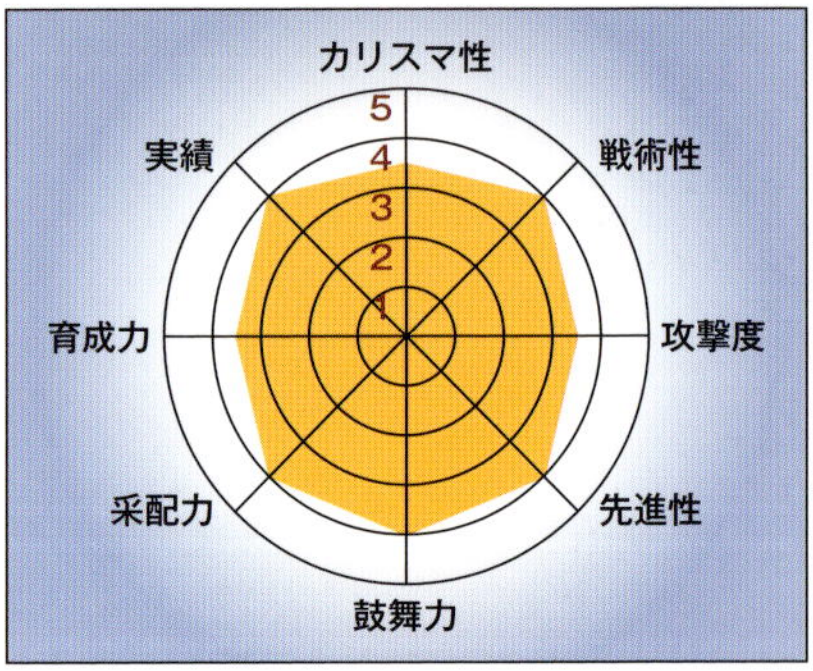

4−2−3−1と4−3−3を柔軟に使う

イタリアで最も名を上げた監督。元銀行員ながら、プロ選手上がりの監督より研究熱心。練習メニューを考えさせたら右に出る者はいない。布陣は4−3−1−2（主にエンポリ時代）も使えば、4−3−3（ナポリ）も使う。売りは臨機応変さだが、悪く言えばポリシーがない。

手堅いカウンターで評価を上げる、プロ選手経験のない元銀行員監督

14―15シーズン、エンポリを1部に残留させた功績が認められ、ベニーテスをレアル・マドリーに引き抜かれたナポリの監督に収まることになったサッリ。１９５９年生まれ。中堅からベテランの域に入ろうかという年齢だが、エンポリ時代の年俸はリーグ最低。監督としては遅咲きの部類に入る。プロ選手経験のない元銀行員。長年上位に君臨するナポリ行きは、まさに栄転そのものと言えた。

15―16。セリエＡにおける成績は、ベニーテス時代以上。数字上では得点は多く、失点は少ない。だが、ＥＬではベスト32で敗れている。対戦相手のビジャレアルと比較してみると、そのサッカーがイタリア国内で言われているほど、今日的ではないことが判明する。前で奪うサッカーではない。手堅く守り、カウンター。ＣＬでベスト8を狙う勢いはない。

イタリア

ジャンフランコ・ゾラ

Gianfranco ZOLA

日本代表お勧め度

E

PERSONAL DATA

■1966年7月5日生まれ、イタリア・サルデーニャ州出身

選手キャリア(フォワード、攻撃的ミッドフィルダー)

84−86＝ヌオレーゼ(31/10)
86−89＝トレース(88/21)
89−93＝ナポリ(105/32)
93−96＝パルマ(102/49)
96−03＝チェルシー(229/59)
03−05＝カリアリ(74/22)
○イタリア代表＝35/10(91−97)

主な獲得タイトル(選手時代)

UC優勝1回(94−95/パルマ)
UCWC優勝1回(97−98/チェルシー)
国内リーグ優勝1回(89−90/ナポリ)
国内カップ優勝2回(96−97、99−00/チェルシー)

指導キャリア

06−08　イタリアU−21代表アシスタント
08−10　ウェストハム(イングランド)監督
11−12　イタリアU−16代表監督
12−13　ワトフォード(イングランド)監督
14−15　カリアリ監督
15−16　アル・アラビ(カタール)監督

採用フォーメーション

4−4−2(中盤フラット型)

選手時代の知名度

★★★★★

キャラクター数値

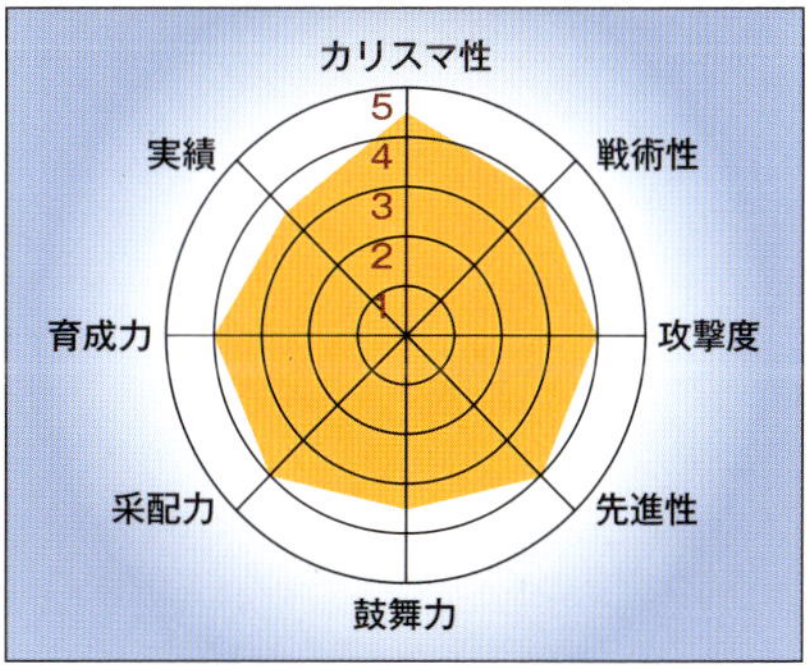

栄光の選手時代とは裏腹な監督キャリアに

イタリアの年代別チームを手始めに、イタリアとイングランドを往復していたが、結果を残せずじまい。14-15は11シーズン、セリエAに在籍したカリアリをBに降格させた。「名選手、名監督にあらず」の状態のまま、15-16は、アル・アラビで指揮をとるも、退任。

対戦相手の戦い方に合わせて、自チームの戦術を柔軟に変える

バッジオ、ジダン、ボバン、ルイ・コスタ、トッティ、デル・ピエーロ等々、90年代のイタリアには、10番、司令塔が数多くいた。ゾラもその1人。だが、イタリア国内ではバッジオに次ぐ2番手。96―97シーズン、パルマからチェルシーへ移籍したことも存在を希薄にした理由だ。しかし、モダンさという点で勝《まさ》っていたのはゾラ。当時のイタリアにあって、イングランドにないものは3バック。3―4―1―2。2トップ下だ。ゾラはチェルシーで中盤フラット型4―4―2の2トップの一角、「トップ下」と言うなら、2トップ下ではなく1トップ下でプレイ。非イタリア的な文化の中で活躍した。

監督としてのスタートもイングランド。ウェストハム、ワトフォードを経て、カリアリの監督に就任したが、わずか3か月で解任。イタリアでは花を咲かせずにいる。

イタリア

エウゼビオ・ディ・フランチェスコ

Eusebio DI FRANCESCO

日本代表お勧め度

A

PERSONAL DATA

■1969年9月8日生まれ、イタリア・ペスカラ県出身

選手キャリア（ミッドフィルダー）

87—91＝エンポリ（102/3）
91—95＝ルッケーゼ（139/12）
95—97＝ピアチェンツァ（67/5）
97—01＝ローマ（101/14）
01—03＝ピアチェンツァ（61/12）
03—04＝アンコナ（10/0）
04—05＝ペルージャ（35/1）
○イタリア代表＝13/1（97—00）

主な獲得タイトル（選手時代）

国内リーグ優勝１回（00—01/ローマ）

指導キャリア

08—09　ビルトゥス・ランチャーノ監督
09—11　ペスカラ監督
11　レッチェ監督
12—14　サッスオーロ監督
14—　サッスオーロ監督

採用フォーメーション

4—3—3

選手時代の知名度

★★★★☆

キャラクター数値

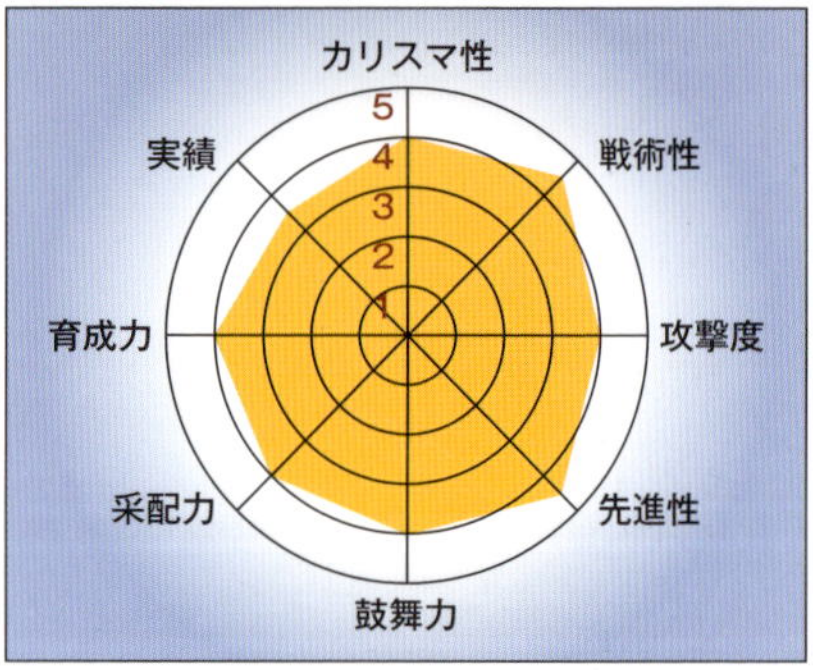

現役時代のような堅実なサッカーを実践

派手さはないが知的で堅実、真面目な好選手として知られていた現役時代を彷彿《ほうふつ》とさせるサッカーを、サッスオーロという地方クラブで展開中。4-3-3ベースの攻撃的なサッカーで、好チームぶりをいかんなく発揮し、直近の15-16シーズンでは6位に入った。

4—3—3を基本布陣として攻撃的サッカーを標榜《ひょうぼう》する

中田英寿のローマ時代の同僚であり、ポジション争いをしたライバルだ。3—5—2の守備的MFもこなせば、ウイングバックもこなす多機能型。対する中田はエースのトッティとポジションが重なったにもかかわらず、守備的MFやサイドに適性を見いだせない非多機能型だった。当時の背番号はトッティ10番、中田8番、ディ・フランチェスコ7番。トルシエ時代の明神智和のようなタイプだったのがディ・フランチェスコ。だが、現役時代の見かけにはよらず、監督としては攻撃的サッカーを標榜《ひょうぼう》する。12—13シーズン、サッスオーロの監督に就任するや、チームを史上初めて1部に導く。15—16は6位に躍進。EL予備予選を突破し、本大会出場を決めた。かつてフォッジャを率いて、センセーションを巻き起こしたゼーマンを想起させる4—3—3を用いて。

イタリア

ルイジ・デル・ネリ
Luigi DEL NERI

日本代表お勧め度
C

PERSONAL DATA

■1950年8月25日生まれ、イタリア・ウディネ県出身

選手キャリア(ミッドフィルダー)

68−72=SPAL(66/0)、72−74=フォッジャ(51/5)
74−75=ノバーラ(33/1)、75−78=フォッジャ(92/6)
78−80=ウディネーゼ(59/7)、80−81=サンプドーリア(33/1)
81−82=ビチェンツァ(31/4)、82−83=シエナ(24/1)
83−84=プロ・ゴリツィア(32/8)、84−85=オピテルジーナ(32/4)

指導キャリア

85−86 オピテルジーナ監督、86−89 プロ・ゴリツィア監督
89−90 パルティニコアウダーチェ監督、90−91 テラモ監督
91−92 ラベンナ監督、92−94 ノバーラ監督
94−96 ノチェリーナ監督、96−98 テルナーナ監督
98 エンポリ監督、98−99 テルナーナ監督
00−04 キエーボ監督、04 ポルト(ポルトガル)監督
04−05 ローマ監督、05−06 パレルモ監督
06−07 キエーボ監督、07−09 アタランタ監督
09−10 サンプドーリア監督、10−11 ユベントス監督
12−13 ジェノア監督、15−16 ベローナ監督

指導キャリア

イタリア年間最優秀監督賞1回(01−02)

採用フォーメーション

4−4−2(中盤フラット型)

選手時代の知名度

★★★☆☆

キャラクター数値

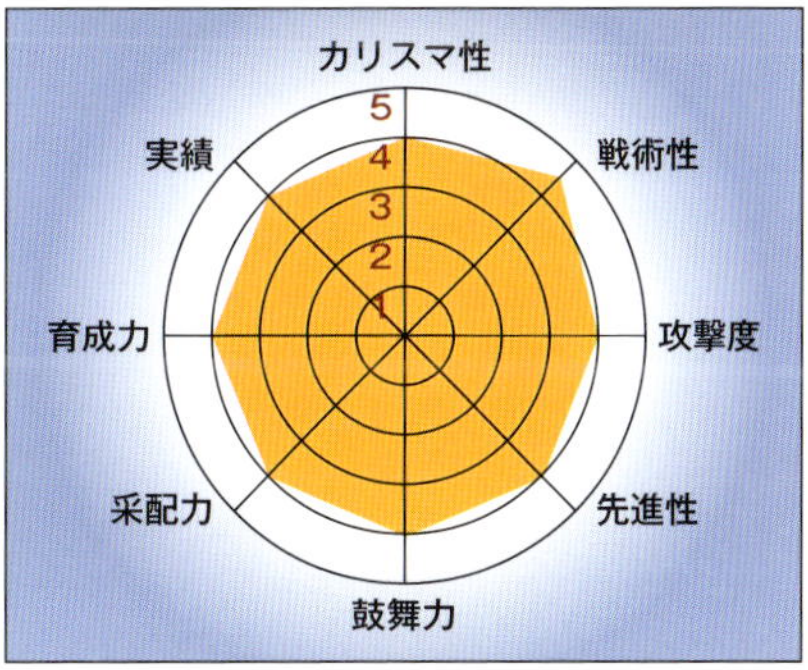

前からプレッシングを仕掛けるサッカー

ＤＦ、ＭＦ、ＦＷの3列が綺麗に隊列する中盤フラット型4−4−2からプレッシングをかける。できるだけ高い位置でボールを奪い、相手の陣形が整わぬうちに攻めきるサッカーで一世《いっせい》を風靡《ふうび》したが、15−16の途中から監督に就任したベローナではチームを2部に落とした。

中盤フラット型の4−4−2でプレスをかけるスタイルは健在

セリエAが守備的サッカーに染まる中、アリーゴ・サッキ的な攻撃的サッカーを掲げて登場した。中盤フラット型4−4−2をベースに、高い最終ラインを維持しながらプレッシングをかけようとする作戦は、いまなお健在だ。しかし15−16シーズン、2部落ち候補のベローナの監督に就任するも、奮闘むなしく降格させる。かつての勢いをとり戻せずにいる。キャリアの中でイタリア国外に出たことが1回だけある。わずか2か月間だが。

04−05、前シーズン欧州一に輝いたポルトは、チェルシーに移ったモウリーニョの後任に、キエーボをセリエAに昇格させ(00−01)、以後3シーズン、5位、7位、9位と飛躍させたルイジ・デル・ネリを招いた。もしここでポルトの監督として成功していれば、欧州レベルの監督として活躍していたに違いない。

イタリア

ロベルト・ドナドーニ

Roberto DONADONI

日本代表お勧め度
D

PERSONAL DATA

■1963年9月9日生まれ、イタリア・ベルガモ県出身

選手キャリア(ミッドフィルダー、右サイドハーフ)

82−86=アタランタ(96/5)、86−96=ミラン(263/18)
96−97=NY メトロスターズ(49/6)、97−99=ミラン(24/0)
99−00=アル・イテハド(15/0)
○イタリア代表=63/5(86−96)

主な獲得タイトル(選手時代)

CC 優勝 2 回(88−89、89−90/ ミラン)、CL 優勝 1 回(93−94/ ミラン)、IC 優勝回数 2 回(89、90/ ミラン)
国内リーグ優勝 7 回(87−88、91−92、92−93、93−94、95−96、98−99/ ミラン、99−00/ アル・イテハド)

指導キャリア

01 レッコ監督、02 レッコ監督
02−03 リボルノ監督
03 ジェノア監督
05−06 リボルノ監督
06−08 イタリア代表監督
09 ナポリ監督
10−11 カリアリ監督
12−15 パルマ監督
15− ボローニャ監督

採用フォーメーション

4−2−3−1

選手時代の知名度

★★★★★

ユーロでは守備的な4−3−1−2を採用

42歳でイタリア代表監督に就任。ユーロ2008本大会に臨んだ。06年ドイツW杯で優勝したリッピ率いるイタリアが4−2−3−1を採用したのに対し、ドナドーニは守備的な4−3−1−2で臨み、スペインに準々決勝で敗れた。現在ボローニャでは、主に4−2−3−1を採用。

キャラクター数値

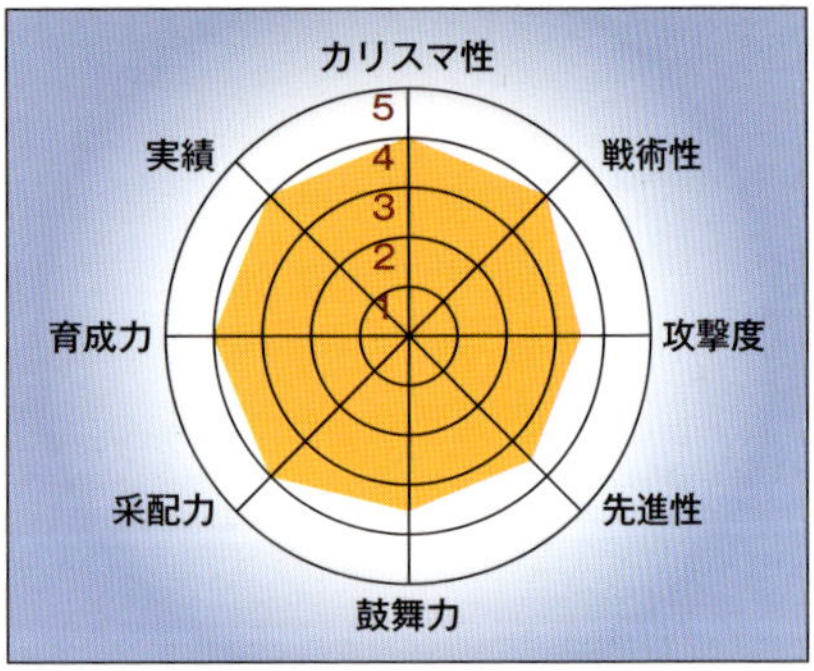

イタリア代表監督を経験するも、中堅クラブの監督の域を脱せず

88年欧州選手権、90年イタリアW杯、94年アメリカW杯、そして96年欧州選手権。ドナドーニはイタリアサッカーが攻撃的であった時代に、右サイドハーフでスタメンを張った選手。

だが、自らが代表監督として臨んだユーロ２００８では、ルカ・トーニに放り込む前時代的なサッカーを披露した。何とか準々決勝に進出したものの、そこでスペインの軍門に降《くだ》った。とはいえ、スペインの戦いぶりも良くなかった。結果は０−０のＰＫ負け。不運の一言で片づけたくなる敗退劇だったが、スペインは準決勝、決勝と立ち直り、優勝。一つの時代の幕をあけることになった。一方のイタリアは、逆に低迷期に入っていく。ドナドーニも元イタリア代表監督という看板があるにもかかわらず、セリエA中位レベルから脱せられず、欧州戦線に参加できずにいる。

イタリア

ステファノ・ピオリ

Stefano PIOLI

日本代表お勧め度

C

PERSONAL DATA

■1965年10月19日生まれ、イタリア・パルマ県出身

選手キャリア(センターバック)

79−84=パルマ(41/2)、84−87=ユベントス(36/0)、
87−89=ベローナ(42/0)、89−95=フィオレンティーナ(156/1)
95−96=パドバ(4/0)、96−97=ピストイエーゼ(14/1)
97−98=フィオレンズオーラ(21/0)、98−99=コロルノ

主な獲得タイトル(選手時代)

CC 優勝 1 回(84−85/ ユベントス)、IC 優勝 1 回(85/ ユベントス)
国内リーグ優勝 1 回(85−86/ ユベントス)

指導キャリア

99−01 ボローニャ・ジュニアコーチ
01−02 ボローニャ・ユース監督
02−03 キエーボ・ユース監督、03−04 サレルニターナ監督
04−06 モデナ監督、06 モデナ監督
06−07 パルマ監督、07−08 グロッセート監督
08−09 ピアチェンツァ監督、09−10 サッスオーロ監督
10−11 キエーボ監督、11 パレルモ監督
11−14 ボローニャ監督、14−16 ラツィオ監督

採用フォーメーション

4−3−3

選手時代の知名度

★★★★☆

キャラクター数値

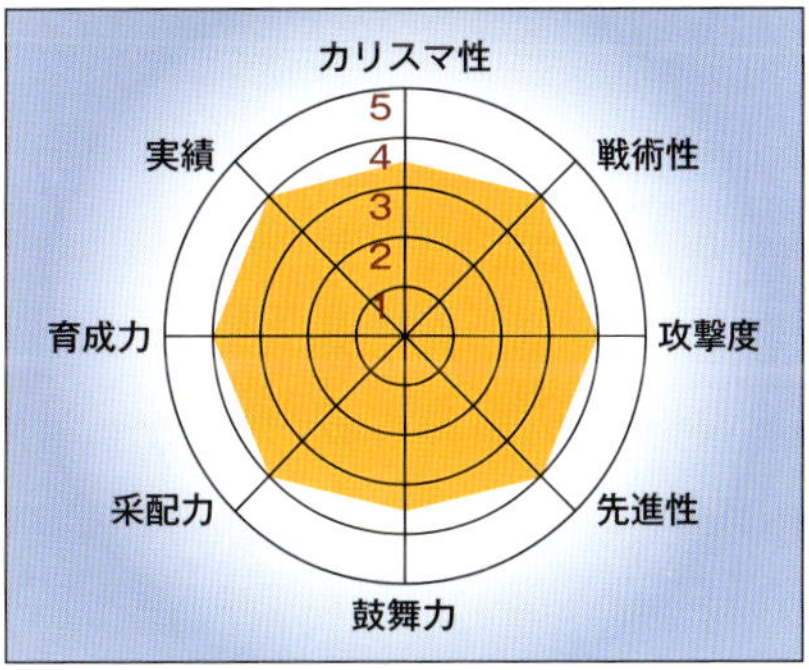

育成や2部の監督で経験を積んだ指揮官

育成のコーチ、セリエBの各チームの監督を経験しながら、セリエAにゆっくりと昇格。そして、セリエA中位クラスの監督の顔になった。15-16はラツィオ監督に就任して2シーズン目だったが、EL出場が絶望的になった16年4月に解任。欧州に羽ばたけずにいる。

師匠グイドリン監督に多くを学び、4―4―2で攻撃サッカーを実践

イタリアでは有名でも、一歩国外に出ると知名度が急降下する監督は少なくない。セリエAの衰退に伴い、欧州レベルで活躍するクラブが激減したことと、それは大きな関係がある。ボローニャなどで監督を務めたグイドリンなどはその代表的な監督と言える。

ボローニャ時代のグイドリンのもとで、ユースコーチを担当していたステファノ・ピオリもその1人。ボローニャ監督を経て14―15シーズンに指揮をとったラツィオでセリエA3位の座に就くと、翌15―16には、50歳にして初めてELを戦うことになった。4―1―4―1的な4―3―3をベースに、相手の両サイドバックの攻め上がりをケアしながら戦う攻撃的なサッカー。カウンター重視のグイドリンより今日的なスタイルで、ベスト16に進出するも、スパルタ・プラハに、通算1―4で敗れた。

イタリア

ロベルト・マンチーニ

Roberto MANCINI

日本代表お勧め度

C

PERSONAL DATA

■1964年11月27日生まれ、イタリア・アンコナ県出身

選手キャリア(フォワード)

81−82=ボローニャ(30/9)、82−97=サンプドーリア(424/132)
97−00=ラツィオ(87/15)、01=レスター・シティ(4/0)
○イタリア代表=36/4(84−94)

主な獲得タイトル(選手時代)

UCWC優勝2回(89−90/サンプドーリア、98−99/ラツィオ)
国内リーグ優勝2回(90−91/サンプドーリア、99−00/ラツィオ)
国内カップ優勝6回(84−85、87−88、88−89、93−94/サンプドーリア、97−98、99−00/ラツィオ)

指導キャリア

00−01 ラツィオ アシスタント
01−02 フィオレンティーナ監督
02−04 ラツィオ監督、04−08 インテル監督
09−13 マンチェスター・シティ(イングランド)監督
13−14 ガラタサライ(トルコ)監督
14−16 インテル監督

主な獲得タイトル(監督時代)

国内リーグ優勝4回(05−06、06−07、07−08/インテル、11−12/マンチェスター・シティ)
国内カップ優勝5回(00−01/フィオレンティーナ、03−04/ラツィオ、04−05、05−06/インテル、10−11/マンチェスター・シティ)

採用フォーメーション

4−2−3−1

選手時代の知名度

★★★★☆

守備的か攻撃的かを自ら宣言しない監督

守備的な3バック、あるいは守備的な4−3−1−2を好むイタリア人監督が目立つ中、布陣的には攻撃的サイドに収まるサッカーをする。だが、かつてのアリーゴ・サッキや、スパレッティのように宣言はしない。守備的ではないが、攻撃的サッカーへのこだわりも低い。

キャラクター数値

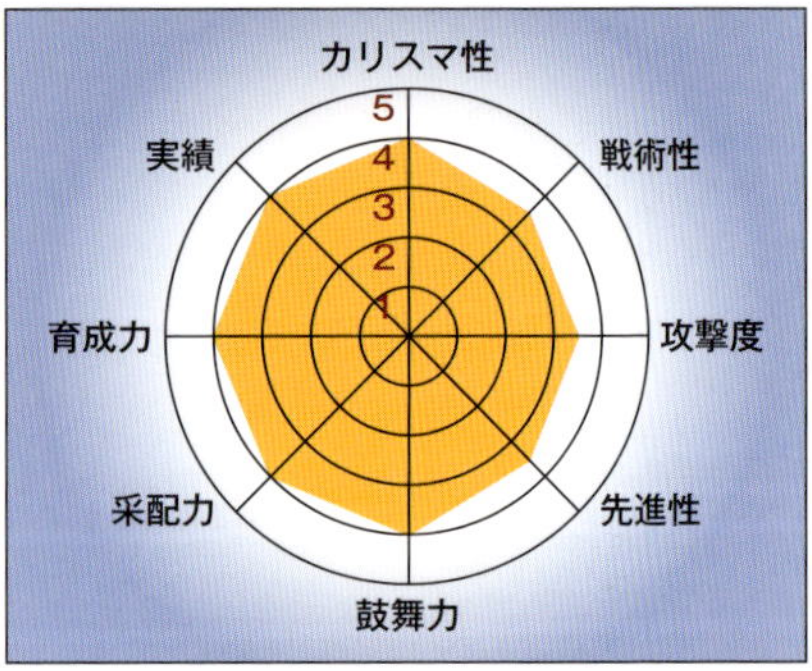

近年のイタリア人監督の中では実績はあるが、国際レベルに至らず

ビチーニが率いた88年欧州選手権のイタリア代表は、成績こそベスト4だったが、見映えという点では歴代のチームの中で1、2を争う。マンチーニは、そこでジャンルカ・ビアリと2トップを組んでいた。当時4―2―3―1があったなら、1トップ下が似合いそうな華のあるタイプだったが、国際級、欧州級というわけではなかった。

監督となってからは、インテルの監督としてセリエA優勝3回、マンCの監督としてプレミア優勝を1回飾っている。最近のイタリア人監督の中では実績ピカイチながら、国際級、欧州級と呼ぶには至っていない。CLの最高位はベスト8。マンチーニ退任後にインテル監督に就任し、チームを09―10CLチャンピオンに導いたモウリーニョに比べれば一目瞭然。格下に順当勝ちできても、格上に番狂わせを起こせないサッカーだ。

クラウディオ・ラニエリ

Claudio RANIERI

日本代表お勧め度
C

PERSONAL DATA

■1951年10月20日生まれ、イタリア・ローマ県出身

選手キャリア(ディフェンダー)
72−74=ローマ(6/0)、74−82=カタンザーロ(225/8)、82−84=カターニャ(92/1)、84−86=パレルモ(40/0)

指導キャリア
86−87 ビゴール・ラメツィア監督
87−88 カンパニア・プテオラーナ監督
88 カンパニア・プテオラーナ監督
88−91 カリアリ監督、91−93 ナポリ監督
93−97 フィオレンティーナ監督
97−99 バレンシア(スペイン)監督
99−00 アトレティコ・マドリー(スペイン)監督
00−04 チェルシー(イングランド)監督
04−05 バレンシア(スペイン)監督、07 パルマ監督
07−09 ユベントス監督、09−11 ローマ監督
11−12 インテル監督、12−14 モナコ(フランス)監督
14 ギリシャ代表監督、15− レスター・シティ(イングランド)監督

主な獲得タイトル(選手時代)
国内リーグ優勝1回(15−16/ レスター・シティ)、国内カップ優勝2回(95−96/ フィオレンティーナ、98−99/ バレンシア)
プレミアリーグ年間最優秀監督賞1回(15−16)

採用フォーメーション
4−4−2(中盤フラット型)

選手時代の知名度
★★☆☆☆

キャラクター数値

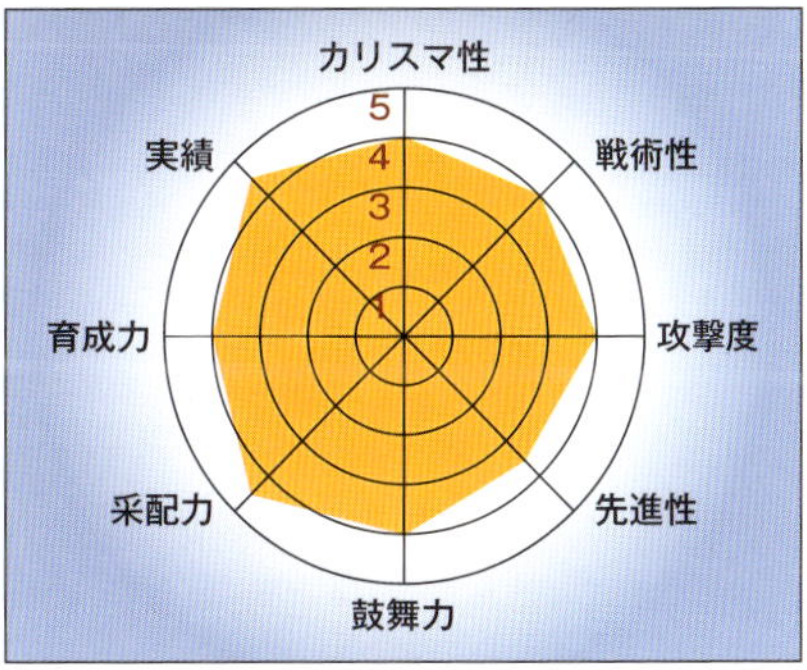

レスターでようやくビッグタイトル獲得

本国イタリア、スペイン、イングランド、フランス、ギリシャ。これまで多くの国とクラブを渡り歩いてきたが、小さな成功はあっても大きな成功はなし。時代を築けずにいたが、15−16、ひょんなことから就任したレスターで大成功。プレミアを制し、世界的な脚光を浴びた。

長年にわたり複数の国を渡り歩く、話し上手で社交的なイタリア人

シーズン前半は好調でも、後半に失速したり、1シーズン目は良くても、2シーズン目は振るわなかったり。長年にわたり、一進一退を繰り返してきたベテラン監督。イタリアでは「修理屋」の異名で通っている。

あまり外に出たがらないイタリア人監督が多い中でラニエリは、スペイン、フランス、イングランド、ギリシャと、欧州各地をこだわりなく飛び回っている。勝ったり負けたりを繰り返しながら。社交的、人当たりが良い、話が面白いなど、何より人を惹《ひ》きつける能力にたけている。人間に嫌われやすいタイプと、嫌われにくいタイプがあるとすれば、後者。14年に就任したギリシャ代表を、ユーロ2016予選で落選させたあと、15―16に就任したレスターでは一転、大成功。プレミア優勝を果たし、CL本大会にもクラブ史上初めて出場した。

イタリア

マルチェロ・リッピ

Marcello LIPPI

日本代表お勧め度

C

PERSONAL DATA

■1948年4月11日生まれ、イタリア・ビアレッジョ出身

選手キャリア（ディフェンダー）

69＝サンプドーリア(0/0)、69−70＝サボーナ(21/2)
70−79＝サンプドーリア(274/5)、79−81＝ピストイエーゼ(45/0)、81−82＝ルッケーゼ(23/0)

指導キャリア

82-85 サンプドーリア・ジュニアユース監督、85-86 ポンテデラ監督
86-87 シエナ監督、87-88 ピストイエーゼ監督
88-89 カッラレーゼ監督、89-91 チェゼーナ監督
91-92 ルッケーゼ監督、92-93 アタランタ監督
93-94 ナポリ監督、94-99 ユベントス監督
99-00 インテル監督、01-04 ユベントス監督
04-06 イタリア代表監督、08-10 イタリア代表監督
12-14 広州恒大(中国)監督

主な獲得タイトル(監督時代)

CL優勝1回(95−96/ユベントス)、IC優勝1回(96/ユベントス)、ACL優勝1回(13/広州恒大)、国内リーグ優勝8回(94−95、96−97、97−98、01−02、02−03/ユベントス、12、13、14/広州恒大)、国内カップ優勝2回(94−95/ユベントス、12/広州恒大)、W杯優勝1回(06/イタリア)、UEFA年間最優秀監督賞1回(97−98)、イタリア年間最優秀監督賞3回(97、98、03)、中国年間最優秀監督賞1回(13)

サッキとカペッロの中間型のサッカー

プレッシングでボールを奪ってから、さらに回そうとしたのがアリーゴ・サッキだとすれば、奪ったら即、攻めたのがカペッロ。その後、ユベントスの監督として一世《いっせい》を風靡《ふうび》することになったリッピはその中間型。臨機応変な、調整型の監督。モウリーニョに近い。

採用フォーメーション

4−4−2(中盤フラット型)

選手時代の知名度

★★★☆☆

キャラクター数値

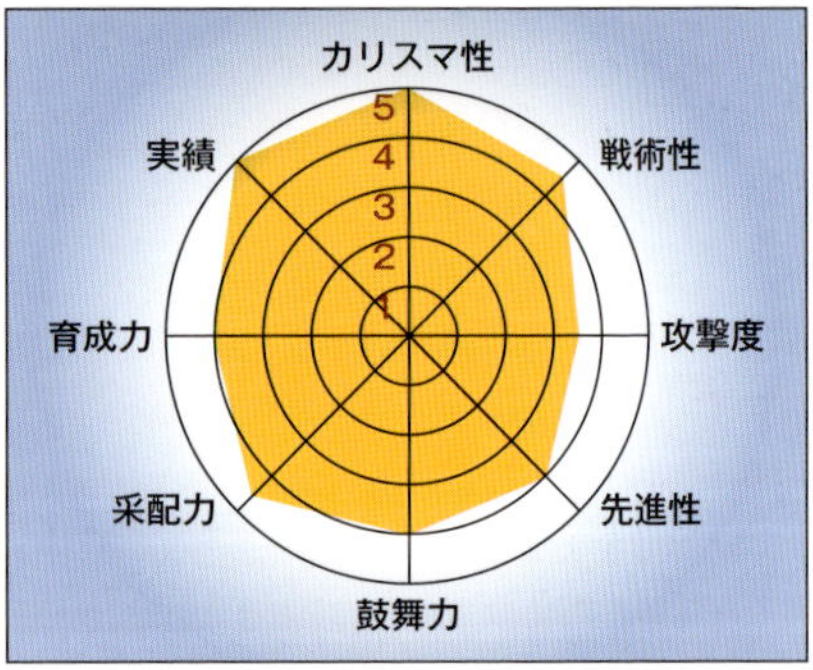

ユベントス黄金期を支えた名将は、イタリアの栄枯盛衰を表している

ミランを最強チームに導いたのがアリーゴ・サッキとファビオ・カペッロだとすれば、ユベントスはマルチェロ・リッピになる。88〜90年、サッキがチャンピオンズカップで2連覇を達成すれば、カペッロは92〜95年まで3季連続CL決勝進出に導く（うち1回優勝）。そんなミランの絶頂期にリッピは現れた。94―95、ユーベ監督に就任すると、国内リーグ優勝。翌95―96のCLでは、決勝に進出。アヤックスとの延長PK戦を制し、チームを2度目の欧州一に導いた。96―97、97―98も決勝進出。カペッロ時代のミランに続く、3季連続決勝進出を果たした。イタリア代表監督としても、06年ドイツW杯優勝。

ところが、10年南アフリカW杯では、まさかのグループリーグ落ち。1勝もできずに消えた。イタリアの栄枯盛衰そのままを表した監督と言える。

エドアルド・レヤ

イタリア

Edoardo REJA

日本代表お勧め度
C

PERSONAL DATA

■1945年10月10日生まれ、イタリア·ゴリツィア県出身

選手キャリア(ミッドフィルダー)

63−68=SPAL(70/2)、68−73=パレルモ(124/1)
73−76=アレッサンドリア(76/1)、76−77=ベネベント(7/0)

指導キャリア

79−80 モリネッラ監督、80−81 モンセリーチェ監督
81 ポルデノーネ監督、82−83 モンセリーチェ監督
83−84 プロ·ゴリツィア監督、84−85 トレビゾ監督
85−86 メストレ監督、87 バレーゼ監督
87−89 ペスカラ·ユース監督、89−90 ペスカラ監督
90−92 コゼンツァ監督、92−93 ベローナ監督
93−94 ボローニャ監督、94−95 レッチェ監督
96−97 ブレッシャ監督、97−98 トリノ監督
99−01 ビチェンツァ監督、01−02 ジェノア監督
03 カターニャ監督、03−04 カリアリ監督
05−09 ナポリ監督
09−10 ハイドゥク·スプリト(クロアチア)監督
10−12 ラツィオ監督、14 ラツィオ監督
15—16 アタランタ監督

採用フォーメーション

4−3−3

選手時代の知名度

★★☆☆☆

キャラクター数値

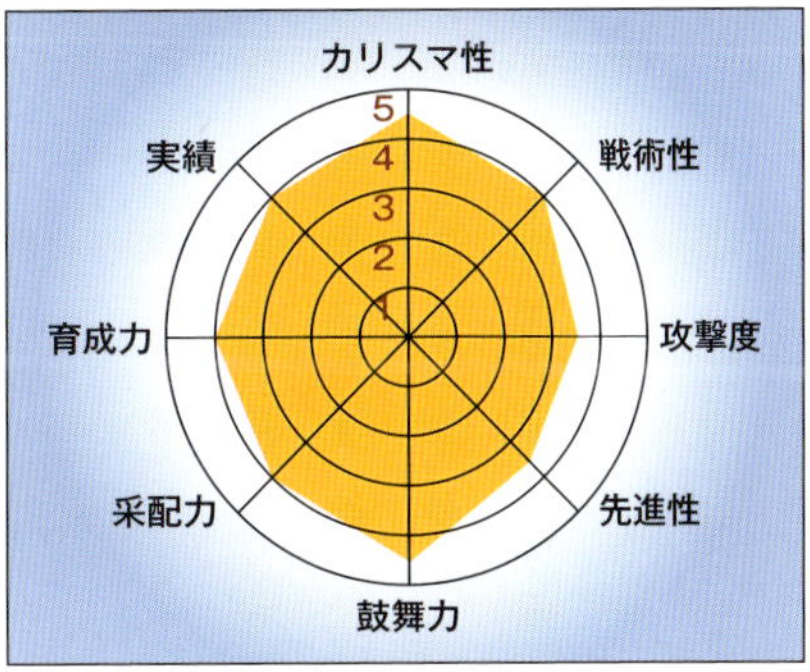

試合ごとに布陣を使い分ける柔軟な監督

イタリアのベテラン監督と言えば、絵に描いたような保守的監督を連想するが、レヤは思いのほか柔らか頭だ。試合ごとに布陣をいじる。4-3-3もあれば、4-2-3-1もある。4-4-1-1もある。守備的布陣もゼロではないが、攻撃的布陣がそれを大きく上回る。

低迷していたナポリを復活させた、指導キャリアの長いベテラン監督

クラブに浮き沈みはつきものだが、イタリア・セリエで最も激しい昇降劇を演じたのはナポリだ。80年代後半、オッタビオ・ビアンキ時代、国内リーグを2度制しながら一時、セリエCまで転落。だが、近年はセリエAの上位をコンスタントに維持している。上昇に転じたのは04―05シーズン。エドアルド・レヤ監督のもと、セリエC→セリエB→セリエAと、最短で昇格。浮上の礎《いしずえ》を築いた。

15―16シーズンをアタランタの監督として過ごした、1945年生まれのベテラン監督。彼を語るとき、それ以上に特筆すべきは、79―80に監督に就いて以降毎シーズン、少なくとも35年以上、どこかのクラブで監督を務めている事実だ。必ずどこかのクラブからお呼びがかかる、浪人知らずの長老。スロベニア人の両親を持つ、フリウリ生まれのイタリア人。

イタリア

ワルテル・ゼンガ
Walter ZENGA

日本代表お勧め度 E

選手時代の知名度
★★★★☆

採用フォーメーション
4−4−2(中盤ダイヤモンド型)

キャラクター数値

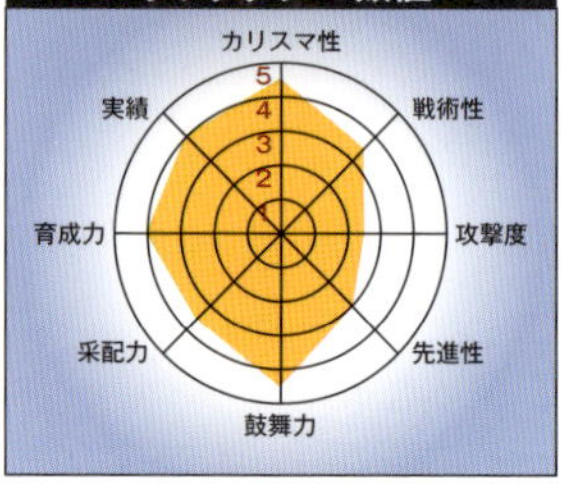

PERSONAL DATA

■1960年4月28日生まれ、イタリア・ミラノ県出身

選手キャリア(ゴールキーパー)

78−94=インテル(328/0)、78−79=サレルニターナ(3/0)、79−80=サボーナ(23/0)、80−82=サンベネデッテーゼ、(67/0)、94−96=サンプドーリア(41/0)、96−97=パドバ、(21/0)、97−99=ニューイングランド・レボリューション(47/0)
○イタリア代表=58/0(86−92)

主な獲得タイトル(選手時代)

UC 優勝 2 回(90−91、93−94/ インテル)
国内リーグ優勝 1 回(88−89/ インテル)

指導キャリア

98−99 ニューイングランド・レボリューション(アメリカ)監督
00−01 ブレラ監督
02−03 ナシオナル・ブカレスト(ルーマニア)監督
04−05 ステアウア・ブカレスト(ルーマニア)監督
05−06 レッドスター・ベオグラード(セルビア)監督
06−07 ガズアンテプルシュポル(トルコ)監督
07 アル・アイン(UAE)監督
07 ステアウア・ブカレスト(ルーマニア)監督
08−09 カターニャ監督
09 パレルモ監督
10−11 アル・ナスル(サウジアラビア)監督
11−13 アル・ナスル SC(UAE)監督
13−14 アル・ジャジーラ(UAE)監督
15 サンプドーリア監督
15−16 アル・シャーブ(UAE)監督
16− ウルヴァーハンプトン・ワンダラーズ(イングランド)監督

主な獲得タイトル(監督時代)

国内リーグ優勝 1 回(04−05/ ステアウア・ブカレスト、05−06/ レッドスター・ベオグラード)
国内カップ優勝 1 回(05−06/ レッドスター・ベオグラード)

イタリア代表に選出される機会は少なかったが、ある時期、同国を代表するＧＫとしてセリエＡに君臨した。派手なパフォーマンスや、ファッショナブルな出で立ちで存在感を発揮。将来、監督になる姿は予想できなかった。そもそもＧＫ出身者に名監督は数少ない。イタリアではゾフぐらいに限られる。イタリア人監督にしては珍しく、国外にも平気で渡っている。ＵＡＥ、サウジのクラブ監督で采配を振るった意外な経験を持つ。

イタリア

デリオ・ロッシ
Delio ROSSI

日本代表お勧め度 E

選手時代の知名度
★☆☆☆☆

採用フォーメーション
3−4−2−1

キャラクター数値

PERSONAL DATA

■1960年11月26日生まれ、イタリア・リミニ県出身

選手キャリア(ミッドフィルダー)

78−80=フォルリンポーポリ(54/2)、80−81=カットリカ(29/3)、81−87=フォッジャ(127/3)、87−89=ビス・ペサロ(40/0)、89−90=フィデリス・アンドリア(15/0)

指導キャリア

90−91 トレマッジオーレ監督
91−93 フォッジャ・ユース監督
93−95 サレルニターナ監督
95−96 フォッジャ監督
96−97 ペスカラ監督
97−99 サレルニターナ監督
99−00 ジェノア監督
00 ペスカラ監督
01 ペスカラ監督
02−04 レッチェ監督
04−05 アタランタ監督
05−09 ラツィオ監督
09−11 パレルモ監督
11 パレルモ監督
11−12 フィオレンティーナ監督
12−13 サンプドーリア監督
15 ボローニャ監督

主な獲得タイトル(監督時代)

国内カップ優勝 1 回(08−09/ ラツィオ)

プロ経験はあるが、1部での経験はない。「名選手、名監督にあらず」の反対版。フォッジァ時代には攻撃的サッカーを信奉するゼーマンの下で働いた経験を持つが、感化されたという感じではない。イタリア人には珍しく、ゼーマンと同じように4−3−3で戦うこともあるが、3−4−2−1や4−3−2−1も平気で使う。臨機応変。良く言えばそうなるが、悪く言えば、ポリシーがない。グアルディオラ派か、モウリーニョ派かで言えば、完全な後者。勝利を最優先に考えるので、結果が出なくなると、論理的に苦しくなる。

イングランド

サム・アラダイス
Sam ALLARDYCE

日本代表お勧め度
D

PERSONAL DATA

■1954年10月19日生まれ、イングランド・ダドリー出身

選手キャリア(センターバック)

71−80=ボルトン(184/21)、80−81=サンダーランド(25/2)
81−83=ミルウォール(63/2)、83=タンパ・ベイ・ロウディーズ(11/1)
83−84=コベントリー・シティ(28/1)
84−85=ハダーズフィールド・タウン(37/0)
85−86=ボルトン(14/0)
86−89=プレストン・ノース・エンド(90/2)
89−91=ウェスト・ブロミッチ・アルビオン(1/0)
91−92=リムリック(23/3)、92=プレストン・ノース・エンド(3/0)

指導キャリア

91−92	リムリック選手兼監督
92	プレストン・ノース・エンド アシスタント
94−96	ブラックプール監督
97−99	ノッツ・カウンティ監督
99−07	ボルトン監督
07−08	ニューカッスル監督
08−10	ブラックバーン監督
11−15	ウェストハム監督
15−16	サンダーランド監督
16	イングランド代表監督

採用フォーメーション

4−1−4−1

選手時代の知名度

★★★★☆

キャラクター数値

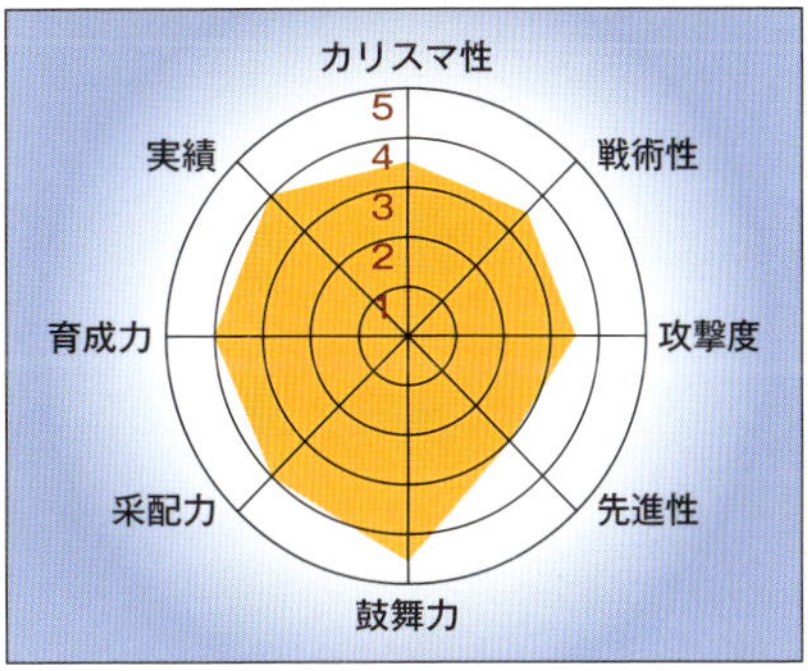

早めに前線に放り込む英国式スタイル

布陣は4−1−4−1と攻撃的ながら、ボールを奪うと早めに前線に放り込むことが多く、その結果、支配率の低い試合に陥りがち。旧態依然たる英国式。決して面白いサッカーではない。15−16は降格必至と思われたサンダーランドを終盤、V字回復させ、残留に導いた。

ロングボール主体のサッカーで、イングランド代表を復活させるか

15—16シーズン、サンダーランドの監督として、降格がかかった残り5試合を3勝2分けの成績で乗りきる驚異の粘りを発揮。アーセナルに引き分け、チェルシーに勝利するなど、世の中を驚かせた。ボルトン、ニューカッスル、ウェストハムを経て、15—16シーズン、サンダーランドの監督に就任。「ビッグ・サム」の愛称で親しまれている。身長191センチ。現役時代は大型ディフェンダーで、蹴り返すことを得意にする古典的なプレイスタイル。

監督という立場になっても、ロングボール好きは変わらず。言い換えれば、そのサッカーは、ボール支配率が低い。最終ラインも低い。奪う位置も低い。

16年7月、イングランドサッカー協会はこの古典的スタイルの監督を、ロシアW杯を目指す代表チームの監督に抜擢《ばってき》した。ところが、問題発言のため、就任2か月後、解任となった。

イングランド

ロイ・ホジソン
Roy HODGSON

日本代表お勧め度
D

PERSONAL DATA

■1947年8月9日生まれ、イングランド・ロンドン出身

選手キャリア(センターバック)

65−66=クリスタル・パレス(0/0)、66−69=トンブリッジ・エンジェルズ
69−71=グレイブズエンド&ノースフリート(59/1)
71−72=メイドストーン・ユナイテッド、72−73=アシュフォード・タウン
73−74=ベレア・パーク、74−76=カシャルトン・アスレティック

指導キャリア

76−80 ハルムスタッズ(スウェーデン)監督
80−82 ブリストル・シティ アシスタント、82 ブリストル・シティ監督
82 IK オッデボイド(スウェーデン)監督
83−84 オレブロ SK(スウェーデン)監督、85−89 マルメ FF(スウェーデン)監督
90−92 ヌーシャテル・ザマックス(スイス)監督
92−95 スイス代表監督、95−97 インテル(イタリア)監督
97−98 ブラックバーン監督、99 インテル(イタリア)アシスタント
99−00 グラスホッパー(スイス)監督、00−01 FC コペンハーゲン(デンマーク)監督
01 ウディネーゼ(イタリア)監督、02−04 UAE 代表監督
04−05 バイキング(ノルウェー)監督、06−07 フィンランド代表監督
07−10 フラム監督、10−11 リバプール監督
11−12 ウェスト・ブロミッチ・アルビオン監督、12−16 イングランド代表監督

主な獲得タイトル(監督時代)

国内リーグ優勝 7 回(76、79/ ハルムスタッズ、85、86、87、88、89/ マルメ FF)

採用フォーメーション

4−4−2(中盤フラット型)

選手時代の知名度

★★★☆☆

中盤4人をフラットにした複数布陣を採用

ほかのイングランド人監督同様、中盤フラット型4−4−2が基本だが、ここ何年かは、それをベースに4−4−1−1や4−1−4−1、4−2−3−1など、世の中のトレンドに即した布陣を使用。ただし、中盤の4人はいつの場合もフラット気味。布陣は変わっても英国臭さは残る。

キャラクター数値

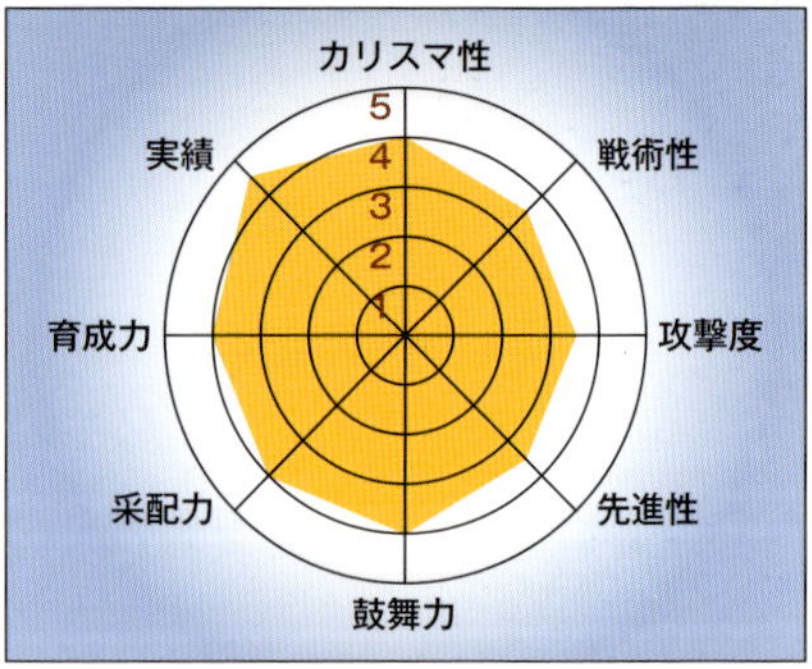

イングランドの看板クラブを欧州の中流に転落させた指揮官

イングランド人に優秀な監督は少ない。海外志向も低いと言われる中で、ロイ・ホジソンは長年にわたり、世界の各地で采配を振るってきた。クラブチームでは、インテルがキャリアハイ。代表チームではスイス、UAE、フィンランドの監督を経験。14年ブラジルW杯には、晴れて母国イングランドを率いて出場した。ところが、グループリーグでウルグアイ、イタリアに連敗。最終戦のコスタリカには引き分けたものの、グループ最下位という屈辱的な結果に終わった。彼はその4年ほど前にも屈辱を味わっていた。ベニーテス退任を受け、リバプール監督に就任。だが、順位は2ケタ台を低迷。途中解任されている。イングランドの看板クラブを、欧州の上位から中流に転落させた。またユーロ2016では、ベスト16で敗退。アイスランドに不覚をとる哀《あわ》れをさらした。

イングランド

ハリー・レドナップ

Henry REDKNAPP

日本代表お勧め度

C

PERSONAL DATA

■1947年3月2日生まれ、イングランド・ロンドン生まれ

選手キャリア（ミッドフィルダー）

65−72＝ウェストハム（149/7）
72−76＝ボーンマス（101/5）
76　＝ブレントフォード（1/0）
76　＝シアトル・サウンダーズ（15/0）
76　＝AP ラミントン
77−79＝シアトル・サウンダーズ（9/0）
80　＝フェニックス・ファイアー（0/0）
82　＝ボーンマス（1/0）

指導キャリア

83−92　ボーンマス監督
94−01　ウェストハム監督
02−04　ポーツマス監督
04−05　サウサンプトン監督
05−08　ポーツマス監督
08−12　トッテナム監督
12−15　QPR 監督
16　ヨルダン代表監督

採用フォーメーション

4−2−3−1

選手時代の知名度

★★★★☆

キャラクター数値

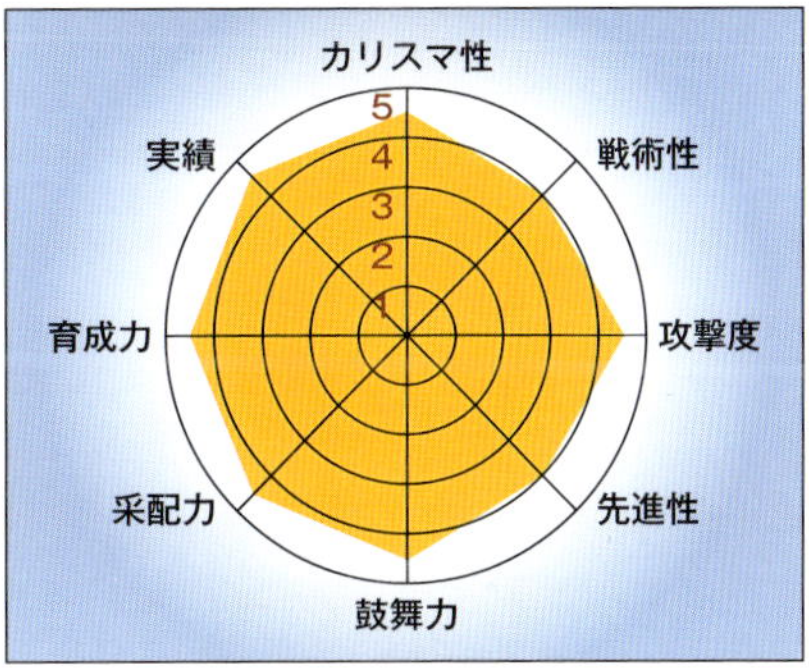

トッテナムを上位に定着させた監督

ファン・デ・ラモス監督でつまずいたトッテナムを、プレミア上位に再び定着させ、10−11にはＣＬ初出場にも導いた。しかし、次のＱＰＲでは思うような成績が残せず母国を去り、ヨルダン代表監督に。しかし、わずか3か月で辞任。去就が注目されている。

ウェストハムを1部に定着させたあと、トッテナムを上位チームに導いた監督

ウェストハムで活躍した元選手。元イングランド代表のジェイミー・レドナップの父であり、同じく元イングランド代表のフランク・ランパードの叔父。監督としての彼を有名にしたのは古巣ウェストハム時代（94〜01年）。それまで2部、3部を行き来していたチームを、1部（プレミア）に定着させる基盤を作った監督だ。クラブはそれ以降、一度も2部に降格していない。もう一つはトッテナム・ホットスパー時代（08〜12年）。チームをCL圏内と言われる4位以内に導くこと2回。10−11シーズンには、予備予選を突破し、クラブを史上初めてCL本大会出場に導いた。インテルなどを抑えてグループリーグ首位通過。決勝トーナメント1回戦でも、ミランを撃破した。準々決勝でレアル・マドリーに敗れたが、スパーズのクラブ史に輝く実績を、レドナップは残すことになった。

アラン・パーデュー
Alan PARDEW

イングランド

日本代表お勧め度 **B**

選手時代の知名度
★★★★☆

採用フォーメーション
4-2-3-1

キャラクター数値

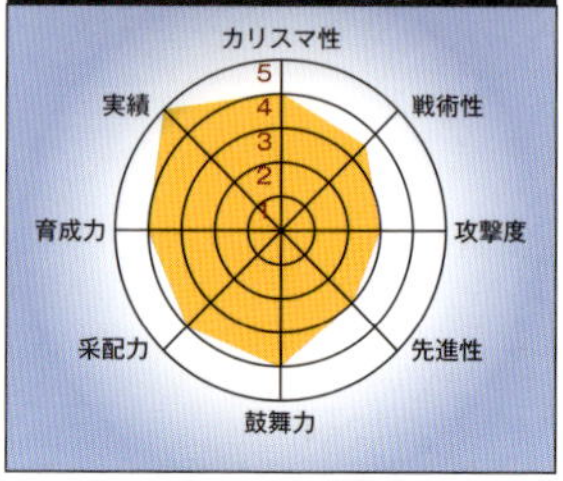

PERSONAL DATA

■1961年7月18日生まれ、イングランド・ウィンブルドン出身

選手キャリア（ミッドフィルダー）
80−81＝ホワイテリーフ（27/3）
81−83＝エプソム&イウィル（45/1）
83−84＝コリンシアン・コーサルズ（36/5）
84−86＝ダリッジ・ハムレット（58/2）
86−87＝ヨービル・タウン（19/1）
87−91＝クリスタル・パレス（128/8）
91−95＝チャールトン（104/24）
95　　＝トッテナム（0/0）
95−97＝バーネット（67/0）
97−98＝レディング（0/0）

指導キャリア
98　　レディング アシスタント
99−03　レディング監督
03−06　ウェストハム監督
06−08　チャールトン監督
09−10　サウサンプトン監督
10−14　ニューカッスル監督
15−　　クリスタル・パレス監督

クリスタル・パレス時代、ＦＡカップ準優勝の実績があるが、代表歴などはない。97-98シーズン。当時3部だったレディングで選手兼リザーブチームの監督となり、指導者としての第一歩を踏み出す。04-05はウェストハムをプレミア昇格に導き、名声を高める。だが、続くチャールトンではチームを２部に降格させ、評判を下げる。10-11、プレミアに昇格したニューカッスルの監督に就任。2年目に５位まで上げたが、3年目は16位に後退。一進一退を繰り返した。14-15のなかばに監督に就任したクリスタル・パレスでもしかり。当初、降格圏だったチームを10位でフィニッシュさせたが、15-16は15位まで後退させる。波に乗りきれずにいる。

ギャリー・モンク
Garry MONK

イングランド

日本代表お勧め度 **D**

選手時代の知名度
★★★☆☆

採用フォーメーション
4-2-3-1

キャラクター数値

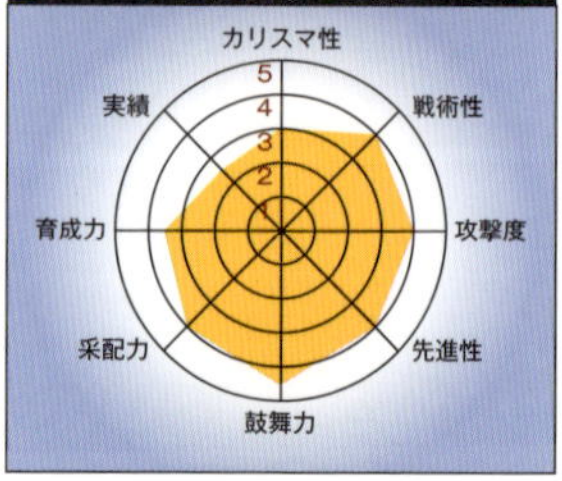

PERSONAL DATA

■1979年3月6日生まれ、イングランド・ベッドフォード出身

選手キャリア（センターバック）
95−96＝トーキー・ユナイテッド（5/0）
96−99＝サウサンプトン（4/0）
98−99＝トーキー・ユナイテッド（6/0）
99−00＝サウサンプトン（2/0）
99−00＝ストックポート（2/0）
00−01＝サウサンプトン（2/0）
00−01＝オックスフォード（5/0）
01−02＝サウサンプトン（3/0）
02−03＝シェフィールド（15/0）
03−04＝バーンリー（14/0）
03−04＝バーンズリー（3/0）
04−14＝スウォンジー（226/3）

指導キャリア
14−15　スウォンジー（ウェールズ）監督
16−　　リーズ監督

14-15シーズン、ウェールズ勢として唯一プレミアリーグに在籍するスウォンジーの監督に就任した79年生まれの若手監督。監督就任の前シーズンまで10シーズン、選手として在籍していたチームで、監督デビューを飾った。正確には、前シーズン（13-14）の2月から、ミカエル・ラウドルップ解任を受け、選手兼任の暫定監督の座に就いていた。34歳の若さで、だ。ＥＬ決勝トーナメント１回戦（対ナポリ戦）を経験。そこで、敗退するも、いいサッカーだと評判。クラブと3年契約を結んだが、翌14-15の12月、そのとき8位だったにもかかわらず、解任を通告される。16-17、2部のリーズで出直しのスタートを切ることになった。

ウェールズ

クリス・コールマン

Chris COLEMAN

日本代表
お勧め度
C

PERSONAL DATA

■1970年6月10日生まれ、ウェールズ・スウォンジー出身

選手キャリア(ミッドフィルダー)
86−87＝マンチェスター・シティ(0/0)
87−91＝スウォンジー(160/2)
91−95＝クリスタル・パレス(154/3)
95−97＝ブラックバーン(28/0)
97−02＝フラム(136/8)
○ウェールズ代表＝32/4(92−02)

主な獲得タイトル(選手時代)
国内カップ優勝２回(88−89、90−91/スウォンジー)
※ウェルシュ・カップ

指導キャリア
03−07　フラム(イングランド)監督
07−08　レアル・ソシエダ(スペイン)監督
08−10　コベントリー・シティ(イングランド)監督
11−12　AEL1964(ギリシャ)監督
12−　　ウェールズ代表監督

採用フォーメーション

3−4−2−1

選手時代の知名度

★★★★☆

キャラクター数値

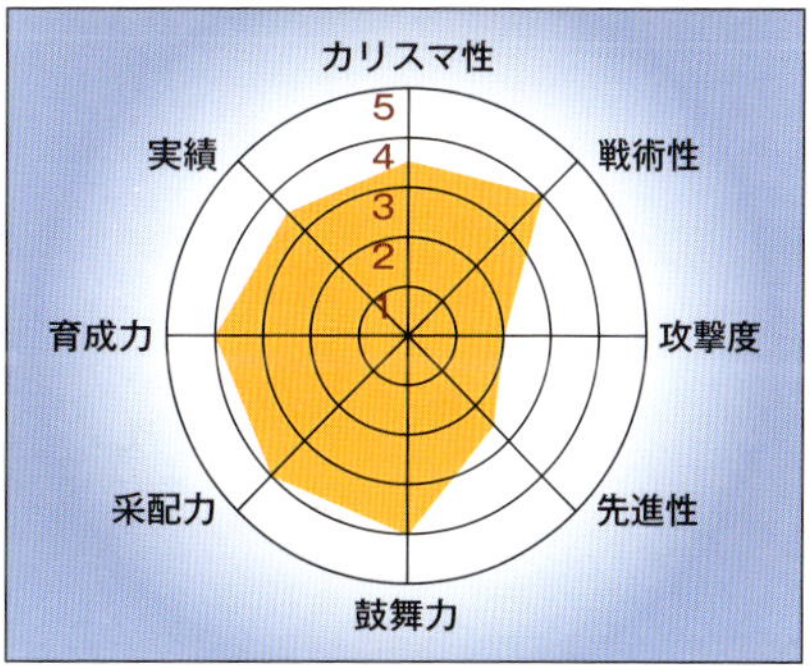

3−4−2−1を使うが、さほど守備的ではない

12年、ウェールズ代表監督に就任。14年ブラジルW杯は欧州予選で落ちたが、ユーロ2016では初めて欧州予選を突破。3−4−2−1からのカウンターがメインだがさほど守備的ではない。ユーロ2016では3位に入り、世界を驚かせた。

ユーロ2016でウェールズ代表をベスト4に導き、名を上げた監督

ウェールズ代表32回を誇るが、30歳のときに交通事故にあい、引退。直後からフラムのコーチに。そして32歳11か月で監督に就任。これはプレミアリーグ最年少記録になる。だが、それからウェールズ代表監督就任まで、華々しい監督人生を歩んできたわけではない。その座に就いたのは12年1月。ガリー・スピード前監督の死去に伴い、表舞台に再登場した格好だった。14年ブラジルW杯予選は6チーム中5番目。そのとき、ウェールズ代表が2年後のユーロで華々しい結果を収めるとは、誰も想像しなかった。過去、ウェールズ代表が欧州予選を突破したのは58年W杯の1回だけ。2度目となるユーロ2016の予選突破は、まさに快挙に値した。しかし、それはあくまで序章。本大会の3位という成績に欧州は震撼《しんかん》。コールマンも自身の名前を、欧州中に轟《とどろ》かすことに成功した。

ウェールズ

マーク・ヒューズ

Mark HUGHES

日本代表お勧め度 **C**

選手時代の知名度
★★★★★

採用フォーメーション
4−2−3−1

キャラクター数値

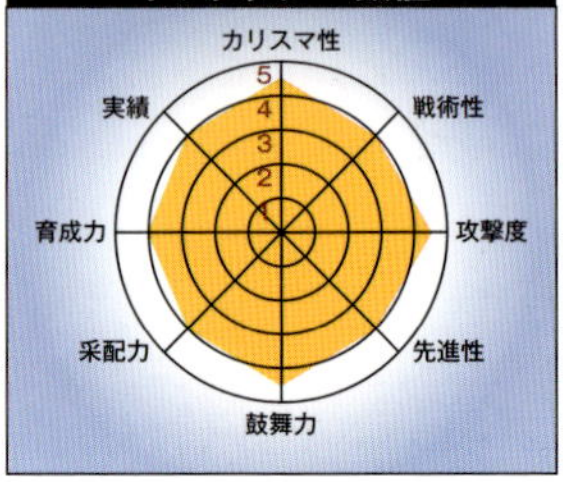

PERSONAL DATA

■1963年11月1日生まれ、ウェールズ・レクサム出身

選手キャリア（フォワード）

80−86＝マンチェスター・ユナイテッド（89/37）、86−87＝バルセロナ（28/4）、87−88＝バイエルン・ミュンヘン（18/6）、88−95＝マンチェスター・ユナイテッド（256/83）、95−98＝チェルシー（95/25）、98−99＝サウサンプトン（52/2）、99−01＝エバートン（18/1）、00−02＝ブラックバーン（50/6）

○ウェールズ代表＝72/16（84−99）

主な獲得タイトル（選手時代）

UCWC優勝2回（90−91/マンチェスター・ユナイテッド、97−98/チェルシー）、国内リーグ優勝2回（92−93、93−94/マンチェスター・ユナイテッド）、国内カップ優勝4回（84−85、89−90、93−94/マンチェスター・ユナイテッド、96−97/チェルシー）

指導キャリア

99−04 ウェールズ代表監督
04−08 ブラックバーン（イングランド）監督
08−09 マンチェスター・シティ（イングランド）監督
10−11 フラム（イングランド）監督
12 QPR（イングランド）監督
13− ストーク・シティ（イングランド）監督

ストークは08−09シーズンにプレミアに昇格したが、成績は11、12、13、14とインパクトの弱い成績に終始した。そこにマーク・ヒューズが監督として登場すると、チームは確実にワンランク上昇。9位という、ＥＬ出場目前の成績を3シーズン続けている。出身はウェールズ。マンＵ在籍時代は一時、同郷のライアン・ギグスとともに攻撃の中心として活躍。W杯、ユーロ本大会出場に漕《こ》ぎつけることができないウェールズを、世界に向かってアピールした。引退後、即、同国代表監督に就任。監督人生をスタートさせた。キャリアハイはマンＣ監督時代（08−09）。ＣＬ出場レベルへの再浮上のチャンスを、虎視眈々《こしたんたん》と狙っている。

ウクライナ

ビクトル・スクリプニク

Viktor SKRYPNYK

日本代表お勧め度 **B**

選手時代の知名度
★★★★☆

採用フォーメーション
4−3−3

キャラクター数値

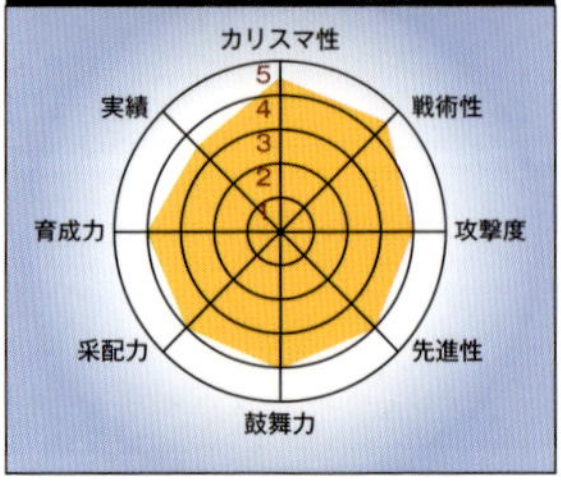

PERSONAL DATA

■1969年11月19日生まれ、ウクライナ・ノボモスコウシク州出身

選手キャリア（ディフェンダー）

86−89＝ドニプロ・ドニプロペトロウシク（0/0）
89−94＝メタルフ・ザポリズヤ（124/7）
94−96＝ドニプロ・ドニプロペトロウシク（64/17）
96−04＝ベルダー・ブレーメン（138/7）
○ウクライナ代表＝24/2（94−03）

主な獲得タイトル（選手時代）

国内リーグ優勝1回（03−04/ブレーメン）
国内カップ優勝2回（98−99、03−04/ブレーメン）

指導キャリア

04−13 ベルダー・ブレーメン（ドイツ）ユース監督
13−14 ベルダー・ブレーメンⅡ（ドイツ）監督
14− ベルダー・ブレーメン（ドイツ）監督

現役時代ブレーメンで計8シーズン、守備的ＭＦ兼ＤＦとしてプレイした元ウクライナ代表選手。引退後、ブレーメンを離れず、ユース担当を10年間続ける。その後、リザーブチームの監督を経て、14−15シーズン、監督に就任。引退後13年間、監督として、現役時代を含めると20年間以上も、スタッフとしてブレーメンに居止まっている。ウクライナ人でありながら、ブレーメンのことを誰よりも知る男という特殊なポジションにいる。ブレーメンが最後にブンデスリーガを制したのは03−04。そのとき、ドイツカップも同時に制しているが、スクリプニクがそのときのメンバーであることも、クラブと相思相愛の関係でいられる理由だろう。現役時代、そのサッカーはともすると守備的だったが、監督としては攻撃的な姿勢を貫いている。世の流れに的確に対応できる今日的な監督だ。

ウクライナ

ミハイロ・フォメンコ

Mykhaylo FOMENKO

日本代表お勧め度 C

選手時代の知名度 ★★★★☆

採用フォーメーション

4-2-3-1

PERSONAL DATA

■1948年9月19日生まれ、ウクライナ・スームィ州出身

選手キャリア(ディフェンダー)

65-70=スパルタク・スームィ、70-71=FC ゾリャ・ルハーンシク(59/1)、72-79=ディナモ・キエフ(212/0)

○ソビエト連邦代表=24/0(72-76)

主な獲得タイトル(選手時代)

UCWC 優勝回数 1 回(74-75/ ディナモ・キエフ)

国内リーグ優勝 3 回(74、75、77/ ディナモ・キエフ)

国内カップ優勝 2 回(74、78/ ディナモ・キエフ)

指導キャリア

79 フルンゼネツ・スームィ監督

80-85 ディナモ・キエフ アシスタント

85-86 デスナ・チェルニヒフ監督

87 クリフバス・クリフイ・リフ監督

87-90 グリア・ランチフティ(ジョージア)監督

90-91 ラシド・バグダッド(イラク)監督

91-92 アフトモビリスト・スームィ監督

93 ディナモ・キエフ監督

94 ベレス・リブネ監督

94 ギニア代表監督

94-96 CSKA ボリスファン・キエフ監督

96-00 メタリスト・カーキフ監督

00-01 CSKA キエフ監督

01-02 メタリスト・カーキフ監督

03 メタルフ・ザポリジア監督

03-05 メタリスト・カーキフ監督

05-08 タフリヤ・シンフェロポル監督

10-11 サルユト・ベルゴロド(ロシア)監督

12-16 ウクライナ代表監督

主な獲得タイトル(監督時代)

国内リーグ優勝 1 回(93/ ディナモ・キエフ)

国内カップ優勝 1 回(93/ ディナモ・キエフ)

ウクライナ代表監督としてユーロ2016を戦い、グループリーグで3戦全敗に終わる。参加24チーム中、最も悪い成績を残して、大会をあとにした。敗因は選手にあるのか、監督にあるのかという二択に答えるならば、選手だ。何より目についたのは、その質の低下。良い選手がいないため、笛吹けど踊らずといった感じで、そのオーソドックスな監督采配に、特段問題があるようには見えなかった。

キャラクター数値

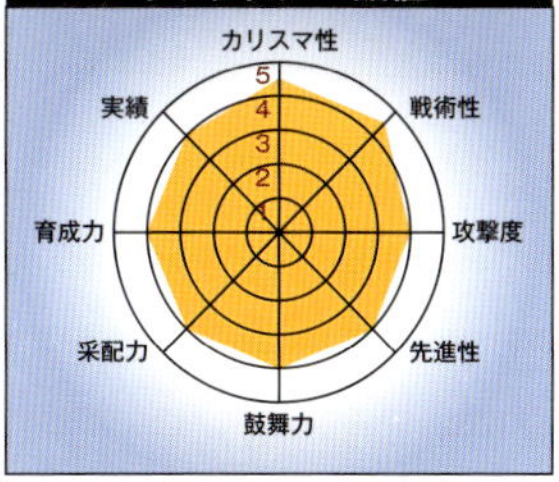

ウクライナ

セルゲイ・レブロフ

Serhiy REBROV

日本代表お勧め度 B

選手時代の知名度 ★★★★☆

採用フォーメーション

4-3-3

PERSONAL DATA

■1974年6月3日生まれ、ウクライナ・ドネツク州出身

選手キャリア(フォワード)

91-92=シャフタール・ドネツク(26/12)

92-00=ディナモ・キエフ(189/93)

00-02=トッテナム(60/10)

02-04=フェネルバフチェ(38/4)

04-05=ウェストハム(27/1)

05-08=ディナモ・キエフ(53/20)

08-09=ルビン・カザン(31/5)

○ウクライナ代表=75/15(92-06)

主な獲得タイトル(選手時代)

国内リーグ優勝 12 回(92-93、93-94、94-95、95-96、96-97、97-98、98-99、99-00、06-07/ ディナモ・キエフ、03-04=フェネルバフチェ、08、09/ ルビン・カザン)

国内カップ優勝 7 回(93、96、98、99、00、06、07/ ディナモ・キエフ)

指導キャリア

14- ディナモ・キエフ監督

主な獲得タイトル(監督時代)

国内リーグ優勝 2 回(14-15、15-16/ ディナモ・キエフ)

国内カップ優勝 2 回(13-14、14-15/ ディナモ・キエフ)

新人監督として、ディナモ・キエフの監督に就任したのは、14-15シーズン。ウクライナリーグと言えば、しばらくシャフタール・ドネツクの天下が続いた。ディナモ・キエフは2番手に甘んじていたが、シャフタールが戦争に巻き込まれたことも手伝い、国内リーグ優勝を果たす。15-16はＣＬ本大会に出場。決勝トーナメント1回戦まで駒を進めた。マンＣに通算スコア1-3で敗れたが、そのとき41歳の新人監督としては、大健闘に値した。現役時代はディナモ・キエフのＦＷとして活躍。ウクライナ代表監督に就任したシェフチェンコとともにＣＬベスト4に進出した実績がある。監督として、その壁を越えることはできるか。

キャラクター数値

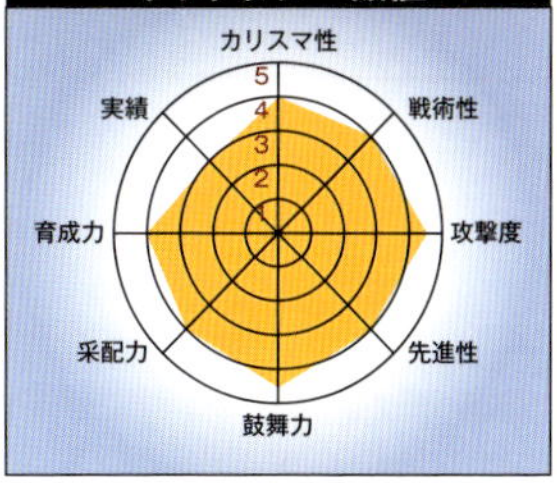

ウルグアイ

オスカル・タバレス

Oscar TABAREZ

日本代表
お勧め度
B

PERSONAL DATA

■1947年3月3日生まれ、ウルグアイ・モンテビデオ出身

選手キャリア(ディフェンダー)

67−71＝IAスド・アメリカ、72−73＝スポルティーボ・イタリアーノ、74−75＝モンテビデオ・ワンダラーズ、75＝セントロ・アトレティコ・フェニックス、76−77＝プエブラ、77−78＝CAベラ・ビスタ

指導キャリア

80−83 CAベラ・ビスタ監督、83 ウルグアイ U−20 代表監督
84 ダヌビオ監督、85−86 モンテビデオ・ワンダラーズ監督
87 ペニャロール監督、87 ウルグアイ U−20 代表監督
88 デポルティーボ・カリ(コロンビア)監督
88−90 ウルグアイ代表監督
91−93 ボカ・ジュニオールズ(アルゼンチン)監督
94−95 カリアリ(イタリア)監督、96 ミラン(イタリア)監督
97−98 オビエド(スペイン)監督、99−00 カリアリ(イタリア)監督
00−01 ベレス・サルスフィエルド(アルゼンチン)監督
02 ボカ・ジュニオールズ(アルゼンチン)監督
06− ウルグアイ代表監督

主な獲得タイトル(監督時代)

LC 優勝 1 回(87/ ペニャロール)、国内リーグ優勝 1 回(92 前/ボカ・ジュニオールズ)
コパ・アメリカ優勝 1 回(11)、南米年間最優秀監督賞 2 回(10、11)

採用フォーメーション

4−3−3

選手時代の知名度

★★★☆☆

カウンターサッカーからモダン風へ

4−3−3に加え、中盤フラット型4−4−2、4−2−3−1をも併用。その昔、守備的とされる布陣を用いて古典的なカウンターをメインに戦ったこともあるが、時代の波に対応。ピッチをワイドに使い、ボールを奪われてもリスクの少ない、現代風なサッカーを見せる。

キャラクター数値

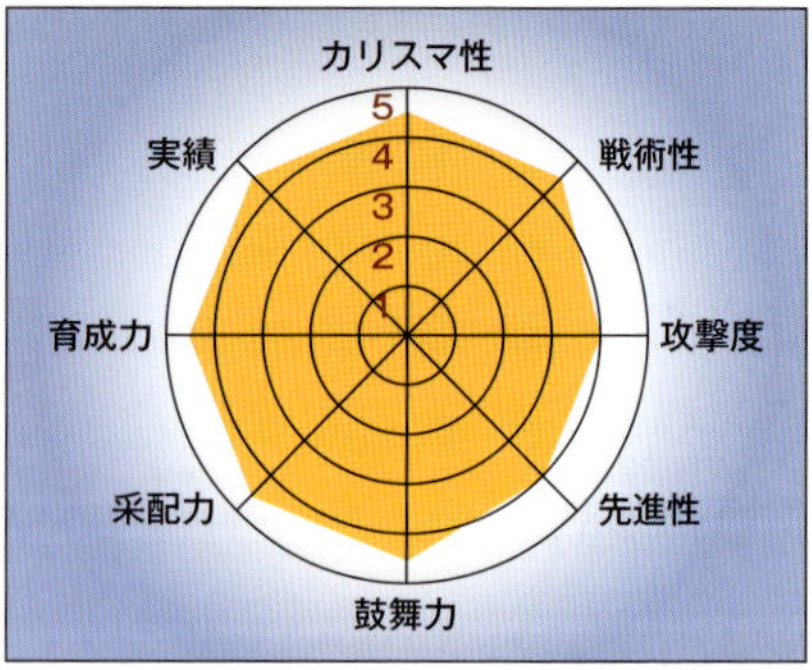

カウンターが伝統のウルグアイを、現代的スタイルに変えた名監督

ウルグアイ代表監督に就任したのは、06年ドイツW杯後。代表監督の平均在位はクラブ監督より長いとはいえ、10年は長い。だが、10年南アフリカW杯ベスト4、14年ブラジルW杯ベスト16と、その間、結果を残している。タバレスが就任する以前と以後で、ウルグアイ代表は大きく変わった。

ウルグアイのサッカー文化を一言で言うならば、守りを高めてカウンター。かつてはそこに古典的な匂いを感じたが、現在はモダンにさえ見える。同じコンセプトのイタリアより進歩的。90年代、ミランなどイタリアのクラブで監督を務めた経験があるタバレス。だが、その命は短く、わずか数年で母国に都落ちした。が、14年ブラジルW杯で、ウルグアイはイタリアに完勝。気がつけば、両国の上下関係は逆転していた。進歩をとげたウルグアイ。タバレスの功績は大きい。

オーストラリア

アンジェ・ポステコグルー
Ange POSTECOGLOU

日本代表お勧め度 C

選手時代の知名度 ★★★☆☆

採用フォーメーション 4-3-3

PERSONAL DATA

■1965年8月27日生まれ、ギリシャ・アテネ出身（オーストラリア国籍）

選手キャリア（ディフェンダー）
84−93＝サウス・メルボルン（193/19）
94＝ウエスタン・サバーブ
○オーストラリア代表＝4/0（86）

主な獲得タイトル（選手時代）
国内リーグ優勝3回（84、90−91、92−93/ サウス・メルボルン）
国内カップ優勝1回（89−90/ サウス・メルボルン）

指導キャリア
96−00 サウス・メルボルン（オーストラリア）監督
00−05 オーストラリアU−17代表監督
00−07 オーストラリアU−20代表監督
08 パナチャイキ監督
09−12 ブリスベン・ロアール（オーストラリア）監督
12−13 メルボルン・ビクトリー（オーストラリア）監督
13− オーストラリア代表監督

主な獲得タイトル（監督時代）
国内リーグ戦優勝2回（97−98、98−99/ サウス・メルボルン、10−11、11−12/ ブリスベン・ロアール）
アジア杯優勝1回（15/ オーストラリア）

18年ロシアW杯アジア最終予選を日本と同じ組で戦うオーストラリア代表監督。5歳のとき、ギリシャのアテネからメルボルンに移住。豪州国籍を取得した。一度、ギリシャの3部クラブの監督を務めた経験があるが、それ以外は豪州を拠点に活動。00年ブラジルで開催されたクラブW杯に、メルボルンの監督として出場するなど、豪州を代表する指導者の1人に君臨する。13年、オジェック解任を受け、豪州代表監督に就任。ブラジルW杯ではスペイン、オランダ、チリと同組に入り、最下位に終わったが、内容は上々で、豪州を右肩上がりに転じさせるきっかけを作った。翌15年地元開催のアジア杯では、見事優勝を飾る。侮《あなど》れない監督だ。

キャラクター数値

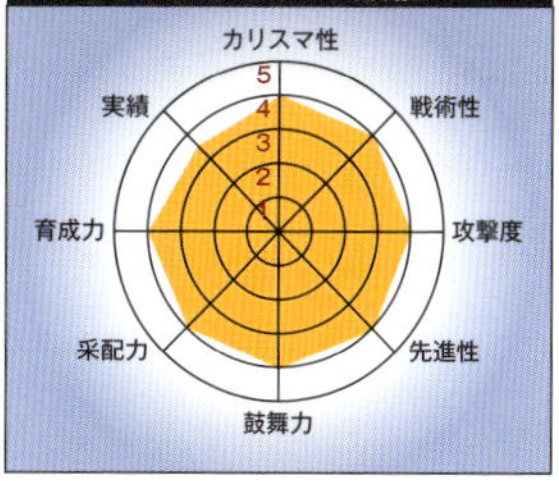

オーストリア

ゾラン・バリシッチ
Zoran BARISIC

日本代表お勧め度 D

選手時代の知名度 ★★★☆☆

採用フォーメーション 4-2-3-1

PERSONAL DATA

■1970年5月22日生まれ、オーストリア・ウィーン出身

選手キャリア（ミッドフィルダー）
89−91＝ヴィエナ・スポーツクラブ（55/4）
91−92＝ファヴォリトネルＡＣ（35/8）
92−93＝アドミラ・バッカー・メードリング（35/6）
93−95＝ラピド・ウィーン（83/11）
96−97＝リンツ（13/0）
97−02＝チロル（99/13）
02−04＝アドミラ・バッカー・メードリング（19/0）
04−05＝アイゼンスタット（26/5）
○オーストリア代表＝1/0（99）

主な獲得タイトル（選手時代）
国内リーグ優勝4回（95−96/ ラピド・ウィーン 99−00、00−01、01−02/ チロル）
国内カップ優勝1回（94−95/ ラピド・ウィーン）

指導キャリア
06−09 ラピド・ウィーン アシスタント
11 ラピド・ウィーン アシスタント
11−13 ラピド・ウィーンⅡ監督
13−16 ラピド・ウィーン監督

オーストリアでレッドブル・ザルツブルグに次ぐ存在として知られるラピド・ウィーン。その監督の座に13-14シーズンから3季就いたのがバリシッチだ。引退後、同クラブで5年間、コーチ経験を積んできた新人監督ながら、その間、リーグ2位の座を堅持。攻撃的サッカーをする論理的な監督との評判は、とりわけ15-16の前半、グッと高まった。ＣＬ予備予選のプレイオフでシャフタールに2-3で惜敗。ＥＬに回ると、強豪ビジャレアルを抑え、グループリーグを首位で抜けた。問題が訪れたのはそのあとのこと。ラウンド32で対戦した相手はＣＬ流れのバレンシア。結果は通算スコア0-10。ＥＬ史上ワースト記録を樹立してしまった。

キャラクター数値

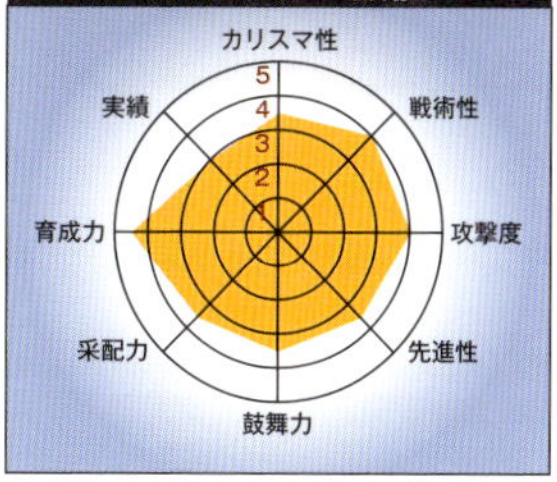

ロナルト・クーマン

オランダ

Ronald KOEMAN

日本代表
お勧め度

A

PERSONAL DATA

■1963年3月21日生まれ、オランダ・ザーンダム出身

選手キャリア（センターバック）

80－83＝フローニンゲン（90/33）、83－86＝アヤックス（94/23）
86－89＝PSV（98/51）、89－95＝バルセロナ（192/67）
95－97＝フェイエノールト（61/19）

主な獲得タイトル（選手時代）

CC 優勝 2 回（87－88/PSV、91－92/ バルセロナ）
国内リーグ優勝 8 回（84－85/ アヤックス、86－87、87－88、88－89/PSV、90－91、91－92、92－93、93－94/ バルセロナ）
国内カップ優勝 4 回（85－86/ アヤックス、87－88、88－89/PSV、89－90/ バルセロナ）

指導キャリア

97－98 オランダ代表アシスタント
98－00 バルセロナ アシスタント
00－01 フィテッセ監督
01－05 アヤックス監督
05－06 ベンフィカ（ポルトガル）監督
06－07 PSV 監督
07－08 バレンシア（スペイン）監督
09 AZ 監督
11－14 フェイエノールト監督
14－16 サウサンプトン（イングランド）監督
16－ エバートン（イングランド）監督

主な獲得タイトル（監督時代）

国内リーグ優勝 3 回（01－02、03－04/ アヤックス、06－07/PSV）
国内カップ優勝 3 回（01－02/ アヤックス、07－08/ バレンシア）

選手時代の知名度

★★★★★

現役時代から指導者向きに見えた、オランダが誇る名選手かつ名監督

クライフ時代のバルサで、4番のポジションの選手として活躍したグアルディオラ。思わず監督向き、と言いたくなる視野の広いプレイに特徴があったが、その背後で構えていたロナルト・クーマンも同様。グアルディオラより年上で、チームのまとめ役でもあったことから、一足先に名監督と呼ばれる人物になると思われていた。

ベンフィカ監督として臨んだ05―06シーズン。CL準々決勝で対戦したのはバルサで、カンプノウの観衆は選手時代にバルサに多くの功績をもたらしたクーマンを万雷《ばんらい》の拍手で迎えた。

翌06―07はPSVの監督としてCLに出場。決勝トーナメント1回戦で、前シーズン準優勝のアーセナルを相手に、ものの見事な勝利を収めた。

秘策は「0トップ」作戦にあった。従来、採用していた布陣は4―3―3。それをクーマンは崩し、4―4―2で

採用フォーメーション

0トップ型4−4−2

4−3−3

キャラクター数値

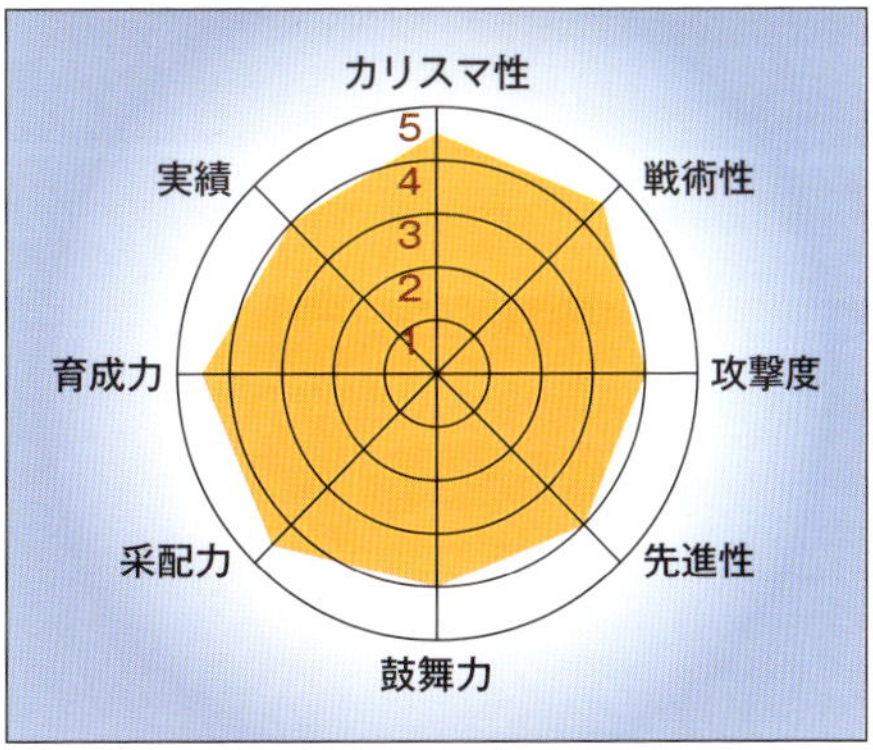

PSV時代に0トップを採用して番狂わせ

PSVの監督として06−07CL決勝トーナメント1回戦対アーセナル戦で「0トップ」を採用。中盤ダイヤモンド型4−4−2の2を両ウイング然と左右に思いきり開かせた文字どおりのCF不在の0トップで番狂わせを起こすことに成功。グアルディオラに影響を与えた。

06−07のCLでアーセナルを破った、クーマン率いるPSV

臨んだ。とはいえ、これは2人のFWが両ウイングに開いて構えるスタイル。真ん中に選手はいなかった。0トップは同じ頃、ローマのスパレッティが採用したことで話題になっていたが、その成功をCLという舞台で、最初に具体的に示したのはクーマンだった。

0トップがCLの舞台で脚光を浴びたのは、その2シーズン後。バルサ対マンU戦の決勝戦だった。成功させたのはグアルディオラで、その後、彼は欧州ナンバーワンの座に就いた。片やクーマンも、バルサ監督になるのは時間の問題と言われていた。が、07—08に監督に就任したバレンシアで失敗。その後、AZ、フェイエノールト、サウサンプトン、エバートンで監督を続けているが、グアルディオラとは比肩できない状態にある。

この2人の関係に将来、逆転はあるのか。クーマンは浮上のきっかけをつかめるか。プレミアリーグでの直接対決は必見だ。

フィリップ・コクー

オランダ

Phillip COCU

日本代表お勧め度

A

PERSONAL DATA

■1970年10月29日生まれ、オランダ・アイントホーフェン出身

選手キャリア(ミッドフィルダー)

88−90＝AZ(50/8)
90−95＝フィテッセ(137/25)
95−98＝PSV(95/31)
98−04＝バルセロナ(205/31)
04−07＝PSV(94/23)
07−08＝アル・ジャジーラ(17/4)

主な獲得タイトル(選手時代)

国内リーグ優勝5回(96−97、04−05、05−06、06−07/PSV、98−99/バルセロナ)
国内カップ優勝2回(95−96、04−05/PSV)

指導キャリア

08−12　オランダ代表アシスタント
12　PSVアシスタント
13−　PSV監督

主な獲得タイトル(監督時代)

国内リーグ優勝2回(14−15、15−16/PSV)
国内カップ優勝1回(11−12/PSV)

選手時代の知名度

★★★★★

オランダサッカーの精神を継ぐ、将来の成長が楽しみな若手監督

15―16シーズンのCLでフィリップ・コクー監督率いるPSVは、マンU、ヴォルフスブルク、CSKAモスクワと同じグループを戦った。ブックメーカーの予想は最下位。しかし、終わってみれば2位に食い込み、決勝トーナメント進出を果たした。

蹴落とした相手はマンU。PSVがシーズン初め、デパイという中心選手を売り払ったチーム。その際に味わった悲哀を、CLで晴らした格好だ。

マンU監督のルイ・ファン・ハールはアヤックスで欧州一に輝いた監督であると同時に、かつてのバルサ監督でもある。コクーはそのファン・ハールに、呼ばれてバルサ入り。6シーズンにわたり、バルサの中心選手として活躍した。

両者の関係を師弟とすれば、コクーは師に下克上を叩きつけ、ベスト16に勝ち上がったことになる。

採用フォーメーション

4−3−3

3−4−3（中盤ダイヤモンド型）

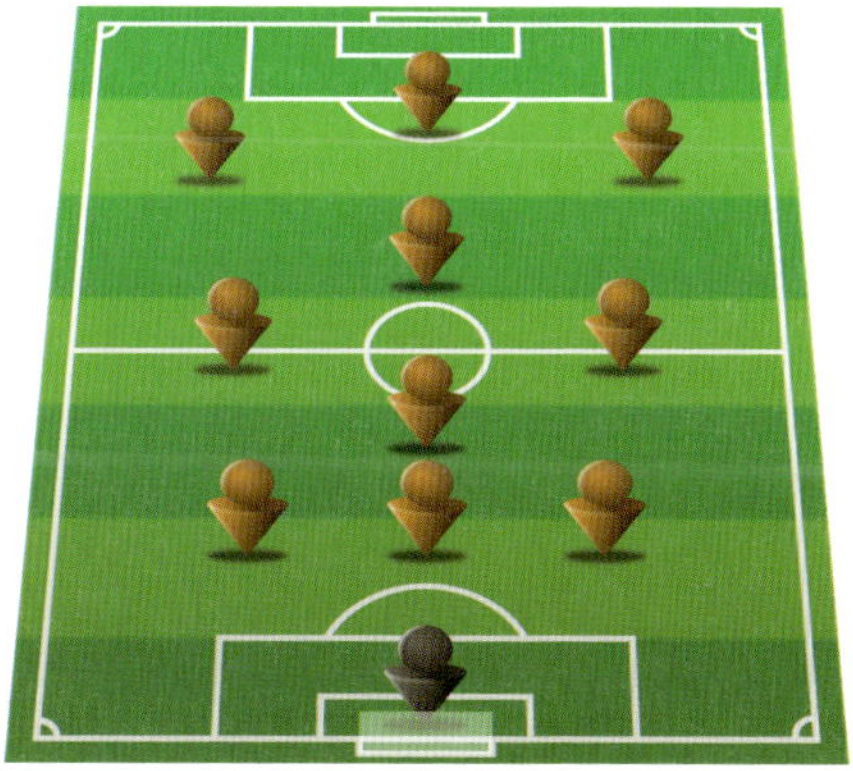

キャラクター数値

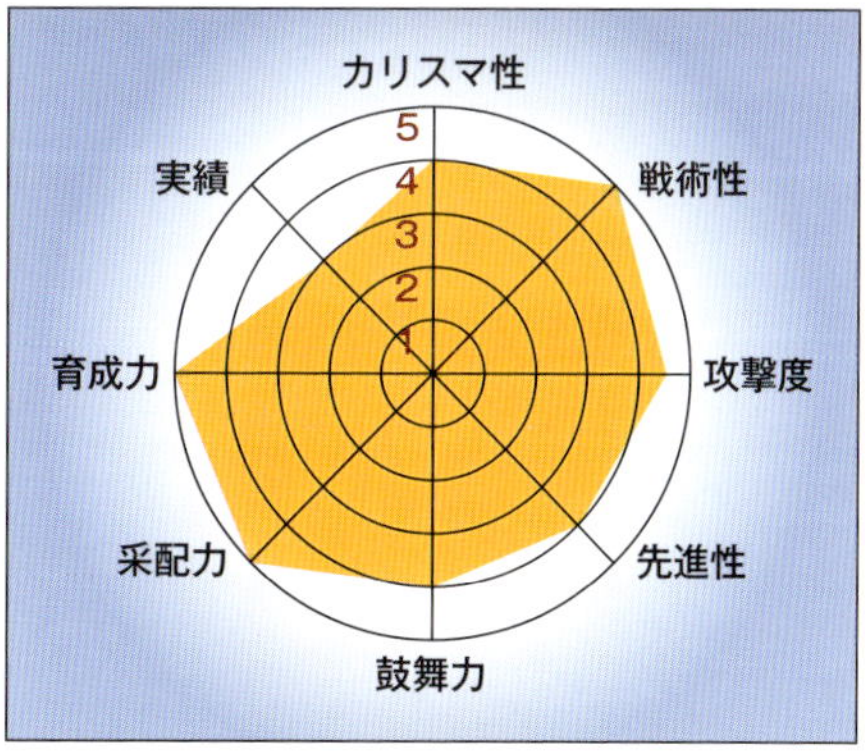

攻撃的な4−3−3で、守備力を高めた

両ウイングが相手SBの対面で開いて構え、ディフェンダーの役目を果たす4−3−3。攻撃的な布陣を用いて守備力を高めている。真価を発揮したのは15−16CL決勝トーナメント1回戦対アトレティコ戦。延長PKで敗れたが、シメオネ監督に内容で勝った。

15−16のCLでは敗れたものの、アトレティコを苦しめた

下克上で想起するのが、ファン・ハール時代のアヤックス。攻撃的サッカーを武器に、番狂わせの連続で欧州一の座に就いたが、それこそがオランダ人監督の本領になる。コクーはその精神をそのまま受け継ぎ、失いかけている師に勝った。

クレバーで冷静。ミスの少ない左利き。ユーティリティ性にも富んでいた現役時代は、世界で一番と言いたくなるほどの頭脳的で、使い勝手の良い選手でもあった。コクーは将来、間違いなく優秀な監督になる。誰もが太鼓判を押すほどだった。

06年ドイツW杯後に現役引退。08年ファン・マルヴァイク監督率いるオランダ代表のアシスタントコーチに就任。12―13末、PSVのコーチを経て同チームの監督に就任。14―15はチームを国内リーグ優勝に導き、15―16はCLでベスト16に進出した。

現在、40代なかば。将来、欧州サッカー界をリードしそうな監督だ。

フランク・デ・ブール

オランダ

Frank DE BOER

日本代表
お勧め度

B

PERSONAL DATA

■1970年5月15日生まれ、オランダ・ホールン出身

選手キャリア（ディフェンダー）

88−99＝アヤックス（328/30）
99−03＝バルセロナ（144/5）
03−04＝ガラタサライ（15/1）
04　　＝レンジャーズ（15/2）
04−05＝アル・ラーヤン（16/5）
05−06＝アル・シャマル S（1/0）

主な獲得タイトル（選手時代）

CL 優勝 1 回（94−95/ アヤックス）
UC 優勝 1 回（91−92/ アヤックス）
IC 優勝 1 回（95/ アヤックス）
国内リーグ優勝 6 回（89−90、93−94、94−95、95−96、97−98/ アヤックス、98−99/ バルセロナ）
国内カップ優勝 2 回（92−93、97−98/ アヤックス）

指導キャリア

07−10　アヤックス・ユース監督
08−10　オランダ代表アシスタント
10−16　アヤックス監督
16−　　インテル（イタリア）監督

主な獲得タイトル（監督時代）

国内リーグ優勝 4 回（10−11、11−12、12−13、13−14/ アヤックス）

選手時代の知名度

★★★★★

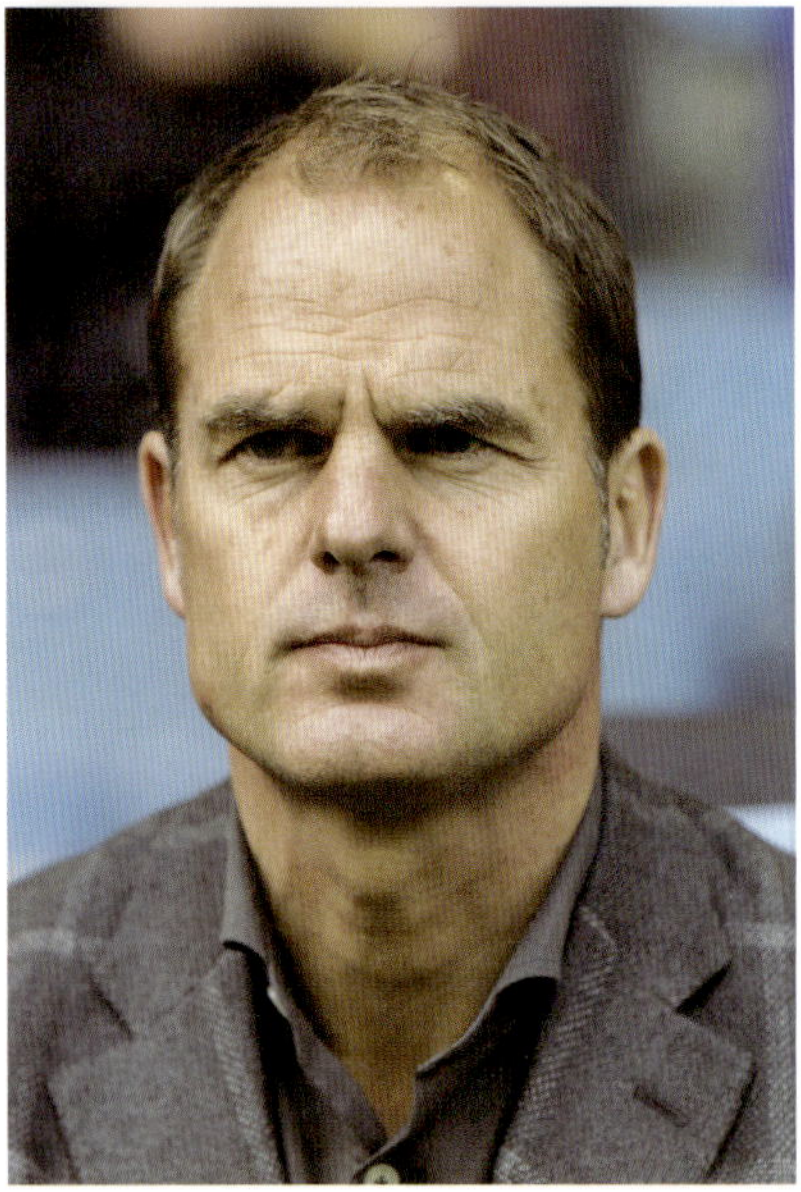

現役時代に黄金期を作った古巣で、指揮官としてリーグ4連覇を達成

94―95、95―96シーズン。ＣＬ2連覇寸前まで迫った、アヤックスの中心選手。「シーズンにタックルをするのは4、5回程度。読みで奪うことにこだわっている」とは、本人の現役時代の弁。最も印象に残るのは98年フランスＷ杯準々決勝対アルゼンチン戦で、決勝ゴールを叩き出したベルカンプに送った左足のロングキックだ。

元有名選手が指導者になる割合が高いオランダ。フランク・デ・ブールが引退後、出身クラブの監督に就くことは十分に予想できた。

10―11のなかばに、アヤックスの暫定監督になって以来、15―16で6シーズン目。国内リーグ4連覇。だが、14―15は初めてフィリップ・コクー率いるＰＳＶの後塵《こうじん》を拝し、2位に甘んじた。ＣＬでも15―16にＰＳＶがベスト16に進出したのに対し、アヤックスは予備予選で敗退。差をつけられている。

採用フォーメーション

4−2−3−1

4−3−3

キャラクター数値

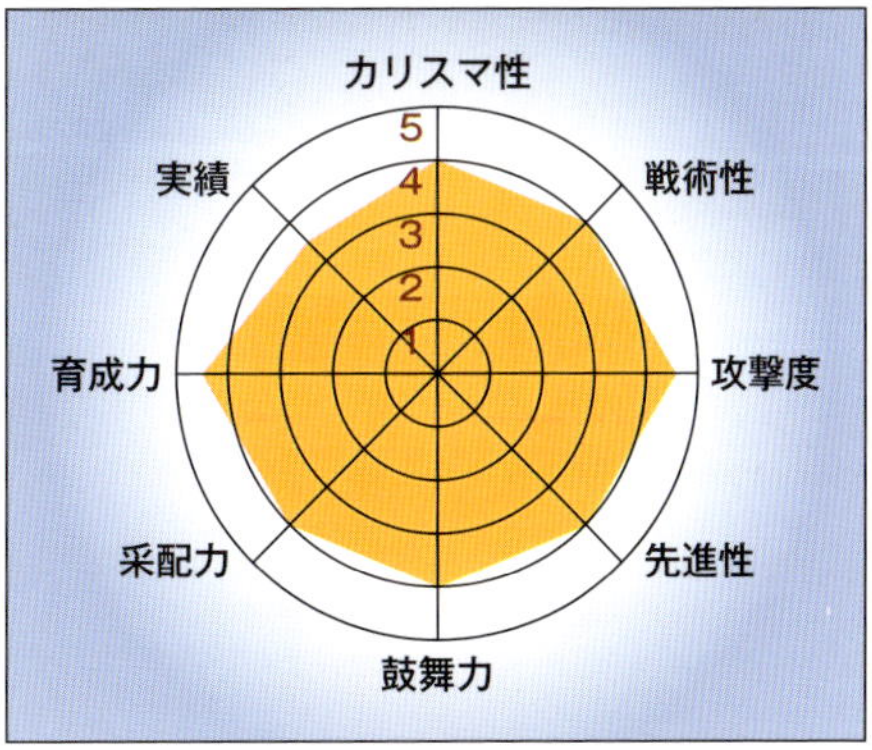

4−2−3−1を好むオランダ人監督

攻撃的サッカーに4−3−3派と4−2−3−1派があるとすれば、後者。98年フランスW杯を戦ったヒディンク型だ。これを機に大流行した布陣であることは言うまでもない。4−3−3より若干守備的と言われるが、いろんな意味でバランスをとりやすい布陣。

フランク・デ・ブール監督が4連覇に導いたアヤックス

両者はオランダ代表で同時代に活躍した選手。代表歴はともに100以上。ユーティリティで賢いプレイが身上の左利きだ。14―15の終盤、フェイエノールトの監督に就任したファン・ブロンクホルストも、ほぼ同類の元代表選手。3人ともバルサでプレイした過去がある点でも一致する。現役時代、仲間としてプレイする時間が多かった3人が、引退後、ライバルクラブにそれぞれ分かれ、采配を振るう姿は、かつてを知る者には美しい光景に映る。

採用する基本布陣は、両ウイングが高い位置に張って構える4―3―3。オランダ伝統の布陣だ。だが、オランダはいま深刻な駒不足。アヤックスにもバルサで活躍できそうな選手は見あたらない。監督も名を売りにくい状態にあった。

ところが16―17、マンチーニの後任としてインテルから突如声がかかり、監督に就任。イタリアとは水と油のオランダ式が浸透するのか注目だ。

フース・ヒディンク

Guus HIDDINK

オランダ

日本代表お勧め度

A

PERSONAL DATA

■1946年11月8日生まれ、オランダ・ヘルダーラント州出身

選手キャリア(ミッドフィルダー)

67−70=デ・フラーフスハップ(113/49)、70−72=PSV(39/1)、72−76=デ・フラーフスハップ(196/22)、77−81=NEC(104/2)、78=ワシントン・ディプロマッツ(13/4)、80=サンノゼ・アースクエイクス(15/0)、81−83=デ・フラーフスハップ(47/0)

指導キャリア

82−84 デ・フラーフスハップ アシスタント
84−87 PSV アシスタント
87−90 PSV 監督
90−91 フェネルバフチェ(トルコ)監督
91−94 バレンシア(スペイン)監督
94−98 オランダ代表監督
98−99 レアル・マドリー(スペイン)監督
00 ベティス(スペイン)監督
01−02 韓国代表監督、02−06 PSV 監督
05−06 オーストラリア代表監督※PSV 監督と兼任
06−10 ロシア代表監督
09 チェルシー(イングランド)監督※ロシア代表監督と兼任
10−11 トルコ代表監督
12−13 アンジ・マハチカラ(ロシア)監督
14−15 オランダ代表監督
15−16 チェルシー監督

主な獲得タイトル(監督時代)

CC 優勝 1 回(87−88/PSV)、IC 優勝 1 回(98/ レアル・マドリー)
国内リーグ優勝 6 回(86−87、87−88、88−89、02−03、04−05、05−06/PSV)、国内カップ優勝 5 回(87−88、88−89、89−90、04−05/PSV、08−09/ チェルシー)

選手時代の知名度

★★☆☆☆

98年W杯で戦術的交代を広めた、オランダが誇る世界屈指の勝負師

メンバー交代が2人制から3人制へ。サッカーは大きなルール変更がきわめて少ないスポーツだが、その中にあって最後に変わった大きなものがこれ。W杯では98年フランス大会から適用。それにいち早く敏感に対応したのが、時のオランダ代表監督のヒディンクだ。3人枠を最大限活用したメンバー交代で、チームを勢いづかすことに成功。チームをベスト4へ押し上げる大きな原因になった。ベンチに下げる選手と異なるポジションの選手をピッチに投入する「戦術的交代」は、2人制の時代にも、同じオランダ人のファン・ハールなどが得意にしたが、3人になったことでさらにスケールが広がった。終盤、相手は各ポジションでスタメンとは異なる顔と対峙《たいじ》することになった。

採用した布陣は4―2―3―1。いまでこそ最もポピュラーな布陣だが、当時そのような4列表記は存在しなか

採用フォーメーション

3-3-3-1

4-2-3-1

キャラクター数値

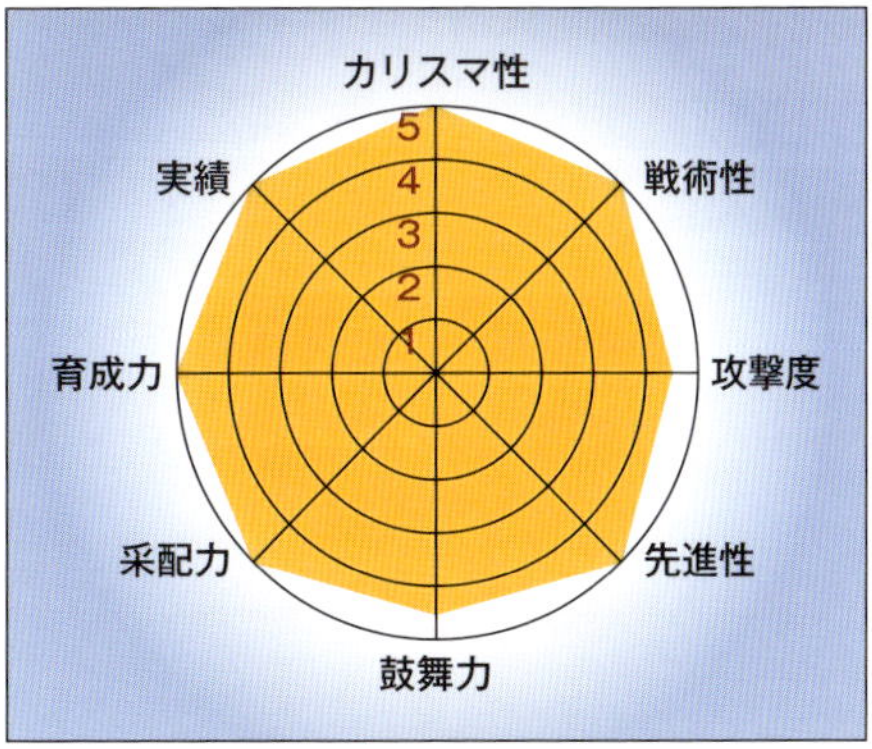

クラブでも代表でも実績を残す、屈指の名将

PSVを欧州一に導いたのは87-88。以来、30年近くトップの座を維持し続ける実績ナンバーワン監督。代表監督、クラブ監督、強者、弱者いずれの立場でも安定した采配、指導力を発揮。戦術的交代、4-2-3-1の興隆にとりわけ大きく貢献した、名将中の名将。

4-2-3-1を爆発的に広めた、98年W杯のオランダ

った。３列表記が主流だったこともあるが、そうした中、ヒディンクは自らの布陣を４―２―３―１だと述べた。４―２―３―１は、それを機に、攻撃的サッカーを志向する監督のあいだで爆発的に流行した。

　続く02年日韓共催W杯では、韓国代表監督として臨んだヒディンク。この大会でも戦術的交代を鮮やかに決めた。番狂わせを起こしたイタリア戦は、10あるフィールドプレイヤーのポジションのうち、８か所で変化を発生させ、イタリアを混乱に陥れた。

　70年代前半、リナス・ミホルスが提唱した「トータルフットボール」と、80年代後半、アリーゴ・サッキが提唱した「プレッシングサッカー」は、サッカー界における２大発明と言われるが、その後に与えた影響で言えば、ヒディンクの「４―２―３―１」と「戦術的交代」も負けてはいない。近代サッカー史に大きな影響を与えた監督の１人だ。

オランダ

ルイ・ファン・ハール

Louis VAN GAAL

日本代表
お勧め度
B

PERSONAL DATA

■1951年8月8日生まれ、オランダ・アムステルダム出身

選手キャリア(ミッドフィルダー)

72−73＝アヤックス(0/0)、73−77＝ロイヤル・アントワープ(41/7)
77−78＝テルスター(25/1)、78−86＝スパルタ・ロッテルダム(248/28)
86−87＝AZ(17/0)

指導キャリア

86−88　AZアシスタント
88−91　アヤックス アシスタント
91−97　アヤックス監督
97−00　バルセロナ(スペイン)監督
00−02　オランダ代表監督
02−03　バルセロナ(スペイン)監督
05−09　AZ監督
09−11　バイエルン・ミュンヘン(ドイツ)監督
12−14　オランダ代表監督
14−16　マンチェスター・ユナイテッド(イングランド)監督

主な獲得タイトル(監督時代)

CL優勝1回(94−95/アヤックス)
IC優勝1回(95/アヤックス)
UC優勝1回(91−92/アヤックス)
国内リーグ優勝7回(93−94、94−95、95−96/アヤックス、97−98、98−99/バルセロナ、08−09/AZ、09−10/バイエルン・ミュンヘン)
国内カップ優勝4回(92−93/アヤックス、97−98/バルセロナ、09−10/バイエルン・ミュンヘン、15−16/マンチェスター・ユナイテッド)
ドイツ年間最優秀監督賞1回(10)

選手時代の知名度

★★☆☆☆

元々は攻撃的サッカーの代表格。最近は守備的な現実主義の一面も

　バルセロナ、バイエルン、マンUと欧州を代表するビッグクラブを渡り歩いてきたファン・ハール。だが、世の中に最もインパクトに富むサッカーを示すことができたのはアヤックス時代だ。CLで欧州一に輝いた94―95。決勝でユベントスにPK負けした翌95―96シーズン。ファン・ハール率いるアヤックスが、この2シーズンで魅せたサッカーは、痛快劇以外の何ものでもなかった。柔よく剛を制す。小が大を鮮やかなサッカーで、次々となぎ倒していく番狂わせに、欧州は沸いた。88―89、89―90シーズンのミラン以降、CLで2連覇を達成したチームは現れていないが、それに最も近づいたチームが、当時のアヤックスになる。

　バルサ同様、サイドを有効に活用した、高い支配率を誇る攻撃的サッカーだ。それに似たコンセプトのチームは、いまでこそあちこちで目立つようにな

採用フォーメーション

3−4−3（中盤ダイヤモンド型）

3−3−2−2

キャラクター数値

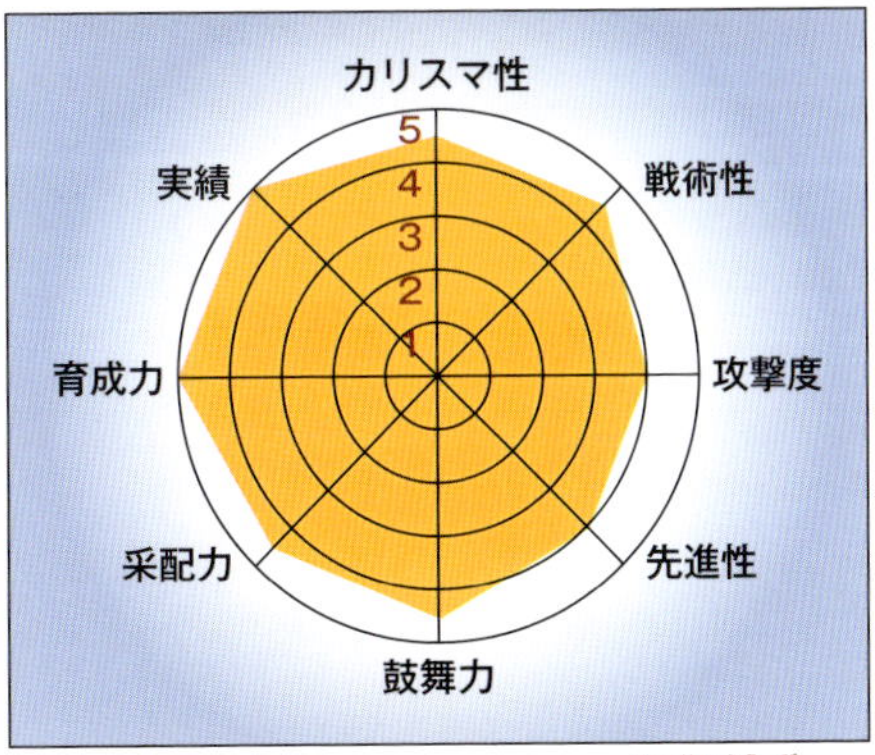

90年代なかばに画期的戦術で一《いっ》世《せい》風《ふう》靡《び》

　中盤ダイヤモンド型3−4−3を武器に、93−94、94−95、伏兵アヤックスを率いて2年連続CL決勝進出。優勝と準優勝に輝いたが、画期的度、痛快度という点で、このときのアヤックスを上回るチームは現れていない。支配率の高い攻撃的サッカーのお手本。

欧州連覇に近づいた当時のアヤックスは魅力的だった

っているが、当時は、守備的サッカーがまだ幅を利かせていた時代。ファン・ハール率いるアヤックスのサッカーは、それだけに目にまぶしく映った。

　まさに攻撃的サッカーの旗手。アヤックスの次に、バルサの監督に就いたのは当然の帰結と言えた。だが、バルサ時代のファン・ハールは97〜00年、02〜03年の計4シーズンで2度リーグ優勝を果たしたものの、CLの最高位はベスト4。09〜11年のバイエルン時代も最高位は準優勝だった。アヤックス時代を超えることができなかった。

　姿勢が一転したのは、オランダ代表監督として臨んだ14年ブラジルW杯。ファン・ハールはファン・ペルシ、ロッベンを2トップに置く、カウンター攻撃重視の3―3―2―2で臨んだ。結果は3位。だが、サッカーは攻撃的だったかつてとは別人のようだった。そのちぐはぐさは、その後、監督の座に就いたマンUでの不成績という形で、明確に現れていた。

オランダ

ディック・アドフォカート

Dick ADVOCAAT

日本代表お勧め度

C

PERSONAL DATA

■1947年9月27日生まれ、オランダ・ハーグ出身

選手キャリア(ミッドフィルダー)

66–73=ADOデン・ハーグ(147/7)、67=サンフランシスコ・ガレス(7/1)、73–79=ローダJC(113/2)、77–79=VVVフェンロ(74/6)、79=シカゴ・スティング(32/3)、79–80=ADOデン・ハーグ(11/1)、80=シカゴ・スティング(31/1)、80–82=スパルタ(10/0)、82–83=ベルヘム(10/0)、83–84=ユトレヒト(39–0)

指導キャリア

80–84 DSVP 監督、84–87 オランダ代表アシスタント
87–89 ハーレム監督、89–91 SVV 監督
90–92 オランダ代表アシスタント、91–92 ドルドレヒト監督
92–94 オランダ代表監督、94–98 PSV監督
98–01 グラスゴー・レンジャーズ(スコットランド)監督、02–04 オランダ代表監督
04–05 ボルシア・メンヒェングラードバッハ(ドイツ)監督
05 UAE 代表監督、05–06 韓国代表監督
06–09 ゼニト・サンクトペテルブルク(ロシア)監督
09–10 ベルギー代表監督、09–10 AZ 監督、10–12 ロシア代表監督
12–13 PSV 監督、13–14 AZ 監督、14 セルビア代表監督
15 サンダーランド(イングランド)監督、16– フェネルバフチェ(トルコ)監督

主な獲得タイトル(監督時代)

UC 優勝 1 回(07–08/ ゼニト・サンクトペテルブルク)
国内リーグ優勝 4 回(96–97/PSV、98–99、99–00/ グラスゴー・レンジャーズ、07/ ゼニト・サンクトペテルブルク)
国内カップ優勝 3 回(95–96/PSV、98–99、99–00/ グラスゴー・レンジャーズ)

94年W杯の名勝負ブラジル戦に勝利

4–3–3メイン。時により攻撃的な中盤ダイヤモンド型3–4–3を使用する。名勝負と言われる94年W杯準々決勝対ブラジル戦で使用したのはこちら。だが、もう一つの名勝負ユーロ2004の対チェコ戦では、守備的な4–3–1–2で逃げきりを図り、その結果、失敗した。

採用フォーメーション

4–3–3

選手時代の知名度

★★★☆☆

キャラクター数値

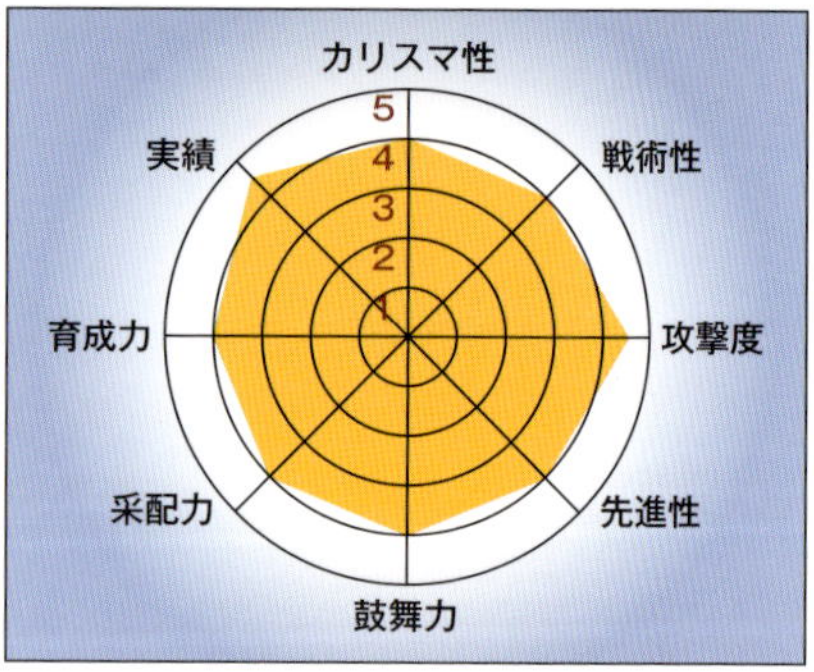

W杯とユーロの歴史に残る名勝負を、勝利でも敗戦でも体験した名監督

攻撃的サッカーの母国オランダ絡《がら》みの試合には外れがないと言われるが、アドフォカートも名試合を演出した監督として知られる。一つは、94年アメリカW杯準々決勝。ダラスのコットンボウルで行われた、対ブラジル戦だ。0―2から2―2に追いつき、最後はブラジルのブランコに殺人的なFKを決められ2―3で敗れたが、大会ナンバーワンの好試合だった。2つ目はユーロ2004。ポルトガルのアベイロで行われた、グループリーグのチェコ戦だ。オランダは絶好調。2―0でリードしたが、コクーの自爆パスで2―1と迫られた。するとアドフォカートは逃げきりを図ろうとしたのか、大活躍のロッベンを下げ、守備的なボスフェルトを投入。この采配が裏目に出て、オランダはチェコに逆転負けを許した。采配ミスがドラマ性を高めた代表的な名勝負と言っていい。

オランダ

ジミー・フロイト・ハッセルバインク
Jimmy Floyd HASSELBAINK

日本代表お勧め度
C

PERSONAL DATA

■1972年3月27日生まれ、スリナム(旧オランダ領ギアナ)・パラマリボ出身(二重国籍)

選手キャリア(ミッドフィルダー)
90－91＝テルスター(4/0)
91－92＝AZ(46/5)
95－96＝カンポ・マイオレンセ(31/12)
96－97＝ボアビスタ(29/20)
97－99＝リーズ(69/34)
99－00＝アトレティコ・マドリー(34/24)
00－04＝チェルシー(136/59)
04－06＝ミドルスブラ(58/22)
06－07＝チャールトン(25/2)
07－08＝カーディフ(36/7)
○オランダ代表＝23/9(98－02)

主な獲得タイトル(選手時代)
国内カップ優勝１回(96－97/ボアビスタ)

指導キャリア
13－14　アントワープ(ベルギー)監督
14－15　バートン・アルビオン(イングランド)監督
15－　QPR(イングランド)監督

採用フォーメーション
4－2－3－1

選手時代の知名度
★★★★★

キャラクター数値

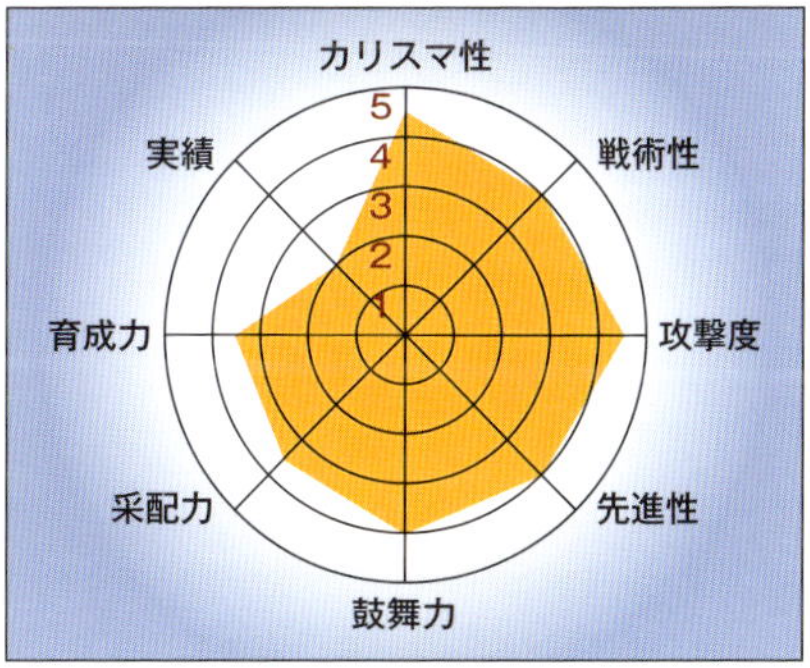

監督の道を歩み始めた元ストライカー

14-15プレミアで最下位になり、2部に降格したＱＰＲ。その15-16、12月、クリス・ラムジー監督解任を受け、新監督に就いたハッセルバインク。現役引退後、ベルギー2部、イングランド4部での監督経験はあるが、名のあるクラブの監督はこれが初。新人監督だ。

現役時代に名をはせた点取り屋は、果たして名監督となれるのか?

元CF。バリバリのストライカーが将来、名監督になった例は、守備的MF出身者が名監督になった例より断然少ない。強引で荒くれ気味な風貌《ふうぼう》という現役時代の姿からも、将来の監督像を想像しにくかった。監督に最も縁遠い選手に見えたが、彼はオランダ人。現役時代の有名選手が監督になる確率が高い国民だ。

彼もその中に確実に収まる1人になるが、オランダ代表回数は23。プレミアリーグで2度得点王に輝くなどクラブで華々しく活躍したわりに、代表で大きな試合にスタメンを飾るケースは少なかった。当時、オランダには世界的FWがひしめいていたからだが、そのうっぷんを監督として晴らすことができるか。

14―15、2部に降格したQPRを踏み台に、どこまで駆け上がっていくことができるか。筋は悪くないと、評判だ。

オランダ

ピム・ファーベーク
Pim VERBEEK

日本代表お勧め度
C

PERSONAL DATA

■1956年3月12日生まれ、オランダ・ロッテルダム出身

選手キャリア

74−80＝スパルタ

指導キャリア

81−84　DS' 79 アシスタント、84−87　ユニタス・ホリンヘム監督
87−89　デ・フラースハップ監督、89　フェイエノールト監督
90−91　フェイエノールト アシスタント
91−92　ワネゲンネン監督
92−93　フローニンゲン監督
94−97　フォルトゥナ・シッタート監督
98−99　大宮アルディージャ（日本）監督
01−02　韓国代表アシスタント
02−03　PSV アシスタント
03　京都パープルサンガ（日本）監督
04　オランダ領アンティル代表監督
04−05　ボルシア・メンヒェングラートバッハ アシスタント
05　UAE 代表アシスタント
05−06　韓国代表アシスタント
06−07　韓国代表監督
07−10　オーストラリア代表監督

採用フォーメーション

4−2−3−1

選手時代の知名度

★★★☆☆

キャラクター数値

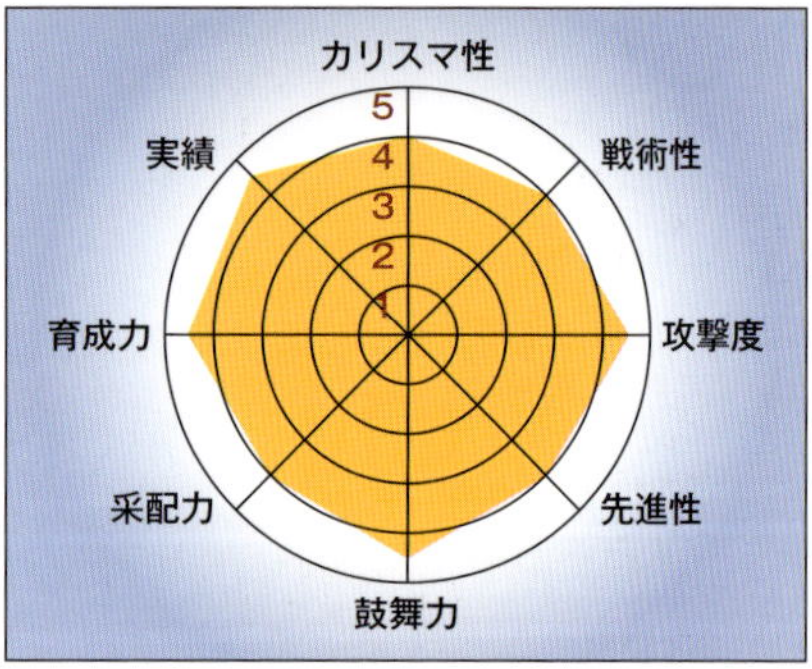

世界各国でキャリアを積むオランダ人

オランダ国内はもとより、世界各地まさに津々浦々で活躍してきた指導者。監督、コーチ、スポーツディレクターの立場で、攻撃的なオランダイズムを発信し続けてきた。求められたら、監督という立場でなくても赴《おもむ》く、そのフットワークの良さが最大の魅力。

日本も含めて世界を転々として、多くのチームを率いてきた監督

大宮、京都で監督を務めたことがあり、日本に多くの知り合いを持つが、大宮監督退任後、ヒディンクが02年日韓共催W杯に臨む韓国代表監督に就任すると、ゴトビとともにそのコーチに就任。チーム・ヒディンクの一員として、韓国のベスト4入りに貢献した。その後も多くのオランダ人同様、世界各地を転々とする。UAE代表コーチ、韓国代表監督、オーストラリア代表監督……。韓国代表監督として臨んだ07年アジア杯では、日本に3位決定戦でPK戦の末敗れ、解任の憂《う》き目に。だがその直後、豪州監督に就任すると、今度は、10年南アフリカW杯アジア予選において日本を抑え、グループ首位通過を果たす。本大会でも、1勝1分1敗でベスト16入りは逃したが、良いサッカーを見せた。15―16は、オランダ2部スパルタのテクニカルディレクターとしてシーズンを過ごした。

オランダ

ジョン・ファン・デン・ブロム

John VAN DEN BROM

日本代表
お勧め度
B

PERSONAL DATA

■1966年10月4日生まれ、オランダ・ユトレヒト州
アメルスフォールト出身

選手キャリア（ミッドフィルダー）
86−93＝フィテッセ（225/80）、93−95＝アヤックス（44/7）
95−96＝イスタンブルシュポル（22/3）、96−00＝フィテッセ（99/13）
02−03＝デ・フラースハップ（42/4）
○オランダ代表＝2/1（90−93）

主な獲得タイトル（選手時代）
CL 優勝 1 回（94−95/ アヤックス）
国内リーグ優勝 2 回（93−94、94−95/ アヤックス）

指導キャリア
03−04　ベネコム監督
04−07　アヤックス・ユース監督
07−10　アペルドーレン監督
10−11　ADOデン・ハーグ監督
11−12　フィテッセ監督
12−14　アンデルレヒト（ベルギー）監督
14−　　AZ監督

主な獲得タイトル（選手時代）
国内リーグ優勝 1 回（12−13/ アンデルレヒト）

採用フォーメーション

4−2−3−1

選手時代の知名度

★★★☆☆

キャラクター数値

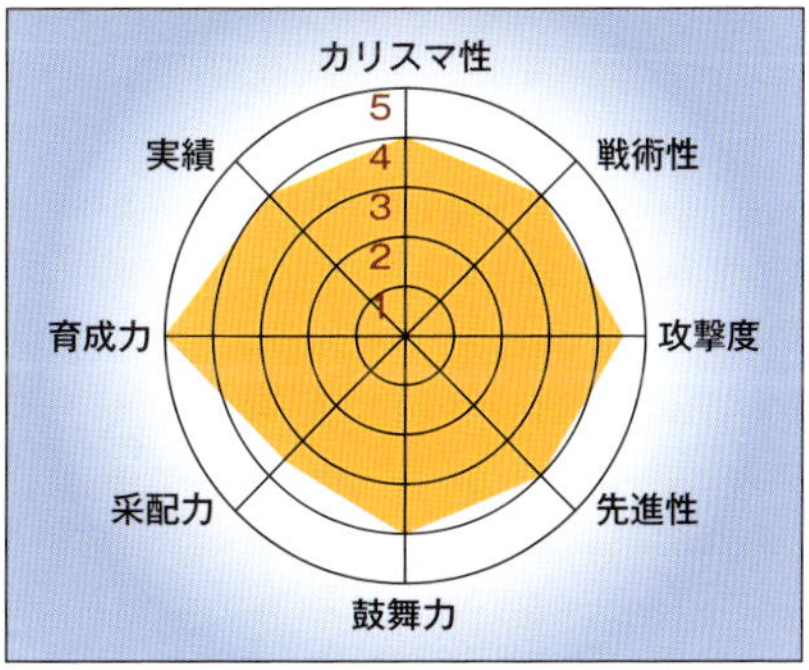

下積みを経験したあと、AZ監督に就任

現役時代、代表経験はわずか2。年下の有名な元代表選手がオランダ3強の監督を務めるかたわらで、デフラースハップのスカウト、アヤックス・ユース監督、アマチュアチームの監督など、下積みを重ね、14-15、オランダ４番手であるＡＺ監督の座に収まった。

元有名選手とは異なる環境で、しっかり経験を積んだ有望監督

フランク・デ・ブール、コクー、ファン・ブロンクホルスト。代表キャップ100を超える元有名選手は、オランダ3大クラブ（アヤックス、PSV、フェイエノールト）の監督にすんなり就くことができるが、キャップ2回のファン・デン・ブロムになると、そうはいかない。それなりの場で修業を積み、認知される必要がある。だが、ファン・デン・ブロムは、その過程で、欧州最高峰の大会＝CLの舞台に立っている。隣国ベルギーの名門、アンデルレヒトで、就任1年目（12—13）に、チーム6シーズンぶりとなる本大会出場を果たし、翌13—14も連続出場を果たした。オランダに戻ったのは翌14—15。オランダ3大クラブの次にランクされるAZアルクマールだ。代表キャップ100の前述3人の背中は見えている。近い将来、逆転もあり得そうなムードを感じる。

オランダ

ジョバンニ・ファン・ブロンクホルスト

Giovanni VAN BRONCKHORST

日本代表お勧め度
C

PERSONAL DATA

■1975年2月5日生まれ、オランダ・ロッテルダム出身

選手キャリア（守備的ミッドフィルダー、左サイドバック）
93－94＝RKC（12/2）、94－98＝フェイエノールト（103/22）
98－01＝グラスゴー・レンジャーズ（73/13）
01－03＝アーセナル（41/2）、03－07＝バルセロナ（141/5）
07－10＝フェイエノールト（88/8）
○オランダ代表＝106/6（96－10）

主な獲得タイトル（選手時代）
CL 優勝 1 回（05－06/ バルセロナ）
国内リーグ優勝 5 回（98－99、99－00/ グラスゴー・レンジャーズ、01－02/ アーセナル、04－05、05－06/ バルセロナ）
国内カップ優勝 7 回（94－95、07－08/ フェイエノールト、98－99、98－99、99－00/ グラスゴー・レンジャーズ、01－02、02－03/ アーセナル）

指導キャリア
10－11 オランダ代表 U－21アシスタント
11－15 フェイエノールト アシスタント
15－ フェイエノールト監督

採用フォーメーション
4－3－3

選手時代の知名度
★★★★★

キャラクター数値

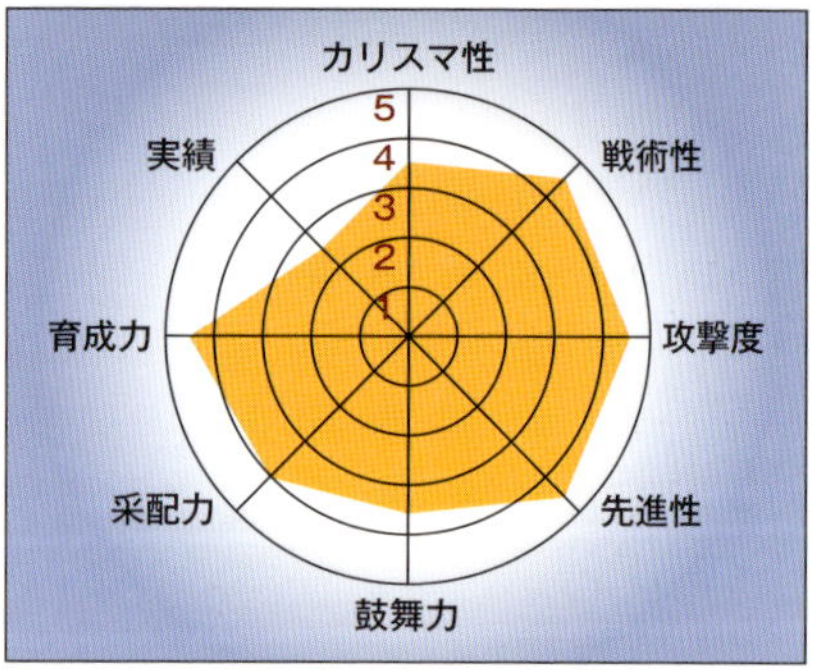

コーチ経験を積んで、3強の監督に就任

15-16シーズン、フェイエノールトのコーチから監督に昇格した新人監督。オランダ3強の残る2チーム、ＰＳＶとアヤックスが国内リーグで激戦を繰り広げる中、大きく遅れをとっての3位。途中にはファンから「辞めろ」コールが飛び出したが、何とか耐えた。

コクーやF・デ・ブールとともに出世争いを演じる元オランダ代表

フェイエノールトでデビュー。グラスゴー・レンジャーズ、アーセナル、バルセロナと着実にステップアップしていった元オランダ代表選手。主に左SBとして活躍したが、若い頃（98年フランスW杯当時）は、守備的MFを務めることが多く、ユーティリティな左利きとして知られていた。つまり、5歳年上のコクー、フランク・デ・ブールと、ほぼ同タイプ。オランダ代表歴100回を超えるこの3人は、15－16シーズン、オランダ3強クラブでそれぞれ監督の座に就いている。コクー（PSV）、フランク・デ・ブール（アヤックス）の優勝争いを、フェイエノールトの新人監督は後方から眺《なが》めている状態だった。過激なフェイエノールトファンに、「解任だ！」と迫られる始末。だが、前出の2人とともに、オランダ代表監督候補でもある。出世争いは見ものだ。

オランダ

ベルト・ファン・マルヴァイク
Bert VAN MARWIJK

日本代表お勧め度
B

PERSONAL DATA

■1952年5月19日生まれ、オランダ・デーフェンテル出身

選手キャリア(ミッドフィルダー)
69−75=ゴー・アヘッド(146/16)、75−78=ＡＺ(69/20)
78−86=ＭＶＶ(225/35)、86−87=フォルトゥナ・シッタート(11/1)
87−88=FC アセント(17/0)
○オランダ代表=1/0(75)

主な獲得タイトル(選手時代)
国内リーグ優勝１回(83−84/ＭＶＶ)、国内カップ優勝１回(77−78/ＡＺ)

指導キャリア
82−86 MVV ユース監督、86−90 SVミーアセン・ユース監督
90−91 FC ヘルデレン(ベルギー)監督
91−95 RLVCL リメル監督、95−98 SVミーアセン監督
97−00 フォルトゥナ・シッタート監督
00−04 フェイエノールト監督
04−06 ボルシア・ドルトムント(ドイツ)監督
07−08 フェイエノールト監督、08−12 オランダ代表監督
13−14 ハンブルガーＳＶ(ドイツ)監督
15− サウジアラビア代表監督

主な獲得タイトル(監督時代)
UC 優勝１回(01−02/ フェイエノールト)
国内カップ戦優勝１回(07−08/ フェイエノールト)

経験豊富な現サウジアラビア代表監督

小野伸二がフェイエノールトに在籍したときに、ＵＥＦＡ杯を制覇。10年W杯では、オランダ代表監督として準優勝。グループリーグでは、日本とも対戦した。そして18年ロシアW杯予選には、日本と同グループのサウジアラビアの代表監督として臨む。

採用フォーメーション
4−3−3

選手時代の知名度
★★★☆☆

キャラクター数値

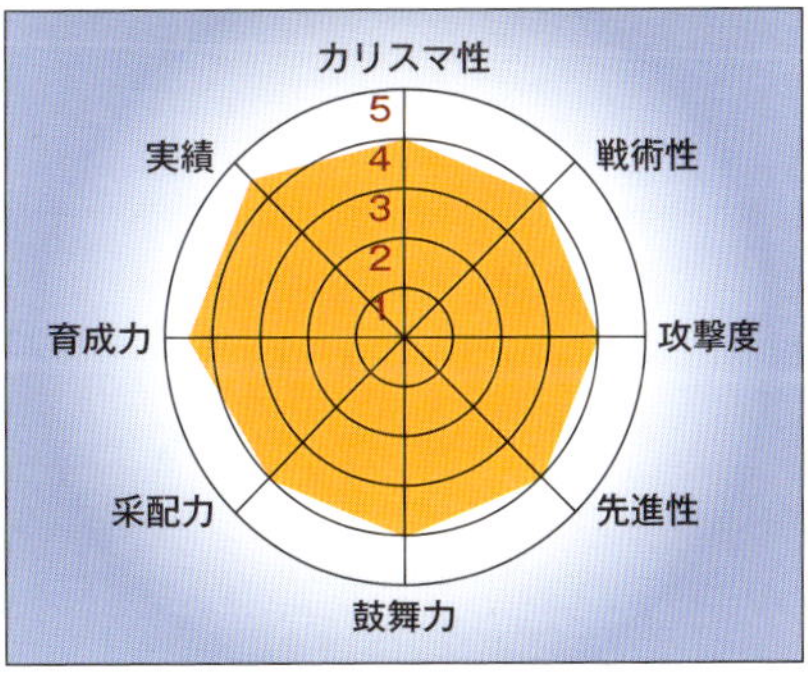

南アフリカW杯でオランダ代表を準優勝へと導いた実績を持つ監督

10年南アフリカW杯の準優勝監督。決勝戦、0―0延長でPKにもつれ込もうかという116分、イニエスタに得点を奪われ、準優勝に泣いた。もしその前にスペインGKカシージャスが、ロッベンのシュートを奇跡的なセーブで防いでいなければ、ファン・マルヴァイクはW杯優勝監督になっていた。優勝監督として名を刻んだのはフェイエノールト時代、01―02のUEFA杯(現・EL)。決勝の相手はドルトムントで、フェイエノールトの先発にはファン・ペルシ、ファン・ホーイドンク、トマソン、カルー……このシーズン、チームに加わった小野伸二もいた。欧州で誰よりも好スタートを切った小野。彼を語るとき、ファン・マルヴァイクの存在を忘れることはできない。15年よりサウジアラビア代表監督に就任。伝統的に守備的なサウジを攻撃的に転換できれば日本の脅威になる。

オランダ

ペーター・ボス

Peter BOSZ

日本代表お勧め度

A

PERSONAL DATA

■1963年11月21日生まれ、オランダ・アペルドールン出身

選手キャリア（ミッドフィルダー）

81−84＝フィテッセ（81/2）
84−85＝AGOVV
85−88＝RKC（105/4）
88−91＝トゥーロン（93/0）
91−96＝フェイエノールト（155/6）
96−97＝ジェフ・ユナイテッド市原（36/3）
97−98＝ハンザ・ロシュトック（14/0）
98−99＝NAC（26/1）、99＝ジェフ・ユナイテッド市原（11/0）
○オランダ代表＝8/0（91−95）

指導キャリア

99−02 AGOVV 監督
02−03 デ・フラースハップ監督
04−06 ヘラクレス・アルメロ監督
10−13 ヘラクレス・アルメロ監督
13−16 フィテッセ監督
16 マッカビ・テルアビブ（イスラエル）監督
16− アヤックス監督

採用フォーメーション

4−2−3−1

選手時代の知名度

★★★★☆

キャラクター数値

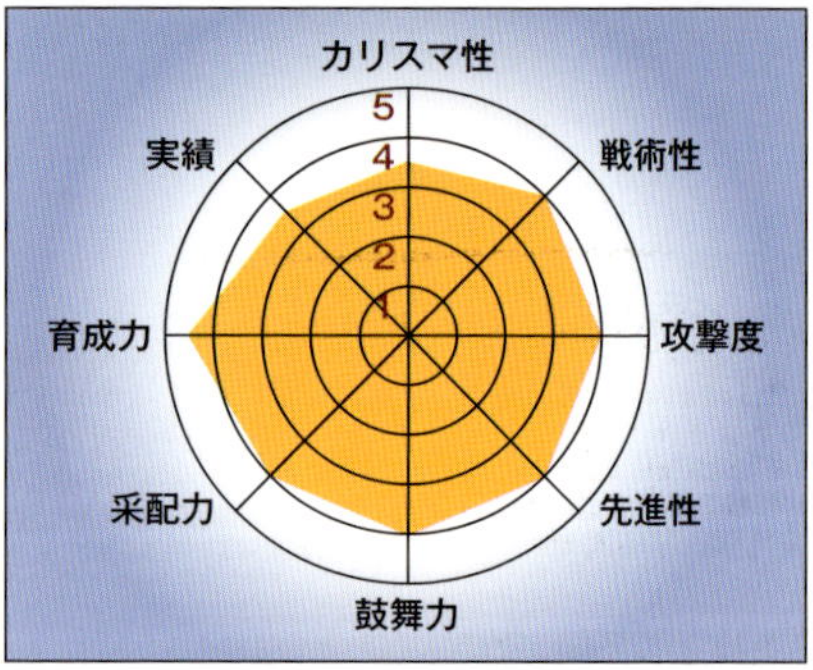

4−2−3−1と4−3−3を使い分ける

13−14フィテッセの監督に就任すると、オランダリーグ上位を堅調に維持。名を上げたが、16年1月、その腕を買われ、イスラエルの強豪マッカビ・テルアビブへ。フィテッセでは4−2−3−1がメインだったが、マッカビでは4−3−3も。欧州の本舞台を裏街道から狙う。

現役時代は日本でプレイするなど、日本通として知られるオランダ人

フェイエノールトなどで守備的MFとして活躍した元オランダ代表選手。日本通としても知られる。ジェフ市原に計3シーズン（96、97、99年）在籍した経験があるからだ。市原でのプレイを最後に、現役引退。指導者の道に転身した。VVVフェンロ監督時代は、平山相太を獲得。13―14シーズンから監督に就任したフィテッセでは、ハーフナー・マイクを獲得。さらに16年1月には、FC東京から太田宏介も獲得。日本との関係を意図的に保とうとした。しかし、太田獲得とほぼ同じタイミングに、イスラエルのマッカビ・テルアビブが、ペーター・ボスの力量を買い、ヘッドハンティング。CL1次リーグで敗退したヨカノビッチ監督を解任し、新監督にすえた。オランダ人監督の例に漏れず、攻撃的。だが、堅実さも兼ね備える。日本復帰が望まれるが、16―17、アヤックスの監督に就任した。

エリク・テン・ハーフ

Erik TEN HAG

オランダ

日本代表お勧め度 E

選手時代の知名度 ★★★☆☆

採用フォーメーション

4-4-2(中盤ダイヤモンド型)

キャラクター数値

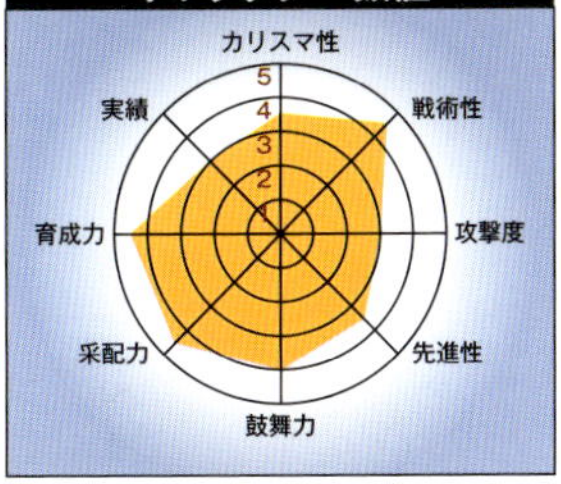

PERSONAL DATA

■1970年2月2日生まれ、オランダ・ハークスベルゲン出身

選手キャリア(センターバック)

89−90=トゥエンテ(14/0)
90−92=デ・グラーフシャフ(54/6)
92−94=トゥエンテ(45/2)
94−95=RKCヴァールヴァイク(31/2)
95−96=ユトレヒト(30/2)
96−02=トゥエンテ(162/3)

指導キャリア

06−09 トゥエンテ アシスタント
09−12 PSV アシスタント
12−13 ゴー・アヘッド・イーグルス監督
13−15 バイエルンⅡ(ドイツ)監督
15− ユトレヒト監督

トゥエンテ、ＰＳＶのアシスタントコーチを経て、12-13シーズン、ゴー・アヘッド・イーグルスの監督に就任。オランダ1部に昇格させるが、翌シーズン、バイエルンへ。そのリザーブチームの監督を2季務めている。ユトレヒトの監督に就任したのは、その翌シーズン（15-16）。そこで1部リーグ5位に。ＥＬ出場は、出場権をかけた国内プレイオフでヘラクレスに敗れ、逃したが、オランダでは評判を集めている。だが、実践しているサッカーは、オランダらしくない。伝統の攻撃的サッカーではなく、少なくともオランダ人には守備的に見えるサッカーだ。両ウイング不在のサッカー。サイド攻撃は、両サイドバックの攻め上がりに頼っている。守りを固めてカウンター。良く言えば手堅いサッカーを拠《よ》りどころに、結果を残した。その影響力はどれほどのものか、注目したい。

エルウィン・ファン・デ・ローイ

Erwin VAN DE LOOI

オランダ

日本代表お勧め度 C

選手時代の知名度 ★★☆☆☆

採用フォーメーション

4-3-3

キャラクター数値

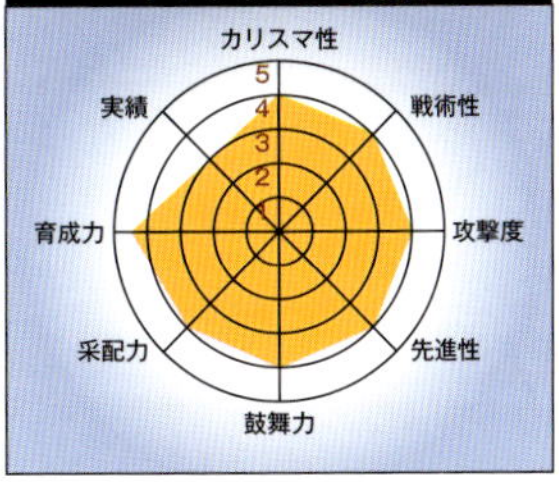

PERSONAL DATA

■1972年2月25日生まれ、オランダ・ハイッセン出身

選手キャリア(センターバック)

91−92=デンボッシュ(8/0)
92−97=フィテッセ(133/2)
97−99=NAC ブレダ(47/1)
00 =シュツットガルター・キッカーズ(7/0)
00−02=フローニンゲン(19/0)

指導キャリア

08−10 フローニンゲン U21 監督
10−13 フローニンゲン アシスタント
13−16 フローニンゲン監督
16− ヴィレムⅡ監督

オランダ北部のフローニンゲンで現役を終えたのは02年。その縁あってかファン・デ・ローイは指導者の道も、フローニンゲンから入った。U-21の監督を2年、トップチームのアシスタントコーチを3年。そして13-14シーズンから、その監督に就任した。以降3シーズンの成績は7位、8位、7位。オランダカップ戦では1度優勝を飾り、ＥＬ本大会にも駒を進めている。新人監督として上々の滑り出しを切ったが、フローニンゲンを契約満了となる15-16をもって退団。16-17はヴィレム・トゥヴェーの監督としてスタートした。フローニンゲンとヴィレム・トゥヴェー。格が上なのは前者だ。定位置は7位、8位。対する後者の定位置は10位代だ。フローニンゲンより上昇の余地が残されている。活躍が目立ちやすいほうをファン・デ・ローイは選択した。あえて下のチームを選択するところに、自信家であり野心家の顔が覗《のぞ》く。

ホン・ミョンボ

韓国

HONG Myung-bo

日本代表お勧め度

B

PERSONAL DATA

■1969年2月12日生まれ、韓国・ソウル出身

選手キャリア（センターバック、守備的ミッドフィルダー）

92−97＝浦項スティーラース（110/14）

97−98＝ベルマーレ平塚（42/0）

99−01＝柏レイソル（72/7）、浦項スティーラース（19/0）

03−04＝ロサンゼルス・ギャラクシー（38/0）

主な獲得タイトル（選手時代）

ACC 優勝 1 回（97/ 浦項スティーラース）

国内リーグ優勝 1 回（92/ 浦項スティーラース）

国内カップ優勝 1 回（96/ 浦項スティーラース）

指導キャリア

09　　韓国 U−20 代表監督

09−12　韓国 U−23 代表監督

13−14　韓国代表監督

16−　　杭州緑城（中国）監督

採用フォーメーション

4−4−1−1

選手時代の知名度

★★★★★

キャラクター数値

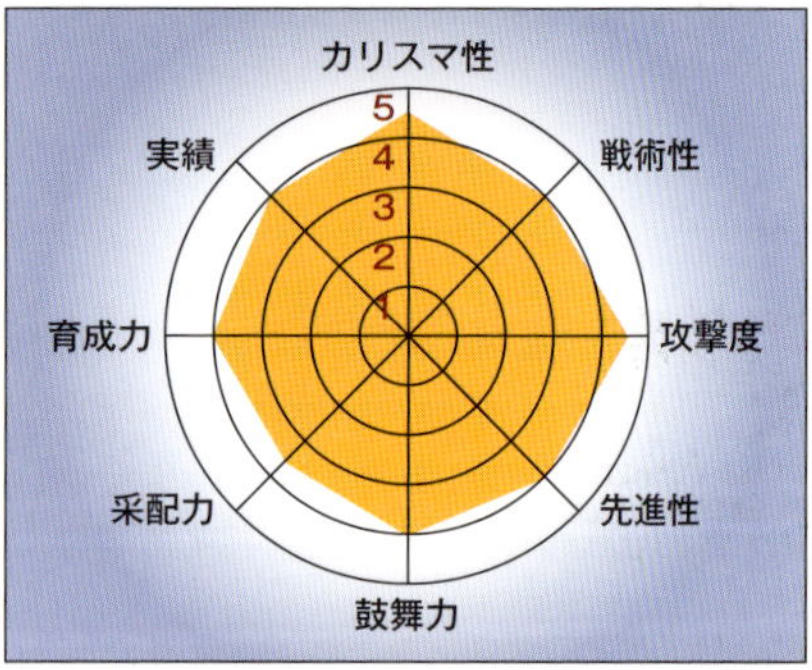

ヒディンクの影響を受けたスタイル

ヒディンク監督時代には中心選手として、アドフォカート、ピム・ファーベーク時代にはコーチとして、代表チームに参加。攻撃的なオランダの影響を受けている。14年W杯には韓国代表監督として4−4−1−1的4−4−2で臨んだが、惜しくもグループリーグ落ち。

韓国代表を率いたあとに中国へ。東アジアの勢力図は変わるのか?

02年日韓共催W杯などW杯に4度出場した元韓国代表選手。14年ブラジルW杯には、韓国代表監督として出場。名選手と名監督の関連性に注目が集まったが、1分2敗でグループリーグ敗退。終了後、韓国協会から続投を要請されたが、固辞。次なる行き先にJリーグのクラブの名前も挙がる中、中国リーグの杭州緑城に決定した。

韓国、日本、中国。東アジア3か国の中で、現在最も勢いがあるのが中国。そこに、選手時代にアジアでナンバーワンだった元韓国代表の主将が監督として赴《おもむ》いた。しかも、コーチとして招かれたのは小野剛。第一次岡田ジャパン時代のコーチだ。中国、韓国に主導権を奪われつつある東アジアサッカー界のヒエラルキーを見る気がする。実力のある指導者は中国Cリーグへ。ホン・ミョンボの杭州緑城行きによって、その流れは加速しそうだ。

ガーナ

ジェームズ・アッピア

James APPIAH

日本代表お勧め度 **B**

選手時代の知名度
★★★★☆

採用フォーメーション
4−4−2(中盤フラット型)

PERSONAL DATA

■1960年6月30日生まれ、ガーナ・アシャンティ州出身

選手キャリア(左サイドバック)
83−93＝アサンテ・コトコ

指導キャリア
11　ガーナU−23代表監督
12−14　ガーナ代表監督
14−　アル・ハルトゥーム(スーダン)監督

ガーナ代表監督として、14年ブラジルW杯に出場。ドイツ、ポルトガル、アメリカとグループリーグを戦い、最下位に終わる。10年南アフリカW杯で、ベスト8。06年ドイツW杯ではベスト16という過去２大会には劣るが、サッカーそのものは決して悪くなかった。06、10年の両大会でガーナは、アフリカ勢にあっては少々異色なサッカーをした。本能を全開に選手が、ピッチ上を自由に動き回るわけではない。採用する布陣の特性に即した規律正しさ、バランスの良さが目を惹《ひ》いた。だが、当時の監督はいずれも外国人。14年大会は、自国の監督で臨んだ初めてのW杯だった。ジェームズ・アクワシ・アッピア監督は、そこでどんなサッカーをするのか。ガーナという国の真のレベルが試された格好だが、従来同様、アフリカ勢らしくない戦術的なサッカーをした。ドイツ、ポルトガル、アメリカ相手に同様な手法で対抗。好勝負を展開した。優勝したドイツには2−2で引き分ける健闘も。ガーナサッカーのレベルの高さを証明した監督だと言える。

キャラクター数値

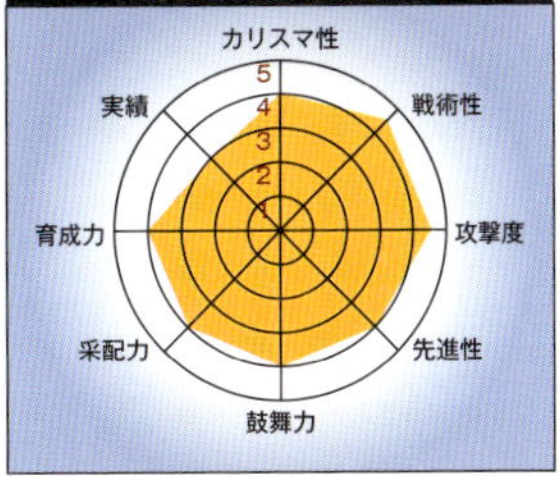

北アイルランド

ブレンダン・ロジャーズ

Brendan RODGERS

日本代表お勧め度 **D**

選手時代の知名度
★☆☆☆☆

採用フォーメーション
3−4−3(中盤フラット型)

PERSONAL DATA

■1973年1月26日生まれ、北アイルランド・カーンロウ出身

選手キャリア(ディフェンダー)
87−90＝バリーメナ・ユナイテッド、90−93＝レディング、93−94＝ニューポート、94−95＝ウィットニー・タウン、95−96＝ニューベリー・タウン

指導キャリア
04−08　チェルシー(イングランド)ユース監督
08−09　ワトフォード(イングランド)監督
09　レディング(イングランド)監督
10−12　スウォンジー(ウェールズ)監督
12−15　リバプール(イングランド)監督
16−　セルティック(スコットランド)監督

ワトフォードからレディング。そして評価を上げながら10−11シーズン、スウォンジーの監督に就任した。当時2部だったチームを就任1年目でプレミアへ昇格させる。北アイルランド出身。選手としての実績はほぼゼロだ。サッカーによくいる指導者のタイプである。代表的な例はモウリーニョになるが、ブレンダン・ロジャーズは04−05、そのモウリーニョがチェルシー監督に就任したとき、下部組織の指導者を務めていた。そうした経緯からか、モウリーニョのような臨機応変な対応をする。相手によって戦い方を平気で変える。攻撃的サッカーもすれば、3−4−2−1の守備的サッカーもする。12−13に監督の座に就いたリバプールでは、その方法論で低迷していたチームをプレミア2位まで押し上げた。評価を一気に高めたが、15−16はスタートに失敗。解任の憂《う》き目に。モウリーニョがその解任劇に異を唱えたのは有名な話だが、すぐに、レベルが一段下のセルティックで再スタートを切った。

キャラクター数値

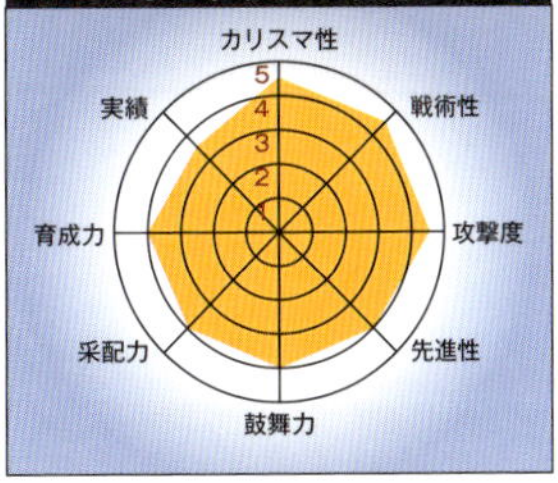

北アイルランド

マーティン・オニール

Martin O'NEILL

日本代表お勧め度

D

PERSONAL DATA

■1952年3月1日生まれ、北アイルランド・ロンドンレディ州出身

選手キャリア(ミッドフィルダー)

71=ディスティラリー(7/3)、71−81=ノッティンガム・フォレスト(285/48)、81=ノリッジ・シティ(11/1)、81−82=マンチェスター・シティ(13/0)、82−83=ノリッジ・シティ(55/11)、83−84=ノッツ・カウンティ(64/5)、84=チェスターフィールド(0/0)、フラム(0/0)

○北アイルランド代表=64/8(71−84)

主な獲得タイトル(選手時代)

CC 優勝 2 回(78−79、79−80/ ノッティンガム・フォレスト)

国内リーグ優勝 1 回(77−78/ ノッティンガム・フォレスト)

指導キャリア

87−88 グランサム・タウン(イングランド)監督

89 シェップシェッド・チャーターハウス(イングランド)監督

90−95 ウィコム・ワンダラーズ(イングランド)監督

95 ノリッジ・シティ(イングランド)監督

95−00 レスター・シティ(イングランド)監督

00−05 セルティック(スコットランド)監督

06−10 アストン・ビラ(イングランド)監督

11−13 サンダーランド(イングランド)監督

13− アイルランド代表監督

主な獲得タイトル(監督時代)

国内リーグ優勝 3 回(00−01、01−02、03−04=セルティック)

国内カップ優勝 2 回(00−01、03−04、04−05=セルティック)

戦況を見極めながら、臨機応変に対応

13年11月、ブラジルW杯の予選で敗退したアイルランド代表に招かれ、ユーロ2016では、同国史上3度目となる本大会出場を果たす。中盤フラット型4-4-2をベースにした英国調のサッカーだが、戦況を見る確かな目で、臨機応変な対応をする。英国を代表する監督。

採用フォーメーション

4−4−2(中盤フラット型)

選手時代の知名度

★★★★★

キャラクター数値

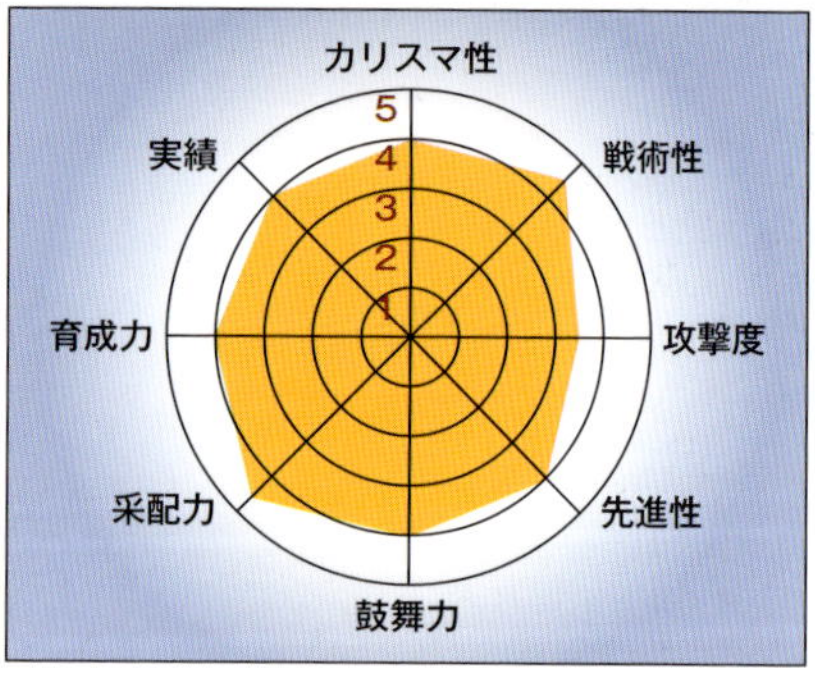

13年から率いるアイルランド代表をユーロ2016本大会に導いた監督

北アイルランドがW杯本大会の土を踏んだのは、わずか3回。58年、82年、86年になるが、マーティン・オニールは82年スペイン大会にMF、主将として出場。1次リーグを首位通過し、2次リーグでフランス、オーストリアとベスト4の座を争う中、堅実な中盤として名を売った。引退後は、イングランドで指導者に。ノーリッジ、レスターなどを経て、00―01からセルティックに。スコットランド内はもとより、欧州戦線でも実績を残し、02―03のUEFA杯では、決勝に進出。舞台となったセビージャには、世界各地から8万人ものケルト人が結集した。セルティックはモウリーニョ率いるポルトに幸先良く2ゴールを奪ったが、結果は2―3。13年から、アイルランド代表監督に就任。ユーロ2016の予選を突破し、本大会では、ベスト16進出。決勝トーナメント1回戦でフランスに惜敗した。

クロアチア

ニコ・コバチ
Niko KOVAC

日本代表お勧め度
C

PERSONAL DATA

■1971年10月15日生まれ、ドイツ・西ベルリン出身

選手キャリア(守備的ミッドフィルダー)

89−91＝ヘルタ・ツェーレンドルフ(25/7)
91−96＝ヘルタ・ベルリン(148/16)
96−99＝レバークーゼン(77/8)
99−01＝ハンブルガー SV(55/12)
01−03＝バイエルン・ミュンヘン(34/3)
03−06＝ヘルタ・ベルリン(75/8)
06−09＝レッドブル・ザルツブルグ(65/9)

主な獲得タイトル(選手時代)

IC 優勝 1 回(01/ バイエルン・ミュンヘン)
国内リーグ戦優勝 3 回(02−03/ バイエルン、06−07、08−09/ レッドブル・ザルツブルグ)
国内カップ戦優勝 1 回(02−03/ バイエルン)

指導キャリア

09−11　レッドブル・ジュニアーズ・ザルツブルグ(オーストリア)監督
11−12　レッドブル・ザルツブルグ(オーストリア)アシスタント
13　クロアチア U−21 代表監督
13−15　クロアチア代表監督
16−　フランクフルト(ドイツ)監督

採用フォーメーション

4−2−3−1

選手時代の知名度

★★★★☆

キャラクター数値

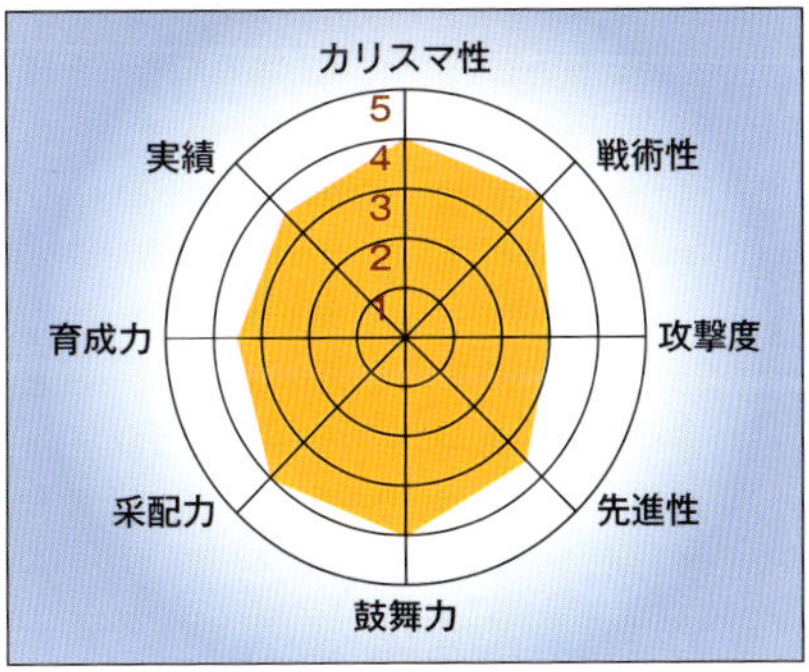

4−3−3を使うも、攻撃的な匂いはなし

クロアチア代表監督として臨んだ14年W杯ではラキティッチをアンカーに置く4−3−3で臨み、16年就任のフランクフルトでは、主に4−2−3−1を使用。ともに攻撃的サッカーを代表する布陣ながら、あまり攻撃的な匂いがしない。ボールを高い位置で奪うこだわりが低い。

早々にクロアチア代表を率いるも、攻撃サッカーの潮流に乗りきれず

主に00年代、弟のロベルトとともにクロアチア代表選手として活躍。クラブではバイエルンをはじめ、ほとんどドイツでプレイした。ポジションは監督に適性があると言われる守備的MF。ベスト8まで進んだユーロ2008では、主将も務めた。監督になるべくしてなった人物。U―21監督経由ながら、13年、クロアチア代表監督にいきなり就任した。彼が現役の頃、クロアチアは後ろで守るサッカーだった。そして、ニコ・コバチもそのあたりを解消することができなかった。14年W杯。カメルーンには勝利したが、メキシコ、ブラジルに敗れ、グループリーグで消えた。モドリッチ、ラキティッチを擁《よう》しながら。ニコ・コバチは続くユーロ2016予選の最中、成績不振で解任。16―17は長谷部誠所属のフランクフルト監督の座に。ベルリン生まれのクロアチア人らしい身の処し方だと言える。

クロアチア

スラベン・ビリッチ

Slaven BILIC

日本代表お勧め度

B

PERSONAL DATA

■1968年9月11日生まれ、クロアチア・スプリト出身

選手キャリア(ディフェンダー)

87−93=ハイドゥク・スプリト(109/13)
88　=プリモラック(13/1)
88−89=シベニク(33/7)
93−96=カールスルーエ(66/5)
96−97=ウェストハム(48/2)
97−00=エバートン(30/0)
00−01=ハイドゥク・スプリト(9/0)
○クロアチア代表=44/3(92−99)

主な獲得タイトル(選手時代)

国内カップ３回(90−91、92−93、99−00/ハイドゥク・スプリト)

指導キャリア

01　ハイドゥク・スプリト監督
04−06　クロアチアU−21代表監督
06−12　クロアチア代表監督
12−13　ロコモティブ・モスクワ(ロシア)監督
13−15　ベシクタシュ(トルコ)監督
15−　ウェストハム(イングランド)監督

採用フォーメーション

4−3−3

選手時代の知名度

★★★★★

キャラクター数値

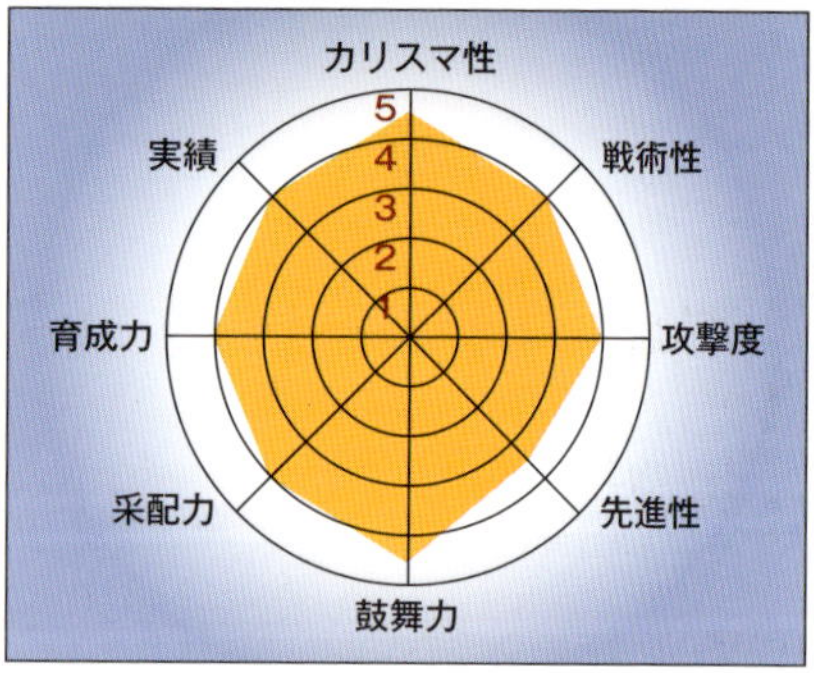

クロアチアサッカー界を代表する監督

クロアチア代表として戦った98年W杯で3位。同国代表監督としてはユーロ本大会の土を2度踏んでいるクロアチアサッカー界を代表する人物ながら、15−16、イングランドのウェストハムの監督に就任するや、7位でフィニッシュ。ＥＬ出場権も獲得し、名を高めた。

クロアチア代表でW杯3位に輝き、監督でもユーロで名勝負を演じた

クロアチアが3位になった98年フランスW杯で、主将を務めたのはボバンだったが、ディフェンスラインを統率したのはビリッチだった。一度見たら忘れられないそのギョロッとした眼《まなこ》を、監督として目にしたのは、10年後にスイスとオーストリアで共催されたユーロ2008。その準々決勝の名勝負、クロアチア対トルコ戦だ。延長後半14分、ビリッチが交代で投入したクラスニッチのゴールで、クロアチアが土壇場で先制。誰もが勝負ありと思ったその3分後、つまり延長後半15分+2分、ビリッチはトルコにまさかの同点弾を許す。そしてPK戦に敗れ、ベスト4入りを逃した。テリム率いるトルコに、してやられた。その後は、監督として順調なステップを踏む。15—16は、かつてプレイした経験があるウェストハムの監督に就任。7位という予想以上の成績を収め、名を上げた。

イゴール・トゥドール
Igor TUDOR

クロアチア

日本代表お勧め度 **C**

選手時代の知名度 ★★★★☆

採用フォーメーション
4-3-3

キャラクター数値

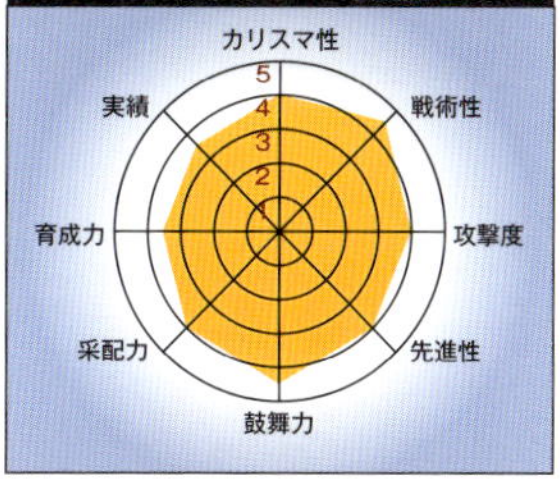

PERSONAL DATA

■1978年4月16日生まれ、クロアチア・スプリト出身

選手キャリア（センターバック）
95－96＝ハイドゥク・スプリト(9/0)
95－96＝トロギル(5/1)
96－98＝ハイドゥク・スプリト(49/5)
99－04＝ユベントス(111/15)
04－06＝シエナ(39/2)
07－08＝ハイドゥク・スプリト(8/1)
○クロアチア代表＝55/3(97－06)

主な獲得タイトル（選手時代）
国内リーグ優勝２回(01－02、02－03／ユベントス)

指導キャリア
12－13　ハイドゥク・スプリト U－17 監督
13－15　ハイドゥク・スプリト監督
15－16　PAOK（ギリシャ）監督
16－　カラビュックシュポル（トルコ）監督

主な獲得タイトル（監督時代）
国内カップ優勝１回(12－13／ハイドゥク・スプリト)

ユベントスなどで活躍したお馴染みの元ＣＢ。出身はクロアチアのハイドゥク・スプリト。現役の最後も、このクラブで過ごした。そしてその4年後、そのU-17監督に就任。翌13-14には順調に、トップチームの監督に就任した。しかし国内リーグの成績は、采配を振るった2年ともに3位。ＥＬでも本選出場を果たせず、生え抜き監督はチームを去った。ＥＬ本大会の土を初めて踏んだのは、ＰＡＯＫの監督に就任した翌15-16。グループリーグでドルトムントを下したが、グループ3位で落選。ギリシャ国内リーグでも3位に終わり、1年で解任。だが、16-17はトルコリーグ2位のカラビュックシュポル監督に就任。階段を着実に上昇している。

ロベルト・プロシネツキ
Robert PROSINECKI

クロアチア

日本代表お勧め度 **C**

選手時代の知名度 ★★★★★

採用フォーメーション
4-2-3-1

キャラクター数値

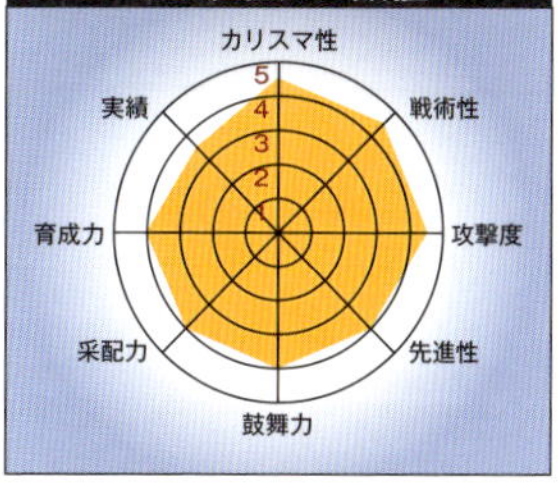

PERSONAL DATA

■1969年１月12日生まれ、ドイツ・バーデン＝ヴュルテンベルク州出身（二重国籍）

選手キャリア（センターバック）
86－87＝ディナモ・ザグレブ(2/1)、87－91＝レッドスター(117/25)、91－94＝レアル・マドリー(55/10)、94－95＝レアル・オビエド(30/5)、95－96＝バルセロナ(19/2)、96－97＝セビージャ(20/4)、97－00＝クロアチア・ザグレブ(50/14)、00－01＝フルバツキ(4/1)、01＝スタンダール・リエージュ(21/4)、01－02＝ポーツマス(33/9)、02－03＝NKオリンピア(23/3)、03－04＝NKザグレブ(26/5)
○ユーゴスラビア代表＝15/4(89－91)
○クロアチア代表＝49/10(94－02)

主な獲得タイトル（選手時代）
CC 優勝１回(90－91／レッドスター・ベオグラード)、国内リーグ優勝６回(87－88、89－90、90－91／レッドスター・ベオグラード、97－98、98－99、99－00／クロアチア・ザグレブ)、国内カップ優勝４回(89－90／レッドスター・ベオグラード、92－93／レアル・マドリー、97－98／クロアチア・ザグレブ、02－03／NKオリンピア)

指導キャリア
06－10　クロアチア代表アシスタント
10－12　レッドスター・ベオグラード監督
12－13　カイセリシュポル（トルコ）監督
14－　アゼルバイジャン代表監督

主な獲得タイトル（監督時代）
国内カップ優勝１回(11－12／レッドスター・ベオグラード)

繊細な足技を武器にレアル・マドリー、バルサなどで活躍したクロアチア人。晩年はクロアチア・ザグレブで三浦カズと一緒にプレイした。引退の6年後（10年）、古巣のレッドスターの監督に。カップ戦は1度優勝したが、国内リーグは2年連続2位。続いてトルコのカイセリシュポルに就任するも、チームを降格させる。14年12月からヴェルティ・フォクツのあとを受け、アゼルバイジャン代表監督に就任。ユーロ2016予選では、弱小国を奮い立たせるべく攻撃的なサッカーで健闘した。

コロンビア

ホルヘ・ルイス・ピント

Jorge LUIS PINTO

日本代表お勧め度

C

PERSONAL DATA

■1952年12月16日生まれ、コロンビア・サンタンデール県出身

指導キャリア

84−85 ミジョナリオス監督
86−87 インデペンディエンテ・サンタフェ監督
89−90 ユニオン・マグダレーナ監督
90−91 デポルティーボ・カリ監督
91−93 インデペンディエンテ・サンタフェ監督
94−97 ユニオン・マダグレーナ監督
97−98 アリアンサ・リマ（ペルー）監督
98−99 ミジョナリオス監督
99−00 アリアンサ・リマ（ペルー）監督
01 アトレティコ・ブカラマンガ監督
01−03 LDアラフエレンセ（コスタリカ）監督
03−04 アトレティコ・ジュニオール監督
04−05 コスタリカ代表監督
06 ククタ・デポルティーボ監督
07−08 コロンビア代表監督、09 ククタ・デポルティーボ監督
10 CDエル・ナシオナル監督、10−11 デポルティーボ・タチラFC監督
11 アトレティコ・ジュニオール監督
11−14 コスタリカ代表監督、14− ホンジュラス代表監督

主な獲得タイトル（監督時代）

国内リーグ優勝6回（97/アリアンサ・リマ、02、03/LDアラフエレンセ、06/ククタ・デポルティーボ、10前、11/デポルティーボ・タチラ）

14年W杯では、攻撃的な片鱗を見せた

14年W杯では、相手との力関係において、守備的にならざるを得なかった。3バックは5バック気味になったが、本来は、決して守備的なサッカーではない。その片鱗を垣間見せたことが、ベスト8入りの原因だ。並の守備的サッカーからは生まれない反発力を見せた。

採用フォーメーション

5−4−1

選手時代の知名度

★☆☆☆☆

キャラクター数値

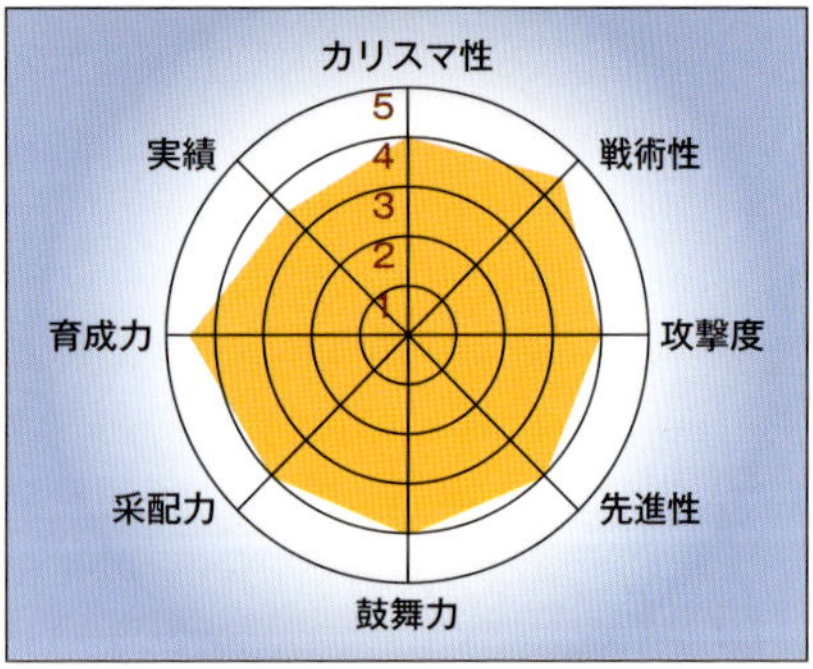

コスタリカを率いた14年W杯では、強豪ひしめく死の組で首位通過

14年ブラジルW杯で、伏兵コスタリカ代表をベスト8に導いたコロンビア人監督。グループリーグで前評判の高かったウルグアイを3―1で撃破すると、続くイタリアにも勝利。そして最後のイングランド戦は、余裕の引き分け。サッカー強国ひしめく「死の組」を、堂々首位で通過した。決勝トーナメントの2試合（ギリシャ戦、オランダ戦）は、いずれもPK戦。ギリシャには勝ったが、オランダには敗れた。

決して攻撃的ではない。布陣は5―4―1。だが、中盤の4人がフラットに開いて構えるので、サイドアタッカーは両翼各2人。相手にサイドを突かれにくいので、5バックと言いながら、事実上5バックになる時間が少ない。中盤フラット型3―4―3でいられる時間のほうが多い。14年W杯後、ホンジュラス代表監督に就任。大陸間プレーオフで、日本と対戦する可能性あり。

コロンビア

レイナルド・ルエダ

Reinaldo RUEDA

日本代表お勧め度 **B**

PERSONAL DATA

■1957年4月16日生まれ、コロンビア・カリ出身

指導キャリア

94－97　コルトゥルア監督
97－98　デポルティーボ・カリ監督
02　メデジン監督
02－04　コロンビアU－20代表監督
04－06　コロンビア代表監督
07－10　ホンジュラス代表監督
10－14　エクアドル代表監督
15－　アトレティコ・ナシオナル監督

主な獲得タイトル（監督時代）

LC優勝1回（16/アトレティコ・ナシオナル）
国内リーグ優勝2回（15、16/アトレティコ・ナシオナル）

採用フォーメーション

4－4－2（中盤フラット型）

選手時代の知名度

★☆☆☆☆

キャラクター数値

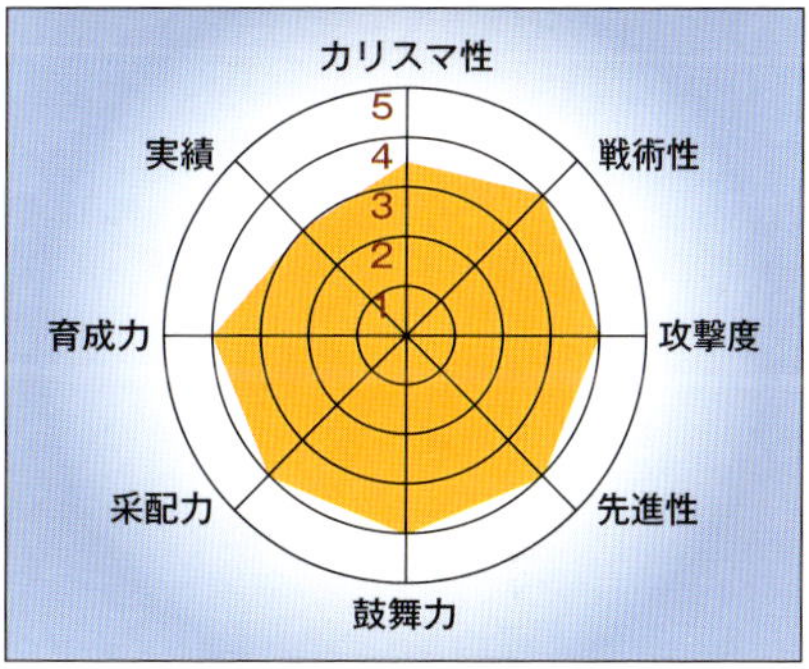

W杯では欧州的なサッカーを実践した

ホンジュラス代表監督として臨んだ10年南アフリカW杯は4－2－3－1で、エクアドル代表監督として臨んだ14年ブラジルW杯は中盤フラット型4－4－2で、それぞれ戦った。結果はいずれもグループリーグ落ちだが、その南米的というより欧州的なサッカーは、高評価を得た。

弱小国を率いて、W杯では高評価。日本代表監督候補にも挙がった監督

10年南アフリカW杯にはホンジュラス代表、14年ブラジルW杯にはエクアドル代表を率いて出場しているが、結果はいずれもグループリーグ落ち。名前をアピールしたわけではない。が、名を落としたわけでもない。10年、グループリーグを争った相手は、スペイン、チリ、スイス。14年はフランス、スイス、ホンジュラス。ホンジュラス監督として臨んだ10年は最下位（1分2敗）。エクアドル代表監督として臨んだ14年は3位（1勝1敗1分）。内容は全く悪くなかった。サッカーを一言で言えば、オーソドックス。悪い意味での南米臭さはない。

翌15年、アギーレ退任後の日本で、一瞬、次期監督候補に名前が挙がった。オーソドックスが浸透していない日本には向いている。W杯16強入りを狙う立ち位置も近い。近くで見てみたいコロンビア人監督だ。

ルイス・フェルナンド・スアレス
Luis Fernando SUAREZ

コロンビア

日本代表お勧め度 **B**

選手時代の知名度 ★★★★☆

採用フォーメーション
4-4-2（中盤フラット型）

キャラクター数値

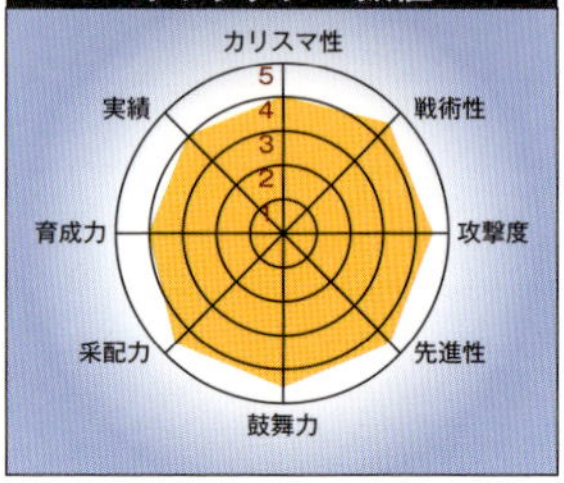

PERSONAL DATA

■1959年12月23日生まれ、コロンビア・メデジン出身

選手キャリア（ディフェンダー）
80-86=アトレティコ・ナシオナル
86　　=デポルティーボ・ペレイラ
86-89=アトレティコ・ナシオナル

主な獲得タイトル（選手時代）
LC優勝1回（89/アトレティコ・ナシオナル）
国内リーグ優勝1回（81/アトレティコ・ナシオナル）

指導キャリア
89　アトレティコ・ナシオナル監督
94-95　デポルティーボ・ペレイラ監督
99　アトレティコ・ナシオナル監督
01　デポルティーボ・カリ監督
01　デポルテス・トリマ監督
03-04　アウカス（エクアドル）監督
04-07　エクアドル代表監督
08　デポルティーボ・ペレイラ監督
09-10　ファン・アウリッヒ（ペルー）監督
11-14　ホンジュラス代表監督
15　ウニベルシタリオ（ペルー）監督
15-16　ドラドス・デ・シナロア（メキシコ）監督

主な獲得タイトル（監督時代）
国内リーグ優勝1回（99/アトレティコ・ナシオナル）

エクアドル代表監督として臨んだ06年ドイツW杯で、同国を初めてベスト16に導く。12年ロンドン五輪では、ホンジュラスの監督として、関塚ジャパンとグループリーグの最終戦で対戦（0-0）。日本とともに8強入りを果たし、準々決勝ではブラジルと対戦。2-3の好勝負を演じて会場を沸かせた。06年はエクアドルの監督だったが、14年ブラジルW杯には、ホンジュラスの代表監督として出場。活躍が期待されたが、3連敗。高まっていたその評価を落とすことになった。さらにメキシコのクラブチーム、ドラドスの監督として臨んだ15-16、チームを降格させてしまう。優秀な監督ながら、現在は評価を下げた状態にある。動向に注視したい。

ウルス・フィッシャー
Urs FISCHER

スイス

日本代表お勧め度 **C**

選手時代の知名度 ★★★★★

採用フォーメーション
4-2-3-1

キャラクター数値

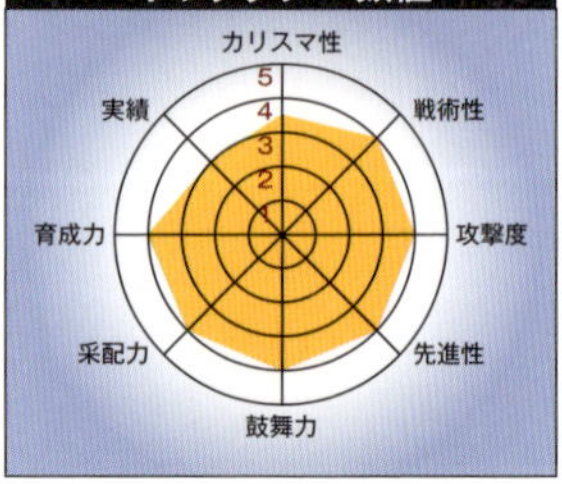

PERSONAL DATA

■1966年2月20日生まれ、スイス・トリエンゲン出身

選手キャリア（センターバック）
84-87=FCチューリッヒ（49/1）
87-95=ザンクト・ガレン（243/10）
96-03=FCチューリッヒ（253/4）

主な獲得タイトル（選手時代）
国内カップ優勝1回（99-00/FCチューリッヒ）

指導キャリア
07-08　FCチューリッヒ アシスタント
10-12　FCチューリッヒ監督
13-15　FCトゥーン監督
15-　バーゼル監督

主な獲得タイトル（監督時代）
国内リーグ優勝1回（15-16/バーゼル）

スイス代表歴は少ないが、スイスのＦＣチューリッヒとザンクト・ガレンで併せて545試合に出場した選手実績を誇る。ＦＣチューリッヒで02-03シーズンに現役の幕を閉じると、その4年後、アシスタントコーチとして同チームに復帰。そして10-11に、監督に昇格すると、その座を2シーズン務めた。13-14は、そのとき、ＥＬ予備予選への出場権を持っていたＦＣトゥーンの監督に就任。予備予選を突破し、本大会出場を決めた。15-16、続いて就任したのは当時、柿谷曜一朗が所属していたスイスのトップクラブ、バーゼル。国内リーグでは、久保裕也のいるヤングボーイズを抑え、優勝。またＣＬでは、予備予選のプレイオフで敗れたが、ＥＬに回るとベスト16に進出した。ちなみに、柿谷を構想外にしたのは、このウルス・フィッシャー。16-17、ＣＬ本大会の舞台を踏む、昇り調子にある監督だ。

スウェーデン

スヴェン・ゴラン・エリクソン

Sven-Göran ERIKSSON

日本代表お勧め度

C

PERSONAL DATA

■1948年2月5日生まれ、スウェーデン・ビルムランド県出身

選手キャリア（ディフェンダー）

64−71＝トルスビーIF（109/23）、71−72＝S Kシフハラ（22/1）

72−73=KBカールスコーガ（19/4）、73−75=ヴァストラ・フロルンダIF(50/5)

指導キャリア

77−78　デゲルフォーシュIF監督、79−82　IFKイエテボリ監督

82−84　ベンフィカ（ポルトガル）監督、84−87　ローマ（イタリア）監督

87−89　フィオレンティーナ（イタリア）監督

89−92　ベンフィカ（ポルトガル）監督

92−97　サンプドーリア（イタリア）監督、97−01　ラツィオ（イタリア）監督

01−06　イングランド代表監督

07−08　マンチェスター・シティ（イングランド）監督

08−09　メキシコ代表監督、10　コートジボワール代表監督

10−11　レスター・シティ（イングランド）監督

13−14　広州富力（中国）監督、15−　上海上港（中国）監督

主な獲得タイトル（監督時代）

UCWC優勝1回（98−99/ラツィオ）、UC優勝1回（81−82/イエテボリ）、国内リーグ優勝6回（80−81、81−82/イエテボリ、82−83、83−84、90−91/ベンフィカ、99−00/ラツィオ）、国内カップ優勝7回（79、82/イエテボリ、82−83/ベンフィカ、85−86/ローマ、93−94/サンプドーリア、97−98、99−00/ラツィオ）、イタリア年間最優秀監督賞1回（00）

採用フォーメーション

4−4−2（中盤フラット型）

選手時代の知名度

★☆☆☆☆

キャラクター数値

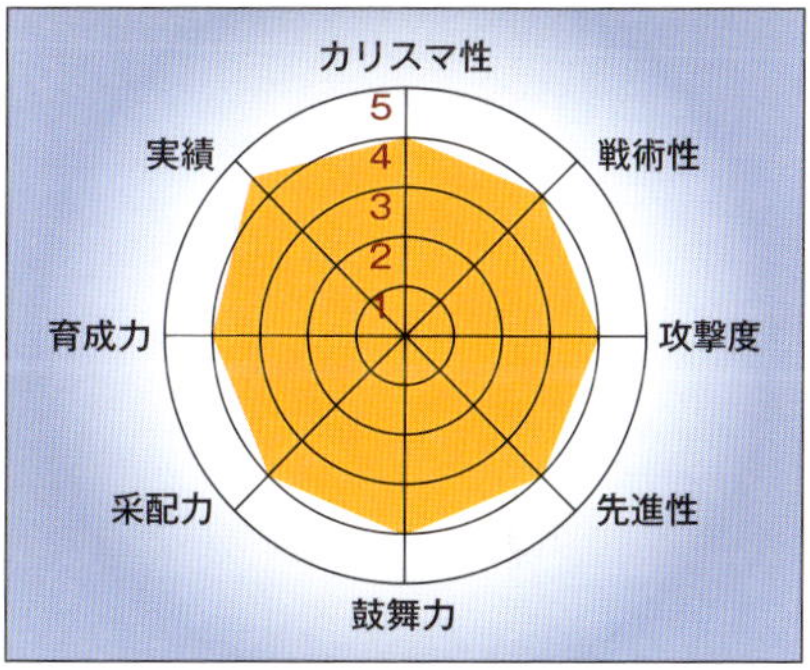

中盤フラット型4−4−2を愛用する

スウェーデンと言えば、中盤フラット型4−4−2。スクエアなサッカーを伝統的に好むが、エリクソンも例外ではない。同傾向にあるイングランドで代表監督を務めたことに違和感はないが、それが浸透していないイタリアで、長年4−4−2を貫いたことに感服する。

ラツィオをセリエA優勝へと導いた、歴史に名を残すスウェーデン人監督

15年から上海上港集団足球倶楽部の監督に就任している、スウェーデン人の指揮官。だが、欧州では、元ラツィオ監督、元イングランド代表監督と言ったほうが通りはいい。ラツィオ時代にはセリエA優勝（99―00）。イングランド代表監督として臨んだ02年日韓共催W杯では、優勝候補のアルゼンチン、母国スウェーデン、アフリカの雄ナイジェリアとグループリーグを争う激戦を抜け、ベスト8まで進出。

スウェーデンは中盤フラット型の4―4―2を好む国だが、イングランドも同様。片や、その流れにないイタリアでも、エリクソンは中盤フラット型4―4―2を貫いた。

守備的な3バックが主流を成す中で、それとは異なるスタイルで優勝。ラツィオという、ビッグとは言えないクラブで、だ。欧州サッカー史にその名は鮮明に刻まれている。

スコットランド

ゴードン・ストラカン

Gordon STRACHAN

日本代表お勧め度

C

PERSONAL DATA

■1957年2月9日生まれ、スコットランド・エジンバラ出身

選手キャリア(右ウイング、ミッドフィルダー)

74−77=ダンディー・ユナイテッド(69−13)、77−84=アバディーン(183/55)、84−89 マンチェスター・ユナイテッド(160−33)、89−95=リーズ・ユナイテッド(197/73)、95−97=コベントリー・シティ(26/0)

○スコットランド代表=50/5(80−92)

主な獲得タイトル(選手時代)

UCWC 優勝 1 回(82−83/ アバディーン)、国内リーグ優勝 2 回(79−80、83−84/ アバディーン)、

国内カップ優勝 4 回(81−82、82−83、83−84/ アバディーン、84−85/ マンチェスター・ユナイテッド)

指導キャリア

96−97　コベントリー・シティ(イングランド)選手兼監督

97−01　コベントリー・シティ(イングランド)監督

01−04　サウサンプトン(イングランド)監督

05−09　セルティック監督

09−10　ミドルスブラ(イングランド)監督

13−　スコットランド代表監督

主な獲得タイトル(選手時代)

国内リーグ優勝 3 回(05−06、06−07、07−08/ セルティック)

国内カップ優勝 1 回(06−07/ セルティック)

スコットランド年間最優秀監督賞 1 回(05−06)

採用フォーメーション

4−4−2(中盤フラット型)

選手時代の知名度

★★★★★

キャラクター数値

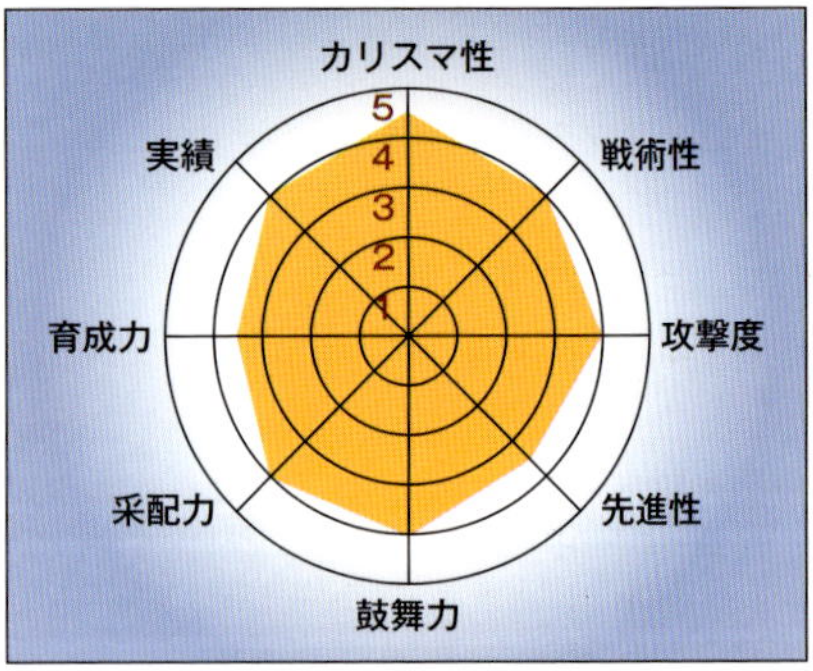

セルティック時代に中村俊輔を指導した

中村俊輔がセルティックに所属していたときの監督で、中盤フラット型4−4−2、あるいは4−2−3−1の右のサイドMFとして中村を起用。代表（岡田ジャパン）に戻ると、流動的に動いてしまった中村だが、ストラカンの下では、ポジションをしっかり守った。

現役時代は名将ファーガソンに学び、セルティック監督として師匠と対決

スティーブ・コッペル、ゴードン・ヒル。70年代中頃、マンUの自慢はこの両ウイングにあった。ゴードン・ヒル（右）の後釜に収まったのが、スコットランドのアバディーンからやってきたゴードン・ストラカン。彼ら同様、ドリブルとフェイントの切れがある、スピード感溢れる選手で、アイドル的な人気を誇った。アバディーン時代、監督だったのはファーガソン。彼は86年、ストラカンのあとを追うようにマンU入りし、監督の座に就いた。監督ストラカンを日本で有名にしたのは中村俊輔だ。セルティックの監督に就任した彼のもとで、中村は右ＭＦとして活躍。監督の現役時代とほぼ同ポジションながら、まるで異なるプレイスタイルでスタメンを確保。監督師弟対決となった06－07のＣＬ、対マンU戦で中村は、見事なＦＫをオールドトラッフォードで決めている。

スコットランド

デイビッド・モイーズ
David MOYES

日本代表お勧め度
D

PERSONAL DATA

■1963年4月25日生まれ、スコットランド・グラスゴー出身

選手キャリア(センターバック)
80−83=セルティック(24/0)
83−85=ケンブリッジ・ユナイテッド(79/1)
85−87=ブリストル・シティ(83/6)
87−90=シュルーズベリー・タウン(96 /11)
90−93=ダンファームリン・アスレティック(105/13)
93　　=ハミルトン・アカデミカル(5/0)
93−99=プレストン・ノース・エンド(143/15)

主な獲得タイトル(選手時代)
国内リーグ優勝 1 回(81−82/ セルティック)

指導キャリア
98−02　プレストン・ノース・エンド(イングランド)監督
02−13　エバートン(イングランド)監督
13−14　マンチェスター・ユナイテッド(イングランド)監督
14−15　レアル・ソシエダ(スペイン)監督
16−　　サンダーランド(イングランド)監督

採用フォーメーション
4−2−3−1

選手時代の知名度
★★★☆☆

キャラクター数値

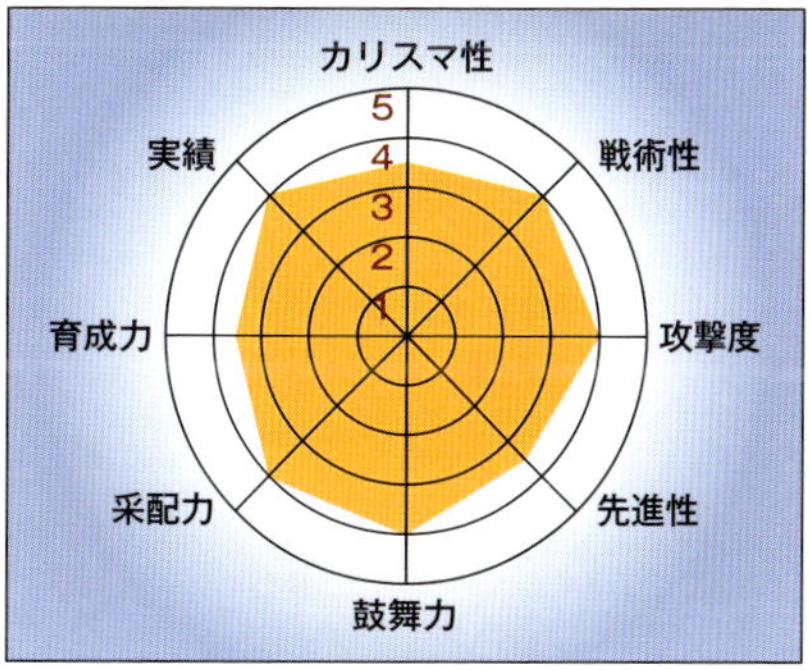

期待されるも、マンUでの采配は大失敗に

ファーガソンの最後（12−13）が優勝で、モイーズが就任した13−14が7位。しかし、低迷の原因は選手の質で、監督にあらず。モイーズ自身も己《おのれ》のせいではないことを14−15に監督就任したソシエダで証明したかったのだろうが、失敗に終わった。

マンUを1年で去った最大の原因は、欧州カップ戦での経験の少なさ

13―14シーズン、ファーガソン退任を受けてマンU監督に就任したが、国内リーグ7位。CLでも、準々決勝でバイエルンに完敗した。新監督はわずか1年でマンUを去った。前任者が偉大すぎたこと、チームが下り坂を迎えていたことなど、擁護《ようご》したくなる材料はある。だが、サッカーが土着的だったことも確かだった。クロスに頼る旧態依然たる英国サッカー。香川真司を取材する日本のメディアからも、そう揶揄《やゆ》されたほどだ。02年から13年まで実に11年も、エバートン監督の座に収まってしまったことと深い関係がある。欧州での経験が少なすぎたのだ。惜しかったのは05―06。前季、国内リーグの成績は4位。CL予備予選3回戦からの出場になったが、そこでビジャレアルに完敗。モイーズのその後に影を落とすことになった、通算スコア2―4の敗戦だった。

スペイン

ジョゼップ・グアルディオラ
Josep GUARDIOLA

日本代表お勧め度
A

PERSONAL DATA

■1971年1月18日生まれ、スペイン・バルセロナ出身

選手キャリア（ミッドフィルダー）
90－01＝バルセロナ (262/6)
01－02＝ブレッシャ (11/2)
02　　＝ローマ (4/0)
03　　＝ブレッシャ (13/1)
03－05＝アル・アハリ (36/7)
06　　＝ドラドス・シナロア (10/1)

主な獲得タイトル（選手時代）
CC 優勝 1 回（91－92/ バルセロナ）
国内リーグ優勝 6 回（90－91、91－92、92－93、93－94、97－98、98－99/ バルセロナ）
国内カップ優勝 2 回（96－97、97－98/ バルセロナ）、
五輪優勝 1 回（92/ スペイン）

指導キャリア
07－08　バルセロナ B 監督
08－12　バルセロナ監督
13－16　バイエルン・ミュンヘン（ドイツ）監督
16－　　マンチェスター・シティ（イングランド）監督

主な獲得タイトル（監督時代）
CL 優勝 2 回（08－09、10－11/ バルセロナ）
FCWC 優勝 3 回（09、11/ バルセロナ、13/ バイエルン）
国内リーグ優勝 6 回（08－09、09－10、10－11/ バルセロナ、13－14、14－15、15－16/ バイエルン）
国内カップ優勝 3 回（08－09、11－12/ バルセロナ、13－14、15－16/ バイエルン）
FIFA 年間最優秀監督賞 1 回（11）
スペイン年間最優秀監督賞 4 回（09、10、11、12）

選手時代の知名度
★★★★★

バルセロナのサッカー哲学を貫いて、それを国外へ普及する旬《しゅん》な名監督

08―09シーズン、バルサの監督に就任したグアルディオラ。そのシーズンを含め、4年で2度欧州一に輝いた。成績は文句なし。言わずと知れた生え抜きの監督でもある。4年でクラブを去る必然性は何もなかったが、グアルディオラはバルサ監督を辞めた。

バイエルン監督に就任したのはその1年後の13―14。国内リーグ2連覇。CLでも2年連続準決勝進出。敗れた相手はマドリーとバルサ。欧州一は達成できていないが、高評価には変化なしだ。にもかかわらずグアルディオラは16―17、マンチェスター・シティへ移った。

移りたがり屋の様相を呈しているが、理由はおそらくこうだろう。自分の哲学をできるだけ多くの人に伝えたい。

自国を飛び出し、外国で監督をする指導者は、さながら宣教師のように見える。サッカーは哲学を実践に落とし

採用フォーメーション

3−4−3(中盤ダイヤモンド型)

0トップ型4−3−3

キャラクター数値

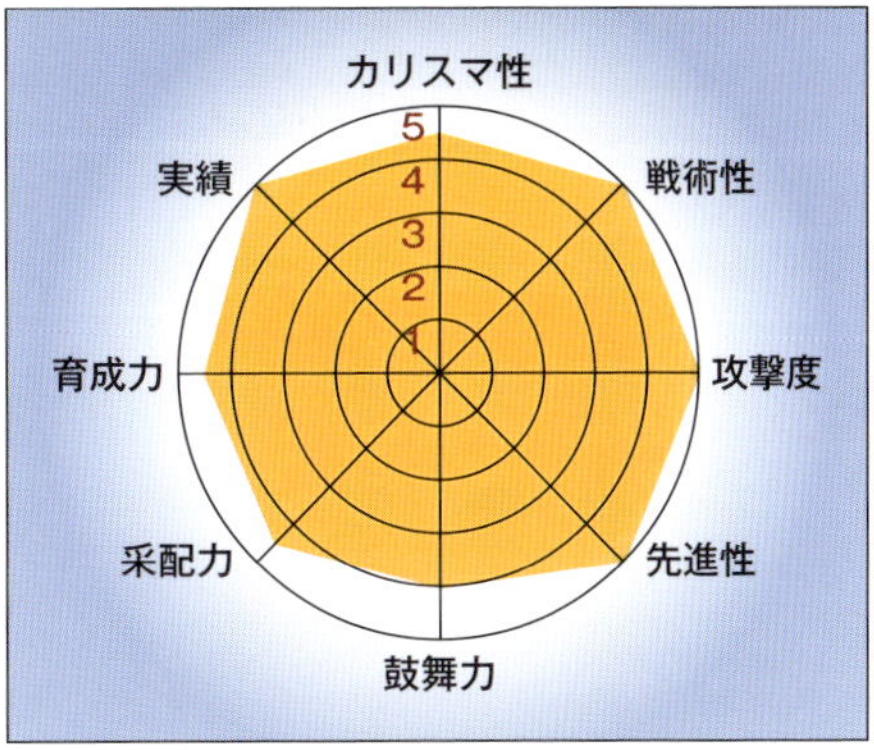

攻撃性の高い布陣を続々披露する戦術家

4−3−3が基本だが、08−09のCL決勝ではその0トップ型を採用。さらに中盤ダイヤモンド型3−4−3、その0トップ型といった攻撃的サッカー度のより高い布陣を続々披露。右SBのラームを守備的MFで起用するなど、世間をいい感じで驚かせてくれている。

それまでSBだったラームは中盤でも起用された

込みやすいスポーツだ。

グアルディオラは、バイエルンでも自らの哲学を広めることに成功した。ドイツ代表監督のレーヴにも影響を与えたとされる。かつてオランダから、バルサにやってきたクライフもしかり。バルサのみならず、スペインのサッカー全体に大きな影響を与えたクライフと、いまのグアルディオラの姿は重なって見える。

クライフのライバル国であるドイツに、クライフの弟子であるグアルディオラを通してその哲学が普及したことは、欧州サッカー史という視点でも、意義深い出来事になる。

次のイングランドでも、グアルディオラは宣教師になれるか。「ただ勝つだけではダメ。勝利とエンタメ性はクルマの両輪の関係で目指すべき」とはクライフの言葉であり、バルサの哲学だが、単純に勝ちを追求するモウリーニョとの対決は見もの。それに勝つことで宣教師としての力も増す。

ビセンテ・デル・ボスケ
Vicente DEL BOSQUE

スペイン

日本代表お勧め度 C

PERSONAL DATA

■1950年12月23日生まれ、スペイン・サラマンカ出身

選手キャリア（ミッドフィルダー）

66－68＝サラマンカ（0/0）
68－70＝プルス・ウルトラ（11/5）
70－71＝カステジョン（13/4）
71－72＝コルドバ（19/1）
72－73＝カステジョン（30/5）
73－84＝レアル・マドリー（312/14）

主な獲得タイトル（選手時代）

国内リーグ優勝５回（74－75、75－76、77－78、78－79、79－80/ レアル・マドリー）、国内カップ優勝４回（73－74、74－75、79－80、81－82/ レアル・マドリー）

指導キャリア

87－90　レアル・マドリー・カスティージャ監督
94　レアル・マドリー監督
96　レアル・マドリー アシスタント
99－03　レアル・マドリー監督
04－05　ベシクタシュ監督
08－16　スペイン代表監督

主な獲得タイトル（監督時代）

CL 優勝２回（99－00、01－02/ レアル・マドリー）
IC 優勝１回（02/ レアル・マドリー）
国内リーグ優勝２回（00－01、02－03/ レアル・マドリー）
W杯優勝１回（10/ スペイン）
ユーロ優勝１回（12/ スペイン）
FIFA 年間最優秀監督賞１回（12）

選手時代の知名度

★★★★☆

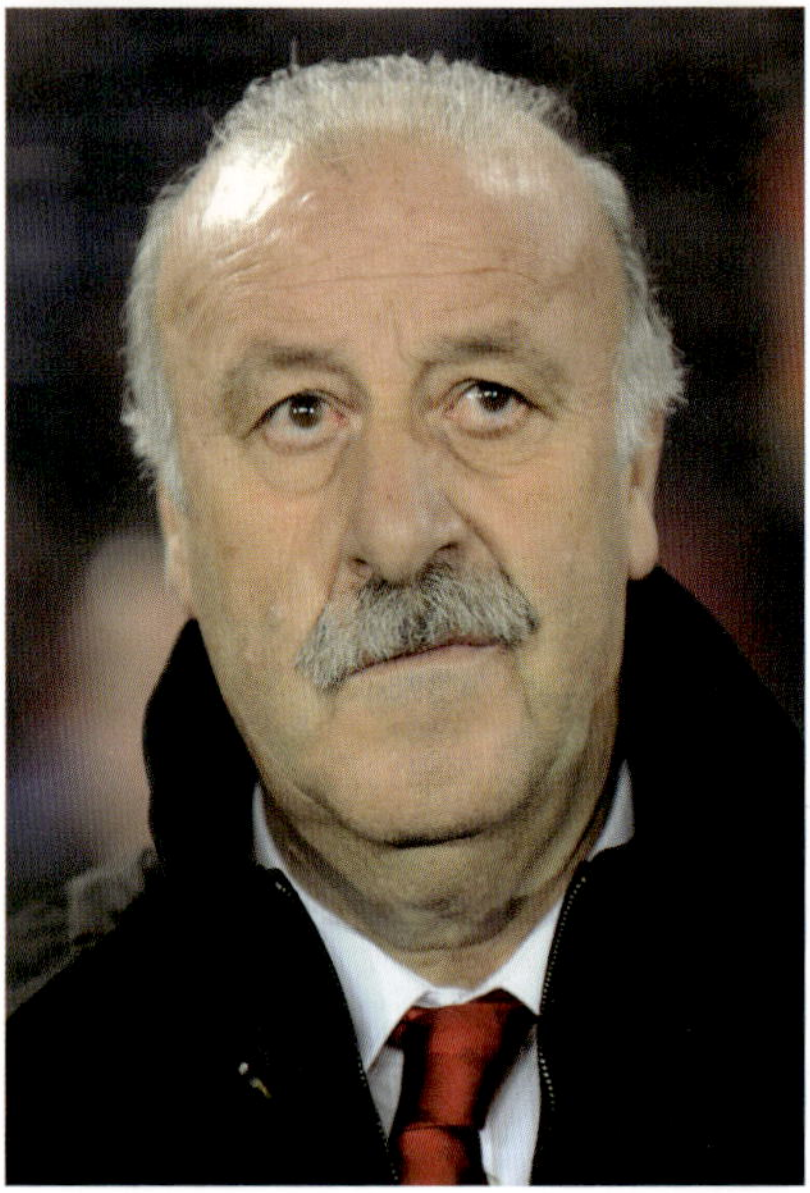

戦い方に優れるわけではないが、歴史に残るほどのタイトルを獲得

99―00の途中、トシャックの後任としてレアル・マドリー監督に就任。チームを同シーズンCL優勝に導き、名を上げた。同チームの監督にはそれまでに2度就いたことがあるが、いずれも短期間の暫定。このときも、便利屋として起用されたように見えたが、結果は欧州一。メディアは「プライドが高いスター選手の気持ちをよく理解した監督」と、持ち上げた。01―02には自身として2度目の欧州一に輝き、後世に名を残す名監督になった。02―03終了後、退任。04―05にトルコのベシクタシュの監督を務めたが、一期で退任。その後は表舞台から遠ざかっていた。

　復帰は3年後の08年。南アフリカW杯を目指すスペインの代表監督だ。結果は優勝。続くユーロ2012も制し、スペイン時代を築き上げた。ところが、2年後のブラジルW杯は一転グループリーグ落ち。デル・ボスケも辞任する

採用フォーメーション

4−2−3−1

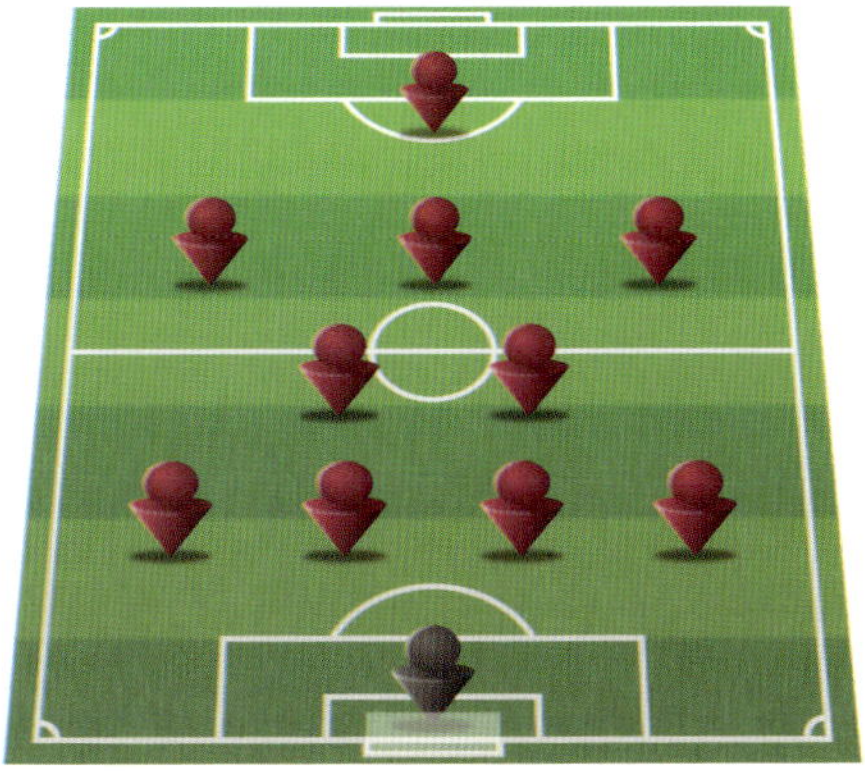

4−3−3

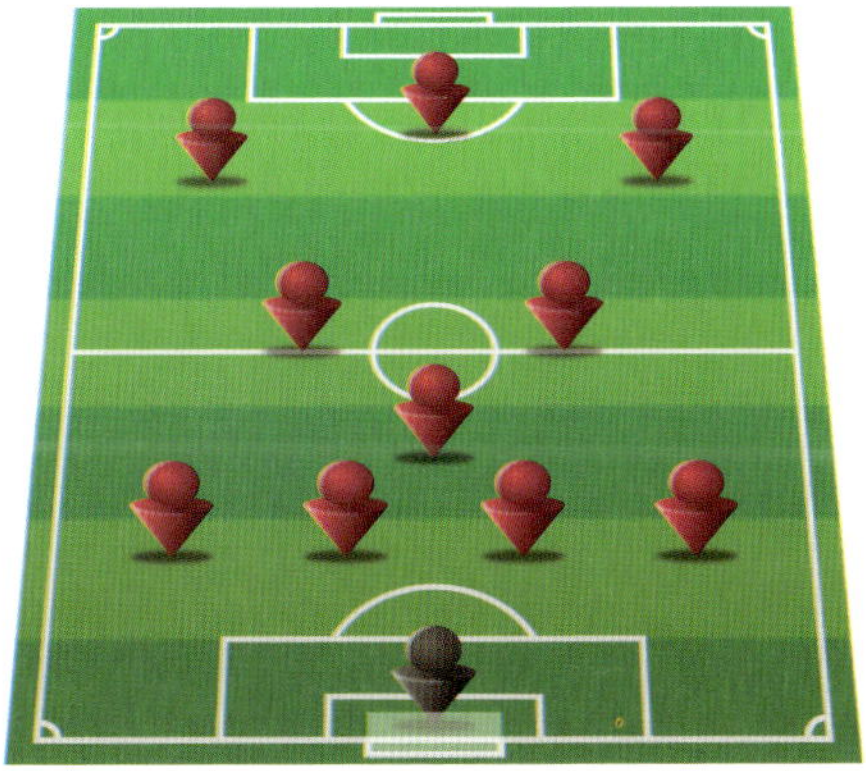

キャラクター数値

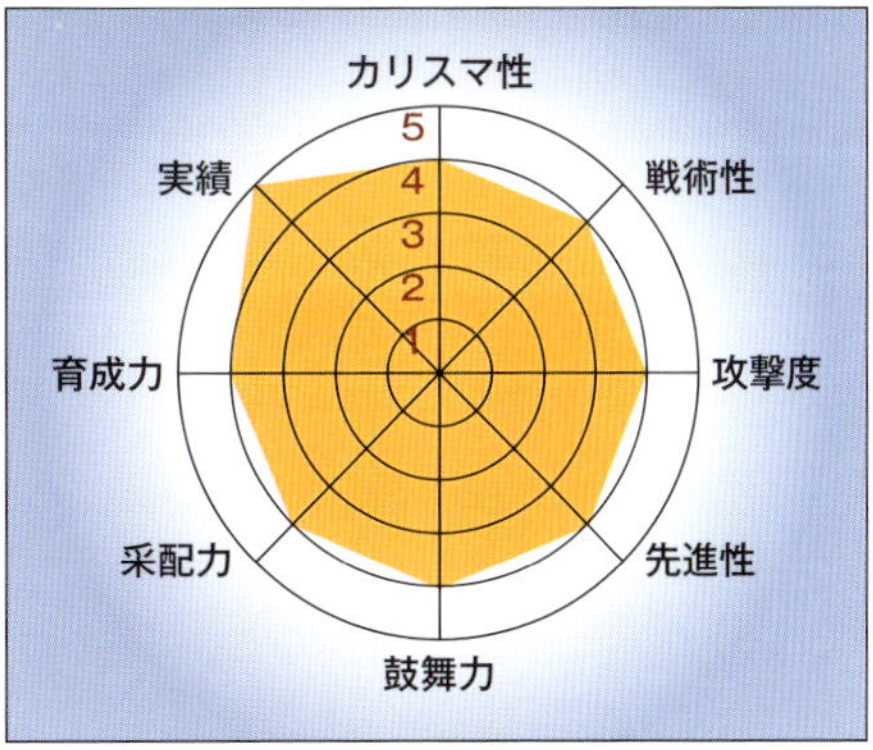

細かい戦術を選手に要求しない放任主義

攻撃的なサッカーを信奉するが、基本的に選手任せ。大枠は決めるが、細かい要求はあまり行わない。それが吉と出たり、凶と出たり。後者の典型がグループリーグで落ちた14年ブラジルW杯。真ん中に突っ込んでいくサッカーで、オランダの餌食《えじき》になった。

選手任せが仇《あだ》となったのが、14年W杯のスペイン

かと思いきや、ユーロ２０１６まで続投。またも結果を残せなかった。

ＣＬ優勝2回。Ｗ杯、ユーロ優勝各1回。これほどの実績を残した監督はほかにいない。だが特別、戦い方に優れていたわけではない。順当勝ちに見えるいずれの優勝も、実は運を味方につけた、際どい優勝だった。

「攻撃には3本のルートが必要だ。真ん中と左右両サイド。常にいずれもが確保されているサッカーを目指したい」とは、本人のコメントだが、似たような意味のセリフを吐いたクライフとは、こだわりが違った。10年Ｗ杯、ユーロ２０１２では、むしろその逆を行く試合のほうが多かったほど。苦戦の原因そのものだったが、攻守のバランスは肝心な試合になると、なぜか改善され、結果につながった。だが、スペイン代表、マドリーともタレント豊富な、時の本命チーム。結果はすべて順当勝ち。弱者を番狂わせに導くタイプではない。

スペイン

ラファエル・ベニーテス

Rafael BENITEZ

日本代表お勧め度
A

PERSONAL DATA

■1960年4月16日生まれ、スペイン・マドリー出身

選手キャリア(ディフェンダー)

74−81＝レアル・マドリー・カスティージャ (247/7)
81　　＝グアルダマール (0/0)
81−85＝パルラ (124/8)
85−87＝リナーレス (34/7)

指導キャリア

93−95　レアル・マドリー・カスティージャ監督
95−96　バジャドリー監督
96　　　オサスナ監督
97−99　エストレマドゥーラ監督
00−01　テネリフェ監督
01−04　バレンシア監督
04−10　リバプール(イングランド)監督
10　　　インテル(イタリア)監督
12−13　チェルシー(イングランド)暫定監督
13−15　ナポリ(イタリア)監督
15−16　レアル・マドリー監督
16−　　ニューカッスル(イングランド)監督

主な獲得タイトル(監督時代)

CL 優勝 1 回(04−05/ リバプール)
UC 優勝 1 回(03−04/ バレンシア)
EL 優勝 1 回(12−13/ チェルシー)
FCWC 優勝 1 回(10/ インテル)
国内リーグ優勝 2 回(01−02、03−04/ バレンシア)
国内カップ優勝 2 回(05−06/ リバプール、13−14/ ナポリ)
UEFA 年間最優秀監督賞 2 回(03−04、04−05)
スペイン年間最優秀監督賞 1 回(02)

選手時代の知名度
★★☆☆☆

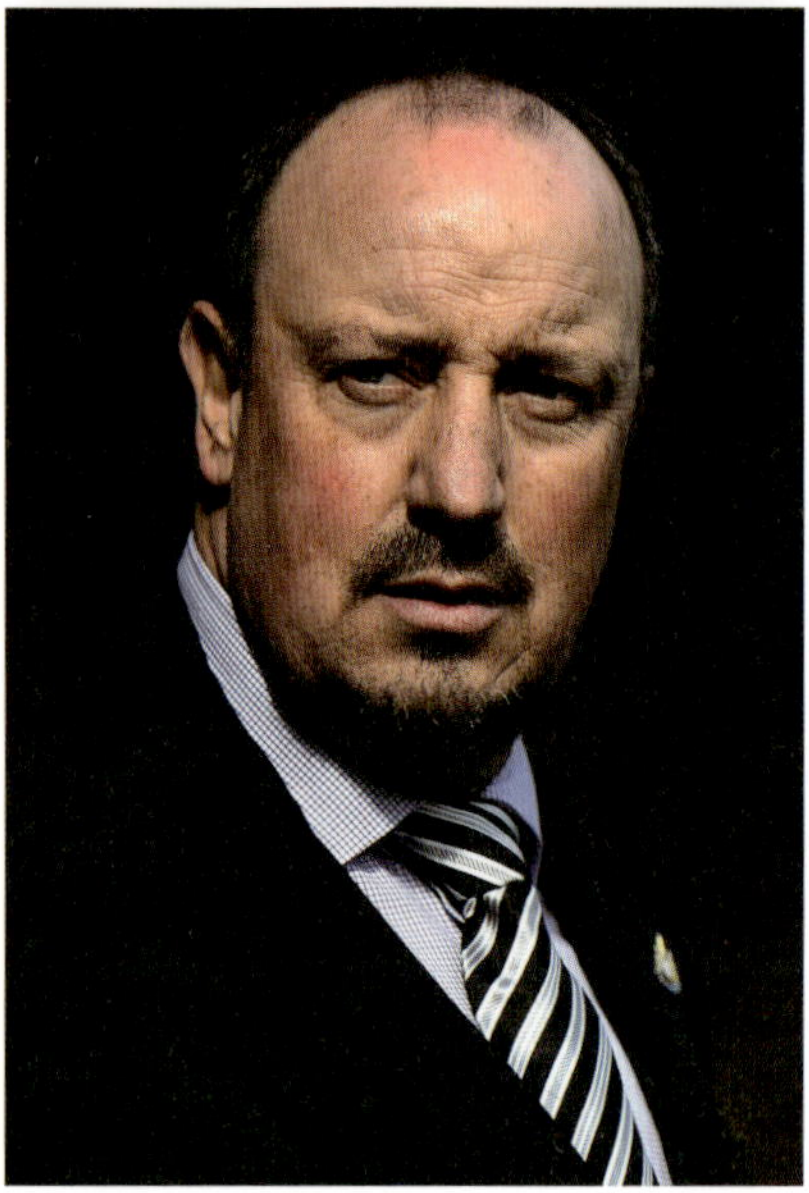

リバプールを欧州王者に導くも、近年は絶頂期とはほど遠い出来

バレンシアでUEFA杯優勝。翌04—05シーズン、リバプールの監督に就任すると、翌シーズンのCLで、いきなり優勝。クラブを21シーズンぶりの欧州一の座に導いた。

その決勝での勝ち方が圧巻だった。前評判が高かったのは、相手のミラン。3—0のミランリードで前半を折り返したとき、決着はついたも同然に思えた。だが後半、リバプールは立て続けに3点を連取。試合を振り出しに戻した。

ベニーテスが布陣を4—2—3—1から3—3—3—1へ変更したことと、それは大きな関係がある。後半早々から、この布陣で高い位置からプレスをかけまくり、ミランの焦《あせ》りを誘おうとうする作戦が奏功したのだ。リバプールの勝利は延長PKによるものだったが、番狂わせの立役者となったベニーテスは、これで一気に欧州を代表する監督にランクを上げた。

採用フォーメーション

4−2−3−1

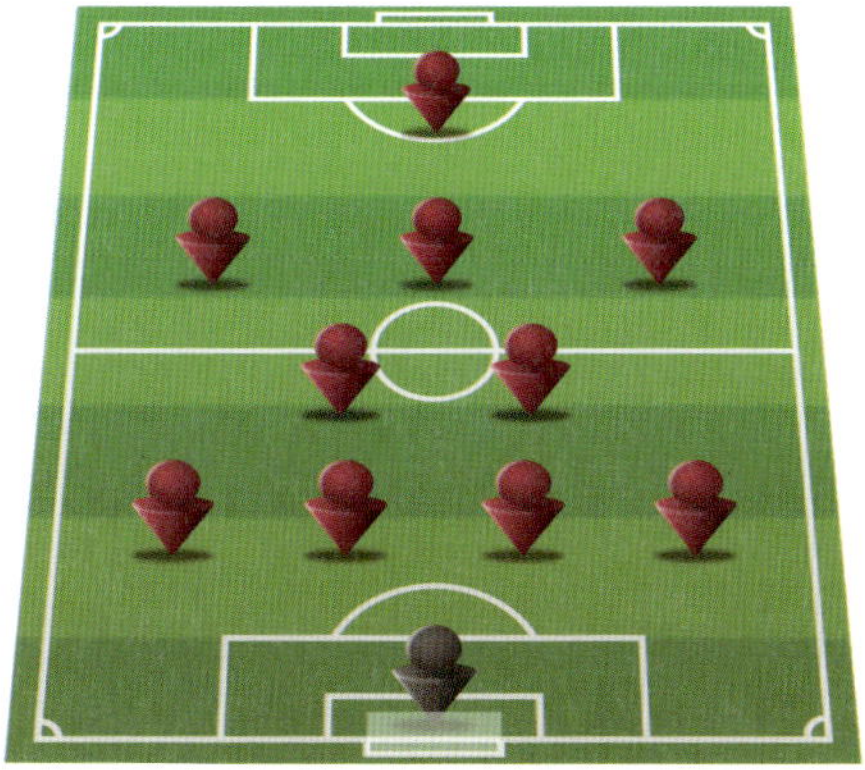

4−4−2（中盤フラット型）

キャラクター数値

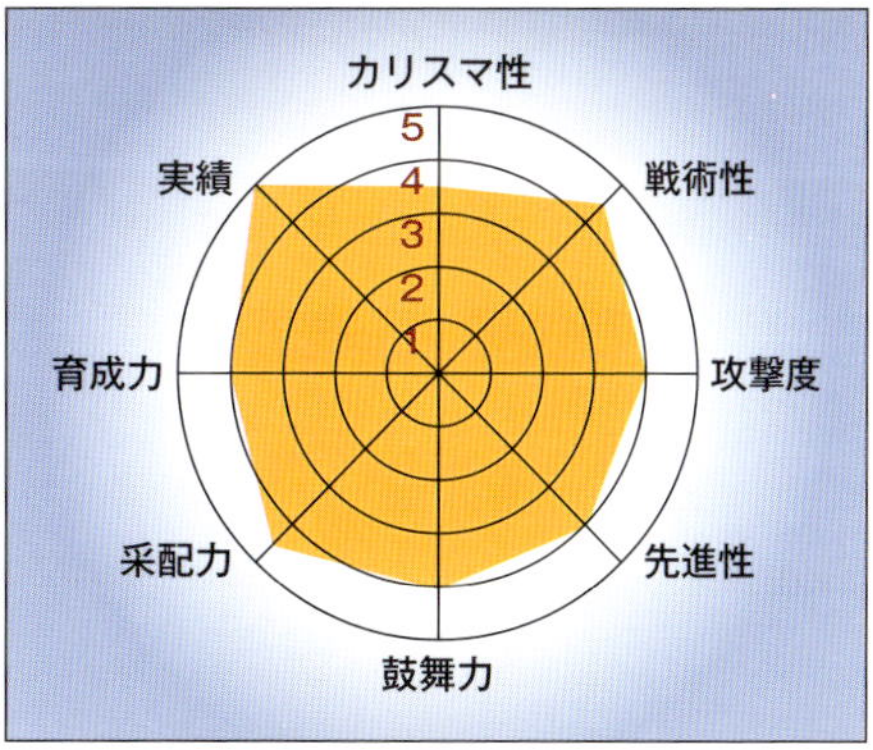

4−2−3−1を基本とするスペイン人監督

中盤フラット型4−4−2が一番好みだとかつて答えたベニーテス。だが、一番多いのは4−2−3−1だ。0−3から3−3に追いつき、延長PKでミランを倒した04−05のCL決勝もしかり。0−3にリードされると、それを3−3−3−1に変更。大逆転劇の布石にした。

04−05のCL決勝で逆転勝利を収めたリバプール

06―07も、ベニーテス率いるリバプールはCL決勝に進出。今度はミランに敗れたが、このあたりまでが、ベニーテスの絶頂期になる。リバプールを離れたあと、インテルの監督に就任したが、半年足らずで退団。シーズン途中から暫定監督として就任したチェルシーでも、契約延長はならなかった。

13年、やや格落ち感のするナポリの監督に就任し、セリエAで同シーズン3位、翌シーズン5位になるなど、なんとか及第点の成績を残したベニーテス。次に待ち受けるのは上りの階段か、下りの階段か注目されたが、答えはなんとレアル・マドリー。15年、自身の史上最高位に就くことになった。だが、在任はわずか半年。クラシコでバルサに大敗したことが原因と言われるが、株を下げたと言うわけではない。とはいえ、かつての神通力が失われていることも確か。CL決勝に2度進出した経験を持つ、50代なかばの監督。もう一花咲かせられるか、微妙な情勢だ。

スペイン

マルセリーノ・ガルシア・トラル

MARCELINO García Toral

日本代表お勧め度

A

PERSONAL DATA

■1965年8月14日生まれ、スペイン・アストゥリアス州出身

選手キャリア(ミッドフィルダー)

85−89＝スポルティング・ヒホン (74/2)
89−90＝ラシン・サンタンデール (32/4)
90−92＝レバンテ (48/1)
92−94＝エルチェ (49/1)

指導キャリア

97−98 レアルタ監督
01−03 スポルティング・ヒホンB監督
03−05 スポルティング・ヒホン監督
05−07 レクレアティーボ監督
07−08 ラシン・サンタンデール監督
08−09 サラゴサ監督
11 ラシン・サンタンデール監督
11−12 セビージャ監督
13−16 ビジャレアル監督

選手時代の知名度

★★☆☆☆

ビジャレアルを躍進させた監督は、効率的なサッカーを目指している

12―13シーズンの途中からビジャレアルの監督に就任したヒホン出身のスペイン人監督。就任時、チームは2部。1部から陥落したシーズンだったが、彼の就任で即、1部にカムバックした。そして13―14、14―15とも6位でフィニッシュ。そして15―16は、4位にまで順位を上げた。

ビジャレアルで思い出すのは、CL準決勝に進出した05―06だ。中心選手はリケルメで、ペジェグリーニ監督のスタイルを一言で言うと、つなぐサッカーだった。その後、監督が変わってもスタイルは維持されたが、マルセリーノ・ガルシア・トラル監督が提唱したサッカーは、いささか異なる。

ボールの奪い方、奪う位置、タイミングにこだわるサッカーだ。リケルメ時代をマイボール型だとすれば、マルセリーノは相手ボール型。相手ボールに抵抗する力は、当時とは比べものに

採用フォーメーション

4−4−2（中盤フラット型）

4−2−3−1

キャラクター数値

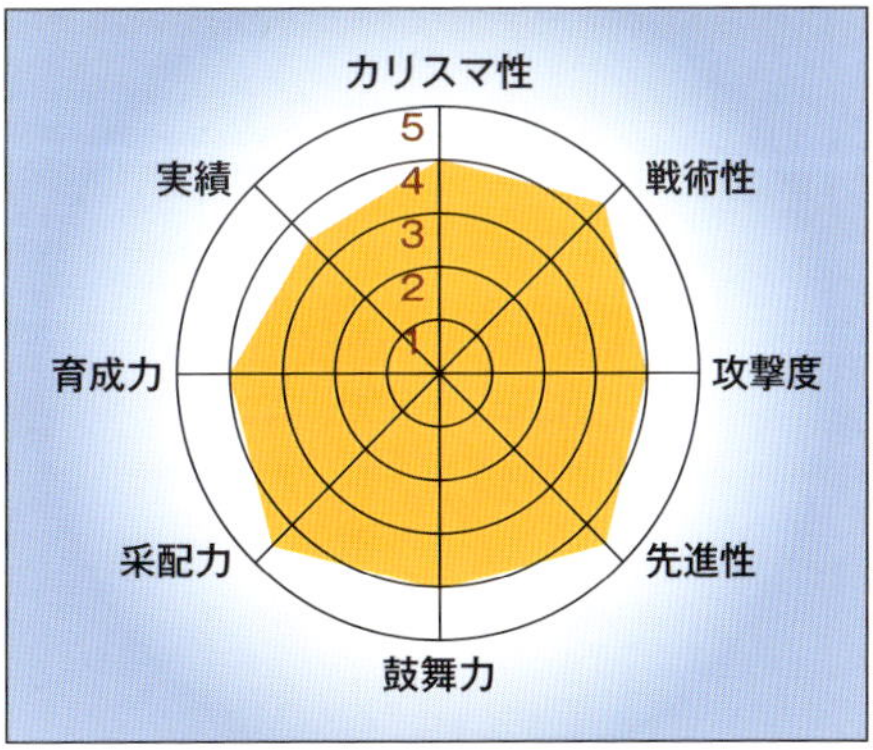

4−4−2を基本に、効率的サッカーを実践

中盤フラット型4−4−2をベースに、できるだけ高い位置でボールを奪おうとするプレッシングサッカー。両サイドバックもせり上がるので、攻撃時は2−4−4に見える。攻撃はワイドに、守備はコンパクトに。相手ボール時のほうが強く見えるサッカーだ。

マルセリーノの手腕で復活したビジャレアル

ならないほど高い。

「ダイナミックなサッカーが好きだ。攻撃とカウンターにスピードと連動性があって、守備では全員で組織的に動き、積極的にボールを奪い返す。ビジャレアルでは攻守両面で効率を求めている」とは、UEFAのホームページに掲載されていた彼の言葉だ。目指すは効率的サッカー。シメオネのサッカーに近い。

05—06のCL準決勝。対アーセナル戦の通算スコアは0—1。リケルメのPK失敗が悔やまれる惜敗だったが、2試合続けて支配率で上回ったのはアーセナル。ビジャレアルはこだわっていた支配率比べでも敗れた。支配率を、番狂わせの武器にはできなかった。それでアーセナルとの予算規模の差は埋まらなかった。では、マルセリーノの効率的サッカーではどうなのか。期待されたが、16—17のCLプレイオフでモナコに敗れ、CL出場を逃すと、あえなく解任。今後の去就が注目される。

フアン・マヌエル・リージョ

スペイン

Juan Manuel LILLO

日本代表お勧め度

A

PERSONAL DATA

■1965年11月2日生まれ、スペイン・トロサ出身

指導キャリア

86	トロサ監督
88−89	ミランデス監督
90−91	ミランデス監督
91−92	クルトゥラル・レオネサ監督
92−96	サラマンカ監督
96−97	レアル・オビエド監督
98	テネリフェ監督
00	レアル・サラゴサ監督
03−04	シウダ・デ・ムルシア監督
04−05	テラッサ監督
05−06	ドラドス・シナロア(メキシコ)監督
08−09	レアル・ソシエダ監督
10	アルメリア監督
14	ミジョナリオス(コロンビア)監督
15−16	チリ代表アシスタント
16−	セビージャ アシスタント

選手時代の知名度

★☆☆☆☆

グアルディオラ監督が師匠と仰《あお》ぐ、20代でデビューを飾った指導者

03年のバルサ会長選挙で、グアルディオラをGMにすえることを公約に掲げて戦ったのはラポルタに僅差で敗れたルイス・バサート。彼が当選していれば、リージョはバルサの監督に就任していた。グアルディオラがそのとき、バルサ監督に推していた人物だからだ。オビエド監督時代、選手として対戦したグアルディオラが試合直後、「なぜあなたは、こんなサッカーができるのだ」と、たずねてきたのは有名な話。以後、リージョはグアルディオラから師と仰《あお》がれる。

グアルディオラ時代のバルサのサッカーについて、リージョは言いきる。「私の息子のようなものだ」と。

14歳で上級クラスに進めず、選手の道を断念。コーチの道へ。すると、時の監督が突如転任。「あとは任せた」と言われ、15歳でそのクラブの監督に就任した。小学生時代から、小遣いで

採用フォーメーション

4−3−3

3−4−3（中盤ダイヤモンド型）

キャラクター数値

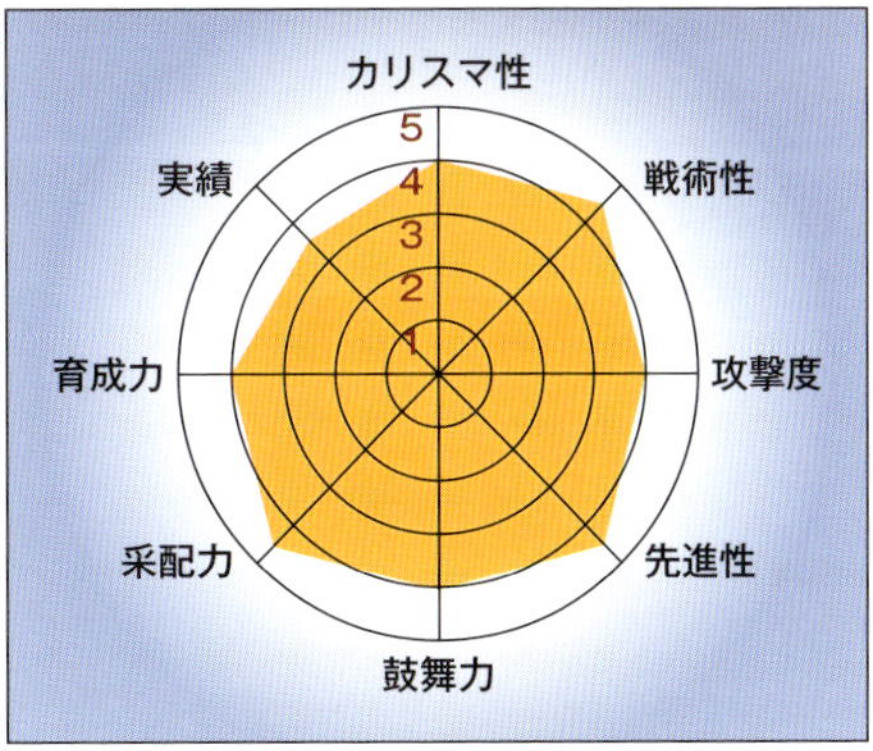

4−3−3を基本にした支配率重視型

支配率にこだわるサッカー、ボールを中心にとらえ、周囲の仲間と共鳴し合うサッカーを目指す。4−3−3はそれを実践するにふさわしい布陣、ということだ。「良いサッカーと勝つサッカーは別だ」とする風潮に警鐘を鳴らす。歴史的に見てそれは間違いだ、と。

アシスタントコーチとしてチリ代表も支えた

サッカーの専門書を買い、知識の習得に励んでいたというリージョ。21歳で3部チームの監督に就任。29歳のとき、自らの力で1部に押し上げたサラマンカの監督として、スペインリーグ1部の監督最年少記録を作った。96年、30歳でオビエドの監督に就任。リーグ最年長監督ボビー・ロブソン（当時63歳）率いるバルサとの一戦は、リーグ最年長対最年少監督の対決として話題を集めた。当時24歳のグアルディオラが接近してきたのは、その試合後。06年、グアルディオラはドラドス・シナロアというメキシコのクラブで現役を終えたが、そのときの監督がリージョ。2人は並々ならぬ関係にある。「高い支配率と、ボールを中心に周囲と共鳴するサッカー」を理想に掲げる。

15年からサンパオリ監督率いるチリ代表の参謀役に。コパ・アメリカ連覇に貢献。16―17はサンパオリとともに、清武弘嗣が加わったセビージャへ。注目の戦術家だ。

スペイン

ルイス・エンリケ

LUIS ENRIQUE

日本代表お勧め度

B

PERSONAL DATA

■1970年5月8日生まれ、スペイン・ヒホン出身

選手キャリア(ミッドフィルダー)

89−91＝スポルティング・ヒホン (36/14)
91−96＝レアル・マドリー (157/15)
96−04＝バルセロナ (207/73)

主な獲得タイトル(選手時代)

UCWC 優勝 1 回(96−97/ バルセロナ)
国内リーグ優勝 3 回(94−95/ レアル・マドリー、97−98、98−99/ バルセロナ)
国内カップ優勝 3 回(92−93/ レアル・マドリー、96−97、97−98/ バルセロナ)
五輪優勝 1 回(92/ スペイン)

指導キャリア

08−11　バルセロナB監督
11−12　ローマ(イタリア)監督
13−14　セルタ監督
14−　　バルセロナ監督

主な獲得タイトル(監督時代)

CL 優勝 1 回(14−15/ バルセロナ)
FCWC 優勝 1 回(15/ バルセロナ)
国内リーグ優勝 2 回(14−15、15−16/ バルセロナ)
国内カップ優勝 2 回(14−15、15−16/ バルセロナ)
FIFA 年間最優秀監督賞 1 回(15)
スペイン年間最優秀監督賞 1 回(15)

選手時代の知名度

★★★★★

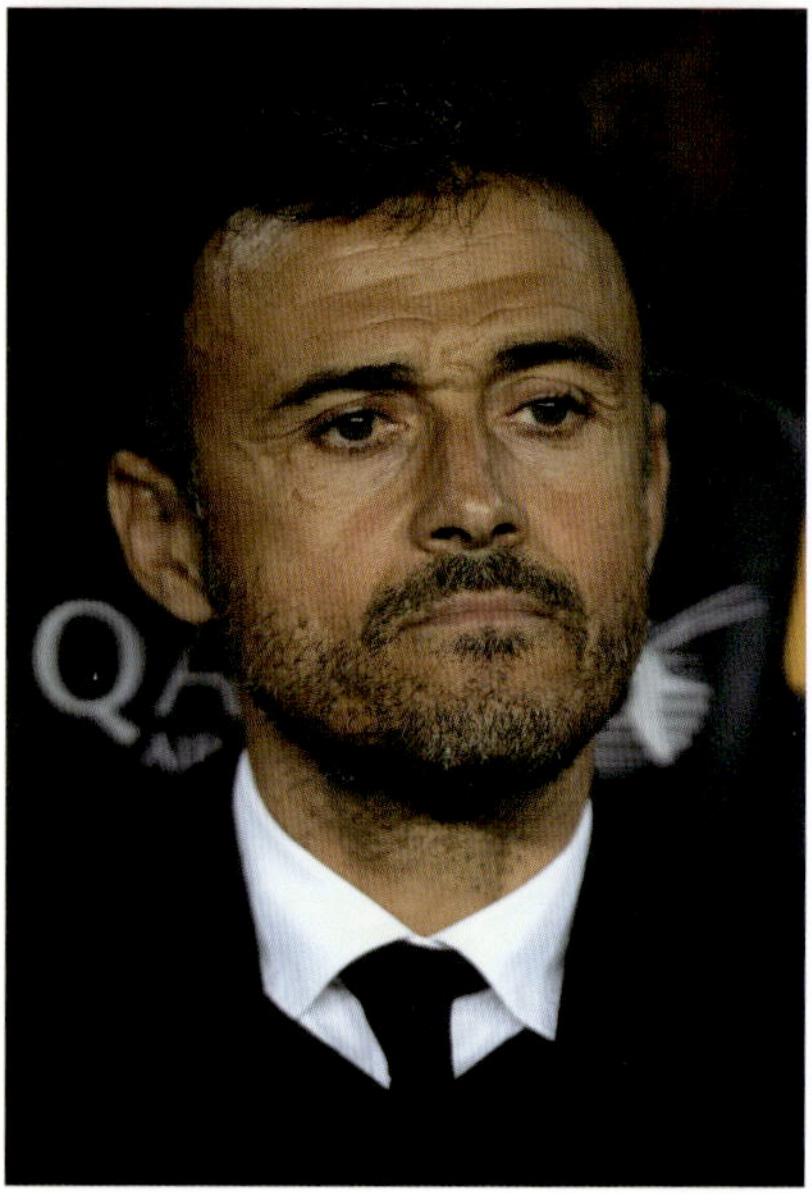

バルセロナに縦に速いサッカーを導入して自分の色を出した監督

レアル・マドリー、バルセロナ間を渡り歩いた数少ない選手。マドリー時代は右サイドバック、バルサ時代はインサイドハーフを務めることが多かった、縦に強い直線的なタイプだった。

スペインでは勝ち気に溢れた人物を「ガナドール」と呼ぶが、彼はその代表格。直線的で勝ち気。「勝利と娯楽性をクルマの両輪のような関係で目指す」――をクラブの理念とし、パスを主体とした技巧で崩すイメージが強いバルサにあって、異質なタイプだといえる。

バルサの監督に就く姿が現役時代から想像できたグアルディオラとは真逆のタイプ。監督を務める姿さえ、想像することはできなかった。

監督デビューはバルサB。次に指揮をとったローマで、本格的な監督業の道に入った。しかし、その11―12シーズンの結果は7位。欧州戦線へ導くこ

採用フォーメーション

4−3−3

3−4−3（中盤ダイヤモンド型）

キャラクター数値

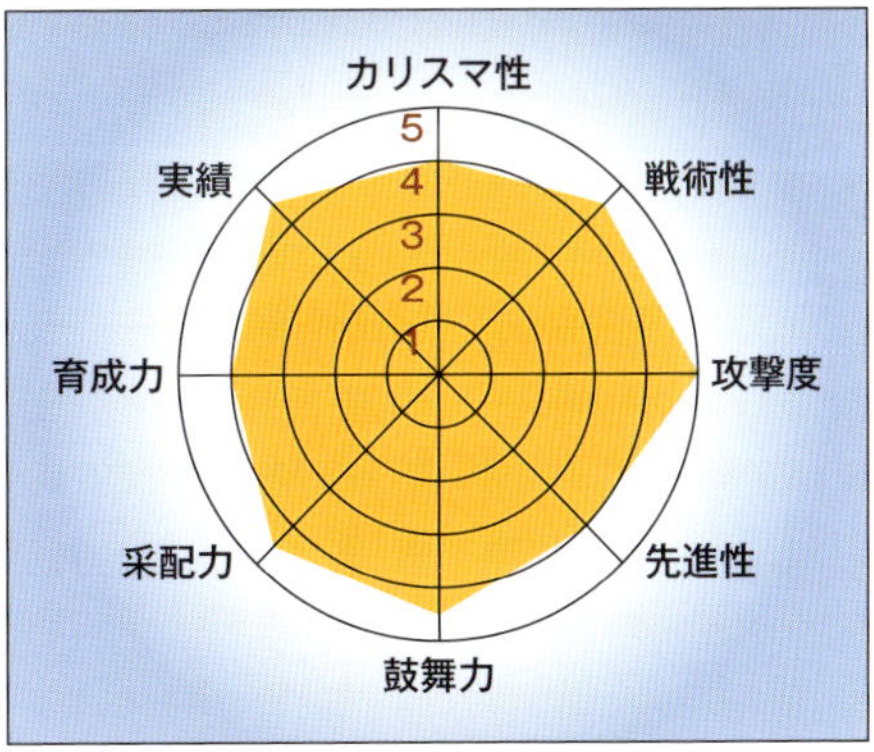

メッシを右サイドに配置する4−3−3

バルサの歴代の監督同様、4−3−3を採用。違いがあるのはメッシの位置で、グアルディオラとは異なり、右に置く。だが、彼は真ん中に入ろうとする。この歪《ゆが》みをスアレス、ラキティッチのバランス力で対応しているが、左右のバランスは完璧とは言えない。

MSNを擁《よう》するバルサで、再び欧州王座返り咲きを狙う

とができなかったため、ローマを1年で去った。翌13―14シーズン、収まった先はセルタで、成績は8位。その翌14―15シーズン、バルサの監督に就任するには、いささか物足りない成績と言えた。ルイス・エンリケで大丈夫か。不安げに見つめた人は多かったはず。

だが、マドリー、アトレティコを抑え、国内リーグを制し、CLでも決勝に進出。ユベントスの挑戦を3―1のスコアで退《しりぞ》けた。サッカー的には、現役時代にルイス・エンリケ自身が売りにした、縦に速い攻めが増加。グアルディオラのバルサとは違う側面を披露したことで、監督としての色を際立たせることにも成功している。

チームを2年連続欧州一に導いた監督は、88―89、89―90のアリーゴ・サッキ（ミラン）以来、25年間現れていない。達成すれば監督は、歴史に名を残す名将に昇格するところだったが、15―16シーズン、ルイス・エンリケのバルサはベスト8に沈んだ。

スペイン

フレン・ロペテギ

Julen LOPETEGUI

日本代表
お勧め度

A

PERSONAL DATA

■1966年8月28日生まれ、スペイン・ギプスコア県出身

選手キャリア（ゴールキーパー）

85−88＝レアル・マドリー・カスティージャ（61/0）
88−91＝レアル・マドリー（1/0）
88−89＝ラスパルマス（31/0）
91−94＝ログロニェス（107/0）
94−97＝バルセロナ（5/0）
97−02＝ラージョ・バジェカーノ（112/0）

主な獲得タイトル（選手時代）

UCWC 優勝 1 回（96−97/ バルセロナ）
国内リーグ優勝 1 回（89−90/ レアル・マドリー）
国内カップ優勝 1 回（96−97/ バルセロナ）

指導キャリア

03　ラージョ・バジェカーノ監督
08−09　レアル・マドリー・カスティージャ監督
10−12　スペイン U−19 代表監督
11−14　スペイン U−20 代表監督
12−14　スペイン U−21 代表監督
14−16　ポルト（ポルトガル）監督
16−　スペイン代表監督

選手時代の知名度

★★★★☆

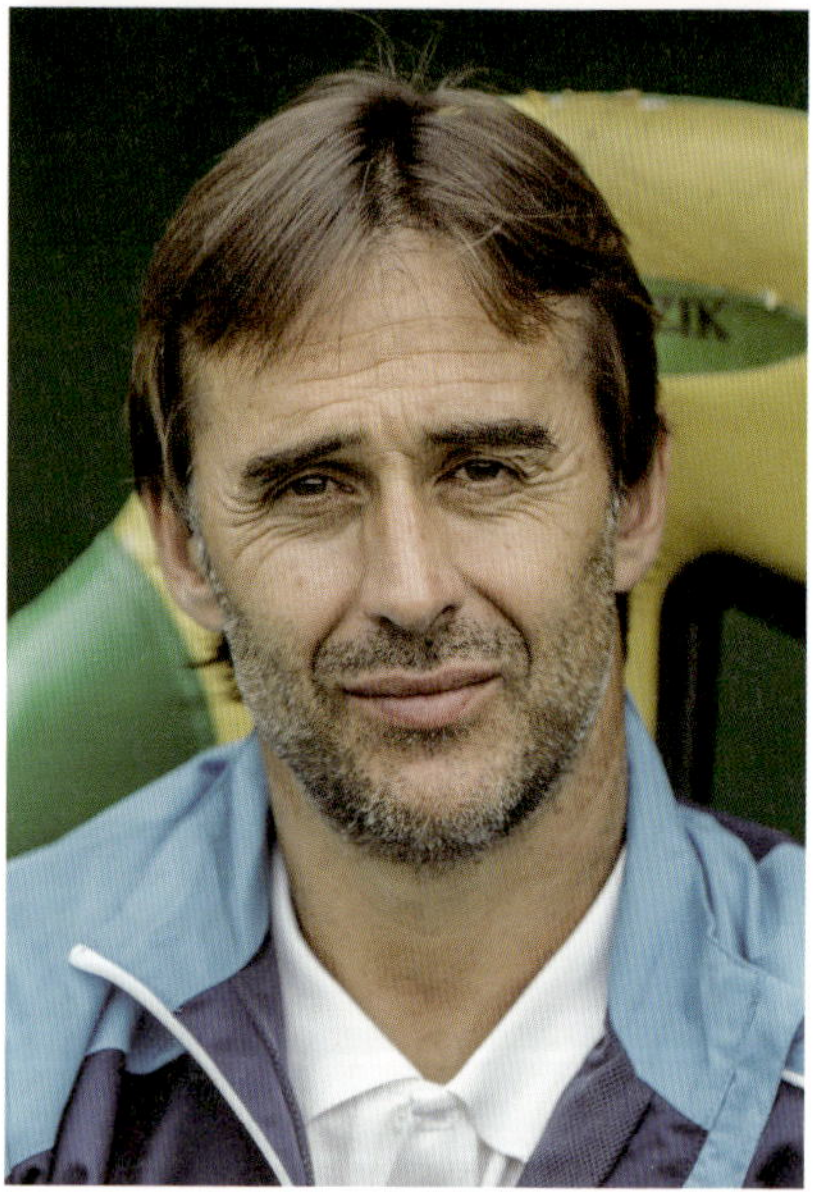

ポルトで欧州の舞台を経験し、スペイン代表新監督として船出

ラージョ、マドリーB、そしてスペイン代表の各年代別チーム（U―19、20、21）の監督を務めたあと、ポルトの監督に就任したのは14―15シーズン。ロペテギはそこでさっそく名前を売った。CLでグループリーグを首位通過すると、決勝トーナメント1回戦でもバーゼルに大勝。準々決勝で、ブックメーカーからそのとき、本命に推されていたバイエルンと対戦した。

バルセロナのクライフ時代の後半に、ブスケツの父と正GK争いをした過去を持つロペテギ。バイエルンの監督グアルディオラは当時のチームメイトだ。

プレイスタイルは、ほかのクラブのGKと少し違っていた。ペナルティエリアの外で、リベロ然と11人目のフィールドプレイヤーとしてパスワークに絡《から》んだ足技にたけたGK。クライフサッカーの申し子と言えば、グアルディオラを連想するが、ロペテギもそれを

採用フォーメーション

4-3-3

4-2-3-1

キャラクター数値

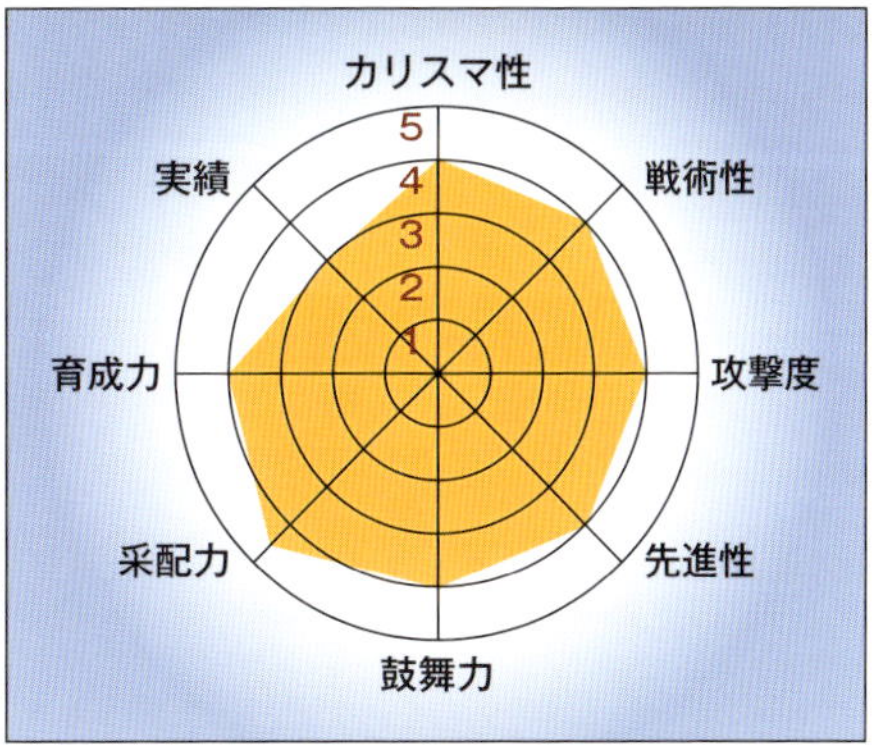

バイエルンにハイプレスを仕掛けた手腕

名を上げたのは、ポルトの監督として臨んだ14-15シーズンCL準々決勝、対バイエルンとの第1戦だ。4-3-3の布陣から、同型の相手を広く包み込むようにしてプレスをかけ、内側に誘い込んでは次々とボールを奪取。3-1のスコアで痛快な勝利を飾った。

CLの舞台で強豪バイエルンに土をつけたポルト

象徴する選手だった。

同門対決となったこの準々決勝。第1戦を制したのは、ロペテギ率いるポルトだった。試合開始早々から、目の冷めるようなプレスを高い位置でかけまくった。受けて立ったバイエルンは、これにあわてた。結果は、3―1でポルト。ロペテギは時の人になった。しかし、第2戦の結果は1―6。番狂わせは起きなかった。第1戦のように、前から行くか。あるいは後方に下がり、守備的に戦うか。その迷いがスコアになって現れた格好だ。とはいえ、これがホーム&アウェイ方式のCLでなく、W杯のような90分一本勝負なら、番狂わせは起きていたことになる。このような一発芸こそ、日本代表監督に求められる資質だ。15―16もCLでいいところを見せたポルトだが、グループリーグで勝ち点10を奪いながら敗退。ロペテギは解任の憂《う》き目にあった。16年7月、スペイン代表監督に就任。今後が注目される監督だ。

スペイン

アベラルド

ABELARDO

日本代表
お勧め度

B

PERSONAL DATA

■1970年4月19日生まれ、スペイン・ヒホン出身

選手キャリア(センターバック)

88−89=スポルティング・ヒホンB(4/2)
89−94=スポルティング・ヒホン(179/13)
94−02=バルセロナ(178/11)
02−03=アラベス(28/0)
○スペイン代表=54/3(91−01)

主な獲得タイトル(選手時代)

UCWC優勝1回(96−97/バルセロナ)
国内リーグ優勝2回(97−98、98−99/バルセロナ)
国内カップ優勝2回(96−97、97−98/バルセロナ)
五輪優勝1回(92/スペイン)

指導キャリア

08−10 スポルティング・ヒホンB監督
10−11 カンダス CF 監督
11−12 CD トゥイージャ監督
12−14 スポルティング・ヒホンB監督
14− スポルティング・ヒホン監督

採用フォーメーション

4−2−3−1

選手時代の知名度

★★★★★

キャラクター数値

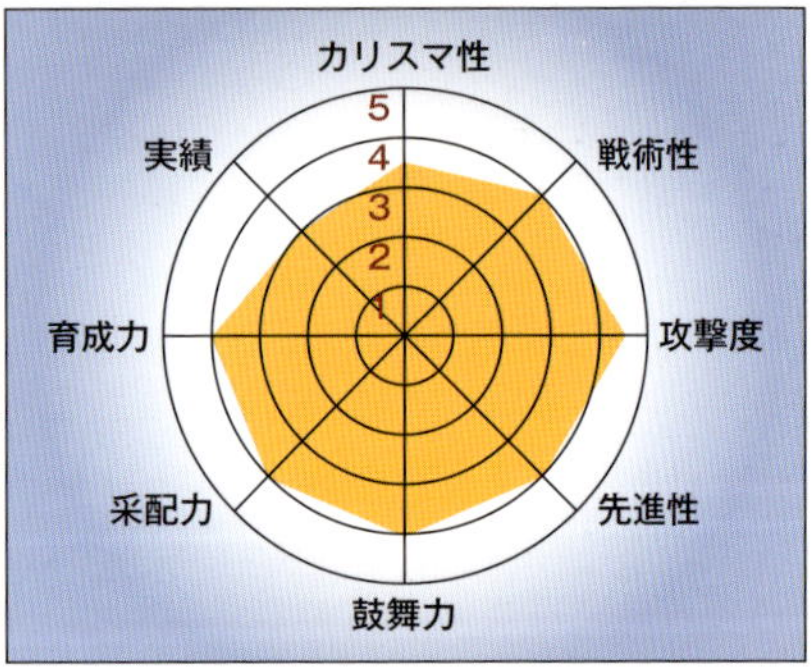

古巣ヒホンを1部に引き上げた元CB

元バルサのCB。将来の監督像が想像しにくいタイプだったが、引退後、地元ヒホンに戻り、指導者の道へ。スポルティングの監督就任は、クラブが4シーズン続けた1部から陥落して3シーズン目の14−15。同シーズン、2部で2位となり、チームを1部に復帰させた。

現役時代にバルサで進化をとげて、将来の監督像を想像できる選手に

アストゥリアス州ヒホン出身のCB。スポルティングから94—95シーズン、クライフ時代のバルサに移籍。バルサは大型のCBらしいCBを積極的に補強しないクラブとして知られる。良いCBがいなければ、中盤の選手を下げればいいという考え方がある。マスチェラーノ、そしてアベラルドと同じ頃、バルサの一員としてプレイしていたフランク・デ・ブール、フィリップ・コクーなどは、そのいい例になる。パス出し重視。アベラルドはそうした意味では例外的な選手になるが、本格的なCBも、年を重ねるごとに球出しの力が向上。守備的MFのような、言い換えれば将来の監督像が想像しやすい選手に変化していった。バルサ時代の最後には、主将までこなしていた。

14—15から地元ヒホンに戻り、2部スポルティングの監督の座に。晴れてチームを1部に復帰させた。

スペイン

エウセビオ

EUSEBIO

日本代表お勧め度

C

PERSONAL DATA

■1964年4月13日生まれ、スペイン・バジャドリード県出身

選手キャリア(ミッドフィルダー)

82−83=バジャドリーB
83−87=バジャドリー(117/13)
87−88=アトレティコ・マドリー(27/3)
88−95=バルセロナ(203/14)
95−97=セルタ(67/1)
97−02=バジャドリー(129/5)
○スペイン代表=15/0(86−92)

主な獲得タイトル(選手時代)

UC 優勝 1 回(88−89/ バルセロナ)
国内リーグ戦優勝 4 回(90−91、91−92、92−93、93−94/ バルセロナ)
国内カップ戦優勝 1 回(89−90/ バルセロナ)

指導キャリア

03−08　バルセロナ アシスタント
09−10　セルタ監督
11−15　バルセロナ B 監督
15−　レアル・ソシエダ監督

採用フォーメーション

4−2−3−1

選手時代の知名度

★★★★☆

バルサ出身らしい、攻撃サッカーを実践

4−2−3−1と4−3−3を2対1の割合で使用。バルサ出身者らしく、サッカーは攻撃的。サイドを使い、ピッチを有効に活用する。15−16の11月、レアル・ソシエダの監督に就任。古巣のバルサを倒す殊勲を挙げた。

キャラクター数値

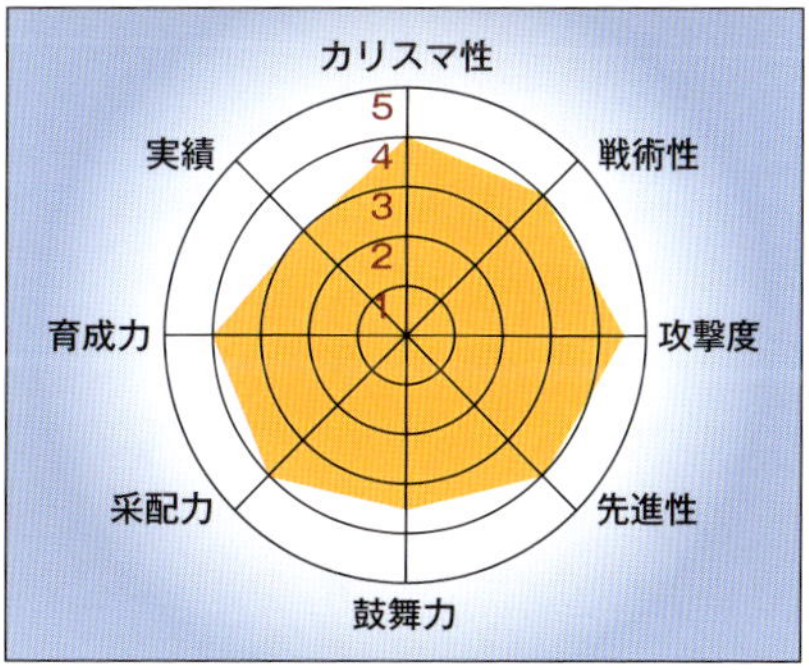

現役時代はバルサのゲームメイカー。引退後は監督としてレベルアップ中

15—16シーズンの11月、デイビッド・モイーズ解任を受け、ラ・レアルことソシエダの監督に就任。就任当初16位に低迷していたチームを、最終的に9位まで押し上げ、評価を上げた。

ドリームチームと呼ばれたバルセロナの黄金期を支えた選手の1人。チャビ、イニエスタ系の小柄でセンス溢れるゲームメイカーとして名をはせた。

監督としても、クライフの息のかかった攻撃的サッカーを標榜《ひょうぼう》する1人だが、経験豊富というわけではない。バルサBの監督経験が4シーズンあるが、そのほかは、セルタの監督を1シーズン務めたのみ。よく言えば、まだ面が割れていない新鮮味溢れる監督だ。ソシエダを踏み台に、監督として羽ばたけるのか。4—2—3—1と4—3—3の布陣を用いて、展開の大きな見た目に鮮やかなサッカーをする。今後の動向が気になる監督だ。

スペイン

ウナイ・エメリ
Unai EMERY

日本代表お勧め度
A

PERSONAL DATA

■1971年11月3日生まれ、スペイン・オンダリビア出身

選手キャリア（ミッドフィルダー）
90－95＝レアル・ソシエダ B(95/7)
95－96＝レアル・ソシエダ(5/1)
96－00＝トレド(126/2)
00－02＝ラシン・フェロール(63/7)
02－03＝レガネス(29/0)
03－04＝ロルカ・デポルティーバ(38/1)

指導キャリア
04－06 ロルカ・デポルティーバ監督
06－08 アルメリア監督
08－12 バレンシア監督
12 スパルタク・モスクワ（ロシア）監督
13－16 セビージャ監督
16－ パリ・サンジェルマン（フランス）監督

主な獲得タイトル（監督時代）
EL 優勝 3 回（13－14、14－15、15－16/ セビージャ）

採用フォーメーション
4−2−3−1

選手時代の知名度
★☆☆☆☆

キャラクター数値

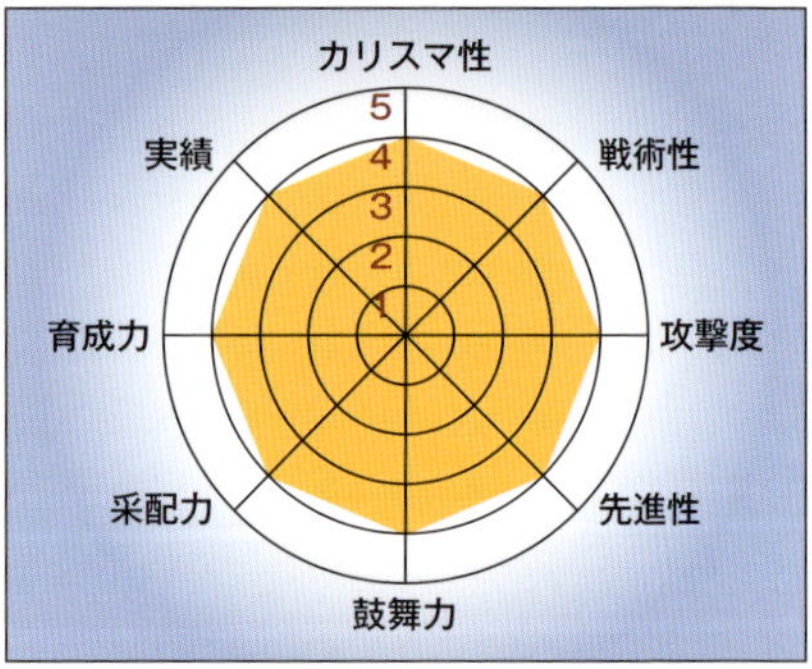

セビージャ時代にはEL3連覇を達成

斬新な攻撃的サッカーというわけではないが、安定感抜群。大崩れすることがない。バレンシア時代（08−12）は、カチッとした手堅いサッカーで上位を確保。13年監督に就任したセビージャでも4-2-3-1をベースにした中庸《ちゅうよう》なサッカーで、ＥＬ3連覇を果たした。

サイド重視のスペイン的サッカーでセビージャの黄金時代形成に貢献

スペインでバルセロナ、レアル・マドリーの2大クラブに続く存在として挙げられるのが、セビージャであり、バレンシアだ。その両クラブで立て続けに指揮をとってきたのがウナイ・エメリ。バレンシアでは、09―10から3シーズン連続国内リーグ3位。セビージャでは13―14から2シーズン連続5位。ＥＬでは3連覇を達成している実力派だ。

サッカーはきわめてスペイン的。サイドを有効に使いながら支配率を上げ、奪われれば可能な限り早く奪還しようとするスタイル。だが、15―16は前半の不調がたたり7位。ＥＬ優勝で面目を保った格好だ。これまでの勢いは続くのか？　その行方に注目していたところ、16―17、金満クラブ、パリSG監督への就任が報じられた。スペインの一流監督から欧州の一流監督へ。バルサ、マドリー、バイエルンという欧州3強の座に割って入れるか、注目だ。

ア
カ
サ スペイン
タ
ナ
ハ
マ
ヤ
ラ
日本

スペイン

キケ・セティエン

QUIQUE SETIÉN

日本代表お勧め度
A

PERSONAL DATA

■1958年9月27日生まれ、スペイン・サンタンデール出身

選手キャリア(ミッドフィルダー)

77−85＝ラシン・サンタンデール(204/43)
85−88＝アトレティコ・マドリー(73/7)
88−92＝ログロニェス(114/20)
92−96＝ラシン・サンタンデール(124/25)
95−96＝レバンテ(3/0)
○スペイン代表＝3/0(85−86)

指導キャリア

01−02 ラシン・サンタンデール監督
03 ポリ・エヒド監督
06−07 エクアトリアル・ギイネア(赤道ギニア)監督
07−08 ログロニェス監督
09−15 ルーゴ監督
15− ラスパルマス監督

採用フォーメーション

4−2−3−1

選手時代の知名度

★☆☆☆☆

キャラクター数値

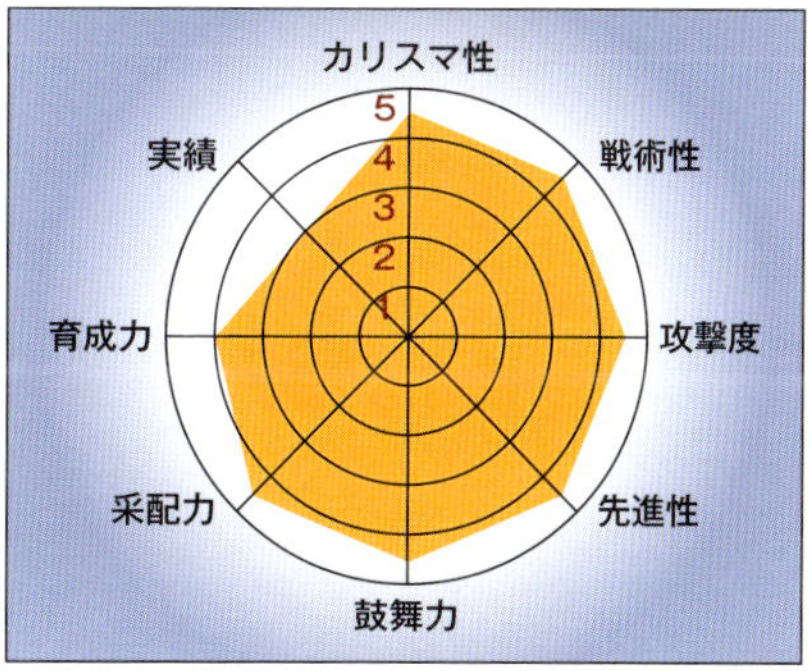

両サイドを使うスペインらしいサッカー

4-2-3-1と4-1-4-1をベースに、両サイドを生かした、スペインらしいオープン攻撃を展開。15-16は14シーズンぶりに1部に復帰したラスパルマスを10位でフィニッシュさせ、スペイン国内を驚かせた。年齢は50代後半だが、まだ上昇が見込める優秀な監督だ。

監督として1部の経験は少ないが、上位に対してもひるまず攻撃する

15―16シーズンの10月から、パコ・エレーラ前監督解任に伴い、13シーズンぶりに1部に昇格していたラスパルマスの監督に就任。前評判を覆《くつがえ》し、チームを見事残留させた。19歳で、出身地であるサンタンデールでプロになり、37歳のときにレバンテを最後に引退するまで、計19シーズン、518試合に出場し、95ゴールを決めている。スペイン代表歴は3試合。出番はなかったが、86年メキシコW杯のスペイン代表メンバーでもある。長身のセンターハーフだった。

監督としては、2部のルーゴで過ごした時間が最も長い（14―15まで6シーズン）。1部の経験は少ないが、上位に対してもひるまずに打って出る。一言で言えば、良いサッカー。16年2月のバルサをホームに迎えての一戦は、まさに番狂わせまであと一歩。支配率でも上回る堂々たる試合ぶりだった。

スペイン

キケ・サンチェス・フローレス

QUIQUE Sánchez FLORES

日本代表お勧め度

C

PERSONAL DATA

■1965年2月2日生まれ、スペイン・マドリード出身

選手キャリア(右サイドバック)

84−94＝バレンシア(272/23)
94−96＝レアル・マドリー(63/4)、96−97＝サラゴサ(9/0)
○スペイン代表＝15/0(87−91)

主な獲得タイトル(選手時代)

国内リーグ優勝1回(94−95/レアル・マドリー)

指導キャリア

01−04　レアル・マドリー・ユース監督
04−05　ヘタフェ監督
05−07　バレンシア監督
08−09　ベンフィカ(ポルトガル)監督
09−11　アトレティコ・マドリー監督
11−13　アル・アハリ(UAE)監督
13−14　アル・アイン(UAE)監督
15　ヘタフェ監督
15−16　ワトフォード(イングランド)監督
16−　エスパニョール監督

主な獲得タイトル(監督時代)

EL優勝1回(09−10/アトレティコ・マドリー)
国内カップ優勝3回(08−09/ベンフィカ、12−13/アル・アハリ、13−14/アル・アイン)

採用フォーメーション

4−4−2(中盤フラット型)

選手時代の知名度

★★★★☆

キャラクター数値

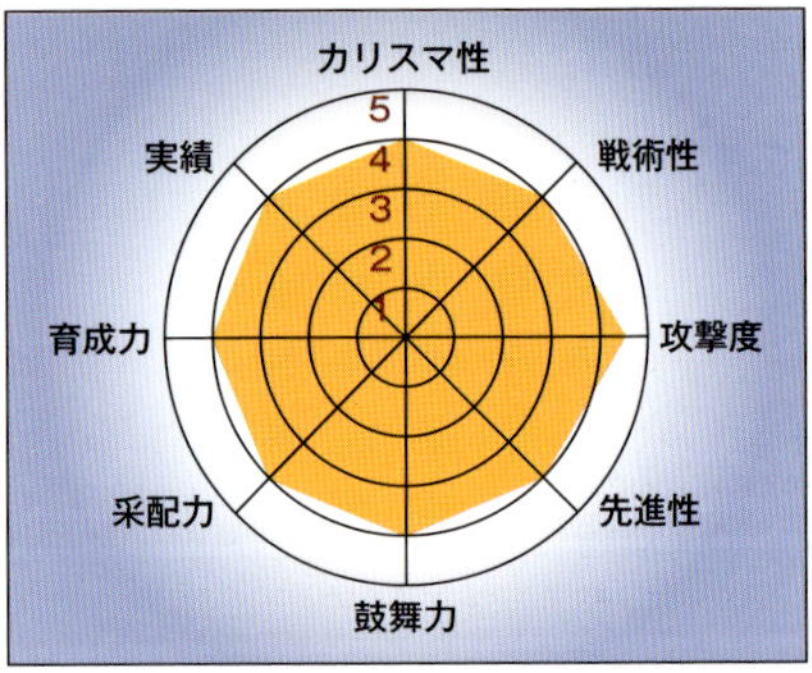

プレミアリーグでも高評価のスペイン人

バレンシアで現役の最盛期を過ごしたキケ・フローレス。そのバレンシアで成功したベニーテスがリバプール監督に就任したのは04年。スペイン人監督はこれを機にそのあとを追うようになるが、キケもその1人。15-16、ワトフォードにスペイン風を吹き込んだ。

EL優勝という実績を持ちながら、監督としては一流になりきれていない

マドリード生まれながら、現役時代、バレンシアの右SBとして活躍したよしみで、バレンシアという街をこよなく愛している。元スペイン代表。だが、ある時期までマドリーの右サイドバック、チェンドと存在がかぶり、出場試合数は伸びなかった。プレイスタイルはチェンドより攻撃的でシャープ。けれんみがない。

だが、監督としては一流になりきれずにいる。バレンシア時代は就任2年目（06―07）に、CLベスト8入りを果たしたが、3年目の途中で解任。アトレティコ時代（09～11）もEL優勝を飾ったが、翌シーズンに解任。スペインではバルサ、マドリーに次ぐ2番手集団（バレンシア、アトレティコ）の監督の座を計4年務めたが、荷が重かったようだ。15―16、ワトフォードの監督を務めたあと、16―17、エスパニョールの監督に就任した。

スペイン

パコ・ヘメス

PACO Jemez

日本代表お勧め度

A

PERSONAL DATA

■1970年4月18日生まれ、スペイン・ラスパルマス出身

選手キャリア(センターバック)

90−91＝コルドバ(69/4)
91−92＝ムルシア(35/0)
92−93＝ラージョ・バジェカーノ(38/0)
93−98＝デポルティーボ・ラ・コルーニャ(94/1)
98−04＝サラゴサ(168/1)
04　＝ラージョ・バジェカーノ(17/0)、05−06＝ルーゴ(9/0)
○スペイン代表＝21/0(98−01)

主な獲得タイトル(選手時代)

国内カップ優勝１回(94−95/ デポルティーボ・ラ・コルーニャ)

指導キャリア

07　アルカラ監督
07−08　コルドバ監督
09　カルタヘーナ監督
10−11　ラスパルマス監督
11−12　コルドバ監督
12−16　ラージョ・バジェカーノ監督
16　グラナダ監督

採用フォーメーション

4−2−3−1

選手時代の知名度

★★★★☆

キャラクター数値

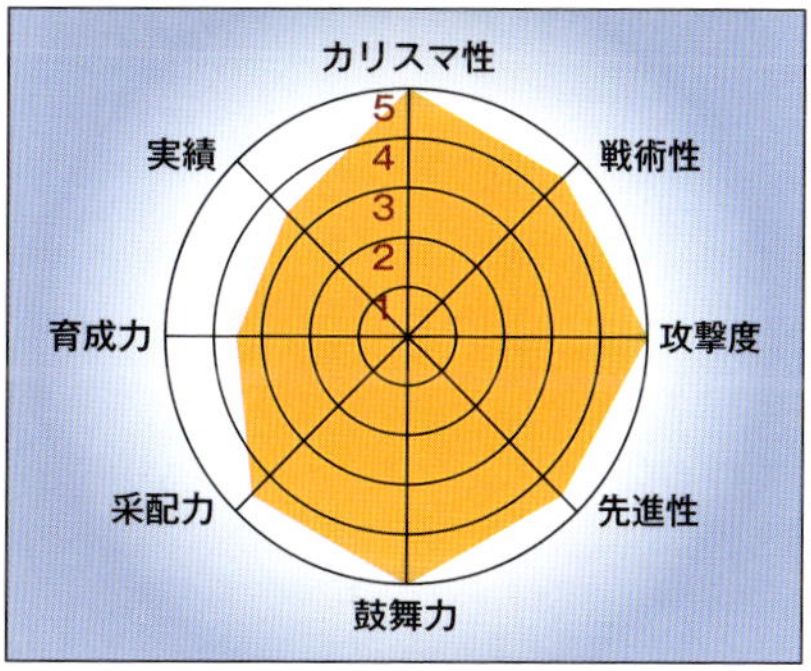

スペインを象徴する将来が楽しみな監督

12−13にラージョの監督に就任して以来、一貫して攻撃的サッカーを展開しているパコ。スパイスの効いたサッカーで、チーム力は高くなくてもボール支配率にこだわり、相手のカウンターを怖がらず高いラインを守る。スペインを象徴する今後が楽しみな監督。

デポルでの現役当時を彷彿《ほうふつ》とさせる、スペインらしい攻撃サッカーを標榜《ひょうぼう》

パコと言えば93―94シーズン、ジュキッチがPKを決めていればリーグ初優勝が決まった、イグレシアス監督率いるデポルティーボ（93―94）のメンバーだ。イルレッタ監督と入れ替わりで、サラゴサに移籍。パコはデポルの奇跡と言われる、99―00のリーグ優勝に関わっていない。だが、守備的サッカーと攻撃的サッカーがしのぎを削っていた時代に、番狂わせを攻撃的サッカーで狙おうとしたデポルの気質を、監督になったパコから十分垣間見ることができる。

12―13、ラージョ・バジェカーノの監督に就任するや、エレベーターチームから脱出。降格を免れるどころか、内容的にも小クラブらしからぬ、支配率の高い攻撃的サッカーを繰り広げ、話題を集めている。敗戦を恐れぬ、割りきる力を備えた、クライフの意志を受け継ぐ監督の1人だ。

スペイン

ハビ・グラシア
JAVI GRACIA

日本代表お勧め度 **B**

PERSONAL DATA

■1970年5月1日生まれ、スペイン・パンプローナ出身

選手キャリア(ミッドフィルダー)

89−92=アスレティック・ビルバオ B(100/12)
92−93=ジェイダ(38/13)
93−95=バジャドリー(65/2)
95−99=レアル・ソシエダ(106/12)
99−02=ビジャレアル(82/6)
02−04=コルドバ(39/0)

指導キャリア

04−05 ビジャレアル・ユース監督
07−08 ポンテベドゥラ監督
08−10 カディス監督
10−11 ビジャレアル B 監督
11 オリンピアコス・ボロウ(ギリシャ)監督
11−12 ケルキュラ(ギリシャ)監督
12−13 アルメリア監督
13−14 オサスナ監督
14−16 マラガ監督
16− ルビン・カザン(ロシア)監督

採用フォーメーション

4−4−2(中盤フラット型)

選手時代の知名度

★★★★☆

キャラクター数値

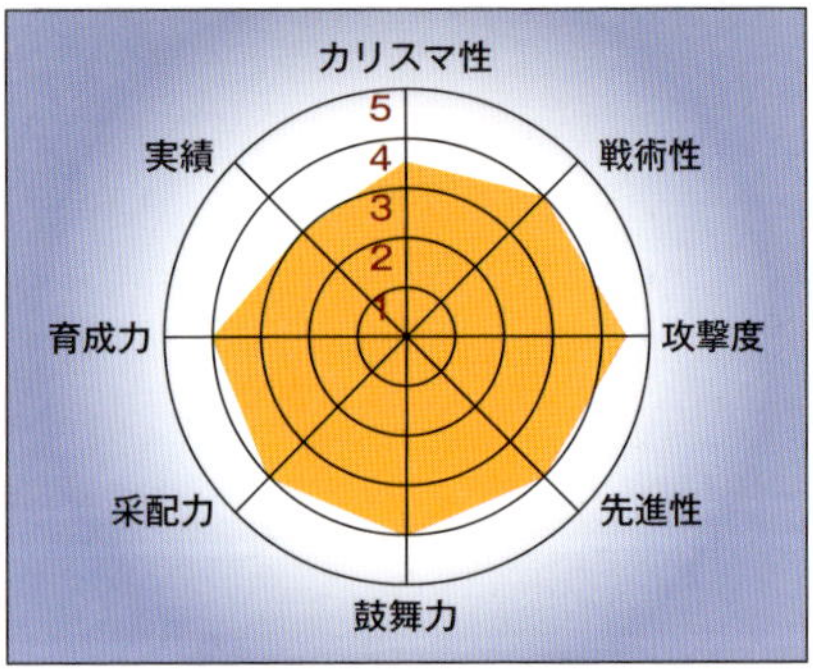

中盤フラット型4−4−2の手堅いサッカー

アルメリア、オサスナ、そしてマラガでは14−15、9位、15−16、8位とキャリアを堅実に重ね、16年からはルビン・カザンの監督に。サッカーそのものも手堅い。中盤フラット型4−4−2の布陣から、ボールの奪い方、奪われ方にこだわる今日的なサッカーを展開。

チャレンジャー精神を前面に出して、成績以上の曲者ぶりを発揮する監督

バスク出身の監督には優秀な監督が多いとは、よく聞くセリフだが、パンプローナ出身のハビ・グラシアも、その枠内に収まる監督だ。監督には、格下に対して取りこぼさないことで自らの地位を保つ監督と、格上に対して噛みつくのが巧く、チャレンジャー精神を前面に出して番狂わせを狙うことで存在感を発揮する監督の2タイプがあるとすれば、彼は完全な後者。スペインで、成績以上の曲者ぶりを発揮した。

現役時代はバジャドリー、レアル・ソシエダ、ビジャレアルなどで活躍。代表歴はないが、MFとしてクラブで229試合に出場。04年に引退したあと、下部組織、弱小チーム、ギリシャの下級クラブで経験を積み、12―13シーズン、アルメリアの監督に就任。チームを1部に押し上げ、名を売った。オサスナ、マラガの監督を歴任し、現在はルビン・カザンの監督を務めている。

スペイン

エルネスト・バルベルデ

Ernesto VALVERDE

日本代表お勧め度
B

PERSONAL DATA

■1964年2月9日生まれ、スペイン・エストレマドゥーラ州出身

選手キャリア(ミッドフィルダー)

83−85=アラベス、85−86=セスタオ(32/6)、86−88=エスパニョール(72/16)
88−90=バルセロナ(22/8)、90−96=アスレティック・ビルバオ(170−44)
96−97=マジョルカ(18/2)、○スペイン代表=1/0(90)

主な獲得タイトル(選手時代)

UCWC 優勝1回(88−89/ バルセロナ)、国内カップ優勝1回(89−90/ バルセロナ)

指導キャリア

97−00 アスレティック・ビルバオ アシスタント
00−01 アスレティック・ビルバオBアシスタント
02−03 アスレティック・ビルバオB監督
03−05 アスレティック・ビルバオ監督
06−08 エスパニョール監督
08−09 オリンピアコス(ギリシャ)監督
09−10 ビジャレアル監督
10−12 オリンピアコス(ギリシャ)監督
12−13 バレンシア監督
13− アスレティック・ビルバオ監督

主な獲得タイトル(監督時代)

国内リーグ優勝3回(08−09、10−11、11−12/ オリンピアコス)
国内カップ優勝2回(08−09、11−12/ オリンピアコス)

採用フォーメーション

4−2−3−1

選手時代の知名度

★★★★☆

キャラクター数値

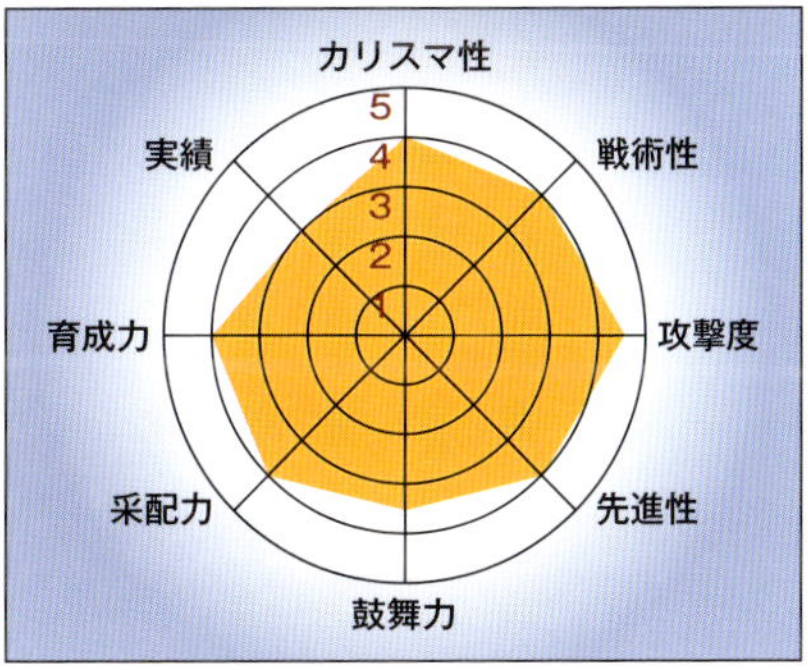

攻撃的サッカーを志向するスペイン人監督

攻撃的サッカーを志向する監督が大半を占めるスペインの中でも、一本筋が入った、同国を代表する監督。15−16シーズンはＥＬに進出。準々決勝でセビージャにＰＫ戦の末敗退したが、4−2−3−1の布陣から、好印象なサッカーを披露。存在をアピールした。

06−07UEFA杯決勝で敗れるも、内容の良さで名前を欧州に広めた

06—07シーズンのＵＥＦＡ杯決勝戦は、セビージャ対エスパニョールのスペイン勢対決となった。２年連続決勝進出のセビージャ。このあたりのポジションがふさわしいチームと言えるが、エスパニョールは違った。大健闘と言えた。結果は２—２で、延長ＰＫへ。運に恵まれ勝利したのはセビージャだが、目を引いたのはエスパニョール。監督の名前を思わずたずねたくなるサッカーをしていた。バルベルデの名前は、これで全国区に。10年南アフリカW杯後、日本代表監督候補にも挙がったが、欧州で今が旬《しゅん》な監督が日本に来るはずがない。ＣＬはオリンピアコス監督時代の11—12に初出場。13—14、ビルバオの監督に就任すると、国内リーグ４位の成績で、14—15もＣＬに駒を進めた。成績はいずれもグループステージ３位。ベスト16以内のクラブで采配を振るわせたい監督だ。

スペイン

ビクトル・サンチェス
VÍCTOR SANCHEZ

日本代表
お勧め度
A

PERSONAL DATA

■1976年2月23日生まれ、スペイン・マドリード出身

選手キャリア(右サイドハーフ)

95−96=レアル・マドリー・カスティージャ(37/1)
96−98=レアル・マドリー(65/7)
98−99=ラシン・サンタンデール(35/12)
99−06=デポルティーボ・ラ・コルーニャ(210/30)
06−07=パナシナイコス(12/0)
07−08=エルチェ(17 /2)
○スペイン代表=8/0(00−04)

主な獲得タイトル(選手時代)

CL 優勝 1 回(97−98/ レアル・マドリー)
国内リーグ優勝 2 回(96−97/ レアル・マドリー、99−00/ デポルティーボ・ラ・コルーニャ)
国内カップ優勝 1 回(01−02/ デポルティーボ・ラ・コルーニャ)

指導キャリア

10−11 ヘタフェ アシスタント
12−13 セビージャ アシスタント
13−15 オリンピアコス(ギリシャ)アシスタント
15−16 デポルティーボ・ラ・コルーニャ監督
16 オリンピアコス(ギリシャ)監督

採用フォーメーション

4−2−3−1

選手時代の知名度

★★★★☆

キャラクター数値

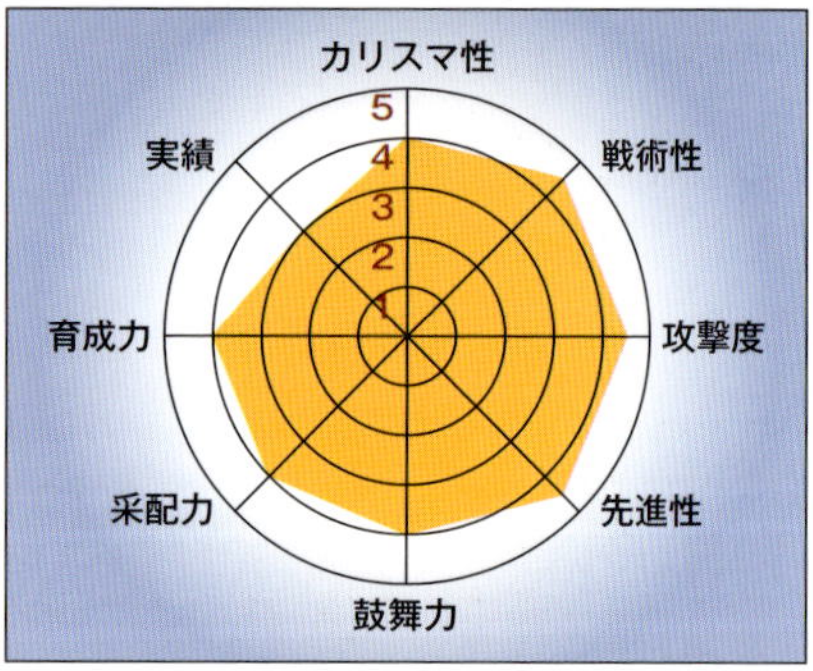

古巣デポルティーボを残留に導いた監督

右の攻撃的MFとしてデポルティーボの黄金時代を支えたビクトル。15年4月、同クラブの監督に就任すると、1部と2部の昇降を繰り返していたチームを1部にとどめることに成功。すると、オリンピアコスから誘いの手が伸びて、アテネに行くも、早々に退任した。

現役時代は4―2―3―1の3の右。引退後はコーチを歴任して監督就任

デポルティーボの黄金期を支えた選手と言えば、マウロ・シウバ、バレロンらの名前がまず来るが、欠場されて一番困る選手はビクトル・サンチェスだった。4―2―3―1の3の右。右のサイドハーフとウイングの中間役。監督のハビエル・イルレッタは当時「ミスター4―2―3―1」と呼ばれたが、その微妙なさじ加減を、ビクトルがセンス良く演じることで、布陣のバランスは成立していた。選手と監督は別の職業。名選手、名監督にあらず。サッカーはそうした傾向の強いスポーツだが、ビクトルに関しては、監督に必要な経験はすでにかなり積めている。ヘタフェ、セビージャ、オリンピアコスのコーチを経て、15―16シーズン、デポルの監督に就任。76年生まれ。40歳になったばかりの青年監督だが、名指導者へのストーリー性に、違和感は全く感じられない。現在はフリー。

ア
カ
サ
スペイン
タ
ナ
ハ
マ
ヤ
ラ
日本

スペイン

ロベルト・マルティネス

Roberto MARTINEZ

日本代表お勧め度
B

PERSONAL DATA

■1973年7月13日生まれ、スペイン・レェイダ県出身

選手キャリア（ミッドフィルダー）

91−93＝サラゴサB（43/4）
93−94＝サラゴサ（1/0）
94−95＝バラゲル（19/2）
95−01＝ウィガン（187/17）
01−02＝マザーウェル（16/0）
02−03＝ウォルソール（6/0）
03−06＝スウォンジー（122/4）
06−07＝チェスター・シティ（31/3）

主な獲得タイトル（選手時代）

国内カップ優勝 1 回（93−94/ サラゴサ）

指導キャリア

07−09　スウォンジー（ウェールズ）監督
09−13　ウィガン（イングランド）監督
13−16　エバートン（イングランド）監督
16−　　ベルギー代表監督

主な獲得タイトル（監督時代）

国内カップ優勝 1 回（12−13/ ウィガン）

採用フォーメーション

4−2−3−1

選手時代の知名度

★★★☆☆

キャラクター数値

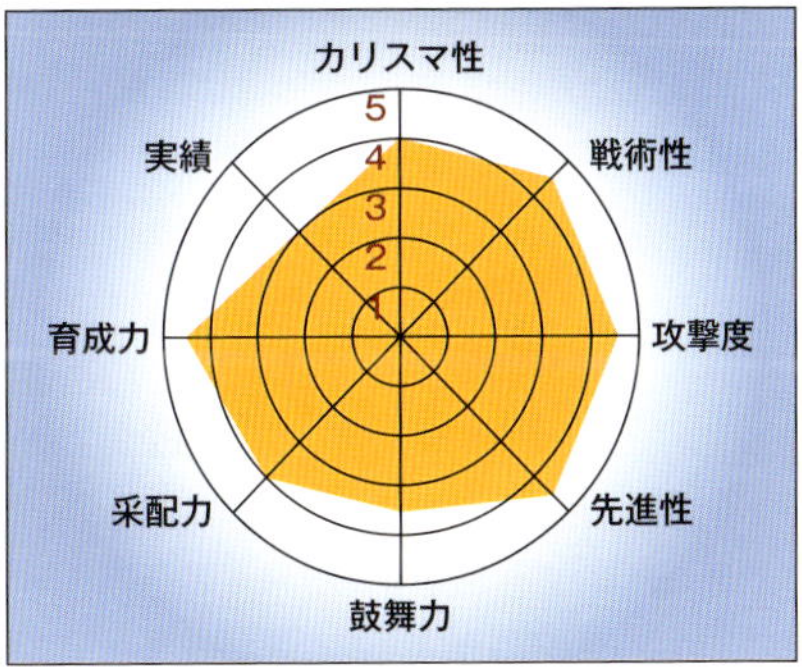

スウォンジーで監督キャリアを始めた監督

22歳でスペインを離れ、訪英。34歳で現役を引退しても英国にとどまり、指導者の道へ。スウォンジー、ウィガンを経て、13-14シーズンに就任したエバートンでは、4-2-3-1をメインに従来のイングランドサッカーとは一線を画すスタイルを披露。

スペインのカタルーニャ出身の策士は、若手監督ながら着々とステップアップ

監督に就任するや戦術家、策士、曲者として名を売ることになった、カタルーニャはレェイダ生まれの若手監督。サラゴサでデビューを飾ったが、95—96シーズン、22歳で渡英。以降、プレミアに昇格したウィガンで6シーズン、プレイした。プレミアでプレイするスペイン人は、いまでこそ普通に見かけるが、当時はまれ。しかも若手選手でとなると、他に類を見なかった。

06—07、チェスターを最後に引退。07—08、当時3部だったスウォンジーCの監督に就任した。即、優勝。2部に昇格させ、08—09は、そこで8位と大健闘。09—10は、古巣のウィガンに監督として復帰した。12—13、チームを2部に降格させたが、FA杯では決勝でマンCを破り、優勝。13—14からはエバートン監督。そして16年7月、ヴィルモッツが更迭《こうてつ》されたベルギー代表監督に就任した。

スペイン

グレゴリオ・マンサーノ

Gregorio MANZANO

日本代表
お勧め度
A

PERSONAL DATA

■1956年3月11日生まれ、スペイン・ハエン県出身

指導キャリア

83−85 サンティステバンCF監督、85−86 ビジャカリージョ監督
86−88 ジュイトゥルヒ監督、88−89 ビジャヌエバ監督
89−90 ウベダＣＦ監督、90−91 レアル・ハエン監督
91−93 マルトスＣＤ監督、96−98 タラベラ CF 監督
98−99 トレド監督、99−00 バジャドリー監督、
00−01 ラシン・サンタンデール監督
01−02 ラージョ・バジェカーノ監督
02−03 マヨルカ監督
03−04 アトレティコ・マドリー監督
04−05 マラガ監督
06−10 マヨルカ監督
10−11 セビージャ監督
11 アトレティコ・マドリー監督
13 マヨルカ監督
14−15 北京国安（中国）監督
16− 上海申花（中国）監督

主な獲得タイトル（監督時代）

国内カップ優勝 1 回（02−03/ マヨルカ）
中国年間最優秀監督賞 1 回（14）

採用フォーメーション

4−3−3

選手時代の知名度

★☆☆☆☆

キャラクター数値

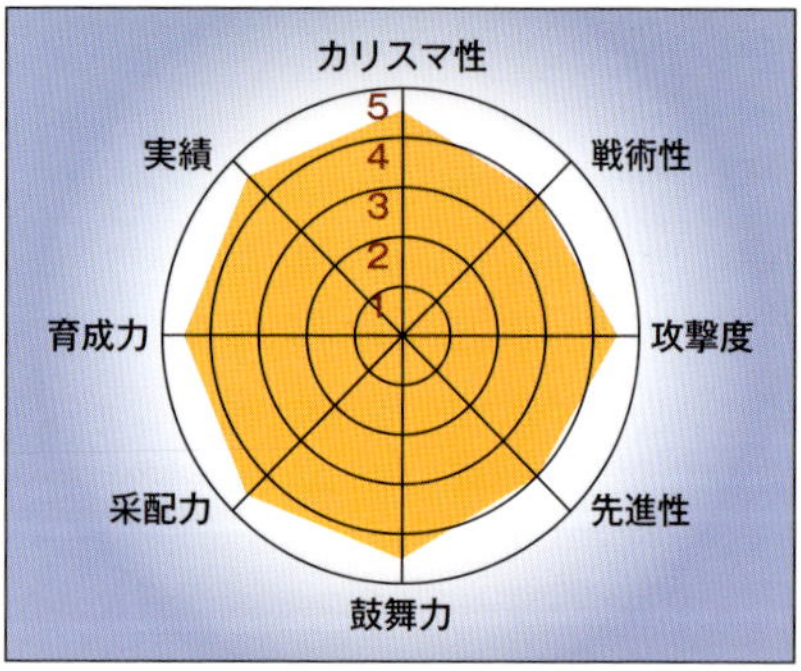

中堅チームを上位に押し上げることが得意

アトレティコ、セビージャ、マラガなどスペイン国内15のクラブで監督を務めてきたマンサーノ。中位クラスを効率的な攻撃的サッカーで、上位に押し上げることが得意な監督。心理学の学士号を所持し、選手に従来とは異なる角度からアプローチする。14年、中国に渡った。

日本代表監督候補にも挙がった、プロフェッサーと呼ばれる指揮官

プロフェッサーの異名を取るスペイン人監督。10年南アフリカW杯後、岡田武史日本代表監督の後任として、コンセプトを攻撃的サッカーに絞る中、名前が挙がった1人でもある。バジャドリー、ラシン、ラージョ、マヨルカ、アトレティコの監督を歴任したあと、05−06シーズンの2月、クーペル監督の後任として、再度マヨルカの監督に就任。降格の危機にあえいでいたチームを13位にまで浮上させた。だが、そのとき、マヨルカに在籍していた大久保嘉人とは、彼がローン契約だったこともあるが、契約延長しなかった。それから4シーズン、マンサーノはマヨルカに、12位、7位、9位、5位というクラブ史上空前の好成績をもたらし、評価を上げた。14年より、スペインのトップ監督としては初めて中国リーグの北京国安監督に就任。王道から外れた位置にいる。日本代表監督として狙い目か。

スペイン

ミチェル

MICHEL

日本代表お勧め度
C

PERSONAL DATA

■1963年3月23日生まれ、スペイン・マドリード出身

選手キャリア（右サイドハーフ）

81－84＝レアル・マドリー・カスティージャ（108/25）
81－96＝レアル・マドリー（404/97）
96－97＝アトレティコ・セラヤ（34/9）
○スペイン代表試合＝66/21（85－92）

主な獲得タイトル（選手時代）

UC 優勝 2 回（84－85、85－86/ レアル・マドリー）
国内リーグ戦優勝 6 回（85－86、86－87、87－88、88－89、89－90、94－95/ レアル・マドリー）
国内カップ戦優勝 2 回（88－89、92－93/ レアル・マドリー）

指導キャリア

05－06　ラージョ・バジェカーノ監督
06－07　レアル・マドリー・カスティージャ監督
09－11　ヘタフェ監督
12－13　セビージャ監督
13－15　オリンピアコス（ギリシャ）監督
15－16　マルセイユ（フランス）監督

主な獲得タイトル（監督時代）

国内リーグ戦優勝 3 回（12－13、13－14、14－15/ オリンピアコス）
国内カップ戦優勝 1 回（12－13/ オリンピアコス）

オリンピアコスをCLベスト16に導いた

レアル・マドリーの元中心選手であり、元スペイン代表。だが27歳のとき、交通事故に遭遇。引退に追い込まれる。解説者、評論家、育成指導者を経て、監督に。13-14にはオリンピアコスを率いて、CLベスト16に進出。攻撃的で好感の持てる爽やかな後味を残した。

採用フォーメーション

4－2－3－1

選手時代の知名度

★★★★★

キャラクター数値

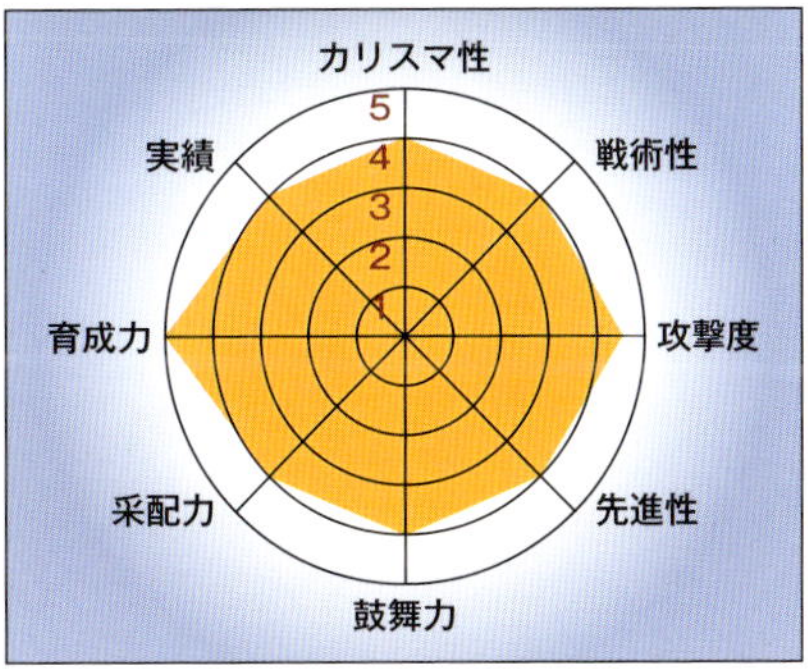

レアル・マドリー黄金期の名選手も、監督業を始めてから結果を出せず

レアル・マドリーには、キンタ・デル・ブイトレ（ハゲワシ部隊）と言われた黄金期がある。80年代中頃。オランダ人のレオ・ベーナッカー監督のもと、チャンピオンズカップで3季連続ベスト4に輝いた時代を指すが、ミチェルはそのときの中心選手の1人。スペイン代表としても活躍。90年イタリアW杯では、韓国戦でハットトリックも決めている。引退後は主にCL担当のテレビ解説者として欧州各地を渡り歩き、また、執筆活動も行っていた。監督になる準備は万端整っているかのようだったが、監督業に転身して10年が過ぎ、成功したとは言えない状態にある。15－16初頭、ビエルサがマルセイユ監督を突如辞任。ミチェルにお鉢が回ってきたが、ELベスト32でバルベルデ監督が率いるビルバオに敗退。1シーズン足らずで、更迭《こうてつ》の憂《う》き目にあった。現在は休養中。

スペイン

ファンデ・ラモス
Juande RAMOS

日本代表
お勧め度
A

PERSONAL DATA

■1954年9月25日生まれ、スペイン・シウダレアル出身

選手キャリア（ミッドフィルダー）

74−77＝エルチェ、CD アルコヤーノ、リナーレス、CD エルデンセ、アリカンテ、デニア

指導キャリア

90−92　イリチターノ監督
92−94　CD アルコヤーノ監督
94−95　レバンテ監督
95−96　ログロニェス監督
96−97　バルセロナ B 監督
97−98　リェイダ監督
98−01　ラージョ・バジェカーノ監督
01−02　ベティス監督
02　エスパニョール監督
03−04　マラガ監督
05−07　セビージャ監督
07−08　トッテナム（イングランド）監督
08−09　レアル・マドリー監督
09　CSKAモスクワ（ロシア）監督
10−14　ドニプロ・ドニプロペトロウシク（ウクライナ）監督
16−　マラガ監督

主な獲得タイトル（監督時代）

UC 優勝 2 回（05−06、06−07/ セビージャ）
国内カップ優勝 1 回（06−07/ セビージャ）

採用フォーメーション

4−2−3−1

選手時代の知名度

★★☆☆☆

キャラクター数値

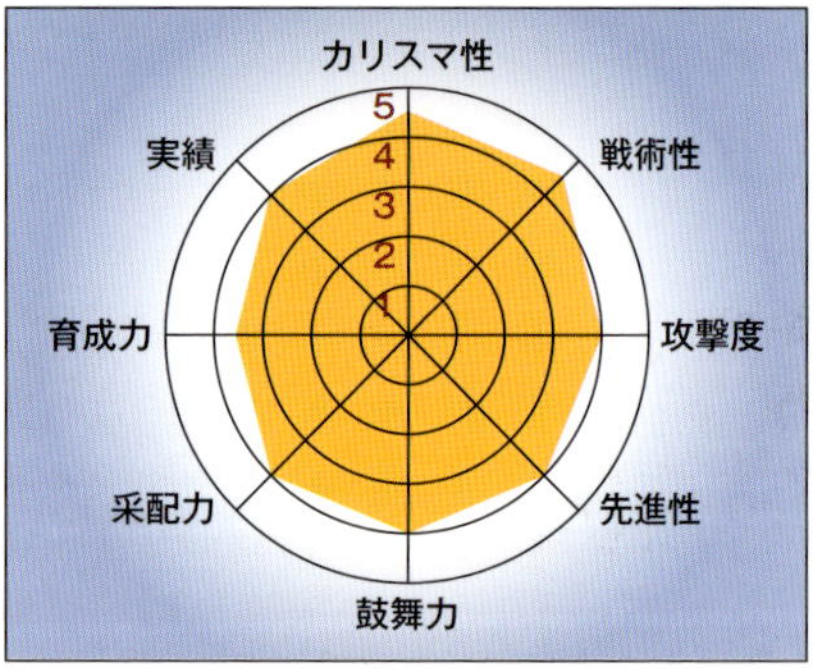

秩序を求め、集団性にこだわるスタイル

　両サイドをサイドバックとサイドハーフの各2人が固めるスクエアなサッカーを展開。攻撃的ではあるが、相手ボールの奪取にまず力を注ぐ。秩序を求め、集団性にこだわる。日本に不足する要素を備えた監督。

セビージャでUEFA杯連覇も、トッテナム、レアル・マドリーで失敗

　ピークだったのはセビージャ時代。05―06シーズン、その監督に就任するや、国内リーグ5位、UEFA杯優勝を果たす。翌06―07は、シーズン初頭の欧州スーパー杯でCL覇者のバルサを、そのお株を奪うようなサイド攻撃で3―0のスコアで一蹴。

　MOMが、ロナウジーニョと対峙《たいじ》した右SB、D・アウベスであるところに、そのサッカーのスタイルが象徴されていた。「サイドバックが活躍したほうが勝つ」という現代サッカーの定義にふさわしいサッカーを披露した。リーグ戦では3位を記録。UEFA杯では連覇を果たし、翌07―08シーズンの途中、トッテナムへ。しかし、翌シーズン頭に解任。直後、レアル・マドリー監督に就任したが、わずか1シーズンで任を終えた。16―17、マラガの監督に就任。7年ぶりにリーガに復帰した。神通力は残されているのか。

セルヒオ・ゴンサレス

SERGIO González

スペイン

日本代表お勧め度 B

PERSONAL DATA

■1976年11月10日生まれ、スペイン・バルセロナ出身

選手キャリア(ミッドフィルダー)

94−95=オスピタレト(11/2)
95−98=エスパニョールB(100/11)
97−01=エスパニョール(110/5)
01−10=デポルティーボ・ラ・コルーニャ(294/27)
10−11=レバンテ(14/2)
○スペイン代表=11/0(01−05)

主な獲得タイトル(選手時代)

国内カップ優勝2回(99−00/エスパニョール、01−02/デポルティーボ・ラ・コルーニャ)

指導キャリア

13　エスパニョールBアシスタント
14　エスパニョールB監督
14−15　エスパニョール監督

デポルティーボがCLで欧州を席巻《せっけん》した時代、マウロ・シウバ、バレロンらとともに、オールラウンドな中盤選手として活躍。引退後は出身クラブであるエスパニョールBの監督を経て、そのトップチームの監督に就任。14−15シーズン。37歳の若さで、だ。「ミスター4−2−3−1」と言われたデポルティーボ時代の監督、ハビエル・イルレッタ同様、4−2−3−1を拠《よ》りどころに、スペインリーグに颯爽《さっそう》とデビュー。ファンは生え抜き監督の誕生に沸いた。国内リーグの成績は10位。国王杯でも準決勝に進出。合格点の結果を残し、優秀な若手監督の1人となった。ところが、翌15−16シーズン、12週を終わって勝ち点19しか挙げることができず、順《じゅん》風満帆《ぷうまんぱん》なスタートから一転、解任の憂《う》き目に。出直しスタートを切ることになった。

選手時代の知名度

★★★★☆

採用フォーメーション

4−2−3−1

キャラクター数値

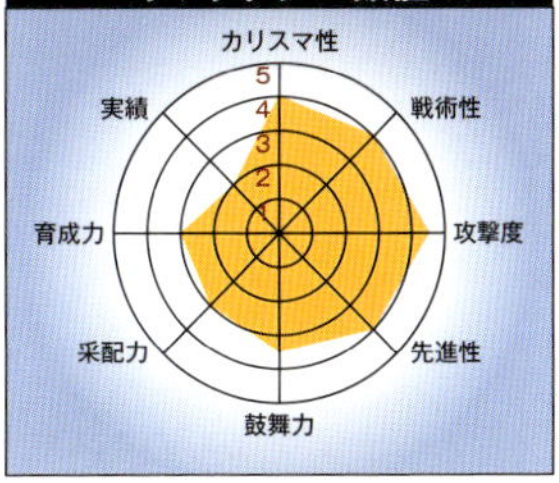

ホセ・ルイス・メンディリバル

José Luis MENDILIBAR

スペイン

日本代表お勧め度 B

PERSONAL DATA

■1961年3月14日生まれ、スペイン・バスク州出身

選手キャリア(ミッドフィルダー)

79−82=アスレティック・ビルバオB(105/14)
82−85=ログロニョス
85−93=セスタオ(275/34)
93−94=レモーナ(28/4)

指導キャリア

94−96　アラーティア監督
96−97　アスレティック・ビルバオ・ユース監督
97−99　バスコニア監督
99−00　アスレティック・ビルバオB監督
00−01　バスコニア監督
01−02　アウレーラ監督
02−04　ランサローテ監督
04−05　エイバル監督
05　アスレティック・ビルバオB監督
06−10　バジャドリー監督
11−13　オサスナ監督
14　レバンテ監督
15−　エイバル監督

標《ひょう》榜《ぼう》するのは、サイド攻撃重視の攻撃的サッカー。まさにスペインらしいサッカーをするバスク人監督。乾貴士をレバンテに招いた理由は、そのあたりと深い関係がある。現役時代にプレイした場所はスペイン2部。実績をほとんど残していない無名選手ながら、理論と指導力で這《は》い上がってきた。キャリアハイは05−06シーズンに監督に就任したビルバオ。だが、成績不振で途中解任。バジャドリー、レバンテ、オサスナ、そして15−16シーズンから2度目の指揮をとるエイバルといった、スペイン1部中位から下位のクラブを転々としてきた。エイバルでは一時、ＥＬ出場をうかがう勢いも見せた。スペインでの評価は徐々に上がっている。

選手時代の知名度

★☆☆☆☆

採用フォーメーション

4−2−3−1

キャラクター数値

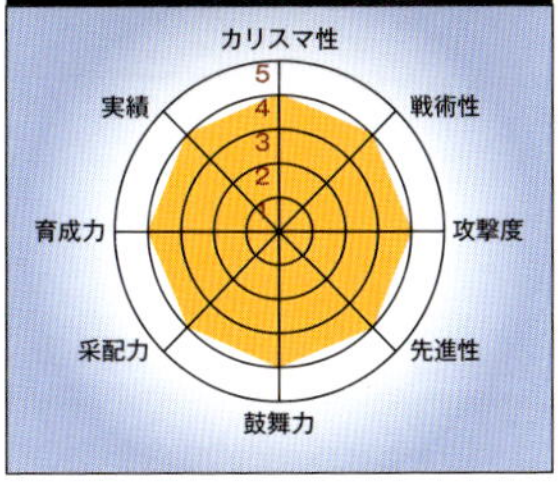

Special Column
Portugal
Fernando Santos

ポルトガルをユーロ初優勝に導いたフェルナンド・サントス監督の采配

ユーロ2016。優勝を飾ったのはポルトガルだった。グループリーグは3戦3分け。ベスト16に15番目の成績で滑り込んだとき、その優勝はあり得そうもない夢物語に見えた。その一方でどこかに余裕を感じた。一戦必勝の精神で戦っていないように見えた。

フェルナンド・サントス監督の采配は、絶対に負けられないトーナメント戦を戦う監督のようではなかった。実際、この大会の最初の3試合はリーグ戦だ。しかし、それはわずか3試合。1試合1試合の重みは、限りなくトーナメント戦に近い。その3試合でポルトガルは、交代出場を含め、ピッチにフィールドプレイヤーを全20人中16人出場させた。ギリギリの通過だったにもかかわらず、多くの選手を起用。余裕を感じさせた理由だ。そして迎えた決勝トーナメント1回戦（4試合目）。戦前の下馬評でポルトガルと肩を並べていたクロアチアを向こうに回し、F・サントス監督は3人の新顔（アドリアン・シルバ、フォンテ、セドリック）をスタメンに並べた。

難敵との対戦。大一番だ。普通の監督なら、信頼する選手を起用しようとする。新メンバーの起用には慎重になるものだ。最初の3試合で、良いサッカーができなかったので、新たな道を模索せざるを得なかったとの見方もできるが、それ以上に感じたのは計画性だ。選手をできるだけ多く使うことと勝利の追求とを、クルマの両輪の関係で模

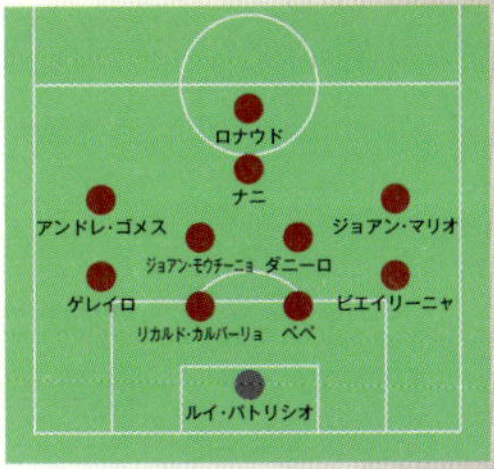

◎グループリーグ（vs.アイスランド）

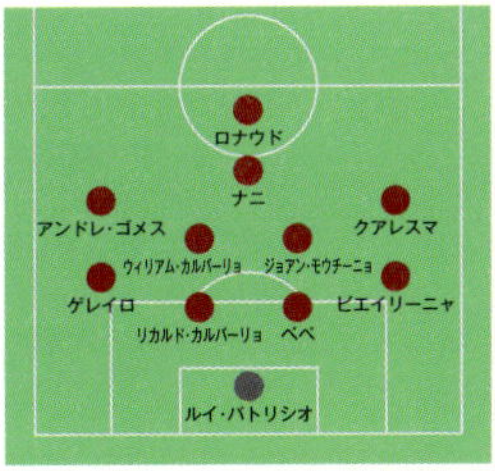

◎グループリーグ（vs.オーストリア）

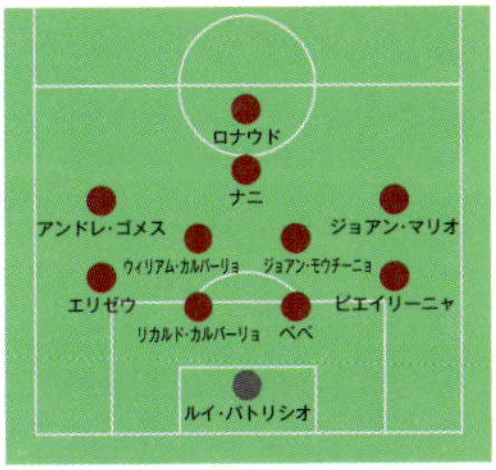

◎グループリーグ（vs.ハンガリー）

索する姿に、明確な意図を感じた。この結果、全20人中19人がピッチに立つことになった。

クロアチアも同様。全4戦で20人中19人がピッチに立った。出場した選手の総数が増えるほど、選手1人あたりの出場時間は減る。疲労は均《なら》されることになる。より多く試合をしようと考えたとき、これは、監督として追求すべき道になる。しかし、多くのメンバーを使おうとしたがゆえに目の前の試合に敗れてしまえば、身も蓋《ふた》もない。批判の矛先はその選手起用法へと向く。

結果重視に陥る監督と、そうではない監督と。後者で結果も出したとなれば文句なし。名監督として推したくなる。F・サントスは最大、何試合戦うつもりでいたのか。決勝戦から選手の起用法を逆算して練っていたように見えた。ポルトガルは、少なくとも決勝まで戦い抜くことができる体力に優れたチームに見えた。

ポルトガルはクロアチアを延長の末に下し、ベスト8入りした。F・サントス監督の株は瞬間、飛躍的に上昇した。サッカーの中身はいまひとつながら、メンバーのやりくりの巧さという点で、ポルトガルは際立っていた。優勝の可能性あり。ベスト8が出揃った時点で、一番気になる存在に見えていた。

「チーム一丸となって戦います」とはよく聞く言葉ながら、出る選手

◎決勝トーナメント1回戦
（vs.クロアチア）

◎準々決勝
（vs.ポーランド）

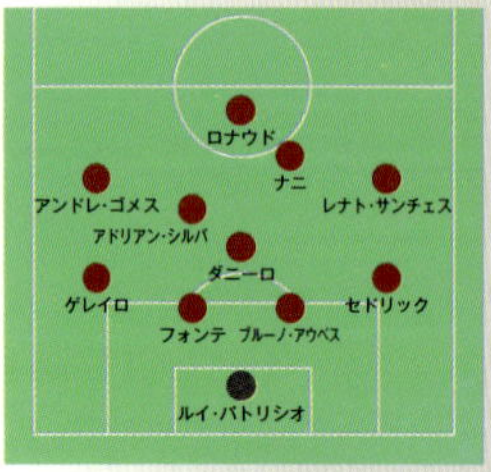

◎準決勝
（vs.ウェールズ）

と出ない選手にチーム内が分割されれば、そこに一丸の精神は芽生えにくい。ベンチ入りしたすべての選手を監督が戦力として平等に扱っているか。1か月に及ぶトーナメントを勝ち抜くポイントは、多くの選手を使いながら勝つ。戦力として計算できる選手を多く保有することだ。

ユーロは今大会から、本大会出場チームが16から24か国に増大。大会期間も25日からW杯と同じ1か月に伸びた。決勝進出チームが戦う試合数も6から7試合へ1試合増えた。先を考えず、目の前の試合に全力でぶつかる一戦必勝のトーナメント戦的な思考法より、目標とする試合数から逆算してメンバーをやりくりするリーグ戦的な思考法のほうが、適した環境になっている。ポルトガルの優勝には、そうした意味で必然を感じる。

日本に足りていない思考法だ。本番は「4年後」。そこから逆算して物事を考えるべきなのに、テストを試み敗戦が続くと、メディアはいたたまれなくなる。勝利を欲し、ベストメンバーを望む。14年11月。時の監督アギーレは、ブラジルに対し、それに逆らうような戦い方をした。ベストメンバーを送り込まなかったのだが、メディアは反発。非今日的な姿を露呈した。

F・サントスは準決勝対ウェールズ戦で、出場停止になったペペの

Special Column
Portugal
Fernando Santos

ポルトガルをユーロ初優勝に導いた フェルナンド・サントス監督の采配

◎決勝（vs.フランス）
前半25分以前

◎決勝（vs.フランス）
前半25分以後

代役として、それまで唯一出場機会がなかったブルーノ・アウベスを先発で起用。20人のフィールドプレイヤーを、この時点ですべてピッチに送り込んだ。

　選手を変えながら布陣も微妙にいじった。4―4―1―1に近い中盤フラット型4―4―2を基本に、4―3―3、4―1―3―1―1的な4―1―3―2も使用した。

　F・サントスの真骨頂を見たのは、決勝戦対フランス戦の前半25分からだ。ポルトガルは大エースのC・ロナウドが負傷退場。絶体絶命のピンチに陥った。F・サントスは布陣を4―1―3―1―1的な4―1―3―2から、クアレスマを右ウイングに起き、ナニを0トップ気味にすえる4―3―3に変更することで対応。応急処置を施《ほどこ》したわけだが、その4―3―3は妙に機能的だった。チームはまさに「一丸」となっていた。C・ロナウドが退場した瞬間、ポルトガル側に大会を通してフルタイム出場の選手は誰もいなくなった。中心選手不在。それが平等感をもたらし、団結心を生み出す結果につながった。

　それを演出したのはF・サントス監督だ。ポルトガルの勝因は監督。ユーロ2016を語るとき、その采配、選手起用法は触れるべき一番の要素にほかならない。

スロベニア

スレチコ・カタネッツ

Srecko KATANEC

日本代表お勧め度

B

PERSONAL DATA

■1963年7月16日生まれ、スロベニア・リュブリャーナ出身

選手キャリア（ミッドフィルダー）

81−85＝オリンピア（81/10）、85−86＝ディナモ・ザグレブ（21/3）
86−88＝パルチザン・ベオグラード（56/10）
88−89＝シュツットガルト（26/1）
89−94＝サンプドーリア（87/12）
○ユーゴスラビア代表＝31/5（83−90）、スロベニア代表＝5/1（94）

主な獲得タイトル（選手時代）

UCWC 優勝 1 回（89−90/ サンプドーリア）
国内リーグ優勝 2 回（86−87/ パルチザン・ベオグラード、90−91/ サンプドーリア）
国内カップ優勝 1 回（93−94/ サンプドーリア）

指導キャリア

96−98 スロベニア U−21代表アシスタント
98 ゴリツァ監督
98−02 スロベニア代表監督
02−03 オリンピアコス（ギリシャ）監督
06−09 マケドニア代表監督
09−11 UAE 代表監督
13− スロベニア代表監督

主な獲得タイトル（監督時代）

国内リーグ優勝 1 回（02−03/ オリンピアコス）

旧ユーゴ代表とスロベニア代表経験を持つ

91年に独立を宣言した人口200万の小国、スロベニア。W杯には2度、ユーロには1度出場している。カタネッツは、そのうち2度、監督として本大会の土を踏んでいる。選手時代は、90年W杯に出場したオシム率いる旧ユーゴ代表にスロベニア人として唯一参加した。

採用フォーメーション

4−2−3−1

選手時代の知名度

★★★★★

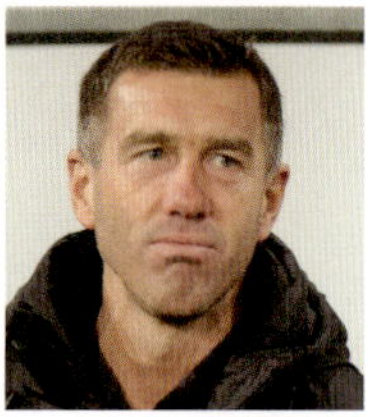

キャラクター数値

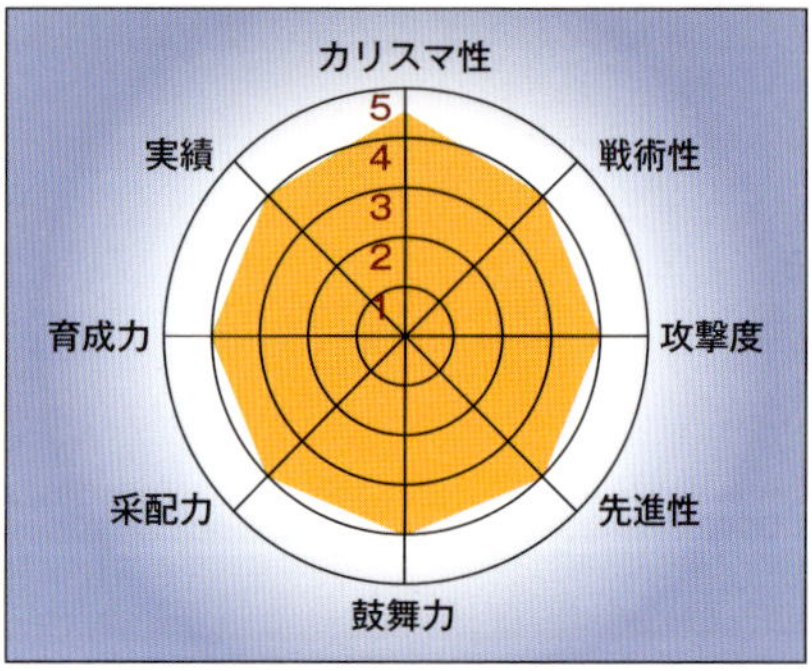

現役時代に英雄となった元代表。監督では代表を率いることが多い

元ユーゴ代表の長身パッサーで、90年イタリアW杯代表組の1人。マラドーナのアルゼンチンに準々決勝でPK負けしたが、メンバー的には豪華で、ユーゴ代表史上最強と言われた。カタネッツはそのとき、スロベニアから選出された、ただ1人の選手。同国サッカー史に名を刻む英雄だ。

クラブレベルでは「決勝」の土を踏んでいる。ウェンブリーで行われた91―92のチャンピオンズカップ。カタネッツは、サンプドーリアの一員としてセレーゾ、パリューカ、ビアリ、マンチーニらとともに、クライフ率いるバルサと対戦。クーマンにFKを決められ、0―1で敗れた。

監督としては代表色が強い。UAE、マケドニア。そして現在務めているスロベニア監督は2度目で、ユーロ2016予選では、プレイオフでウクライナと対戦。涙を飲んだ。

セルビア

ドラガン・ストイコビッチ

Dragan STOJKOVIC

日本代表お勧め度 **C**

PERSONAL DATA

■1965年3月3日生まれ、セルビア・ニシェ出身

選手キャリア（ミッドフィルダー、フォワード）
81－86＝ラドニツキ・ニシェ（70/8）
86－90＝レッドスター・ベオグラード（120/54）
90－91＝マルセイユ（11/0）
91－92＝ベローナ（19/1）
92－94＝マルセイユ（18/5）
94－01＝名古屋グランパス（184/57）
○ユーゴスラビア代表＝84/15（83－01）

主な獲得タイトル（選手時代）
国内リーグ優勝３回（87－88、89－90/ レッドスター・ベオグラード、90－91/ マルセイユ）
国内カップ優勝３回（89－90/ レッドスター・ベオグラード、95、99/ 名古屋グランパス）

指導キャリア
08－13　名古屋グランパス（日本）監督
15－　広州富力（中国）監督

主な獲得タイトル（監督時代）
国内リーグ優勝１回（10/ 名古屋グランパス）
Ｊリーグ年間最優秀監督賞１回（10）

採用フォーメーション

4－2－3－1

選手時代の知名度

★★★★★

キャラクター数値

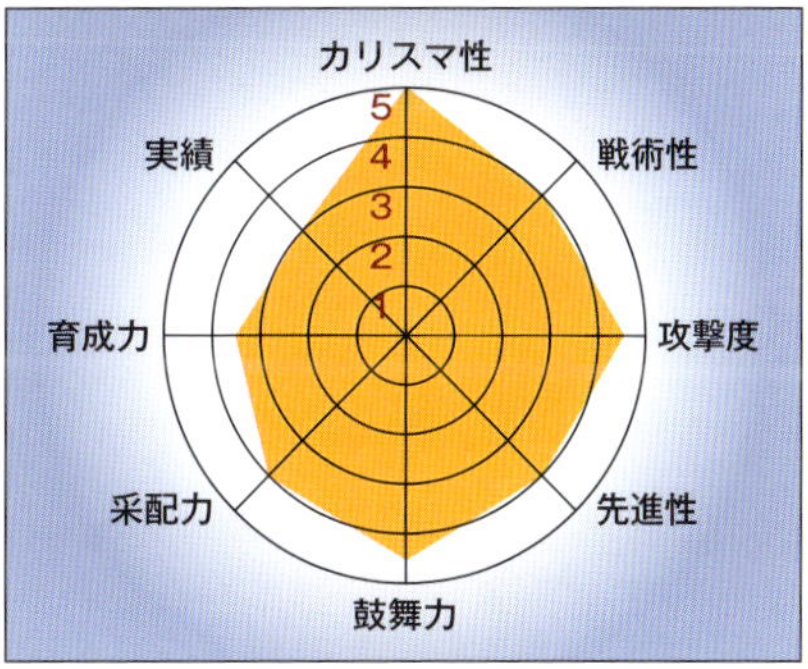

名古屋監督時代は次第に4−2−3−1へ

08年、監督として名古屋を再訪。就任当初、中盤フラット型4−4−2を好んだが、次第に4−2−3−1を増やしていく。彼が名古屋で選手だったとき、2年弱のあいだ監督を務めたベンゲルに似たサッカーと言えたが、神通力が薄れた任期後半は7位、11位、10位に低迷した。

自身初の監督経験は08年の名古屋。優秀な右腕を擁《よう》して3年目に優勝

グランパス監督就任のために再来日したのは08年。それまでストイコビッチに、監督を務めた経験はなかった。そこで新人監督は、同じセルビア人で4歳年上のボシュコ・ジュロブスキーに、ヘッドコーチ格として日本への同行を依頼。

ストイコビッチが賢かったのは、自らの力不足を最初から認めていたことにある。記者会見など、公の場では監督として振る舞ったが、練習現場などでは、ヘッドコーチに主役の座を譲った。それが奏功。前年11位だったチームを、いきなり3位に引き上げ、監督交代成功をアピールした。そして、就任3年目にはJリーグ優勝を飾った。バルサにおけるライカールトとテンカーテの関係を見るようだった。

15年から中国Cリーグ・広州富力の監督に就任。最初のシーズンは14位に終わった。

シニシャ・ミハイロビッチ

セルビア

Sinisa MIHAJLOVIC

日本代表お勧め度 **D**

選手時代の知名度 ★★★★★

採用フォーメーション

4-4-2(中盤フラット型)

キャラクター数値

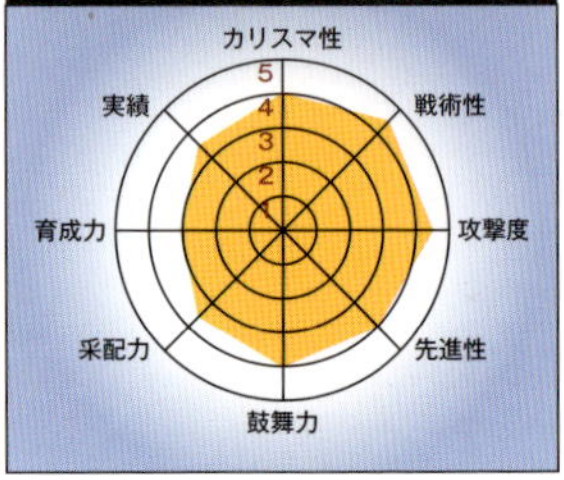

PERSONAL DATA

■1969年2月20日生まれ、クロアチア・バコバル(セルビア国籍)

選手キャリア(ミッドフィルダー、センターバック)

86−88=ボロボ(41/5)、88−90=ボイボディナ(73/19)、90−92=レッドスター・ベオグラード(38/9)、92−94=ローマ(54/1)、94−98=サンプドーリア(110/12)、98−04=ラツィオ(126/20)、04−06=インテル(25/5)

○ユーゴスラビア代表=63/10(91−03)

主な獲得タイトル(選手時代)

CC優勝1回(90−91/レッドスター・ベオグラード)、UCWC優勝1回(98−99/ラツィオ)、IC優勝1回(91/レッドスター)

国内リーグ優勝5回(88−89/ボイボディナ、90−91、91−92/レッドスター・ベオグラード、99−00/ラツィオ、05−06/インテル)

国内カップ優勝4回(99−00、03−04/ラツィオ、04−05、05−06/インテル)

指導キャリア

06−08 インテル(イタリア)アシスタント
08−09 ボローニャ(イタリア)監督
09−10 カターニャ(イタリア)監督
10−11 フィオレンティーナ(イタリア)監督
12−13 セルビア代表監督
13−15 サンプドーリア(イタリア)監督
15−16 ミラン(イタリア)監督
16− トリノ(イタリア)監督

現役時代はCBあるいはSBとして自慢のキック力を武器に活躍。左利きの強力シューターという点では本田圭佑に似ている。ミラン監督時代(15−16)、その本田を使う使わないのコメントが、日本でも幾度となく紹介されたが、低迷するミランを救うことができなかったことは確かだ。セルビア代表監督(12−13)以外、これまで采配を振るったチームはイタリアのクラブばかり。現役時代もユーゴ時代以外はすべてイタリアのクラブでプレイした。外国人ならではの新鮮さに欠けるイタリアっぽい監督だ。

スラビシャ・ヨカノビッチ

セルビア

Slavisa JOKANOVIC

日本代表お勧め度 **B**

選手時代の知名度 ★★★★★

採用フォーメーション

4-2-3-1

キャラクター数値

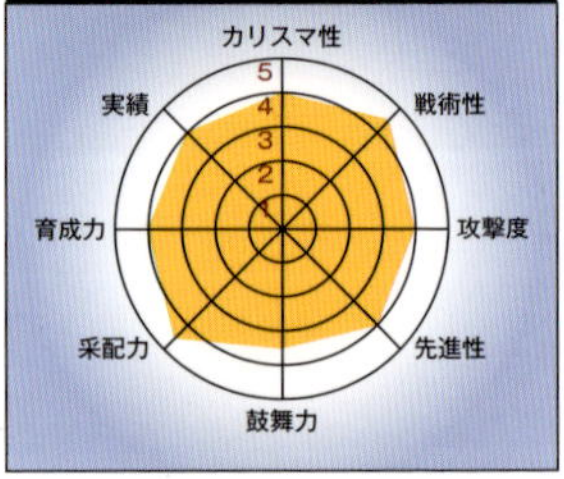

PERSONAL DATA

■1968年8月16日生まれ、セルビア・ノビサド出身

選手キャリア(守備的ミッドフィルダー)

86−88=ノビサド(35/5)、88−90=ボイボディナ(54/10)、90−93=パルチザン(61/20)、93−95=オビエド(62/12)、95−99=テネリフェ(123/17)、99−00=デポルティーボ・ラ・コルーニャ(23/2)、00−02=チェルシー(39/0)、03−04=シウダ・ムルシア(6/0)

○ユーゴスラビア代表=64/10(91−02)

主な獲得タイトル(選手時代)

国内リーグ優勝3回(88−89/ボイボディナ、92−93/パルチザン、99−00/デポルティーボ・ラ・コルーニャ)

国内カップ優勝1回(91−92/パルチザン)

指導キャリア

07−19 パルチザン監督
12−13 ムアントン・ユナイテッド(タイ)監督
13 レフスキ・ソフィア(ブルガリア)監督
14 エラクレス(スペイン)監督
14−15 ワトフォード(イングランド)監督
15 マッカビ・テルアビブ(イスラエル)監督
15− フラム(イングランド)監督

主な獲得タイトル(監督時代)

国内リーグ優勝3回(07−08、08−09/パルチザン、12/ムアントン・ユナイテッド)、国内カップ優勝2回(07−08、08−09/パルチザン)

191センチの長身ながら、滑らかなボール操作術と広い視野を武器に守備的MFとして、スペインを中心に活躍。デポルティーボのリーグ初優勝にも貢献した。ユーゴスラビア代表としては98年フランスW杯、ユーロ2000に出場。引退後、スペイン3部クラブの指導スタッフに加わっていたとき、パルチザンから声がかかり、監督に就任。即、リーグを2連覇し、最優秀監督に選ばれたが、退団する。復帰したのは2年後で、タイのクラブだった。15−16シーズン、マッカビ・テルアビブの監督に就任すると、予選を勝ち上がり、CL本大会に出場。グループリーグで敗退すると、今度はイングランド2部のフラム監督に就任した。頭脳明晰《めいせき》な監督と見る。

チェコ

パベル・ブルバ

Pavel VRBA

日本代表お勧め度

B

PERSONAL DATA

■1963年12月6日生まれ、チェコ・プルジェロフ出身

選手キャリア(ミッドフィルダー)

81−82=ゼレザルニー・プロステジョフ(23/2)
82−84=チェブ(12/0)
84−85=ブラニク・オストラバ
93−94=FCプルジェロフ

指導キャリア

94−96 FCプルジェロフ監督
96−04 ブラニク・オストラバ アシスタント
04−06 マタドール・プチョフ監督
06−08 ジリナ監督
06−08 スロバキア代表アシスタント
08−13 プルゼニ監督
14−16 チェコ代表監督
16− アンジ・マハチカラ(ロシア)監督

主な獲得タイトル(監督時代)

国内リーグ優勝 3 回(06−07/ ジリナ、10−11、12−13/ プルゼニ)
国内カップ優勝 1 回(09−10/ プルゼニ)

採用フォーメーション

4−2−3−1

選手時代の知名度

★★★☆☆

キャラクター数値

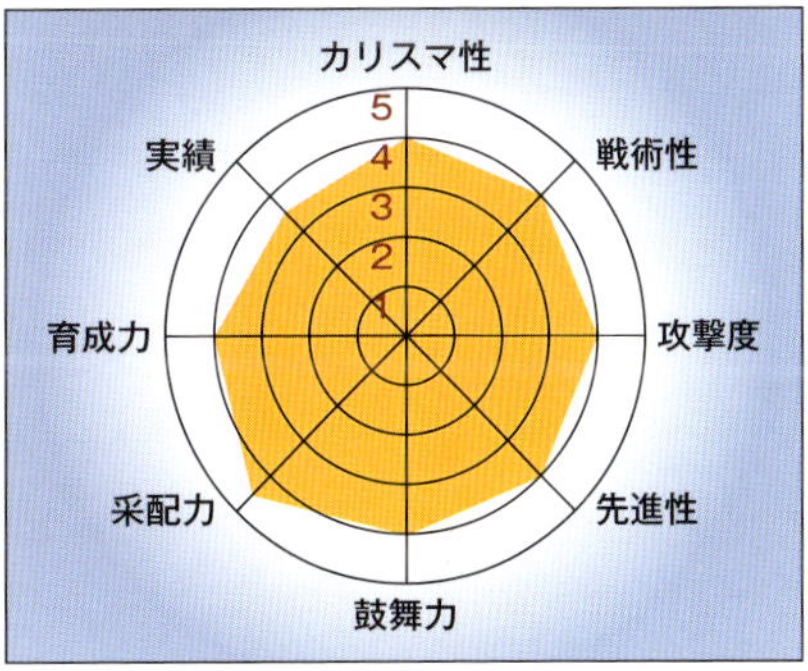

5年連続チェコ年間最優秀監督賞を受賞

10年からチェコ年間最優秀監督に5年連続で輝く。13-14はプルゼニの監督としてCL本選へ。グループリーグの最終戦ではCSKAに勝利を収めた。その後、チェコ代表監督に就任。両サイドを生かす4-2-3-1を駆使し、ユーロ2016の欧州予選を突破した。

人口17万人のチェコ第4の都市の小さなクラブをCL初出場に導く

チェコリーグに所属するプルゼニ。人口わずか17万人。ボヘミア地方西部に位置するチェコ第4の都市を本拠地にする小クラブが躍進した理由は、08—09シーズン、パベル・ブルバ監督の就任と深い関係がある。2部と1部を昇降するチームから一転、1部上位に定着。10—11には、クラブ史上初のリーグ優勝。彼は同国最優秀監督に選ばれた。11—12には、CL初出場。13—14のCLでは、グループリーグで本田圭佑のCSKAと同じ組に入った。プルゼニでのラストゲームは、そのCSKAとのホーム戦。ロスタイムにトーマス・ヴァグネルの逆転弾が決まり、劇的な勝利を収めた試合だ。チェコサッカー協会は、プルゼニに３０００万円以上の違約金を払い、彼を代表監督に迎え、その結果、ユーロ２０１６本大会出場を成しとげた。16—17はロシアのアンジ・マハチカラへ。

デンマーク

モアテン・オルセン

Morten OLSEN

日本代表お勧め度

B

PERSONAL DATA

■1949年8月14日生まれ、デンマーク・ボアシングボア出身

選手キャリア(守備的ミッドフィルダー、リベロ)

70−72=B1901(40/2)
72−76=サークル・ブルージュ(132/8)
76−80=ラシン・ホワイト(106/4)
80−86=アンデルレヒト(173/2)
86−89=1.FC ケルン(80/2)
○デンマーク代表=102/4(70−89)

主な獲得タイトル(選手時代)

UC 優勝 1 回(82−83/ アンデルレヒト)
国内リーグ優勝 3 回(80−81、84−85、85−86/ アンデルレヒト)

指導キャリア

90−92 ブロンビー監督
93−95 1.FC ケルン(ドイツ)監督
97−98 アヤックス(オランダ)監督
00−15 デンマーク代表監督

主な獲得タイトル(監督時代)

国内リーグ優勝 3 回(90、91/ ブロンビー、97−98/ アヤックス)
国内カップ優勝 1 回(97−98/ アヤックス)

採用フォーメーション

4−2−3−1

選手時代の知名度

★★★★★

キャラクター数値

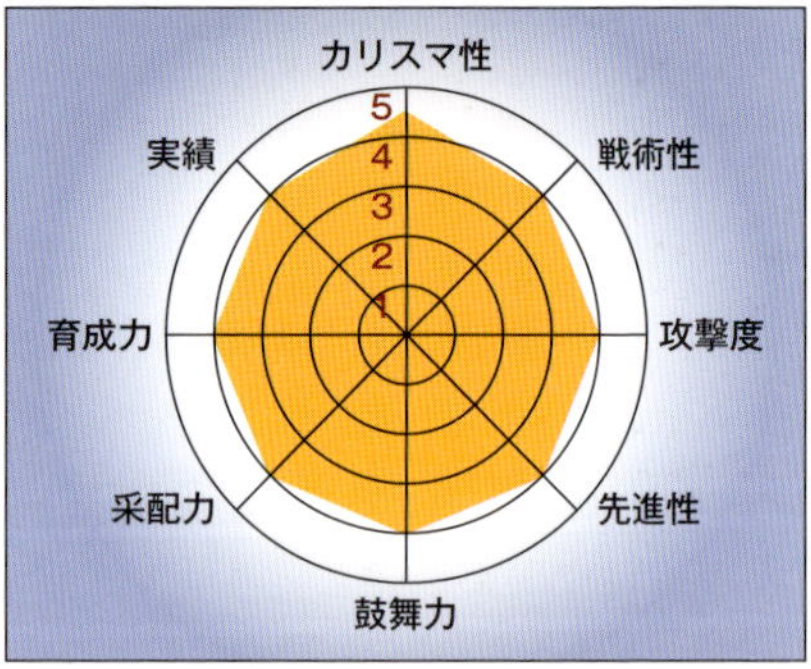

サイドを広く使ったオランダ式スタイル

デンマークサッカー界の重鎮。ユーロ2016の欧州予選で敗れた15年まで15年ものあいだ、同国代表チーム監督を務めた。考え方は3FWで、サイドを広く使うことを主眼に置くオランダとほぼ同じ。アヤックスの監督を務めた経験があるのもうなずける。

現役時代は頭脳的リベロとして活躍。約15年にわたって母国代表を率いた

86年メキシコW杯に出場したデンマークは、西ドイツを抑え、グループリーグを3連勝で通過。ダニッシュ・ダイナマイトの異名を取る攻撃的サッカーで世界を驚かせた。監督はゼップ・ピオンテク。ドイツ人ながら、アヤックス式3―4―3を用いた攻撃的サッカーを提唱。そこで3バックの真ん中で、要《かなめ》となっていたのが、当時36歳のモアテン・オルセンだ。

ビルドアップ能力に優れた、長身で頭脳的なリベロ。デンマークはベスト16でスペインと対戦。カウンターを浴び、ブトラゲーニョにハットトリックを許すなど1―5で大敗したが、デンマークは引き続き、国として攻撃的姿勢を貫いている。

アヤックス監督を経て、00年にデンマーク代表監督に就任。15年まで長きにわたり、指揮をとった。デンマークサッカーの象徴のような存在だ。

デンマーク

ミカエル・ラウドルップ

Michael LAUDRUP

日本代表お勧め度
C

PERSONAL DATA

■1964年6月15日生まれ、デンマーク・コペンハーゲン出身

選手キャリア(攻撃的ミッドフィルダー、サイドハーフ、ウイング、センターフォワード)

81　　=KB(14/3)、82−83=ブロンビー(38/24)
83−85=ラツィオ(60/9)、85−89=ユベントス(102/16)
89−94=バルセロナ(167/49)、94−96=レアル・マドリー(62/12)
96−97=ヴィッセル神戸(15/6)、97−98=アヤックス(21/11)
○デンマーク代表=104/37(82−98)

主な獲得タイトル(選手時代)

CL 優勝 1 回(91−92/ バルセロナ)、IC 優勝 1 回(85/ ユベントス)
国内リーグ優勝 7 回(85−86/ ユベントス、90−91、91−92、92−93、93−94/ バルセロナ、94−95/ レアル・マドリー、97−98/ アヤックス)、
国内カップ優勝 2 回(89−90/ バルセロナ、97−98/ アヤックス)

指導キャリア

00−02 デンマーク代表アシスタント、02−06 ブロンビー監督
07−08 ヘタフェ(スペイン)監督、08−09 スパルタク・モスクワ(ロシア)監督
10−11 マヨルカ(スペイン)監督、12−14 スウォンジー(ウェールズ)監督
14−15 レフウィヤ(カタール)監督、16− アル・ラーヤン(カタール)監督

主な獲得タイトル(監督時代)

国内リーグ優勝 2 回(04−05/ ブロンビー、14−15/ レフウィヤ)
国内カップ優勝 3 回(02−03、04−05/ ブロンビー、14−15/ レフウィヤ)
デンマーク年間最優秀監督賞 2 回(03、05)

採用フォーメーション

4−2−3−1

選手時代の知名度

★★★★★

キャラクター数値

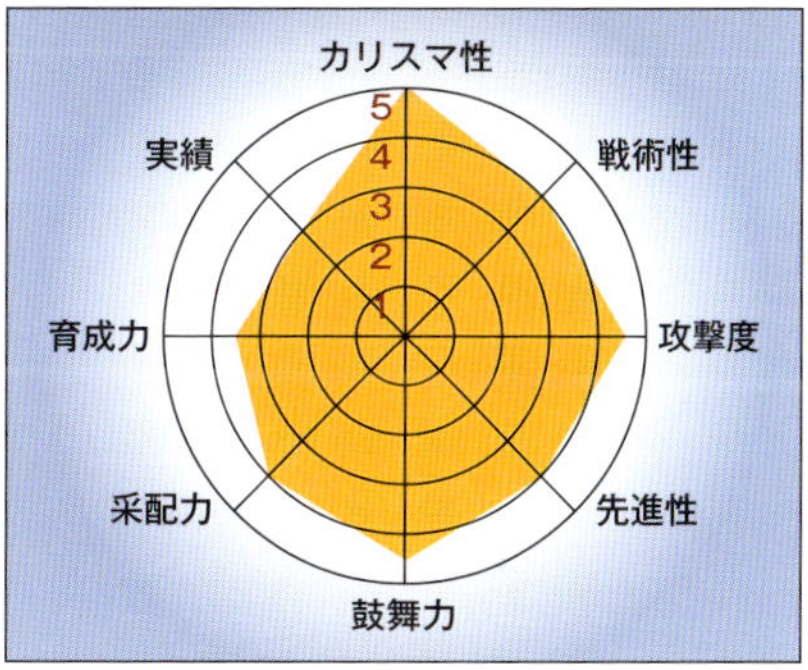

バルサとオランダの系譜を継ぐ元名選手

両サイドにウインガーを配すバルサの伝統を忠実に受け継ぐ。母国がオランダに近いデンマークであることも関係する。バルサ的でありオランダ的な、モアテン・オルセンの後継者。15年、レフウィヤ（カタール）の監督として、ＡＣＬベスト8に駒を進めた。

オルセンの下で代表コーチも務めた、アギーレ退任後の日本代表監督候補

元デンマーク代表のスーパースター。ＦＩＦＡがバロンドールを与えそびれた一番の選手と言っていい。クライフ時代のバルサで、ストイチコフと両ウイングを張り、最終ラインからクーマンの対角線キックを受けるや、低く沈んだ滑らかなフォームから高速ドリブルを開始。決定的なチャンスを再三演出した。が、一方で、俺様タイプのストイチコフとは異なり、お膳立てを好む奥ゆかしさを秘めていた。相手を最後まで殺そうとしないバルサの気質に似合っていた選手。

現役最後の一年はアヤックスでプレイ。引退後も、アヤックス的サッカーを好むモアテン・オルセン率いるデンマーク代表のコーチに。以降、ヘタフェ、スパルタク・モスクワ、マヨルカ、スウォンジーなどで監督を務めた。そして、16年9月、アル・ラーヤン（カタール）監督に就任した。

ドイツ

ユルゲン・クリンスマン

Jürgen KLINSMANN

日本代表お勧め度
B

PERSONAL DATA

■1964年7月30日生まれ、ドイツ・バーデン＝ヴュルテンベルク州出身

選手キャリア（フォワード）
81－84＝シュトゥットガルター・キッカーズ(61/22)
84－89＝シュトゥットガルト (156/79)
89－92＝インテル(95/34)
92－94＝モナコ(65/29)
94－95＝トッテナム(41/21)
95－97＝バイエルン・ミュンヘン(65/31)
97－98＝サンプドーリア(8/2)
98　　＝トッテナム(15/9)
○ドイツ代表＝108/47(87－98)

主な獲得タイトル（選手時代）
UC 優勝 2 回(90－91/ インテル、95－96/ バイエルン・ミュンヘン)
国内リーグ優勝 1 回(96－97/ バイエルン・ミュンヘン)
W杯優勝 1 回(90)
ユーロ優勝 1 回(96)

指導キャリア
04－06　ドイツ代表監督
08－09　バイエルン・ミュンヘン監督
11－　　アメリカ代表監督

主な獲得タイトル（監督時代）
ゴールド杯優勝 1 回(13/ アメリカ)
ドイツ年間最優秀監督賞 1 回(06)
CONCACAF 年間最優秀監督賞 1 回(13)

選手時代の知名度
★★★★★

ドイツ代表を攻撃的に変えて右肩上がりのきっかけを作った

00年から04年まで監督を務めた前任者のフェラーとは、優勝した90年W杯などで2トップを組んだ間柄。ドイツは元ドイツ代表ストライカーを2代続けて代表監督に選んだ。

だが、2人のスタイルは異なる。フェラーが監督に就いたとき、欧州は移行期だった。攻撃的サッカーと守備的サッカーの拮抗《きっこう》が崩れ、守備的サッカーの衰退が目立ち始めていた頃だ。フェラーのスタンスは守備的。3―4―1―2の布陣で02年日韓共催W杯に臨み、準優勝。欧州の流れとは異なるスタンスで、成果を出した。続くユーロ2004ではグループリーグ落ち。布陣こそ4バックに変更したが、サッカーは攻撃的とは言えなかった。ドイツはユーロ2000でもグループリーグ落ちしていた。

02年の準優勝に必然性は低かったが、後任のクリンスマンにとってこのハー

採用フォーメーション

4−4−2(中盤フラット型)

4−2−3−1

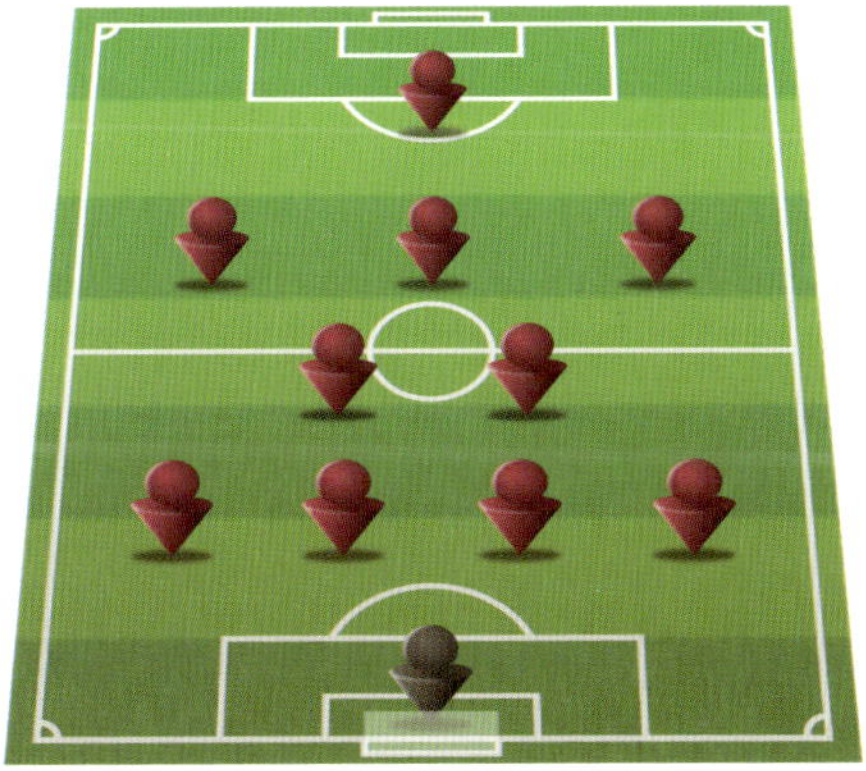

キャラクター数値

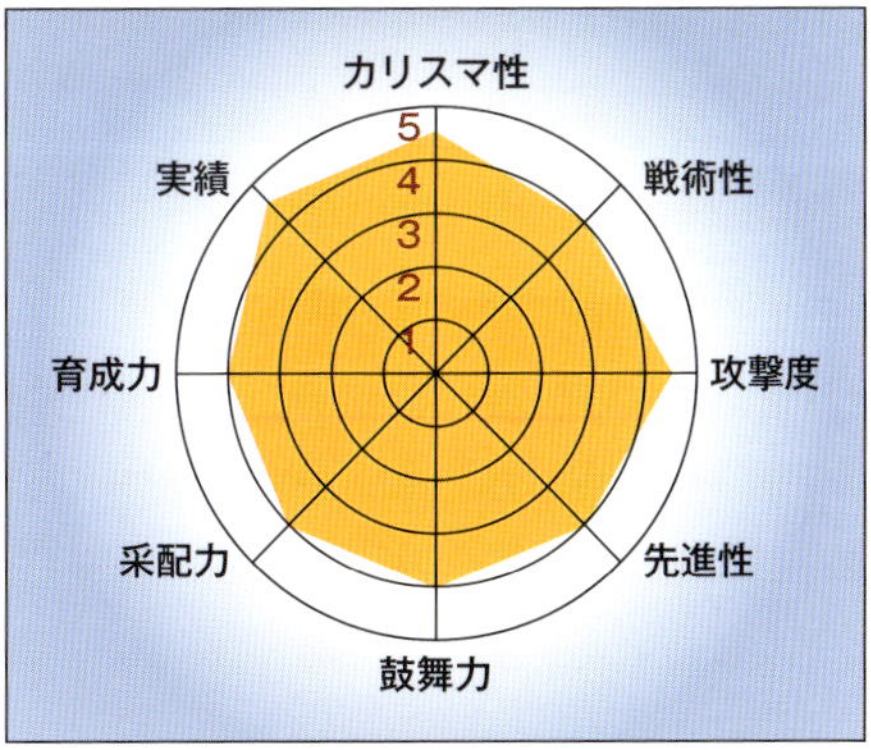

14年W杯では、母国代表の前に涙を飲む

守備的だったドイツのサッカーを、現在の攻撃的な方向に転換させた立役者の1人。アメリカ代表監督として臨んだ14年ブラジルW杯では、自身がかつて監督を務めたドイツ代表と対戦。攻撃的サッカー対攻撃的サッカー。クリンスマンは健闘むなしく敗れた。

14年W杯でドイツと対戦して敗れたアメリカ

ドルは高かった。しかも、06年W杯は自国開催。欲しいのは結果になる。クリンスマンはチャレンジに出た。従来のドイツとは異なる攻撃的なサッカーに舵《かじ》を切った。

結果は3位。ドイツの現在の興隆は、これがきっかけになっている。02年の準優勝より評価に値する結果だ。

アメリカ代表監督に就任したのは11年。14年W杯ではグループリーグで母国ドイツと同組になり、その第3戦で対戦。話題を集めた。ドイツ監督のレーヴは、クリンスマン監督時代のコーチ。師弟対決は、0―1に終わった。が、クリンスマンはポルトガル、ガーナを抑え、ベスト16に進出。

次の相手のベルギーは、この大会、調子が良くなかった。番狂わせのチャンスありに見えた。だが運悪く、ベルギーの出来は過去3戦とは打って変わって好調で、アメリカは延長まで粘ったが、惜敗。クリンスマンは名を上げ損ねた。

ユルゲン・クロップ
Jürgen KLOPP

ドイツ

日本代表
お勧め度
B

PERSONAL DATA

■1967年6月16日生まれ、ドイツ・シュトゥットガルト出身

選手キャリア(フォワード、ディフェンダー)

87　　=プフォルツハイム(4/0)
87−88=アイントラハト・フランクフルト・アマチュア
88−89=ビクトリア・ジンドリンゲン
89−90=ロート=バイス・フランクフルト
90−01=マインツ(325/52)

指導キャリア

01−08　マインツ監督
08−15　ボルシア・ドルトムント監督
15−　　リバプール(イングランド)監督

主な獲得タイトル(監督時代)

国内リーグ優勝2回(10−11、11−12/ボルシア・ドルトムント)
国内カップ優勝1回(11−12/ボルシア・ドルトムント)
ドイツ年間最優秀監督賞2回(11、12)

選手時代の知名度

★★☆☆☆

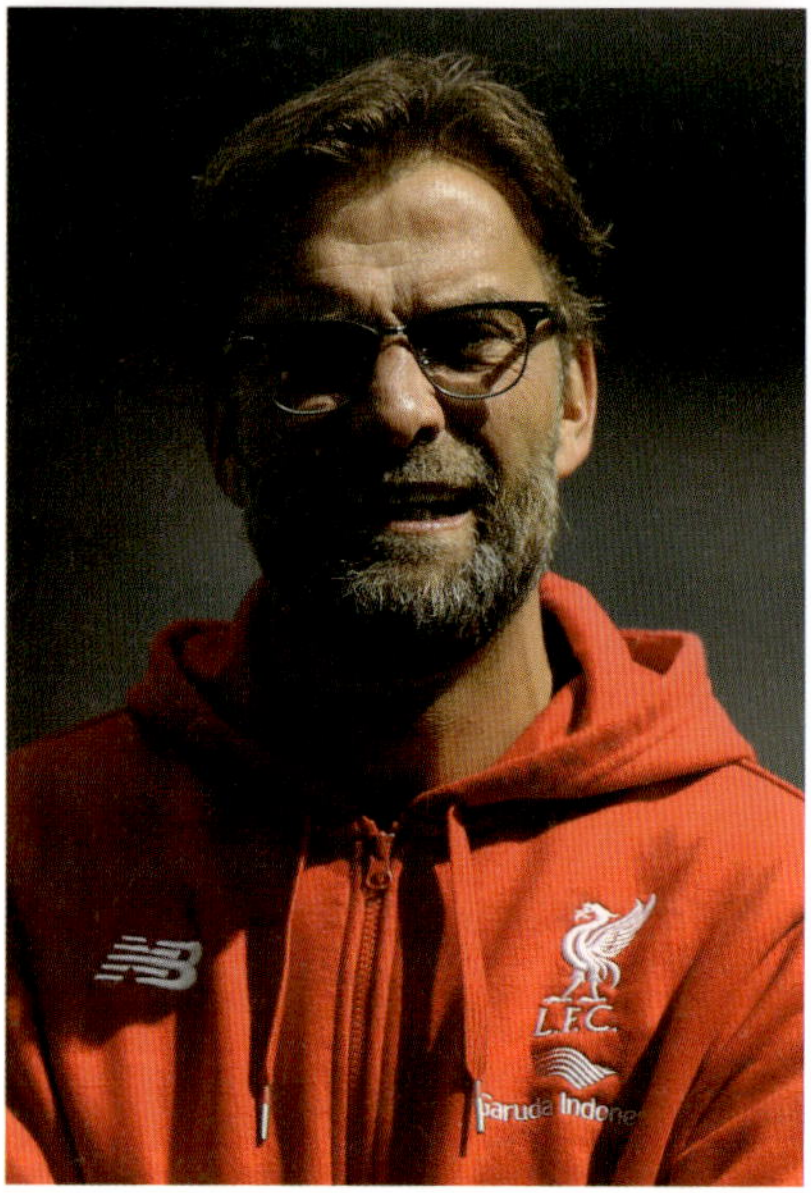

ドルトムントで成功を手にするも、最近は旬《しゅん》な監督ではなくなった

その名を欧州に轟《とどろ》かせたのは12―13シーズンのCLだ。レアル・マドリー、マンC、アヤックスとグループリーグで同組になったドルトムントだが、終わってみれば首位で通過。そして、再び準決勝でマドリーと対戦した。

選手の名前で勝《まさ》るのはマドリー。しかも、監督はモウリーニョ。グループリーグではドルトムントの1勝1分だったが、準決勝ではマドリー有利は否《いな》めない――それが一般的な予想だった。

だが、通算スコア4―3で決勝進出を決めたのはドルトムント。クロップは、サッカーの質でもモウリーニョに勝った。モウリーニョに限界が見えた一戦とも言えるが、具体的に勝《まさ》っていた点はボールの奪い方になる。相手ボールに転じたとき、一瞬、ガッカリ感を滲《にじ》ませる選手がいるマドリーに対し、ドルトムントは表情を変えず、そのままボール奪取に転じた。攻守が切り替

採用フォーメーション

4−2−3−1

4−4−1−1

キャラクター数値

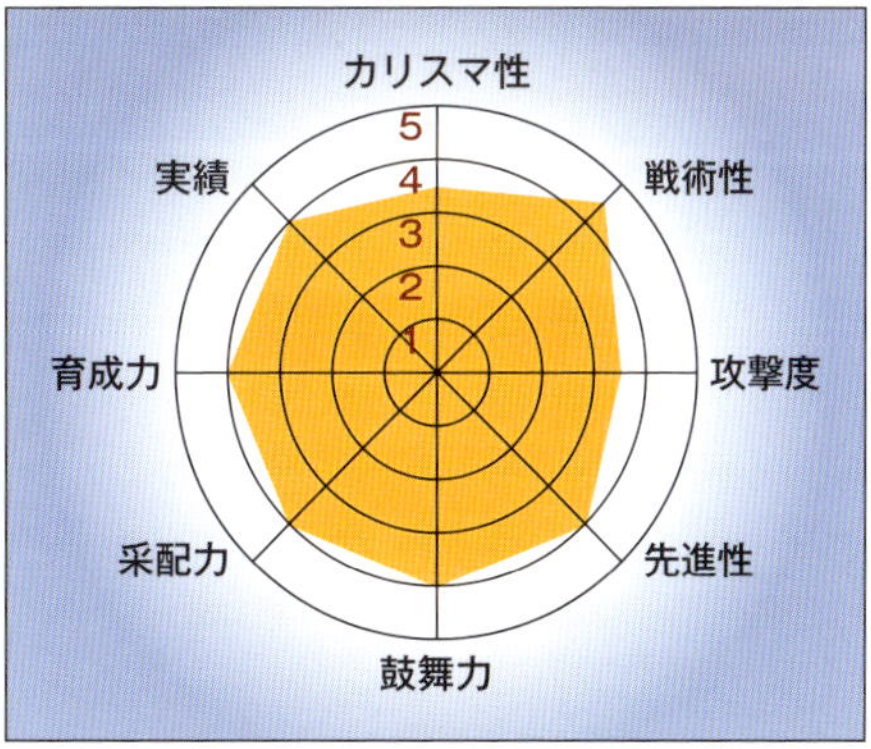

香川が最も輝いたドルトムント時代の監督

サイド攻撃不得手、ポストプレイ不得手と言われる香川真司が、最も綺麗にはまったのが10−11シーズンのドルトムントだ。布陣は4−2−3−1。クロップはその1トップ（レバンドウスキ）下で香川を起用。その大小コンビで、ブンデスリーガを席巻《せっけん》した。

10−11の香川は、ドルトムントで大活躍した

わっても、選手がボールに対して同じように反応するサッカー。

クロップのサッカーは、ある意味でバルサ的で、早期にボールを奪還する。そして、ボールを支配しようとするのがバルサならば、そのままシンプルにゴールを目指そうとするのがクロップのやり方だ。

だがクロップがドルトムントにやってきて7シーズン目の14—15、そのスタイルは崩壊。クロップはシーズン終了を待たずに解任された。同じクラブに長くいすぎた弊害を見た気がした。

クロップは15—16の途中から、リバプールの監督に就任したが、これがもう1、2年前なら、もっと上のレベルである、欧州のトップ10クラブは狙えたはず。ドルトムントは欧州の12、13番目なので、つまり昇進の可能性は十分にあった。わずかこの1、2年のあいだにすっかり旬《しゅん》な監督ではなくなってしまったクロップ。CLの上位でその姿が拝める日は近いのか？

ドイツ

ロジャー・シュミット

Roger SCHMIDT

日本代表お勧め度

B

PERSONAL DATA

■1967年3月13日生まれ、ドイツ・キアシュペ出身

選手キャリア(ミッドフィルダー)

91－95＝パーダーボルン・ノイハウス(79/13)
95－02＝フェール(207/53)
02－03＝パーダーボルン 07 (25/2)
03－04＝リップシュタット 08(26/4)
04－05＝デルブリュッカー SC

指導キャリア

04－07　デルブリュッカー選手兼任監督
07－10　プロイセン・ミュンスター監督
11－12　パーダーボルン 07 監督
12－14　レッドブル・ザルツブルク(オーストリア)監督
14－　　レバークーゼン監督

主な獲得タイトル(監督時代)

国内リーグ優勝 1 回(13－14/ レッドブル・ザルツブルク)
国内カップ優勝 1 回(13－14/ レッドブル・ザルツブルク)

選手時代の知名度

★★☆☆☆

攻撃的サッカーで注目を浴びるも、15―16は雑になった印象をぬぐえず

ブンデスリーガが守備的サッカーに覆《おお》われていた04―05シーズン。その中にあって、シャルケはまさに監督の存在が気になる、ひときわ鮮やかな攻撃的サッカーで、国内リーグ通算4度目の2位になった。監督はラルフ・ラングニク。ロジャー・シュミットは、その弟子にあたる。

その名が知れたのはザルツブルク時代。14年初め、バイエルンと練習試合をしたときのことだ。バイエルンを3―0で倒した監督として話題を集めたロジャー・シュミットは、翌14―15、レバークーゼンの監督に就任した。

相手ボール時でもボール奪取に果敢に挑む攻撃的サッカー。近いのはアトレティコのシメオネ、ローマのリュディ・ガルシアだ。

ドイツ国内のみならず、欧州全土にその名が知れ渡ったのは14―15のＣＬの決勝トーナメント1回戦。前年のフ

採用フォーメーション

4−4−2（中盤フラット型）

4−2−3−1

キャラクター数値

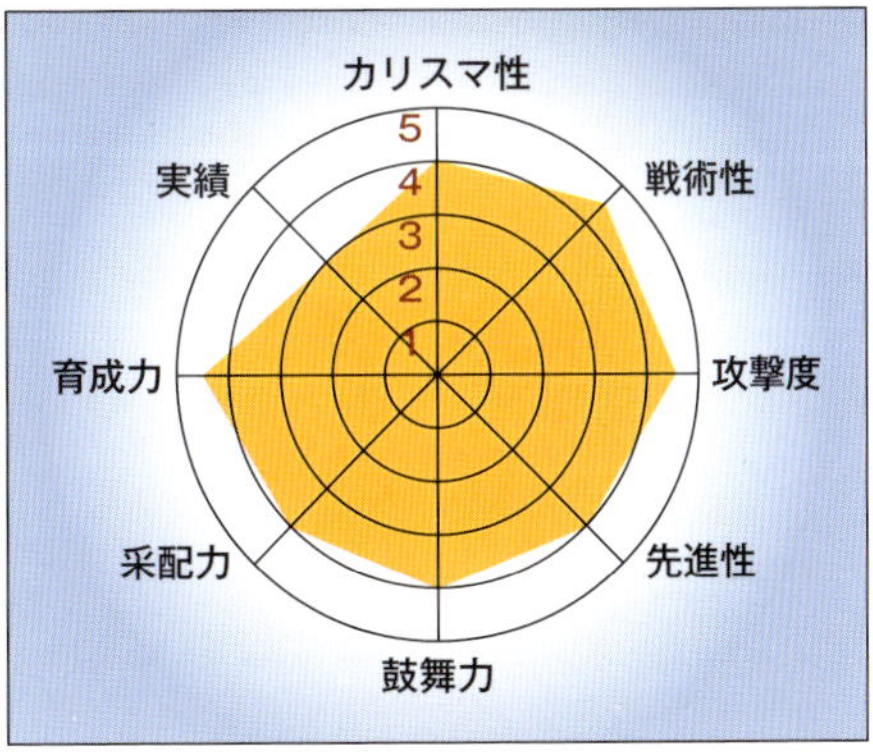

レバークーゼンでも攻撃的サッカーを実践

中盤フラット型4−4−2でプレッシング重視のサッカーをする。チャルハノールは本来、技巧派だが、レバークーゼンではトップ下ではなくサイドハーフ、あるいは2トップの一角で起用されることが多い。攻めるだけ、守るだけの選手は不必要とされている。

14−15CLで脚光を浴びたレバークーゼン

アイナリスト、アトレティコを向こうに回し、通算1―1でPK戦にもつれ込んだ一戦だ。

　スタイルは同型。その奪い合いは、シーズンのベストゲームと呼ぶにふさわしい、玄人《くろうと》サイドに受けそうな白熱ムードに包まれていた。レバークーゼンはPK戦に散ったが、内容は五分以上。ロジャー・シュミットは、敗れ方として最高の散り方をした。だが15―16、その勢いはすっかり失われた。CLはグループリーグ敗退。バルサには善戦したが、リュディ・ガルシアのローマには、乱戦の末、競り負けた。

　サッカーの質で、前年を大きく下回った。相手に研究されたこと。メンバーの質が、それ以上の成果を望むにはいささか物足りなかったことなどが挙げられるが、パッと見、前年より粗くなった印象だった。

　壁にぶつかっている感もするロジャー・シュミット。攻撃的サッカーを一歩高いレベルに押し上げられるか。

ドイツ

ヨアヒム・レーヴ

Joachim LÖW

日本代表お勧め度

A

PERSONAL DATA

■1960年2月3日生まれ、ドイツ・シェーナウ・イム・シュヴァルツヴァルト出身

選手キャリア（フォワード）

78－80＝フライブルク（71/18）、80－81＝シュトゥットガルト（4/0）
81－82＝フランクフルト（24/5）、82－84＝フライブルク（65/25）
84－85＝カールスルーエ（24/2）、85－89＝フライブルク（116/38）
89－92＝シャフハウゼン、92－94＝ヴィンタートゥール
94－95＝フラウエンフェルト（監督兼任）

指導キャリア

94	ヴィンタートゥール・ユース監督
94－95	フラウエンフェルト（スイス）選手兼任監督
95－96	シュトゥットガルト アシスタント
96－98	シュトゥットガルト監督
98－99	フェネルバフチェ（トルコ）監督
99－00	カールスルーエ監督
00－01	アダナスポル（トルコ）監督
01－02	チロル（オーストリア）監督
03－04	オーストリア・ウィーン（オーストリア）監督
04－06	ドイツ代表アシスタント
06－	ドイツ代表監督

主な獲得タイトル（監督時代）

国内リーグ優勝 1 回（01－02/ チロル）
国内カップ優勝 1 回（96－97/ シュトゥットガルト）
W杯優勝 1 回（14/ ドイツ）
FIFA 年間最優秀監督賞 1 回（14）
ドイツ年間最優秀監督賞 1 回（14）

選手時代の知名度

★★★☆☆

ドイツ代表のサッカーを完全に攻撃的スタイルに変えた名監督

ドイツ代表と言えば、守らせたら強いチームだった。イタリアとは少し違う意味でだが、攻撃的サッカーの陣営に属していないことは明らかだった。ルディ・フェラーが監督だった頃（00～04）までは。変化を感じたのはその後。クリンスマンが監督に就いてから。時代の変化に即したサッカー、すなわち攻撃的になっていった。

06年自国開催のW杯は3位。サッカーの変容が成績を後押ししていたことは確かだ。しかし不完全。グレーだった。まさに黒から白へ色が完全に変色したのは大会後。それまでコーチだったレーヴが、監督の座に就いてからだ。

ユーロ２００８、準優勝。10年南アフリカW杯、3位。ユーロ２０１２、3位。そして、14年ブラジルW杯で優勝。ユーロ２０１６ではベスト4に終わったが、レーヴは采配を振るった5つの大きな大会で、ベスト4を外さな

採用フォーメーション

4−3−3

4−2−3−1

キャラクター数値

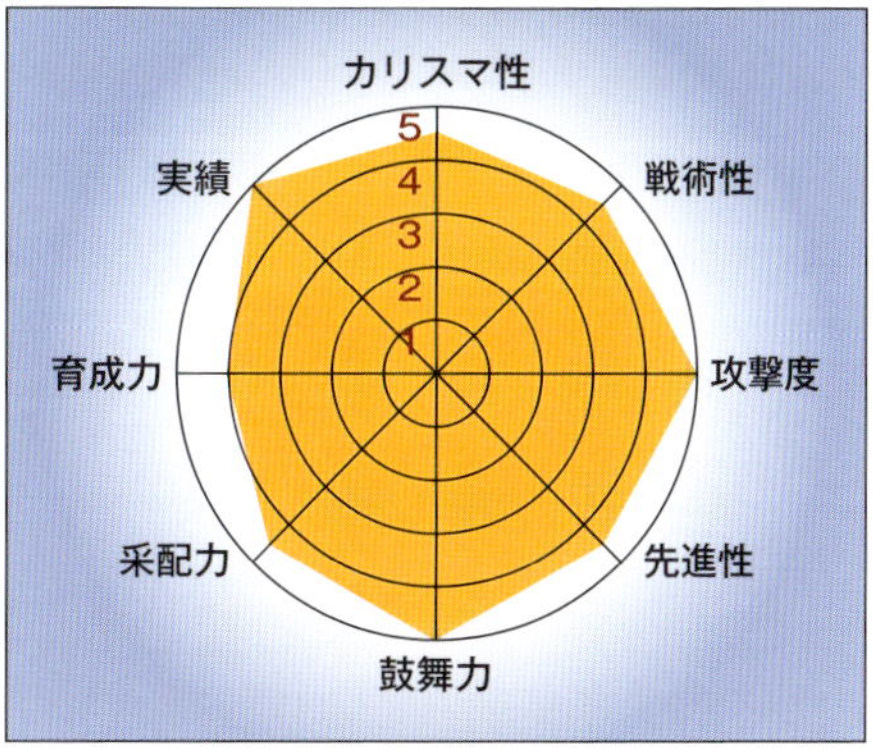

複数の布陣を使って、同じスタイルを継続

優勝した14年ブラジルW杯では、決勝トーナメント1回戦まで4−3−3を採用。以降の3試合は4−2−3−1で戦った。しかし、布陣は変化してもピッチに描かれるデザインに大差はなかった。攻撃的サッカーの概念に、ドイツは最も近いサッカーをした。

14年W杯では、ドイツを優勝に導いた

い好成績を収めた。ここまで高位安定を誇る監督も珍しい。

守備的サッカーから攻撃的サッカーへ変化したというより、後ろに人が多いサッカーから、ピッチを均等にカバーするサッカーに変化したと言ったほうがわかりやすい。かつてのドイツサッカーの基本布陣は3―5―2で、サイドアタッカーは両サイド各1枚。縦に長いタッチラインを何往復もできる馬力のあるウイングバックが、そこを1人でカバーした。ピッチを広く、均等にカバーすることに重点を置いていなかったが、レーヴはその逆を行った。隣国でライバルのオランダやスペインのように。14年ブラジルW杯では、オランダとドイツの関係が入れ代わったようなサッカーを見せた。かつてのドイツ的なサッカーをしたオランダのファン・ハール。かつてのオランダを彷《ほう》彿《ふつ》とさせるサッカーをしたレーヴ。いまのドイツに、かつての守備的サッカーを見ることはできない。

トーマス・トゥヘル
Thomas TUCHEL

日本代表お勧め度
A

PERSONAL DATA

■1973年8月29日生まれ、ドイツ・クルムバッハ出身

選手キャリア（ディフェンダー）

92―94＝シュツットガルト・キッカーズ(8/0)
94―98＝SSV ウルム(69/3)

指導キャリア

00―04	シュツットガルト・ユース監督
05―06	シュツットガルト U―19 監督
06	アウクスブルク U―19 監督
07―08	アウクスブルクⅡ監督
08―09	マインツ U―19 監督
09―14	マインツ監督
15―	ボルシア・ドルトムント監督

採用フォーメーション

4―2―3―1

選手時代の知名度

★★☆☆☆

キャラクター数値

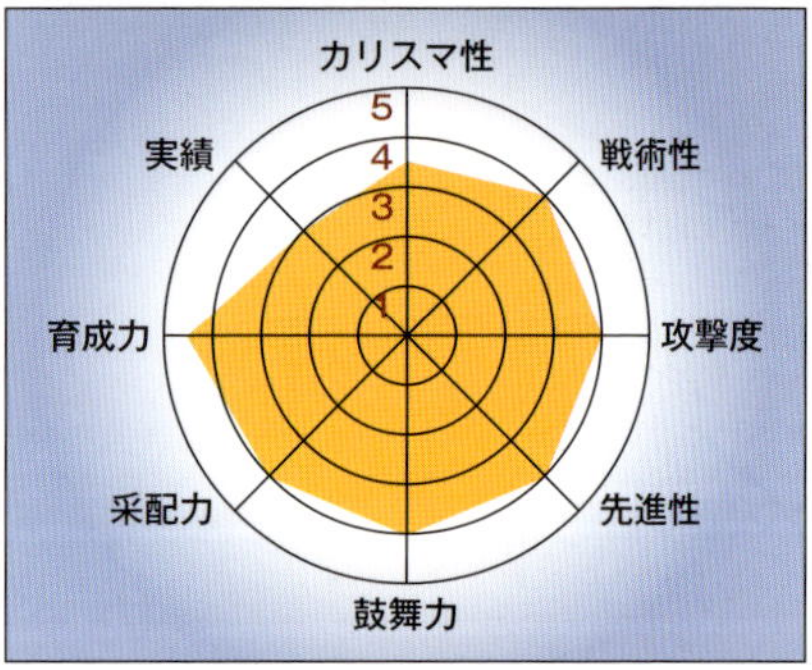

かつては岡崎を、現在は香川を指導する

岡崎慎司のいたマインツでも、香川真司のいるドルトムントでも4-2-3-1を使用。マインツでは岡崎を1トップで、ドルトムントでは香川を1トップ下でそれぞれ起用したが、多機能的な岡崎に対し、香川はそれのみ。さぞ使い勝手の悪い選手に映っていることだろう。

試合により絶妙に布陣を使い分け、クロップのあとを追う有望株の監督

09―10シーズン、36歳の若さで、2部から昇格したばかりのマインツのトップチーム監督を任される。すると、それまで昇降を繰り返してきたチームは一転。以降1部定着を続けた。「監督の顔が見たくなるチーム」の筆頭に躍り出た。当時マインツに在籍した岡崎慎司は、その流れに巧く乗った選手と言える。トゥヘルは15―16、今度は香川真司のいるドルトムント監督に就任する。マインツからドルトムント。このルートは、ドルトムントの前監督クロップと同じだ。比べて見られる宿命にある両者ながら、トゥヘルはブンデスリーガ2番手という指定席に、そう悪くない形で収まった。ディテイルへのこだわりはクロップ以上。布陣も相手によって、微妙にいじる。4―3―3から3―4―3への変化はグアルディオラ的。それに100%ついていけていないのが、香川の実情だ。

ドイツ

オットマー・ヒッツフェルト

Ottmar HITZFELD

日本代表お勧め度
C

PERSONAL DATA

■1949年1月12日生まれ、ドイツ・バーデン＝ヴュルテンベルク州出身

選手キャリア（フォワード）

71−75＝バーゼル（92/66）、75−78＝シュツットガルト（77/38）
78−80＝ルガーノ（55/35）、80−83＝ルツェルン（72/30）

主な獲得タイトル（選手時代）

国内リーグ優勝２回（71−72、72−73/バーゼル）
国内カップ優勝１回（74−75/バーゼル）

指導キャリア

83−84　SCツーク（スイス）監督、84−88　FCアーラウ（スイス）監督
88−91　グラスホッパー（スイス）監督、91−97　ボルシア・ドルトムント監督
98−04　バイエルン・ミュンヘン監督、07−08　バイエルン・ミュンヘン監督
08−14　スイス代表監督

主な獲得タイトル（監督時代）

CL優勝２回（96−97/ドルトムント、00−01/バイエルン・ミュンヘン）
IC優勝１回（01/バイエルン・ミュンヘン）
国内リーグ優勝９回（89−90、90−91/グラスホッパー、94−95、95−96/ドルトムント、98−99、99−00、00−01、02−03、07−08/バイエルン・ミュンヘン）
国内カップ優勝６回（84−85/FCアーラウ、88−89、89−90/グラスホッパー、99−00、02−03、07−08/バイエルン・ミュンヘン）
UEFA年間最優秀監督賞１回（01）、ドイツ年間最優秀監督賞１回（08）

採用フォーメーション

4−2−3−1

選手時代の知名度

★★★☆☆

キャラクター数値

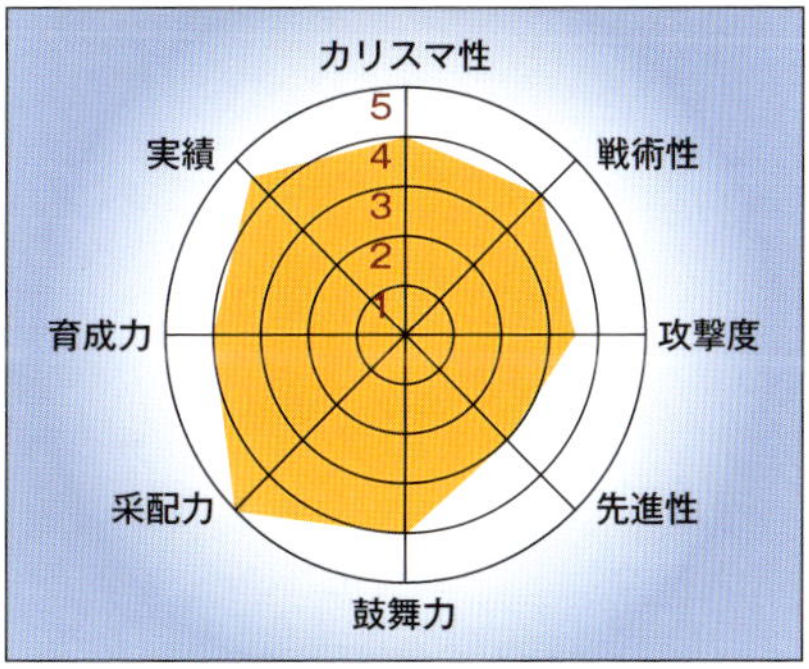

時代の流れに合わせてスタイルを変更

かつて、バイエルンの監督時代など、限りなく守備的サッカーをしていたヒッツフェルトだが、08年にスイス代表監督の座に就くと、時代の流れに合わせるように攻撃的なサッカーに転身。10年W杯には中盤フラット型4−4−2で、14年は4−2−3−1で本大会を戦った。

バイエルンでCL決勝戦を戦い、1度は采配成功、2度目は失敗

96−97のCL決勝。ヒッツフェルトのドルトムントは、2連覇を目指すマルチェロ・リッピのユベントスに前評判で大きく劣っていた。だが、勝ったのはドルトムント。試合はドルトムントが2点先制したが、ユーベが後半21分、デル・ピエーロのゴールで1−2と迫る。試合を分けたのは、ユーベの追い上げムードが急になったところでヒッツフェルトが打った交代だった。投入されたリッケンは、そのファーストタッチで試合を3−1とするダメ押しゴールを決めた。戦術は古典的だが、交代上手。試合を読む目にたけている――との評価は、これで決定的になるが、バイエルンの監督として臨んだ2年後の98−99CL決勝は、上手の手から水が漏れた。マンUに大逆転を許したのは、89分に活躍のバスラーを下げたあと。マンU奇跡の大逆転劇の背景に、ヒッツフェルトの交代ミスあり。

ドイツ

フォルカー・フィンケ

Volker FINKE

日本代表お勧め度

B

PERSONAL DATA

■1948年3月24日生まれ、ドイツ・ニーンブルク出身

選手キャリア(ディフェンダー)

67−69=TSV ハーフェルス

69−75=ハノーファーシャー SC

指導キャリア

74−86 TSV シュテーリンゲン監督

86−90 ハーフェルス監督

90−91 ノルダーシュテット監督

91−07 フライブルク監督

09−01 浦和レッズ(日本)監督

13−15 カメルーン代表監督

採用フォーメーション

4−2−3−1

選手時代の知名度

★★☆☆☆

キャラクター数値

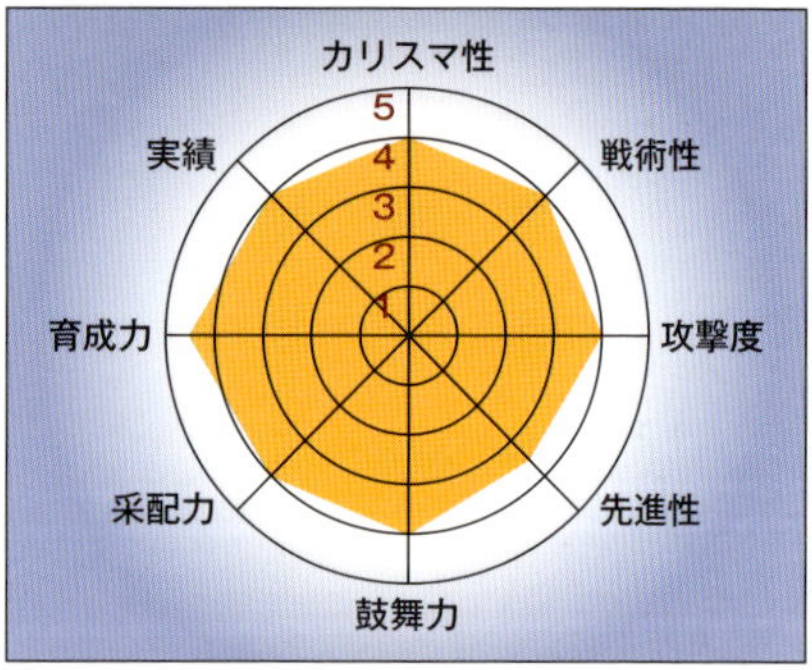

14年W杯でカメルーン代表を率いた監督

14年ブラジルW杯にカメルーン代表監督として臨んだフィンケ。4−2−3−1のオーソドックスな布陣で、強豪相手にごくノーマルな戦いを挑み、グループリーグ最下位に終わったが、同じくグループリーグ最下位に終わったザックジャパンの戦いより好感が持てた。

フライブルク時代に評価を上げ、09年から浦和レッズの監督を務めた

91―92シーズンから16シーズン、フライブルクの監督を務めた。2部と1部の階段を昇降しながら。ドイツでは最長記録だという。だが、フライブルクに骨をうずめることはなかった。

09、10の2シーズン、浦和レッズで監督を務めたことは記憶に新しい。成績は、6位と10位。順当と目される成績より落ちる結果になったが、サッカーそのものは以前より、そしてペトロビッチ体制の現在より数段オーソドックスで、今日的と言えた。

浦和で海外初経験を積んだフィンケ。13年、今度はカメルーン代表監督に就任し、14年ブラジルW杯に臨んだ。結果は、グループリーグ3連敗で最下位。対戦したのはブラジル、メキシコ、クロアチア。入った組が悪かった。だが、サッカーの内容そのものは、4年前、日本にも敗れるなど同じく3連敗した10年W杯のカメルーンを上回っていた。

ドイツ

アンドレ・ブライテンライター

André BREITENREITER

日本代表お勧め度

C

PERSONAL DATA

■1973年10月2日生まれ、ドイツ・ランゲンハーゲン出身

選手キャリア(攻撃的ミッドフィルダー、フォワード)

91−94=ハノーファー 96(72/10)
94−97=ハンブルガー SV(71/12)
97−99=ヴォルフスブルク(24/1)
99−02=ウンターハヒンク(78/18)
02　　=ランゲンハーゲン(14/3)
02−03=ハッセン・カッセル(13/8)
03−07=ホルスタイン・キール(116/15)
07−09=クロッペンブルク(60/9)
09−10=TSV ハーフェルス(21/6)

主な獲得タイトル(選手時代)

国内カップ戦優勝 1 回(91−92/ ハノーファー)

指導キャリア

10　　アルトワームビュッヘン・ユース監督
11−13　ハーフェルス監督
13−15　パーダーボルン監督
15−16　シャルケ監督

採用フォーメーション

4−2−3−1

選手時代の知名度

★★★☆☆

キャラクター数値

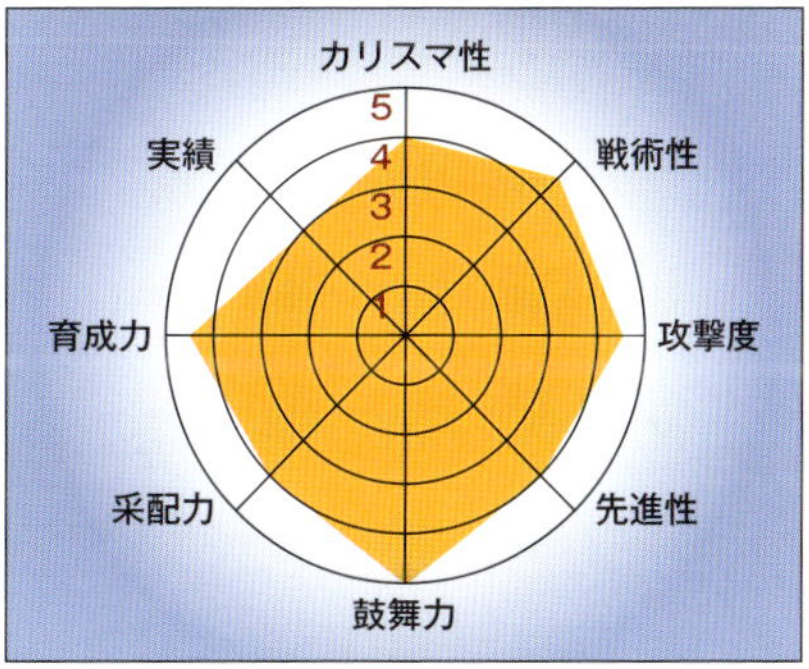

パーダーボルンを1部昇格に導いた監督

　2部のパーダーボルンを1部昇格に導くも、14−15チームは1年で2部に降格。だが、監督は降格せず、15−16、シャルケの監督に就任した。パーダーボルンで見せたサッカーが良かったからだ。降格させたが、大健闘。攻撃的で前向きなサッカーに心奪われた人は多い。

現役時代はストライカーとして活躍。シャルケ監督時代はCL出場逃す

　シャルケは強いより、美しい印象が大きいクラブだ。それが際立っていたのは、00―01シーズン。その最終節。シャルケはホームのゲルゼンキルヘンで、ウンターハヒンクに5―3の勝利。一方、ハンブルクとアウェイ戦を戦うバイエルンは、ロスタイムに入った段階で0―1。このまま終われば、シャルケのリーグ初優勝。地元のスタンドは、熱いムードに包まれた。

　ブライテンライターは、その現場にいた。ウンターハヒンクのストライカーとして。バイエルンがロスタイムに同点ゴールを決め、シャルケの優勝が水泡に帰す瞬間に立ち会っていた。

　タイトルに渇望《かつぼう》するゲルゼンキルヘン市民の心を知ってしまった彼。15―16シーズン、奇遇にもその監督の座に就くことになったが、5位に終わる。CL出場も逃し、わずか1シーズンで退任した。

ドイツ

ディーター・ヘッキング

Dieter HECKING

日本代表お勧め度

A

PERSONAL DATA

■1964年9月12日生まれ、ドイツ・カシュトロップ=ラウクセル出身

選手キャリア(ミッドフィルダー)

83—85=ボルシア・メンヒェングラートバッハ(6/0)
85—90=ハッセン・カッセル(162/57)
90—92=バルトホフ・マンハイム(54/14)
92—94=ライプチヒ(61/1)
94—96=パデルボルン・ニューハウス(71/24)
96—99=ハノーファー(74/22)
99—00=アイントラハト・ブラウンシュヴァイク(18/5)

指導キャリア

00—01 SC フェール監督
01—04 リュベック監督
04—06 アレマンニア・アーヘン監督
06—09 ハノーファー監督
09—12 ニュルンベルク監督
12— ヴォルフスブルク監督

主な獲得タイトル(監督時代)

国内カップ優勝 1 回(14—15/ヴォルフスブルク)
ドイツ年間最優秀監督賞 1 回(15)

採用フォーメーション

4—2—3—1

選手時代の知名度

★★★★☆

キャラクター数値

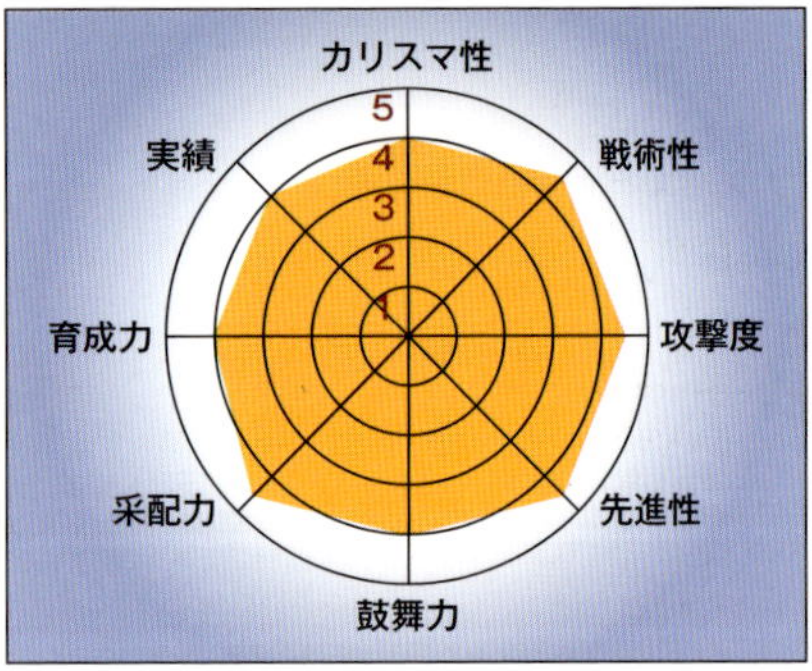

両サイドがワイドなサッカーでCL8強

4-2-3-1の3の両サイド、ドラクスラー(右)とブルーノ・エンリケ(左)を大きく開かせる展開の大きなサッカーで15-16、CLベスト8に進出。マドリーをあと一歩のところまで追い詰めた。14-15のドイツ最優秀監督は、自らが欧州レベルにあることを示した。

ヴォルフスブルクを率いて成績上昇。ドイツ人ナンバーワンとの評価

12—13シーズンからヴォルフスブルクを率いるドイツ人監督。14—15シーズン後には、ドイツ年間最優秀監督賞を受賞。同チームへの就任は、12—13の途中。そのとき、15位だったニュルンベルクから、14位への移籍は話題を呼んだ。ヴォルフスブルクの前任監督マガトが、そのときスタメンから外していた長谷部誠を、右サイドバックで起用。新境地を導き出したかに見えたが、これに不満を覚えたのか、長谷部はニュルンベルクへ。ヘッキングとの付き合いは、惜しいことに半年で終わった。12—13、ヴォルフスブルクは11位に終わったが、13—14は5位、14—15は2位に躍進。15—16は念願のCLに進出。ドイツ勢ではレバークーゼン、ボルシアMGがグループリーグで消える中、バイエルンとともにベスト8に進出。ドイツのナンバーワン監督としての存在感を発揮している。

ドイツ

ブルーノ・ラッバディア
Bruno LABBADIA

日本代表お勧め度
C

PERSONAL DATA

■1966年2月8日生まれ、ドイツ・ダルムシュタット出身

選手キャリア(フォワード)
84−87=ダルムシュタット 98(105/44)
87−88=ハンブルガー SV(41/11)
88−91=カイザースラウテルン(67/20)
91−94=バイエルン・ミュンヘン(82/28)
94−95=1.FC ケルン(41/15)
96−98=ベルダー・ブレーメン(63/18)
98−01=ビーレフェルト(98 /50)
01−03=カールスルーエ(60/18)
○ドイツ代表=2/0(92−95)

主な獲得タイトル(選手時代)
国内リーグ優勝2回(90−91/ カイザースラウテルン、93−94/ バイエルン・ミュンヘン)

指導キャリア
03−06 ダルムシュタット 98 監督
07−08 グロイター・フュルト監督
08−09 レバークーゼン監督
09−10 ハンブルガー SV 監督
10−13 シュツットガルト監督
15−16 ハンブルガー SV 監督

採用フォーメーション
4−2−3−1

選手時代の知名度
★★★★☆

キャラクター数値

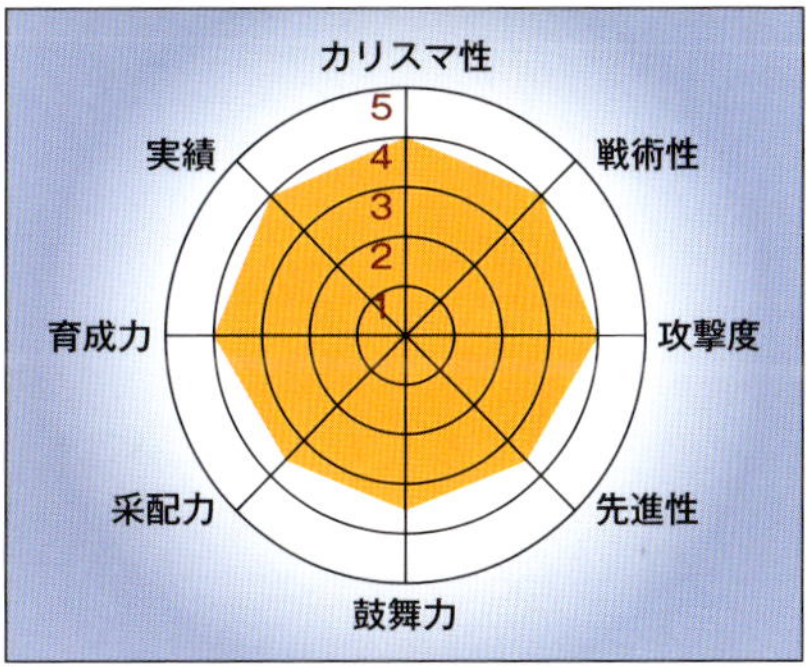

攻撃的守備を基本とするサッカーを実践

ボールを高い位置で奪い、攻撃を仕掛ける攻撃的守備を最大の拠《よ》りどころに戦う。酒井高徳はその右ＳＢとして出場。13−14、14−15ともに1部16位で、入れ替え戦に出場したチームを、ラバッディアは15−16で少し立て直し、過去2年より余裕のある戦いをした。

現役時代はストライカーとして活躍。監督業はダルムシュタットで始めた

ドイツ代表歴2回のストライカー。ラッバディアはドイツ人でありながら178センチで、ポジショニングなどセンスで勝負するタイプ。ビーレフェルト時代（2部・98―99シーズン）には、32〜33歳だったにもかかわらず28ゴールをマークするなど、37歳で引退するまでブンデスリーガ1部、2部両方で通算各100ゴール以上を叩き出している。同じ時期に活躍したフェラー、クリンスマンがそうであるように、引退後は指導者の道へ。元ＦＷは監督に適していないと言われる中で、彼ら同様、それなりの実績を残している。出身クラブであるダルムシュタット（当時5部）で監督の道に入り、そこで3年間修業を積むや、レバークーゼン、ハンブルガー、シュツットガルトを経て、15―16からは再びハンブルガーへ。最後の2つは、酒井高徳と同じ道を歩んでいる。

マルクス・ヴァインツィール
Markus WEINZIERL

ドイツ

日本代表お勧め度 **C**

選手時代の知名度
★☆☆☆☆

採用フォーメーション
4-2-3-1

キャラクター数値

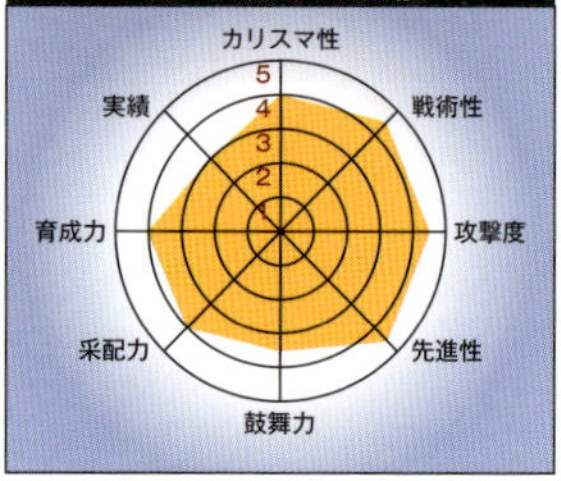

PERSONAL DATA

■1974年12月28日生まれ、ドイツ・シュタウブリング出身

選手キャリア(ミッドフィルダー、ディフェンダー)
92-94=1.FC パッサウ(47/7)
94-95=ロフホフ(23/5)
95-99=バイエルン・ミュンヘン・アマチュア(113/10)
98-99=バイエルン・ミュンヘン(0/0)
99-01=シュツットガルター・キッカーズ(40/1)
01　=ウンターハヒンク(4/0)
02-05=ヤン・レゲンスブルク(17/0)

指導キャリア
06-08 ヤン・レゲンスブル アシスタント
08-12 ヤン・レゲンスブルク監督
12-16 アウクスブルク監督
16- シャルケ監督

プロ選手の経験はほとんどない。最も長くプレイしたのが、バイエルンのアマチュアチーム。晴れてバイエルンのトップチームに昇格するも、1試合も出場することなく退団。3部のシュツットガルター・キッカーズというアマチュアに近い世界に逆戻りした。引退後、選手時代を最後に過ごしたヤン・レゲンスブルクのアシスタントコーチとして指導者の道に入ると、翌シーズン、同チームの監督に。就任4シーズン目（11-12）にブンデスリーガの3部から2部に引き上げた。目をつけたのがブンデスリーガで14位だったアウクスブルク。1年目こそ順位を一つ下げ15位に終わったが、翌シーズンは8位、翌々シーズンは5位と、これを機にチームは急上昇。16-17、その見た目に綺麗な4-2-3-1と似たコンセプトを持つシャルケから監督のオファーが届いた。いまドイツで勢いのある若手監督だ。

トーマス・シャーフ
Thomas SCHAAF

ドイツ

日本代表お勧め度 **D**

選手時代の知名度
★★★★☆

採用フォーメーション
4-2-3-1

キャラクター数値

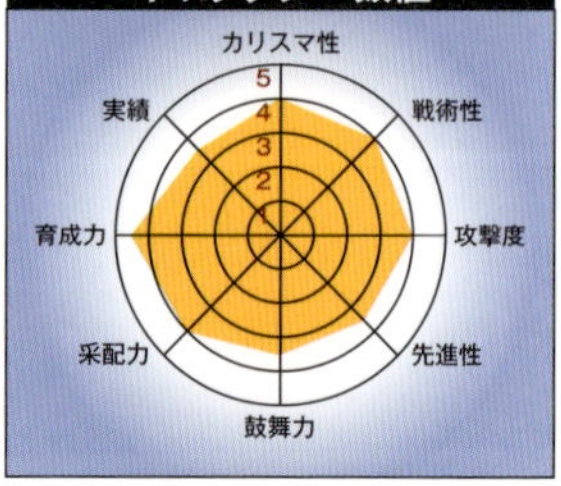

PERSONAL DATA

■1961年4月30日生まれ、ドイツ・マンハイム出身

選手キャリア(ディフェンダー)
78-80=ベルダー・ブレーメンB(59/0)
78-95=ベルダー・ブレーメン(281/14)

主な獲得タイトル(選手時代)
UCWC 優勝 1 回(91-92/ ベルダー・ブレーメン)、国内リーグ優勝 2 回(87-88、92-93/ ベルダー・ブレーメン)、国内カップ優勝 2 回(90-91、93-94/ ベルダー・ブレーメン)

指導キャリア
87-88 ベルダー・ブレーメン U-17 監督
88-95 ベルダー・ブレーメン U-19 監督
93-95 ベルダー・ブレーメン アシスタント
95-99 ベルダー・ブレーメンII 監督
99-13 ベルダー・ブレーメン監督
14-15 フランクフルト監督
15-16 ハノーファー監督

主な獲得タイトル(監督時代)
国内リーグ優勝 1 回(03-04/ ブレーメン)
国内カップ優勝 3 回(98-99、03-04、08-09/ ブレーメン)

ブレーメンの黄金期を支えた1人。現役時代、ブンデスリーガで2度優勝。カップウィナーズカップをも制している。奥寺康彦より8歳下だが、チームメイトとして同時期にプレイしている。72年に同クラブの門を叩いてから、40年あまりブレーメン一筋。監督在任に限っても、14シーズンに及ぶ。ブレーメンとともに人生を歩んできた。その間、リーグ優勝1回（03-04）。ＣＬにもコンスタントに出場したが、成績は徐々に低下。14-15、ついにブレーメンを離れて、長谷部誠のいたフランクフルトへ。そして、翌15-16の途中から酒井宏樹、清武弘嗣がいるハノーファーへ。だが、シーズン終了を待たずに解任。チームは最下位で、2部に降格した。

アンドレ・シューベルト
André SCHUBERT

ドイツ

日本代表お勧め度 **D**

選手時代の知名度 ★☆☆☆☆

採用フォーメーション
3-4-1-2

キャラクター数値

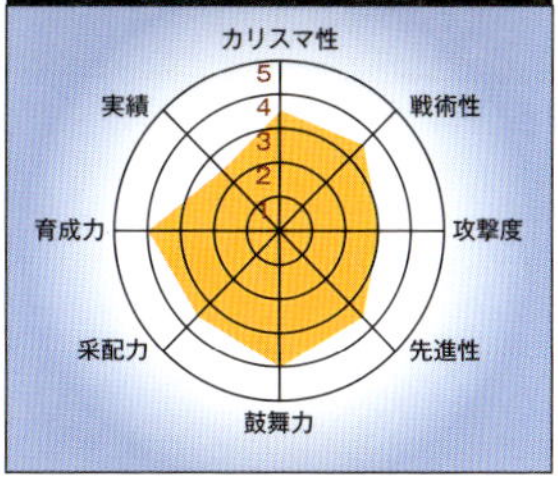

PERSONAL DATA

■1971年7月24日生まれ、ドイツ・カッセル出身

選手キャリア(ミッドフィルダー)
95　　=TSV ロートヴェステン
95−97=FSC ローフェルデン
97−99=TSVヴォルフサンガー
99−00=OSC フェルマー
00−02=KSV バウナタール

指導キャリア
06−09　パーダーボルンⅡ監督
09−11　パーダーボルン監督
11−12　ザンクト・パウリ監督
14−15　ドイツU−15代表監督
15　　ボルシア・メンヒェングラートバッハⅡ監督
15−　ボルシア・メンヒェングラートバッハ監督

3部のパーダーボルン、2部のザンクトパウリの監督を経て14年、ドイツU-15の監督に就任。翌年9月、ボルシアMGのリシアン・ファーブル監督の途中交代に伴い、その暫定監督に就任。その時点18位だったチームをシューベルトは、最終的にリーグ4位にまで押し上げ、CL出場権も獲得した。シーズン途中で暫定から正式な監督の座に就任。

15-16は4−2−3−1をメインに用い、守備的な3−4−1−2は数試合しか使用しなかった。だが16-17では一転、開幕から3-4-1-2で戦う。CLの開幕ゲーム対マンC戦では、相手の4-3-3の両ウイングに3バックのサイドを徹底的に突かれて失点を重ね、0−4で大敗。守備的サッカーをしたのに、それとは正反対の結果を招いてしまった。15年前のドイツサッカーを見た気がした。シューベルトは、自身初の欧州戦線から何を学ぶのか。今後の方向性に注目だ。

フェリックス・マガト
Felix MAGATH

ドイツ

日本代表お勧め度 **D**

選手時代の知名度 ★★★★★

採用フォーメーション
4-2-3-1

キャラクター数値

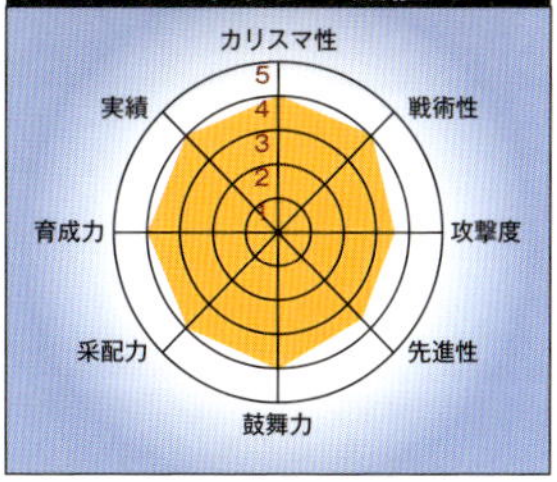

PERSONAL DATA

■1953年7月26日生まれ、ドイツ・アシャッフェンブルク出身

選手キャリア(ミッドフィルダー)
72−74=ビクトリア・アシャッフェンブルク
74−76=ザールブリュッケン(76/29)
76−86=ハンブルガー SV(306/46)
○西ドイツ代表=43/3(77−86)

主な獲得タイトル(選手時代)
CC優勝1回(82−83/ハンブルガー SV)、UCWC優勝1回(76−77/ハンブルガー SV)、国内リーグ優勝3回(78−79、81−82、82−83/ハンブルガー SV)、ユーロ優勝1回(80/西ドイツ)

指導キャリア
92−93　ブレーマーハーフェン選手兼監督
93　　ハンブルガー SV(アマチュア)監督
93−95　ハンブルガー アシスタント
95−97　ハンブルガー SV 監督
97−98　ニュルンベルク監督
98−99　ベルダー・ブレーメン監督
99−01　フランクフルト監督
01−04　シュツットガルト監督
04−07　バイエルン・ミュンヘン監督
07−09　ヴォルフスブルク監督
09−11　シャルケ監督
11−12　ヴォルフスブルク監督
14　　フラム(イングランド)監督
16−　三東魯能(中国)監督

主な獲得タイトル(監督時代)
国内リーグ優勝2回(04−05、05−06/バイエルン・ミュンヘン、08−09/ヴォルフスブルク)、国内カップ優勝2回(04−05、05−06/バイエルン・ミュンヘン)

現役時代、主にハンブルクで活躍した西ドイツ代表。左利きの名手の1人だ。監督としてもハンブルクを皮切りにドイツ各クラブを歴任。04-05、バイエルンの監督として国内2冠を2シーズン連続で達成。08-09はヴォルフスブルクでリーグ優勝。だが、欧州レベルでは活躍できなかった。その後は下り坂に。15年末、鳥栖がオファーを出したが、話は最終的にまとまらず、マガトは中国Cリーグの三東魯能の監督に就任した。

ファティ・テリム

トルコ

Fatih TERIM

日本代表お勧め度

B

PERSONAL DATA

■1953年9月4日生まれ、トルコ・アダナ県出身

選手キャリア(ディフェンダー)

69−74＝アダナ・デミルシュポル(125/25)
74−85＝ガラタサライ(327/16)

主な獲得タイトル(選手時代)

国内カップ優勝３回(75−76、81−82、84−85/ ガラタサライ)

指導キャリア

87−89　アンカラギュジュ監督
89−90　ギョツテペ監督
90−93　トルコU−21 代表監督
93−96　トルコ代表監督
96−00　ガラタサライ監督
00−01　フィオレンティーナ(イタリア)監督
01　ミラン(イタリア)監督
02−04　ガラタサライ監督
05−09　トルコ代表監督
11−13　ガラタサライ監督
13−　トルコ代表監督

主な獲得タイトル(監督時代)

UCカップ優勝１回(99−00/ ガラタサライ)
国内リーグ優勝６回(96−97、97−98、98−99、99−00、11−12、12−13/ ガラタサライ)
国内カップ優勝２回(98−99、99−00/ ガラタサライ)

選手時代の知名度

★★★★★

ユーロでトルコ代表を4強に導いた、攻撃サッカーを標榜《ひょうぼう》する重鎮監督

13年からトルコ代表監督。93—96、05—09年に続く3度目の椅子だ。ユーロ２０１６では予選を突破。トルコは通算4度目の本大会を決めた。ところが、結果はグループリーグ落ち。得失差でベスト16入りを逃した。

ユーロでの最高位は、2期目の監督時代に収めたベスト4。

ユーロ２００８準決勝の対ドイツ戦。時は後半43分で、スコアは2—2。タッチライン際で立ちっぱなしのテリムは瞬間、強引なシュートを放ったセミフに対して激怒した。「なぜサブリにパスを出さないんだ!」。もしセミフからサブリにパスが出ていたら、おそらくトルコは勝っていた（実際は、3—2でドイツが勝利）。決勝でスペインと対戦していたことになる。

ミラクル・トルコ。テリム率いるトルコは大逆転の連続で勝ち上がってきた。グループリーグ第3戦のチェコ戦

採用フォーメーション

4−2−3−1

4−1−4−1

キャラクター数値

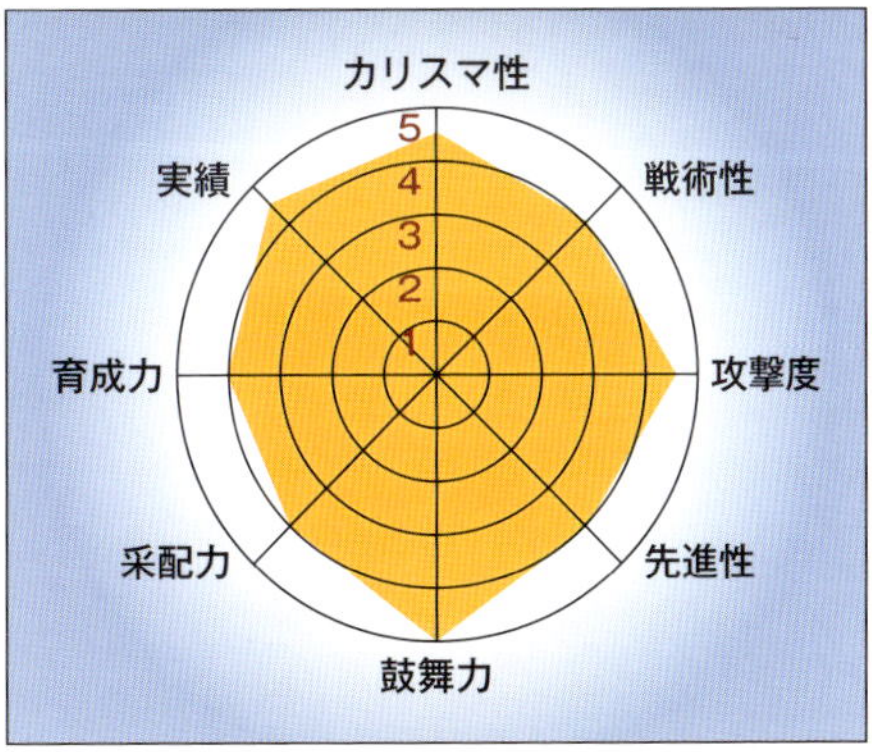

ユーロ2008でドイツを苦しめた好采配

真骨頂を発揮したのはトルコ代表監督として臨んだユーロ2008。その準決勝対ドイツ戦。累積警告その他で、スタメンがまともに組めず、控え選手もわずか6人という状態だったが、ドイツ相手に大健闘。4−1−4−1の布陣で最後まで攻撃的に打って出た。

ユーロ準決勝でドイツに惜敗したトルコ

は、0―2から残り15分で逆転。準々決勝のクロアチア戦は、延長後半14分、相手にゴールを許しながら、ロスタイムで同点、PK勝ちだった。準決勝のドイツ戦も後半41分に同点に追いつき、さあこれからトルコの大逆転劇が始まろうかというムードだった

試合前の予想スコアは、0―3でドイツ。トルコはケガ人と累積警告による出場停止で、本来のスタメンが3、4人しか出場できないという圧倒的不利な状況にあった。にもかかわらず、勝利寸前まで持ち込んだテリム。時間が深まるにつれ加速していくチームに勢いをもたらしていたのは、その采配にあった。

頭は禿《は》げ上がっているが、白いカッターシャツを胸まであけ、日焼けした褐色の肌を露出するそのギラギラ感と、的確なメンバー交代で、相手の急所を突く緻密《ちみつ》さも持ち合わせた攻撃的サッカー。08年のトルコは、もう一度見てみたいチームの最右翼になる。

トルコ

シェノル・ギュネス

Şenol GÜNEŞ

日本代表お勧め度

C

PERSONAL DATA

■1952年6月1日生まれ、トルコ・トラブゾン出身

選手キャリア(ゴールキーパー)

70−72＝セバトシュポル(57/0)、トラブゾンシュポル(424/0)

○トルコ代表＝31/0(75−87)

主な獲得タイトル(選手時代)

国内リーグ優勝６回(75−76、76−77、78−79、80−81、83−84/ トラブゾンシュポル)、

国内カップ優勝３回(76−77、77−78、83−84/ トラブゾンシュポル)

指導キャリア

88−89 トラブゾンシュポル監督、89−92 ブルシュポル監督

93−97 トラブゾンシュポル監督

97−98 アンタリャシュポル監督、98 サカリャシュポル監督

00−04 トルコ代表監督

05 トラブゾンシュポル監督

07−09 FC ソウル(韓国)監督

09−13 トラブゾンシュポル監督

14−15 ブルサシュポル監督

15− ベシクタシュ監督

主な獲得タイトル(監督時代)

国内リーグ優勝１回(15−16/ ベシクタシュ)

国内カップ優勝２回(94−95、09−10/ トラブゾンシュポル)

以前は主体性のない布陣採用をしていた

今でこそ4−2−3−1メインで戦うが、02年日韓W杯当時は中盤ダイヤモンド型4−4−2を使用。相手次第で4−3−1−2(守備的)にも4−1−3−2(攻撃的)にも変化する主体性のない布陣だが、決勝トーナメント1回戦で対戦した日本に、トルコを守備的にさせる術《すべ》はなかった。

採用フォーメーション

4−2−3−1

選手時代の知名度

★★★★★

キャラクター数値

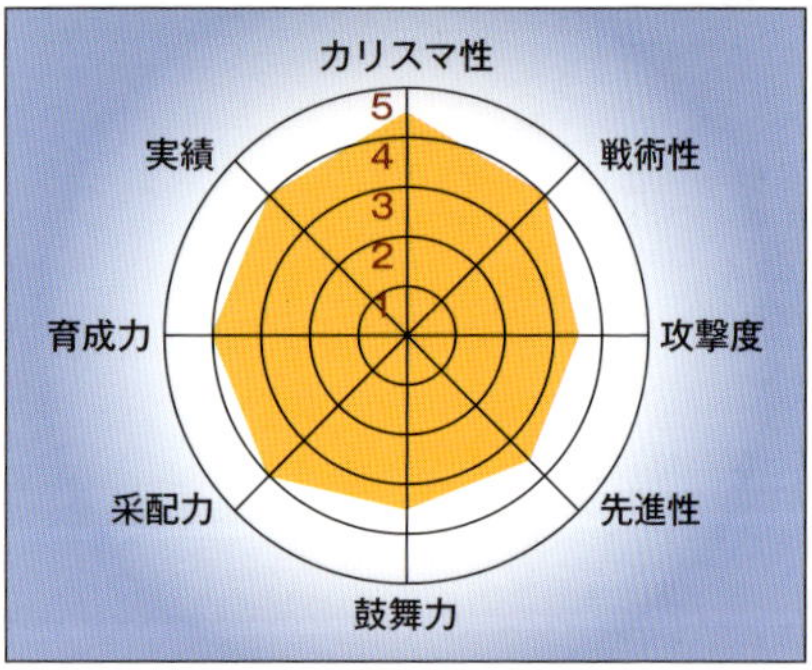

02年日韓W杯でトルコを3位に導き、現在は名門ベシクタシュを率いる

欧州で最もアジア側に位置するトルコ。W杯には常に欧州代表として本大会出場を狙う。だが過去、欧州予選を突破した経験は、わずかに2度。欧州のレベルの高さを証明しているのがこの国だ。

54年と02年。そのうちの1回、02年日韓共催W杯に出場したときの監督がシェノル・ギュネス。現役時代はトルコ代表チームの主将だった指揮官だ。決勝トーナメント1回戦の相手は日本。トルシエ監督との差を見せつけた試合と言っていい。

ブラジルに1−2で惜敗した準決勝、韓国に3−2で勝利した3位決定戦など、監督の力を感じさせた試合。ギュネスは07年から09年まではFCソウルの監督を務めたが、そのほかは自国トルコのクラブで采配を振るっている。15年から、ベシクタシュの監督に就任。表舞台で見たい監督の1人だ。

ア
カ
サ
タ
トルコ
ナ
ハ
マ
ヤ
ラ
日本

トルコ

ムスタファ・デニズリ

Mustafa DENIZLI

日本代表お勧め度
C

PERSONAL DATA

■1949年11月10日生まれ、トルコ・イズミル出身

選手キャリア(ストライカー)

66−83＝アルタイ(386/121)、83−84＝ガラタサライ(15/3)

○トルコ代表＝10/1(71−80)

主な獲得タイトル(選手時代)

国内カップ優勝２回(66−67/79−80/ アルタイ)

指導キャリア

84−87 ガラタサライ アシスタント、87−89 ガラタサライ監督
89−90 アレマンニア・アーヘン(ドイツ)監督、90−92 ガラタサライ監督
94−96 コジャエリシュポル監督、96−90 トルコ代表監督
00−01 フェネルバフチェ監督、03−04 マニサシュポル監督
04−06 パス・テヘラン(イラン)監督、06−07 ペルセポリス(イラン)監督
08−10 ベシクタシュ監督、11−12 ペルセポリス(イラン)監督
12−13 チャイクル・リゼシュポル監督
13−14 FKハザル・レンコラン(アゼルバイジャン)監督
15−16 ガラタサライ監督

主な獲得タイトル(監督時代)

国内リーグ優勝３回(87−88/ ガラタサライ、
00−01/ フェネルバフチェ、08−09/ ベシクタシュ)
国内カップ優勝２回(90−91/ ガラタサライ、
08−09/ ベシクタシュ)

ガラタサライを3度率いたベテラン監督

15-16途中、タファレルの後任として、ガラタサライの監督に3度目の就任。4-2-3-1でＣＬ1試合、ＥＬ2試合の欧州戦線を3試合戦った。しかし、国内リーグで低迷を脱せず、6位で終了。シーズン後に退任し、16-17は休養中。

採用フォーメーション

4−2−3−1

選手時代の知名度

★★★★☆

キャラクター数値

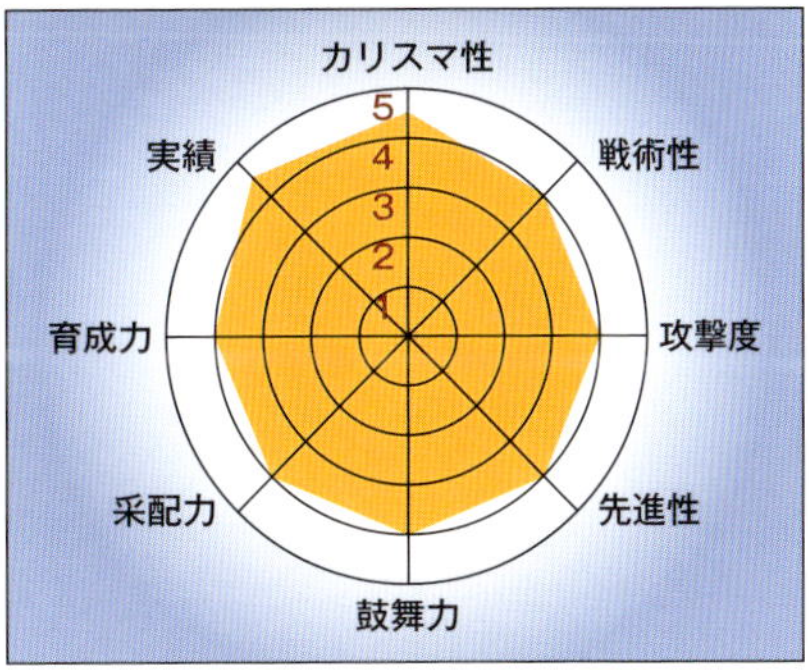

ドイツ人のデアバルから継承される、トルコサッカーの由緒正しき後継者

60歳代なかばのベテラン監督。彼が若かりし頃、トルコは欧州ではサッカー後進国だった。その転機を語るときに欠かせない人物がユップ・デアバルだ。元西ドイツ代表監督。80年欧州選手権の覇者であり、82年スペインW杯の準優勝監督だ。84年の欧州選手権後、退任すると、国内にとどまらず、ガラタサライ監督に赴任。トルコサッカー発展のきっかけはここにある。デニズリは、そのときのコーチ。ドイツ語が堪能だったことで、デアバルのサッカーは早いスピードで浸透したと言われる。

デアバルの蒔《ま》いた種を花開かせたのが、96年の欧州選手権でトルコを初めて本大会出場に導いたテリム。そのあとを継いだデニズリはユーロ２０００で、これまたトルコとして初となる本大会ベスト8に導いた。デニズリの存在なしに、すっかり一流国になったいまのトルコは語れない。

ノルウェー

オーレ・グンナー・スールシャール

Ole Gunnar SOLSKJAER

日本代表お勧め度

B

PERSONAL DATA

■1973年2月26日生まれ、ノルウェー・クリスチャンスン出身

選手キャリア(フォワード)

90－95＝クラウセンゲン(109/115)、95－96＝モルデ(38/1)

96－07＝マンチェスター・ユナイテッド(235/91)

○ノルウェー代表＝67/23(95－07)

主な獲得タイトル(選手時代)

CL 優勝 1 回(98－99/ マンチェスター・ユナイテッド)

IC 優勝 1 回(99/ マンチェスター・ユナイテッド)

国内リーグ優勝 6 回(98－97、98－99、99－00、00－01、02－03、06－07/ マンチェスター・ユナイテッド)

国内カップ優勝 2 回(98－99、03－04/ マンチェスター・ユナイテッド)

指導キャリア

08－11　マンチェスター・ユナイテッド・リザーブズ(イングランド)監督

11－14　モルデ監督

14　カーディフ・シティ(ウェールズ)監督

14－15　クラウセンゲン・ユース監督

15－　モルデ監督

主な獲得タイトル(監督時代)

国内リーグ優勝 2 回(11、12/ モルデ)

国内カップ優勝 1 回(13/ モルデ)

採用フォーメーション

4－3－3

選手時代の知名度

★★★★☆

キャラクター数値

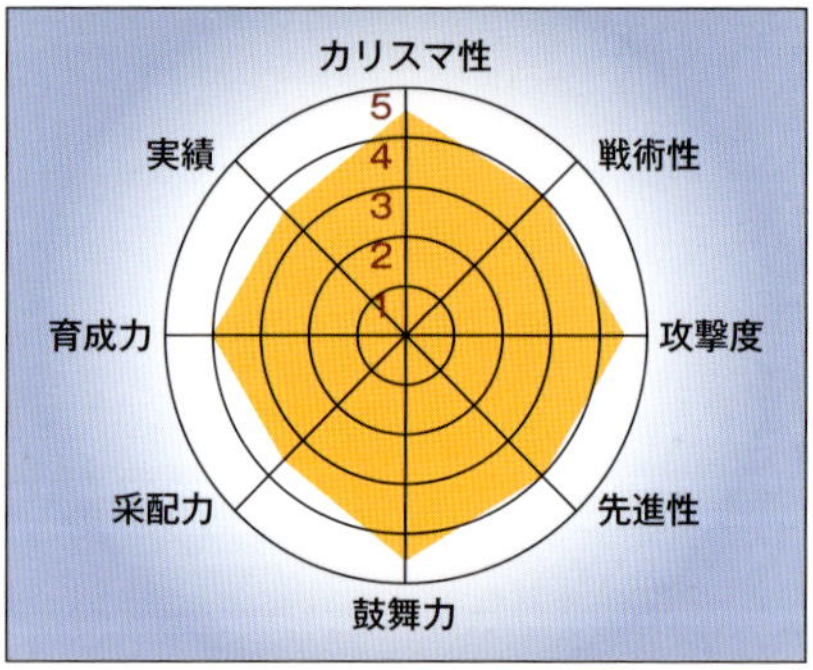

4－3－3を基本に、大胆なサッカーを展開

98－99のＣＬで、マンＵを欧州一に導いたスールシャール。監督としての欧州デビューは15－16。母国ノルウェーのモルデの監督としてＥＬに出場。4－3－3の布陣から、サイドを使った大胆なサッカーを展開し、ベスト16に進出。メジャー国の監督を狙う。

古巣マンUのユース監督として修業。現在は母国のモルデで順調に成長中

カンプノウで行われた、98—99シーズンのCL決勝。想起するのは、マンUの大逆転劇だ。ロスタイムで決勝ゴールを挙げたオーレ・グンナー・スールシャール。この名前も忘れるわけにはいかない。というのも、彼は監督としても着実なステップを踏んでいるからだ。交代出場で力を発揮する点取り屋、感覚派ストライカーには、監督への道が開けていなさそうに見えるが、08年にはマンUのU—21の監督の座に就いている。

73年生まれで、16年で43歳。35歳のとき、すでに監督だったわけだ。現在監督に就いているモルデは、彼がマンUに移籍する前にプレイしていた古巣のクラブ。15—16に出場したELでは、グループリーグを首位通過。32強でセビージャに敗れたが、これは大健闘に入る。監督としても、北欧から「中欧州」に進出できるか。

ノルウェー

ロニー・デイラ

Ronny DEILA

日本代表お勧め度

B

PERSONAL DATA

■1975年9月21日生まれ、ノルウェー・ポルスグルン出身

選手キャリア(ディフェンダー)

92－93＝IF ウラド(16/0)
93－04＝オド(240/22)
04－05＝バイキング(23/0)
06－08＝ストレームスゴトセト(43/6)
09－11＝スパルタ・ブラゲローエン(30/4)

指導キャリア

08－14 ストレームスゴトセト監督
14－16 セルティック(スコットランド)監督
17－ バレレンガ監督

主な獲得タイトル(監督時代)

国内リーグ優勝 3 回(13/ ストレームスゴトセト、14－15、15－16/ セルティック)
国内カップ優勝 1 回(10/ ストレームスゴトセト)

採用フォーメーション

4-2-3-1

選手時代の知名度

★★★☆☆

キャラクター数値

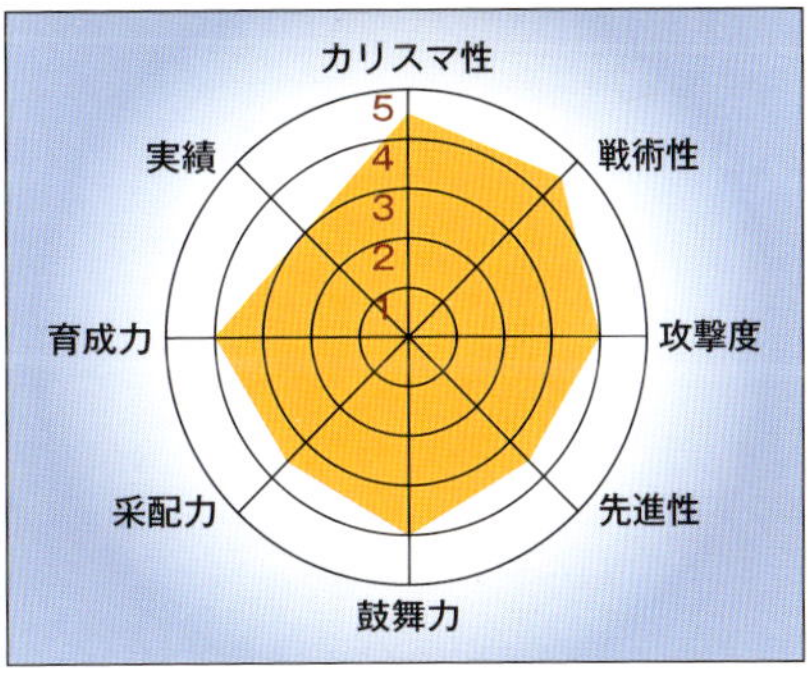

攻撃的でパスがよく回るサッカーを実践

ユーモア溢れる明るい性格。モダンでダイナミック。4-2-3-1と4-3-3の中間型の布陣を用いて、攻撃的でパスが回るサッカーをするノルウェー人監督。15-16はセルティックの監督としてリーグ優勝。実績を残したが、2シーズンで辞任。注目される若手監督だ。

名将ロイ・ホジソンの影響を受け、攻撃的サッカーを標榜《ひょうぼう》している監督

14年にセルティックの監督に就任したロニー・デイラ。元ノルウェー代表のCBで、13—14シーズンに、ストレームスゴトセトをノルウェーリーグ優勝に導いたこと、そしてそこで演じたサッカーが攻撃的だったこと、さらに愛嬌《あいきょう》のある人柄などが評価された理由だという。「サッカーの方向性が似ている」とメディアが記しているのがユルゲン・クロップ。だが、ロニー・デイラ本人の弁によれば、「影響を受けた監督は、自分が現役だったバイキングFK時代に指導してくれたロイ・ホジソン」なのだという。「チームをオーガナイズする力の重要性を教えてくれた人物だ」と。15—16、セルティックは国内リーグで独走したが、ELではグループリーグ最下位。ノルウェー人監督はステップアップの場にできなかった。17年からは、ノルウェーのバレレンガで采配を振るう予定。

ノルウェー

オーゲ・ハレイデ
Åge HAREIDE

日本代表お勧め度 **B**

選手時代の知名度
★★★★☆

PERSONAL DATA

■1953年９月23日生まれ、ノルウェー・ハリード出身

選手キャリア(ディフェンダー)
70−75＝ホド(37/2)、76−81＝モルデ(93/21)、81−82＝マンチェスター・シティ(24/0)、82−84＝ノリッチ(40/2)、84−87＝モルデ(72/10)
◎ノルウェー代表＝50/5(76-86)

指導キャリア
85−91　モルデ監督
93−97　モルデ監督
98−99　ヘルシンボリ(スウェーデン)監督
00−02　ブロンビー(デンマーク)監督
03　ローゼンボリ監督
03−08　ノルウェー代表監督
09　エルグリーテ(スウェーデン)監督
09−12　バイキング監督
12　ヘルシンボリ(スウェーデン)アシスタント
14−15　マルメ(スウェーデン)監督
16−　デンマーク代表監督

主な獲得タイトル(監督時代)
国内カップ優勝３回(94/ モルデ、97−98/ ヘルシンボリ、03/ ローゼンボリ)
国内リーグ優勝４回(99/ ヘルシンボリ、01−02/ ブロンビー、03/ ローゼンボリ、14/ マルメ)
スウェーデン年間最優秀監督賞１回(14)

ノルウェー、スウェーデン、デンマークのリーグ戦で監督を務め、それぞれで優勝経験があるハレイデ。ほかに3か国のリーグで優勝経験があるのはズヴェン・ゴラン・エリクソン、トロント・ソリードの2人。それを超える存在は、エルンスト・パッペルとジョバンニ・トラパットーニの2人（4か国のリーグで優勝）しかいない。ハレイデの舞台は北欧に限られるが、経験豊富な監督と言える。15年末、ユーロ2016予選で敗れたモアテン・オルセンの後任として、デンマーク代表監督に就任。18年ロシアW杯予選に臨む。

採用フォーメーション
4−4−2(中盤フラット型)

キャラクター数値

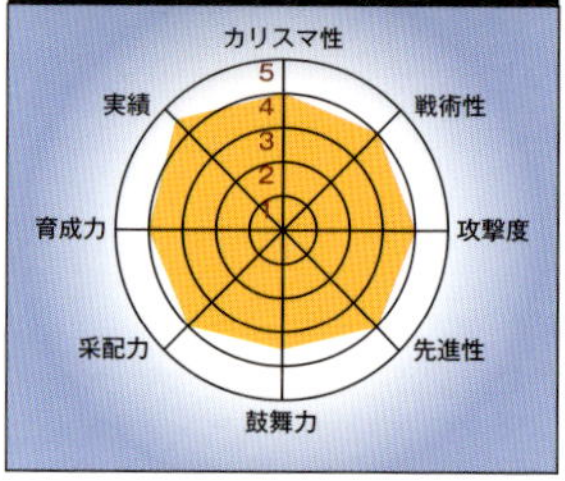

ノルウェー

ペル・マティアス・ヘグモ
Per-Mathias HØGMO

日本代表お勧め度 **C**

選手時代の知名度
★★★☆☆

PERSONAL DATA

■1959年12月１日生まれ、ノルウェー・トロムソ出身

選手キャリア(ミッドフィルダー)
77＝グラタンゲン、78−83＝ミョルニル、84−85＝トロムソ、85−86＝1FKノルシェーピン、86−89＝トロムソ、89＝グラタンゲン
○ノルウェー代表＝1/0(86)

指導キャリア
89　グラタンゲン選手兼監督
90−91　トロムスダーレン監督
92　トロムソ監督
93−94　フォッサム IF 監督
93　ノルウェー U−19代表監督
94　ノルウェー U−15代表監督
95　ノルウェー U−16代表監督
96　ノルウェー U−17代表監督
95−96　モス FK 監督
97−00　ノルウェー女子代表監督
00−03　ノルウェー U−21代表監督
04　トロムソ監督
05−06　ローゼンボリ監督
08−12　トロムソ監督
13　ユールゴーデン(スウェーデン)監督
13−　ノルウェー代表監督

ノルウェー代表監督。キャリアの中で光るのは、00年シドニー五輪。同国代表に金メダルをもたらした。といっても、女子の話。つまり、男女の代表監督を務めた経験がある。男子の監督としては、2度目の本大会出場を狙ったユーロ2016予選でグループリーグ3位。途中までクロアチアに対してリードを奪う展開だったが、ラスト4ゲームで1勝しかできず、逆転を許す。「成績の良い3位チーム」の4番目としてハンガリーとプレイオフを戦った。ヘグモ監督にとっては、14W杯に続く2度目の予選だったが、敗退。しかしノルウェーは、18年ロシアW杯予選もヘグモ体制で臨む。

採用フォーメーション
4−3−3

キャラクター数値

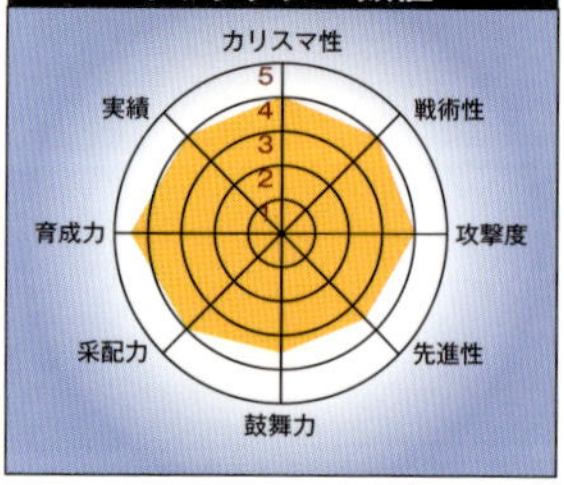

ハンガリー

パール・ダルダイ

Pál DARDAI

日本代表お勧め度
B

PERSONAL DATA

■1976年3月16日生まれ、ハンガリー・ペーチ出身

選手キャリア(ミッドフィルダー)
91−95＝ペーチ(68/11)
96　＝ブタペスティ(22/3)
97−11＝ヘルタ・ベルリン(297/17)
○ハンガリー代表＝61/5(98−10)

主な獲得タイトル(選手時代)
国内カップ戦優勝２回(00−01、01−02/ ヘルタ・ベルリン)

指導キャリア
12−15　ヘルタ・ベルリン(ドイツ)ユース監督
14−15　ハンガリー代表監督
15−　ヘルタ・ベルリン(ドイツ)監督

採用フォーメーション

4−2−3−1

選手時代の知名度
★★★★☆

キャラクター数値

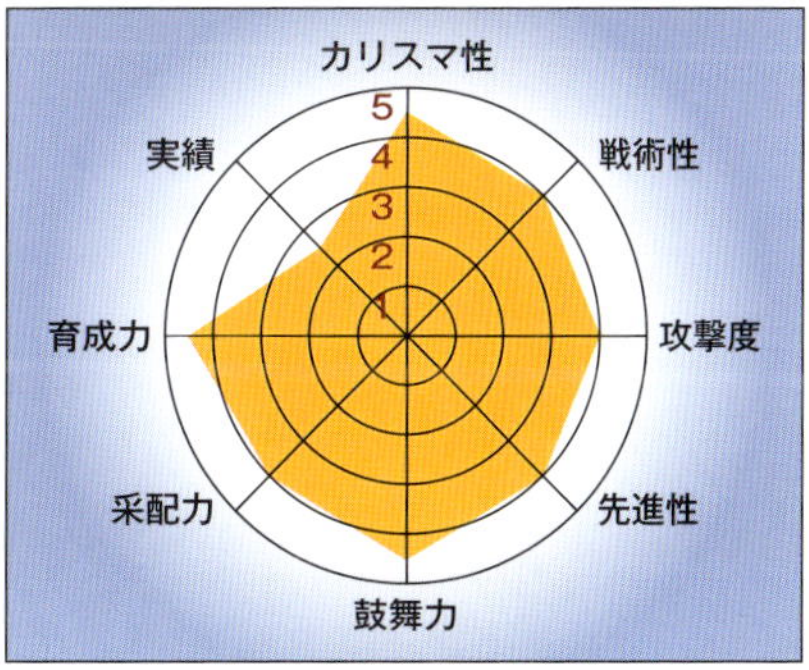

オーソドックスな攻撃サッカーを実践

4−2−3−1メインに、時に4−3−3をまじえ、オーソドックスな攻撃サッカーを展開。原口元気は4−2−3−1の3の右でプレイする。13−14にブンデス１部に復帰。11位、15位だったチームを、15−16ではＣＬ出場権を最後まで争った末、7位に引き上げ、評価を上げた。

母国ハンガリー代表監督退任後にヘルタ・ベルリン監督として飛躍

14―15シーズンの2月からヘルタ・ベルリンの監督に就任した元ハンガリー代表。ヘルタの中心選手として10―11まで、計297試合に出場した同チームゆかりの人物でもある。だがヘルタ監督に就任する数か月前、ダルダイはハンガリー代表監督に就任。ユーロ2016予選の2試合目、対ルーマニア戦以降だが、予選を含めたわずか7試合後、その座をドイツ人監督ベルント・シュトルクに譲った。そして、母国の代表は、実に11大会ぶりに本大会出場を果たすことになる。国際舞台へ久々に復帰を果たした母国を尻目に、ダルダイも奮闘。15―16、ヘルタ監督としてブンデスリーガでCL出場枠を巡る上位争いを展開。結果は7位だったが、高評価を得た。ちなみに、原口元気は、彼の出現によって出場機会を増やしたが、細貝萌は逆に、トルコのクラブにレンタルされることになった。

フィンランド

ミカ・レフコスオ

Mika LEHKOSUO

日本代表お勧め度

C

PERSONAL DATA

■1970年1月8日生まれ、フィンランド・ヘルシンキ出身

選手キャリア（ミッドフィルダー）

90−93＝ファンターンパロ 70（1/0）
93−94＝HJK（189/26）
94　＝FF ヤロ（1/0）
98−99＝ペルージャ（11/0）
99−02＝HJK（70/13）
04　＝クルビ 04（1/0）
○フィンランド代表＝17/1（97−00）

指導キャリア

05　FCホンカ アシスタント
05−13　FCホンカ監督
13−15　フィンランド代表アシスタント（HJK 監督兼務）
14−　HJK 監督

採用フォーメーション

4-2-3-1

選手時代の知名度

★★★★☆

キャラクター数値

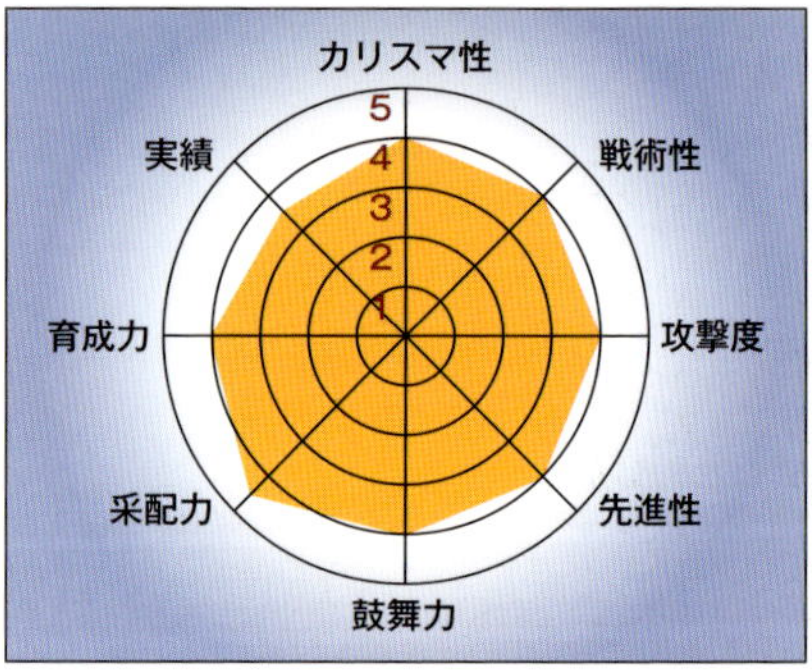

複数の布陣を使い分ける高い采配力

女性ファンも多いと聞く40代なかばのイケメン監督。サッカーも見た目に美しく攻撃的で、フィンランドリーグで常に優勝争いを展開している。4-2-3-1がメインだが、4-3-3、4-1-4-1をも使い分ける。采配能力は高い。

現役時代にはHJKでCLを経験。現在は同クラブの監督を務める

97—98、HJKヘルシンキでフィンランドリーグの最優秀MFに選出。チームの優勝と、初のCL本大会出場に貢献した。レフコスオは98—99の途中（12月）、ヘルシンキがCL本大会グループステージで敗れると同時に、イタリアのペルージャへレンタル移籍する。中田英寿がイタリアで最初のシーズンを戦っていたチームに合流。そのシーズン11試合に出場した。かなりのイケメンなので、記憶に残っている人はいるはずだ。しかし、ローンが終了した翌シーズン、レフコスオは再び、優勝を逃したヘルシンキへ舞い戻り、再建を託される。しかし翌シーズン、ケガに見舞われ、一流選手の座から転落。

05年、FCホンカのコーチを経て、監督に就任。14年まで9シーズン務めた。そして14—15からヘルシンキの監督に。EL、CLとも予備選で敗れる、惜しい戦いを続けている。

ユーロ2016出場全24チーム監督採用布陣

	監督名（チーム名／成績）	基本布陣	オプション
	ディディエ・デシャン （フランス/準優勝）	4−3−3	4−2−3−1 4−4−2（中盤フラット型）
	ヴラジミール・ペトコビッチ （スイス/ベスト16）	4−2−3−1	
	ジャンニ・デ・ビアージ （アルバニア/グループA敗退）	4−1−4−1	
	アンゲル・ヨルダネスク （ルーマニア/グループA敗退）	4−2−3−1	
	クリス・コールマン （ウェールズ/ベスト4）	3−4−2−1	4−4−2（中盤ダイヤモンド型）
	ロイ・ホジソン （イングランド/ベスト16）	4−3−3	
	ヤン・コザック （スロバキア/ベスト16）	4−1−4−1	4−2−3−1
	レオニード・スルツキ （ロシア/グループB敗退）	4−2−3−1	
	ヨアヒム・レーヴ （ドイツ/ベスト4）	4−2−3−1	3−3−2−2、4−3−3 4−4−2（中盤フラット型）
	アダム・ナバウカ （ポーランド/ベスト8）	4−2−3−1	4−4−1−1
	マイケル・オニール （北アイルランド/ベスト16）	4−1−4−1	3−5−1−1
	ミハイロ・フォメンコ （ウクライナ/グループC敗退）	4−2−3−1	
	アンテ・チャチッチ （クロアチア/ベスト16）	4−2−3−1	
	ビセンテ・デル・ボスケ （スペイン/ベスト16）	4−3−3	
	ファティ・テリム （トルコ/グループD敗退）	4−3−3	4−2−3−1
	パベル・ブルバ （チェコ/グループD敗退）	4−2−3−1	
	アントニオ・コンテ （イタリア/ベスト16）	3−5−2	3−4−2−1
	マルク・ヴィルモッツ （ベルギー/ベスト8）	4−2−3−1	
	マーティン・オニール （アイルランド/ベスト16）	4−2−3−1	4−4−2（中盤ダイヤモンド型） 4−3−3、4−4−2（中盤フラット型）
	エリク・ハムレン （スウェーデン/グループE敗退）	4−4−2（中盤フラット型）	
	ベルント・シュトルク （ハンガリー/ベスト16）	4−3−3	3−4−2−1
	ヘイミル・ハルグリムソン/ラーシュ・ラガーベック （アイスランド/ベスト8）	4−4−2（中盤フラット型）	
	フェルナンド・サントス （ポルトガル/優勝）	4−4−2（中盤フラット型）	4−3−3 4−2−3−1
	マルセル・コラー （オーストリア/グループE敗退）	4−2−3−1	4−3−3

ルイス・フェリペ・スコラーリ

ブラジル

Luiz Felipe SCOLARI

日本代表お勧め度
B

PERSONAL DATA

■1948年11月9日生まれ、ブラジル・リオグランデ・ド・スル州出身

選手キャリア(ディフェンダー)

73−79=カシアス(67/0)、79−80=ジュベントゥージ、
80−81=ノボ・アンブルゴ、81=CSA

指導キャリア

82　CSA 監督、82−83　ジュベントゥージ監督
83　ブラジウ・ジ・ペロタス監督
84−85　アル・シャバブ(サウジアラビア)監督
86　ペロタス監督、87　グレミオ監督、88　ゴイアス監督
88−90　アル・カーディシーヤ(クウェート)監督
90　クウェート代表監督、90　クリチーバ監督
91　クリシューマ監督、91　アル・アハリ(サウジアラビア)監督
92　アル・カーディシーヤ(クウェート)監督
93−96　グレミオ監督、97　ジュビロ磐田(日本)監督
98−00　パルメイラス監督、00−01　クルゼイロ監督
01−02　ブラジル代表監督、02−08　ポルトガル代表監督
08−09　チェルシー(イングランド)監督
09−10　ブニョドコル(ウズベキスタン)監督
10−12　パルメイラス監督、12−14　ブラジル代表監督
14−15　グレミオ監督、15−　広州恒大(中国)監督

主な獲得タイトル(監督時代)

LC 優勝 2 回(95/ グレミオ、99/ パルメイラス)
ACL 優勝 1 回(15/ 広州恒大)
国内リーグ優勝 3 回(96/ グレミオ、09/ ブニョドコル、15/ 広州恒大)
国内カップ優勝 5 回(89/ アル・カーディシーヤ、91/ クリシューマ、94/ グレミオ、98、12/ パルメイラス)
W杯優勝 1 回(02/ ブラジル)
南米年間最優秀監督賞 2 回(99、02)、中国年間最優秀監督賞 1 回(15)

選手時代の知名度

★☆☆☆☆

ブラジルが誇る唯一無二の名将も、自国開催W杯で屈辱を味わった

欧州で最も評価されているブラジル人監督に、ブラジルサッカー協会は、14年自国開催のW杯に臨む代表監督を託《たく》した。ところが、ブラジルは準決勝でドイツに1—7で大敗。3位決定戦でもオランダに0—3で敗れた。

ルイス・フェリペ・スコラーリは02年日韓共催W杯でもブラジル代表監督を務めた。結果は優勝。ドイツ、南アフリカと、以降、2大会連続でベスト8に終わったブラジルが、自国開催のW杯に彼を抜擢《ばってき》した理由はよくわかる。

02年W杯の2年後のユーロ2004でも、スコラーリは自国開催のポルトガル代表監督として名将ぶりを発揮した。初戦でいきなりギリシャに敗退したポルトガルは、強敵スペインに勝たない限りグループリーグ落ちする状況に追い込まれた。歴史的に長年迫害を受けてきた敵国。大会招致を巡ってもライバル関係にあったスペインとの一

採用フォーメーション

4−2−3−1

4−1−4−1

キャラクター数値

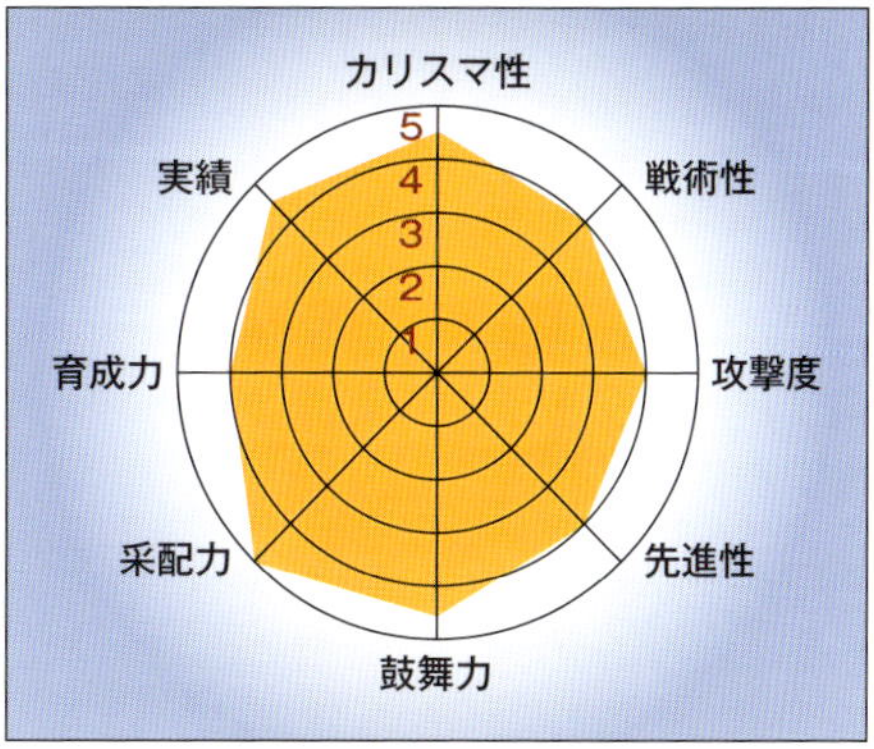

時流に乗って、自らの基本布陣も攻撃的に

ブラジルを優勝に導いた02年W杯では、主に3−4−1−2を使用。だが、2年後のユーロ2004では4−2−3−1と4−3−3を駆使し、ポルトガルを準優勝に導いた。守備的サッカーが衰退し、攻撃的サッカーが興隆した時代の潮目を、そこに見ることができる。

14年自国W杯では、ドイツに歴史的大敗

戦は、ポルトガルの国の威信をかけた一戦となった。勝ったのはポルトガル。国民はお祭り騒ぎに明け暮れたが、真のクライマックスは、その4日後だった。多くの人が名勝負に挙げる準々決勝、対イングランド戦だ。

開始早々の3分。オーウェンに先制ゴールを許したポルトガルが残り7分で追いつき、試合は延長に進んでいくのだが、最大の見どころはスコラーリがそこから見せた戦術的交代を駆使した采配だった。イングランドを2―2の延長PKで下したポルトガルは、準決勝でも強敵オランダに勝利。決勝でギリシャに敗れたが、スコラーリは2年前の日韓共催W杯に続き、名を上げることになった。06年ドイツW杯、ベスト4。ユーロ2008、ベスト8。ポルトガル代表監督として文句ない成績を収めたスコラーリ。6年後の悪夢をそのとき、想像する人はいなかった。

15年から、中国・広州恒大で監督を務めている。

ブラジル

ドゥンガ

DUNGA

日本代表お勧め度

E

PERSONAL DATA

■1963年10月31日生まれ、ブラジル・リオグランデ・ド・スル州生まれ

選手キャリア(守備的ミッドフィルダー)

80−84＝インテルナシオナル(10/0)
85　＝コリンチャンス(13/1)
86　＝サントス(16/1)
87　＝バスコ・ダ・ガマ(17/1)、87−88＝ピサ(23/2)
88−92＝フィオレンティーナ(124/8)
92−93＝ペスカラ(23/3)、93−95＝シュツットガルト(54/8)
96−98＝ジュビロ磐田(99−16)
99　＝インテルナショナル(15/1)
○ブラジル代表＝91/6(82−98)

主な獲得タイトル(選手時代)

国内リーグ優勝1回(97/ジュビロ磐田)
W杯優勝回数1回(94/ブラジル代表)
コンフェデ杯優勝1回(97)

指導キャリア

06−10　ブラジル代表監督
11−12　アル・ラーヤン(カタール)監督
13　インテルナショナル監督
14−16　ブラジル代表監督

採用フォーメーション

4−2−2−2

選手時代の知名度

★★★★★

キャラクター数値

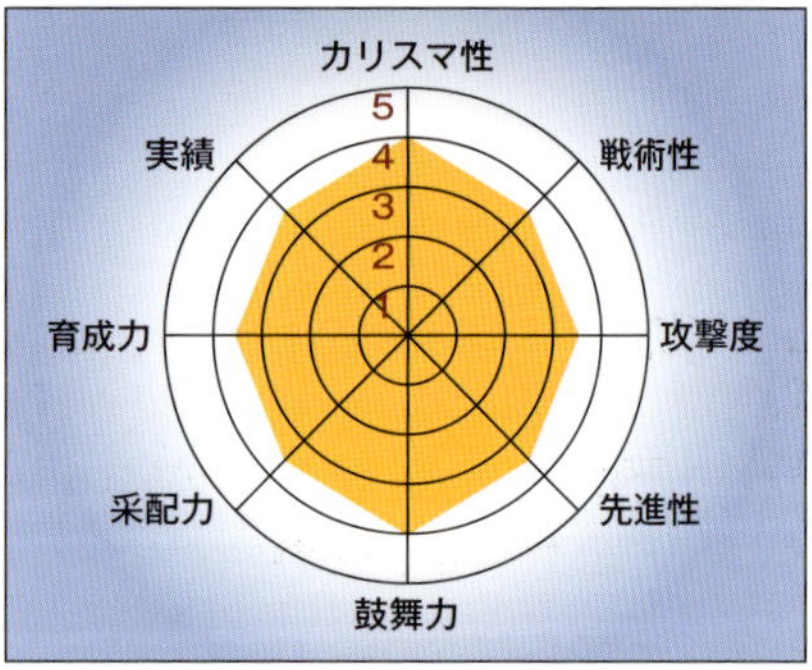

コパ・アメリカで4−2−2−2を採用

10年南アフリカW杯は、4−3−2−1。16年コパ・アメリカは、4−2−2−2同然の4−4−2。4−2−3−1にもトライしたが、4−2−2−2と大差ない姿を描いた。サイドをＳＢ1人に任せる旧来のブラジルサッカーから抜け出せずにいる。

ブラジル代表監督として2度も失敗。ドゥンガの姿にブラジルの低迷を見た

「ブラジルにいいサッカー監督は必要ない。その分、いい選手がいるから」。その昔、アルゼンチン人記者は言ったが、監督の重要性が増した今日、いい監督の不足こそがブラジルの命取りになっている。代表監督を2度もドゥンガが務め、2度とも失敗に終わった事実に、それは集約される。

1回目は、準々決勝でオランダに逆転負けした10年南アフリカW杯。最大の敗因はフェリペ・メロがオランダの右ウイング、ロッベンを踏みつけ一発退場したことにあるが、そもそもの原因は、ブラジルがサイドの攻防で後手を踏んだことにある。サイド攻撃重視型の4―3―3を敷くオランダに対し、4―3―2―1で対抗したブラジル。試合前から、ロッベンの活躍は見えていた。

2回目は、16年コパ・アメリカ。グループリーグ落ちする姿に、ブラジルの低迷を見る気がする。

マノ・メネーゼス
Mano MENEZES

ブラジル

日本代表お勧め度 D

選手時代の知名度 ★☆☆☆☆

採用フォーメーション 4−2−3−1

キャラクター数値

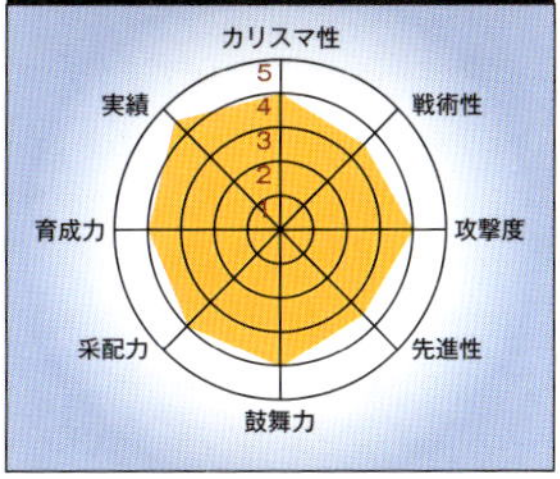

PERSONAL DATA

■1962年6月11日生まれ、ブラジル・リオグランデ・ド・スル州出身

指導キャリア

97−02 グアラニー監督
02 ブラジウ・ジ・ペロタス監督
03 グアラニー監督
03 イラチ監督
03−04 キンゼ・デ・ノベンブロ監督
04−05 カシアス監督
05−07 グレミオ監督
08−10 コリンチャンス監督
10−12 ブラジル代表監督
12 ブラジル U−23 代表監督
13 フラメンゴ監督
14 コリンチャンス監督
15 クルゼイロ監督
16 山東魯能(中国)監督
16− クルゼイロ監督

主な獲得タイトル(監督時代)

国内カップ優勝 1 回(09/ コリンチャンス)

12年10月、日本はポーランドのヴロツワフでブラジル代表と対戦した（0−4）が、時の監督がマノ・メネーゼスで、彼はその直後、解任。ルイス・フェリペ・スコラーリに、あとを譲った。16年には中国Cリーグの三東魯能の監督に就任したが、シーズンなかばで、その座をフェリックス・マガトに譲り、ブラジルのクルゼイロに戻った。ブラジルのクラブチームは、いまやその8割近くが4−2−3−1を採用するが、かつてはその8割以上が、中盤ボックス型の4−2−2−2だった。変化の分岐点に相当するのが12年前後で、マノ・メネーゼスのブラジル代表も4−2−3−1と言いながら、実態は限りなく4−2−2−2に近かった。ブラジル色を引きずる監督だ。

バンデルレイ・ルシェンブルゴ
Vanderlei LUXEMBURGO

ブラジル

日本代表お勧め度 D

選手時代の知名度 ★★★☆☆

採用フォーメーション 4−2−3−1

キャラクター数値

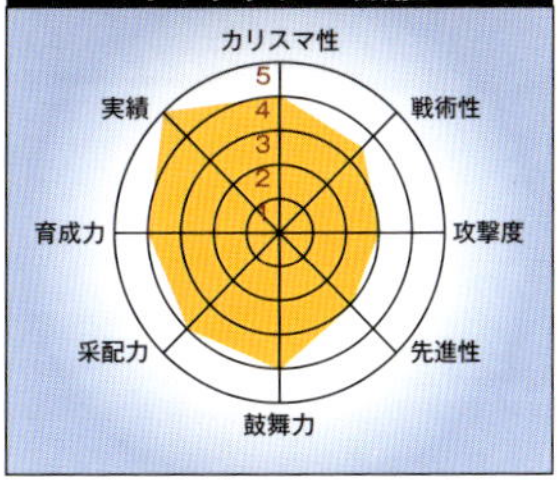

PERSONAL DATA

■1952年5月10日生まれ、ブラジル・リオデジャネイロ州出身

選手キャリア(ディフェンダー)

71−78=フラメンゴ(153/9)、78=インテルナシオナル(27/0)79−80=ボタフォゴ(9/0)

指導キャリア

80 カンポ・グランジアシスタント、81 アメリカ アシスタント、81−82 バスコ・ダ・ガマ アシスタント、83 カンポ・グランジ監督、83 リオ・ブランコ監督、84 フリブルゲンセ監督、84 アル・イテハド(サウジアラビア)監督、85 デモクラータ監督、86−87 フルミネンセ監督、87 アメリカ監督、87−88 アル・シャバブ(サウジアラビア)監督、89−90 ブラガンチーノ監督、91 フラメンゴ監督、91−92 グアラニー監督、92−93 ポンチ・プレッタ監督、93−95 パルメイラス監督、95 フラメンゴ監督、95 アトレチコ・パラナ監督、95−96 パルメイラス監督、97 サントス監督、98 コリンチャンス監督、98−00 ブラジル代表監督、00 ブラジル U−23 代表監督、01 コリンチャンス監督、02 パルメイラス監督、02−04 クルゼイロ監督、04 サントス監督、05−06 レアル・マドリー(スペイン)監督、06−07 サントス監督、08−09 パルメイラス監督、09 サントス監督、10 アトレチコ・ミネイロ監督、10−12 フラメンゴ監督、12−13 グレミオ監督、13 フルミネンセ監督、14−15 フラメンゴ監督、15 クルゼイロ監督、16− 天津権健(中国)監督

主な獲得タイトル(監督時代)

国内リーグ戦優勝 5 回(93、94/ パルメイラス、98/ コリンチャンス、03/ クルゼイロ、04/ サントス)
国内カップ優勝 1 回(03/ クルゼイロ)
コパ・アメリカ優勝(99/ ブラジル)

83年から16年までの33年間、延べ38のチームで監督職をこなしてきた。出入りを繰り返してきたわけだが、中にはブラジル代表、レアル・マドリーも含まれる。最近では中国の天津権健でも采配を振るっている。在任は最長でも2年程度。ハイライトとなったレアル・マドリーでも、1シーズン持たなかった。「ブラジル人監督に良い監督は少ない」との定説を強めることになったが、ブラジルのクラブからは以降も引きが絶えなかった。政治力の強い監督であることは確かだ。

フランス

リュディ・ガルシア

Rudi GARCIA

日本代表
お勧め度
A

PERSONAL DATA

■1964年2月20日生まれ、フランス・ヌムール出身

選手キャリア（ミッドフィルダー）

83－88＝リール（68/4）
88－91＝カーン（57/1）
91－92＝マルティーグ（13/0）

指導キャリア

01　サンテティエンヌ監督
02－07　ディジョン監督
07－08　ルマン監督
08－13　リール監督
13－16　ローマ（イタリア）監督

主な獲得タイトル（監督時代）

国内リーグ優勝１回（10－11）
国内カップ優勝１回（10－11）
フランス年間最優秀監督賞３回（11、13、14）

選手時代の知名度
★★☆☆☆

選手時代は無名も、監督として大成。娯楽性の高い攻撃サッカーを実践

15―16シーズンなかば、ローマの監督を解任されたフランス人指導者。スペインから移民した父もプロサッカー選手で、親子鷹になるが、息子は特段有名な選手ではなかった。ケガのために28歳で引退。欧州にはこうした境遇から名監督に這《は》い上がる事例が多くあるが、リュディ・ガルシアも、監督の能力が、現役時代の有名度に比例しないことを実証してみせた1人だ。

欧州で知られた存在になったのはリール時代。08―09シーズン5位、09―10は4位。そして10―11は、マルセイユ、リヨン、PSGなど、上の常連組を抑え、チームを史上3度目の国内リーグ優勝に導いた。評価すべきは、成績だけではない。サッカーの内容だ。攻撃的。「成績と娯楽性はクルマの両輪の関係で追求すべし」とは、バルサのサッカー哲学だが、それを彷彿《ほうふつ》とさせる、見て楽しいサッカーを展開した。

採用フォーメーション

4-3-3

4-2-3-1

キャラクター数値

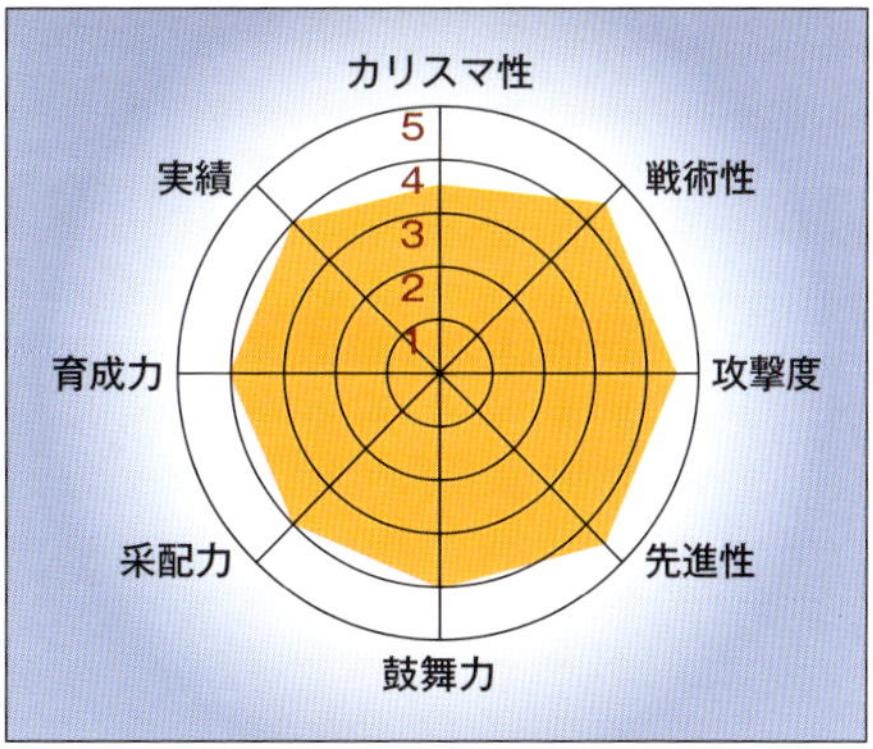

4-3-3で、攻撃的サッカーを追求する

4-3-3か、中盤フラット型4-4-2か。攻撃的サッカー系の監督が好む布陣は、大きく分けてこの2つ。まず攻めようとする監督と、まず奪おうとする監督。リュディ・ガルシアは前者。サイド攻撃に力を入れるが、ローマ時代後半は布陣が間延びしてしまった。

リール時代は、攻撃サッカーで国内2冠を達成した

11―12、12―13はCLに出場。グループリーグで敗退したが、リュディ・ガルシアには、上昇階段が待ち受けていた。13―14、移った先はイタリアにあっては攻撃的サッカーが浸透しているローマで、いきなり開幕から10連勝を記録。その名をアピールした。最終的にスクデットはユベントスに譲ったが、2位でシーズンを終えた。

14―15は国内リーグ2位。死のグループに入ったCLは、グループリーグ3位。15―16はCLではベスト16入りしたが、国内リーグの成績が振るわず、監督は解任の憂《う》き目にあった。15―16CLでレバークーゼンと演じたホーム&アウェイ（4―4、2―3）は、娯楽性満点だったが、バルサには1―6の大敗。14―15のバイエルン戦（1―7）同様、正面から当たって、派手に砕け散った。

悪く言えば、淡泊で大味。娯楽性のレベルをもう1ランク上げることができれば、名将だ。

ディディエ・デシャン

Didier DESCHAMPS

フランス

日本代表お勧め度
B

PERSONAL DATA

■1968年10月15日生まれ、フランス・バイヨンヌ出身

選手キャリア（ミッドフィルダー）

85−89＝ナント（123/4）
89−90＝マルセイユ（17/1）
90−01＝ボルドー（35/3）
91−94＝マルセイユ（106/5）
94−99＝ユベントス（178/4）
99−00＝チェルシー（47/1）
00−01＝バレンシア（21/0）
○フランス代表＝103/4（89−00）

主な獲得タイトル（選手時代）

CL 優勝 2 回（92−93/ マルセイユ※八百長事件発覚により、のちに剥奪《はくだつ》、95−96/ ユベントス）
IC 優勝 1 回（95−96/ ユベントス）
国内リーグ優勝 5 回（89−90、91−92/ マルセイユ、94−95、96−97、97−98/ ユベントス）
国内カップ優勝 2 回（94−95/ ユベントス、99−00/ チェルシー）
W杯優勝 1 回（98/ フランス）
ユーロ優勝 1 回（00/ フランス）

指導キャリア

01−05　モナコ監督
06−07　ユベントス監督
09−12　マルセイユ監督
12−　フランス代表監督

主な獲得タイトル（監督時代）

国内リーグ優勝 1 回（09−10/ マルセイユ）
フランス年間最優秀監督賞 1 回（04）

選手時代の知名度
★★★★★

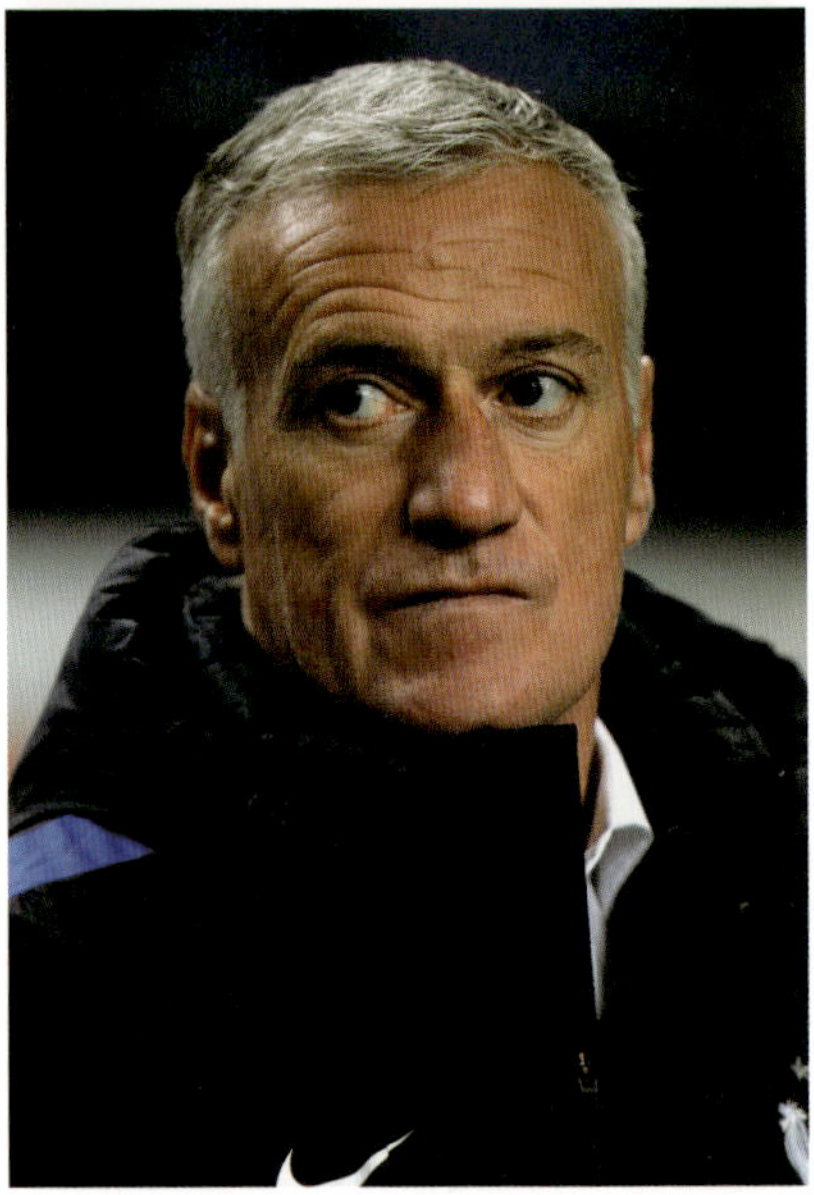

現役時代を過ごしたイタリアに強く影響を受けたバランス重視型

自国開催のユーロ2016を戦ったフランス代表監督。ブラジルW杯では優勝したドイツに準々決勝で惜敗したが、差はわずかと踏んだのだろう。ブックメーカーはその優勝予想で、両国の関係を入れ替え、フランスを本命に挙げていた。だが、結果はまさかの準優勝。C・ロナウドを前半早々ケガで失ったポルトガルの監督、フェルナンド・サントスの寝技のような采配に屈した。

優勝したユーロ2000を最後に、代表を去るまで重ねた代表キャップは103。主将としても56試合に出場した元中盤選手。ジダンは4歳年下で、ユベントスで2シーズン連続（96―97、97―98）、ともにCL決勝に進出した関係にある。

CL決勝は、最初に監督の座に就いたモナコでも経験した。03―04。名勝負は準々決勝のマドリー戦。ジダン対デシャン。かつての盟友が、選手と監

採用フォーメーション

4—4—2（中盤フラット型）

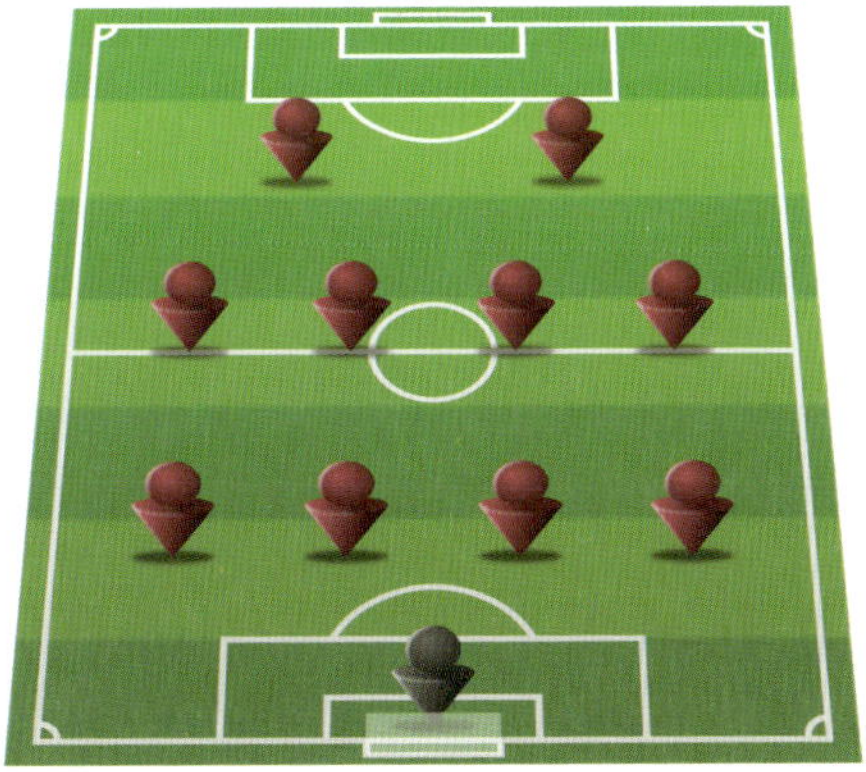

4—3—3

キャラクター数値

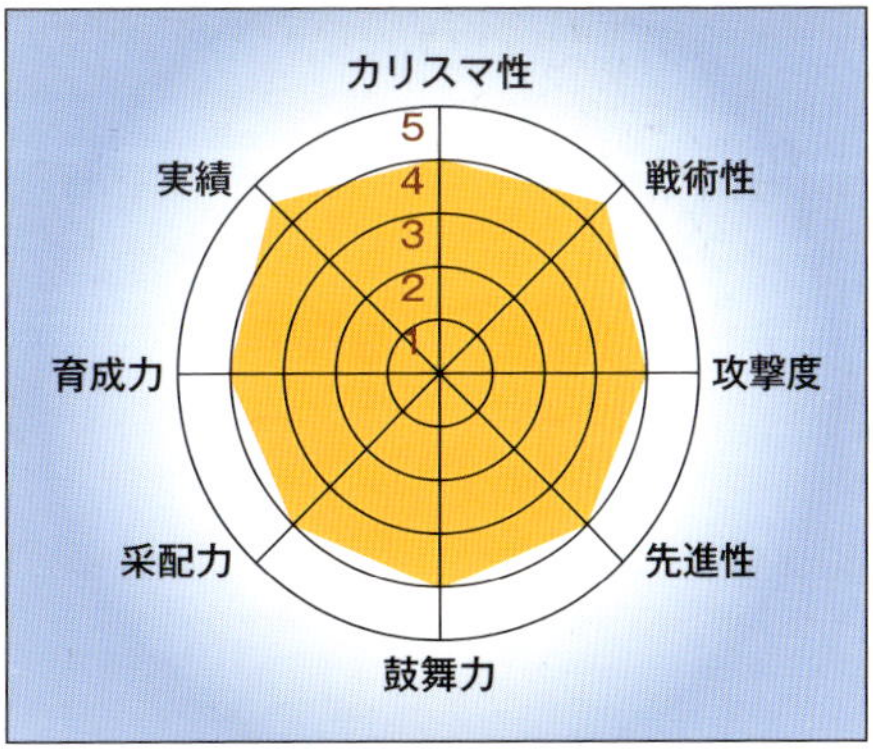

エリアを支配した安定型のサッカー

CL決勝に進出したモナコでは中盤フラット型4−4−2を採用したが、12年に就任したフランス代表監督としては主に4−3−3を採用。ボール支配率というより、エリアを支配することで試合のコントロールを狙う監督。穴が生まれないので、大崩れしない。

地元開催のユーロでは、決勝で涙を飲んだ

督に分かれて対戦した一戦だ。初戦アウェイは2—4。そしてホームの第2戦でマドリーが先制すると、試合は順当に終わるかに思えた。だが、モナコは前半ロスタイムと後半開始早々、ハーフタイムを挟んだわずかの間に抜け目なく得点を重ね、通算スコアを4—5にする。もう1点で同点ながら、アウェイゴールルールに照らせば、それは逆転ゴールに相当した。デシャンは4—2—3—1の3の左を担当するジダンに真ん中に入る癖があることを見逃さなかった。決勝点は、対峙《たいじ》する右SBイバーラの攻め上がりから生まれたもの。ピッチ中央で呆然《ぼうぜん》と立ち尽くすジダン。軍配はデシャンに上がった。

モナコ時代の布陣は中盤フラット型4—4—2。フランス代表では4—2—3—1や4—3—3を採用。プレッシング時代のイタリアサッカーを彷彿《ほうふつ》とさせる規律正しいバランス重視の中《ちゅう》庸《よう》型だ。その中心に現役時代の彼がいるかのようなサッカーである。

フランス

ローラン・ブラン

Laurent BLANC

日本代表お勧め度
B

PERSONAL DATA

■1965年11月19日生まれ、フランス・アレス出身

選手キャリア（ディフェンダー）

83−91＝モンペリエ（273/80）、91−92＝ナポリ（34/6）
92−93＝ニーム（30/1）、93−95＝サンテティエンヌ（73/18）
95−96＝オセール（32/4）、96−97＝バルセロナ（38/1）
97−99＝マルセイユ（79/16）、99−01＝インテル（86/6）
01−03＝マンチェスター・ユナイテッド（75/4）
○フランス代表＝97/16（89−00）

主な獲得タイトル（選手時代）

UCWC 優勝 1 回（96−97/ バルセロナ）
国内リーグ優勝 2 回（95−96/ オセール、
02−03/ マンチェスター・ユナイテッド）
国内カップ優勝 3 回（89−90/ モンペリエ、95−96/ オセール、
96−97/ バルセロナ）
W杯優勝 1 回（98/ フランス）
ユーロ優勝 1 回（00/ フランス）

指導キャリア

07−10　ボルドー監督
10−12　フランス代表監督
13−16　パリ・サンジェルマン監督

主な獲得タイトル（監督時代）

国内リーグ優勝 4 回（08−09/ ボルドー、13−14、14−15、
15−16/ パリ・サンジェルマン）
国内カップ優勝 4 回（08−09/ ボルドー、14−15、
15−16/ パリ・サンジェルマン）
フランス年間最優秀監督賞 2 回（08、15）

選手時代の知名度

★★★★★

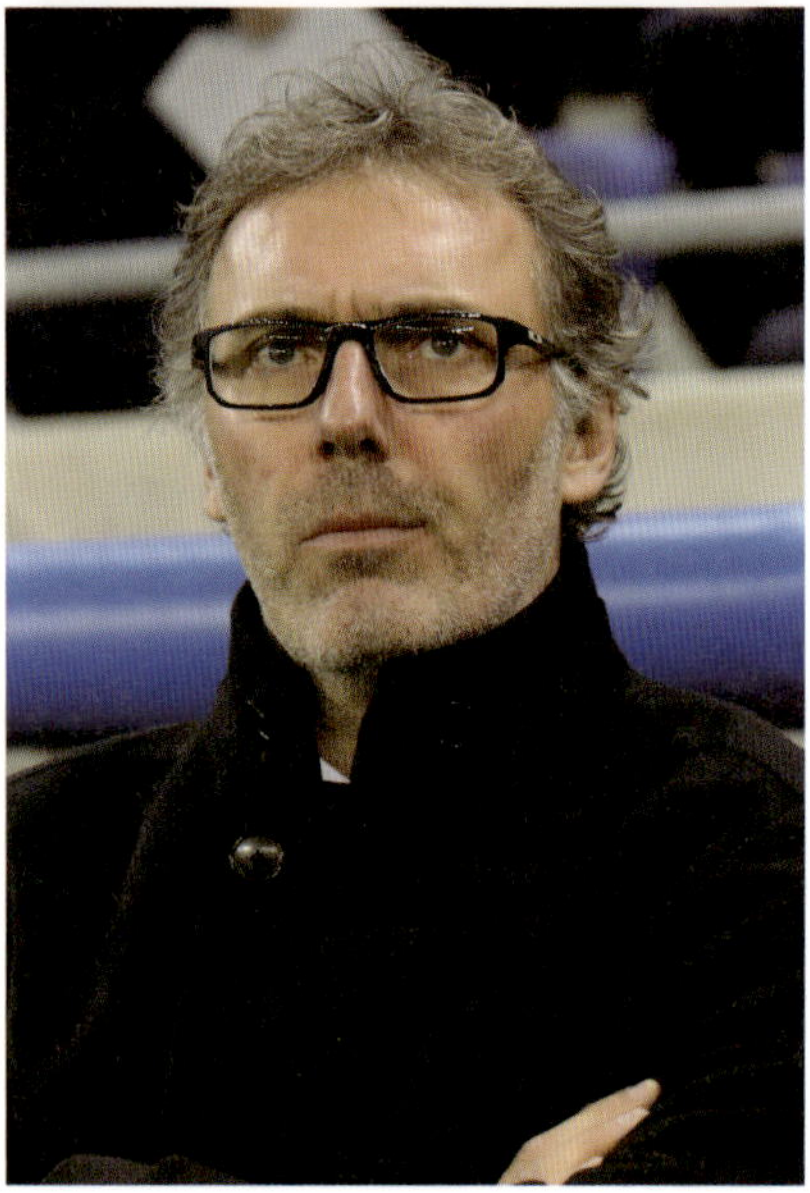

代表チームからビッグクラブに転身して成功した数少ない指導者

パリ・サンジェルマン（PSG）は、金満クラブとして知られるが、その金満の名から連想するのはチェルシーだ。そのはしりというか、最初の成功例だ。PSGとチェルシーの差はまだ大きいが、ブランが監督に就任した以降は拮《きっ》抗《こう》した関係が続いた。CLでは3年連続決勝トーナメントで対戦。13―14、14―15はともに通算スコア3―3。決着はアウェイゴールルールに委《ゆだ》ねられた。13―14はチェルシー。14―15はPSGが雪辱。両者はまさにライバル関係にある。

バルサ、マドリー、バイエルンを欧州の第1グループとすれば、チェルシー、PSGはアトレティコとともに第2グループを形成する。欧州でトップ6に入るクラブ監督の座にあった。ところが16―17を前に解任される。セビージャでEL3連覇の実績を持つウナイ・エメリに、その座を明け渡した。

採用フォーメーション

4−3−3

4−2−3−1

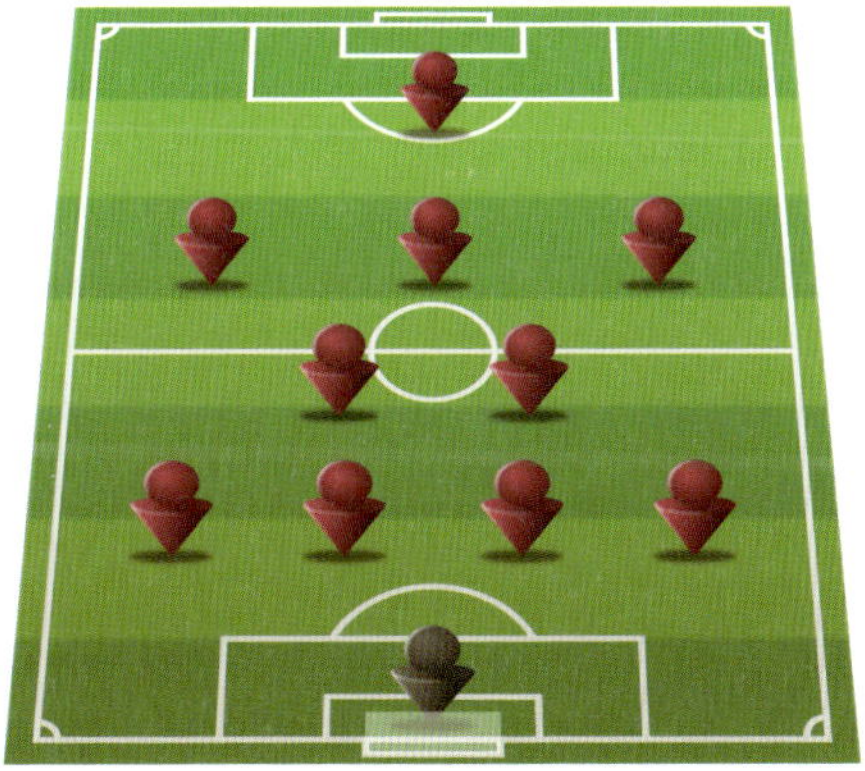

キャラクター数値

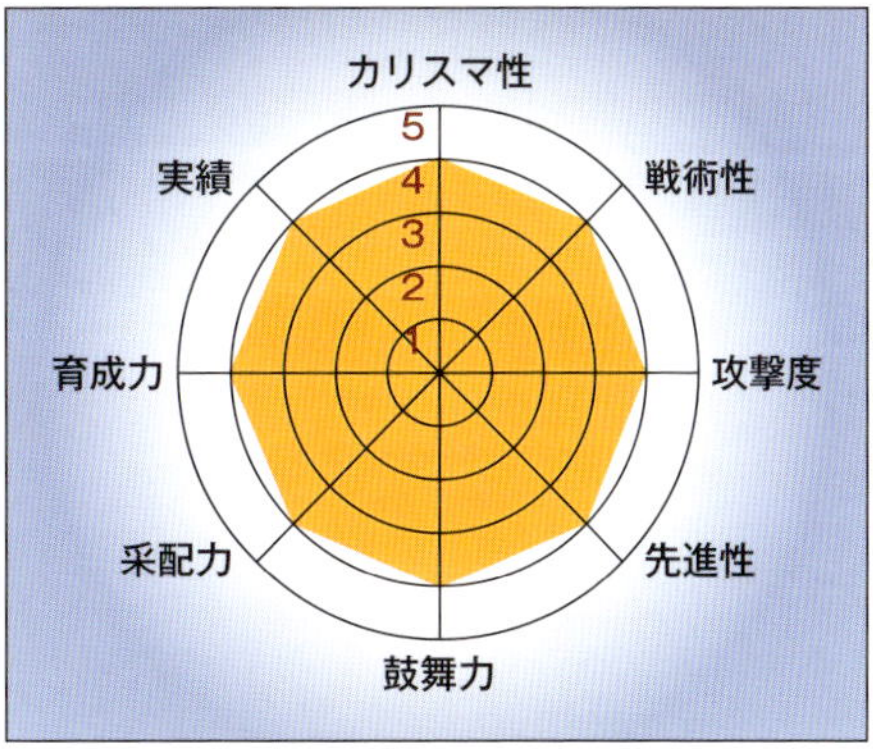

サイド攻撃に課題を残した4−3−3

守備的MFを1枚、アンカーに置く4−3−3を、PSGやフランス代表監督として使用。PSGでは左利きのディ・マリアを右に、右利きのカバーニを左にすえたため、それぞれは内に絞りがち。SBの攻撃参加なしには最深部までえぐりにくい構造になっていた。

国内無敵を誇るPSGも、CLでは8強止まり

元フランス代表の守備の要。97回の代表歴を持つ。00年に引退。07−08にボルドーで監督デビューを飾るや、いきなりチームを国内リーグ2位に押し上げる。そして翌08−09には、リーグ優勝に導く。

しかし10年の南アフリカW杯後、クラブ監督から代表監督に路線を変更。ユーロ2012を目指すフランス代表に就任した。結果は、本大会の準々決勝でスペインに惜敗。

内容は悪くなかったが、ブランは責任を取り、あっさり身を引く。そして再びクラブ世界に舞い戻り、PSG監督に就任した。

代表監督は概して、クラブ監督として名をはせたベテラン監督が就くものだ。代表監督からトップのクラブに返り咲く例は少ない。

サッカーは攻撃的。相手によって戦い方を変えるモウリーニョにはない、元名選手らしい鷹揚《おうよう》な構えだ。現在まだ50代前半。今後が注目される監督だ。

フランス

アーセン・ベンゲル

Arsene WENGER

日本代表お勧め度

A

PERSONAL DATA

■1949年10月22日生まれ、フランス・ストラスブール出身

選手キャリア（ミッドフィルダー）

73−75＝ミュルーズ（56/4）

78−81＝ストラスブール（11/0）

主な獲得タイトル（選手時代）

国内リーグ優勝１回（78−79/ ストラスブール）

指導キャリア

79−83　ストラスブール・ユース監督

83−84　カンヌ アシスタント

84−87　ナンシー監督

87−94　モナコ監督

95−96　名古屋グランパスエイト（日本）監督

96−　　アーセナル（イングランド）監督

主な獲得タイトル（監督時代）

国内リーグ優勝４回（87−88/ モナコ、97−98、01−02、03−04/ アーセナル）

国内カップ優勝８回（90−91/ モナコ、95/ 名古屋グランパスエイト、97−98、01−02、02−03、04−05、13−14、14−15/ アーセナル）

Ｊリーグ年間最優秀監督賞１回（95/ 名古屋グランパスエイト）

プレミアリーグ年間最優秀監督賞３回（98、02、04/ アーセナル）

選手時代の知名度

★★☆☆☆

アーセナルで長期政権を維持する、攻撃重視型のフランス人監督

93—94シーズン、CLでモナコを率いてベスト4入りした翌年、Jリーグの名古屋の監督に就任。下位に低迷していた同チームをいきなり優勝争いに導き、天皇杯ではタイトルを獲得した。監督としてのレベルの違いを見せつけたわけだが、当時、彼に対する日本人の反応は鈍かった。何より、CLの価値を知っている人が少なかった。

　日本を離れたのは96年。欧州の96—97シーズンにアーセナルの監督に就任した。それから現在まで、その座を維持している。その間、プレミアリーグ優勝3度。CLには、98—99シーズン以来19期連続出場を果たしている。その結果、アーセナルは02年以来、欧州クラブランキングのトップ10内を維持。文字どおり「欧州トップ10クラブ」の看板を張っている。

　絶頂期はプレミア史上初となる無敗優勝をとげた03—04。ベルカンプとア

採用フォーメーション

4−4−2（中盤フラット型）

4−4−1−1

キャラクター数値

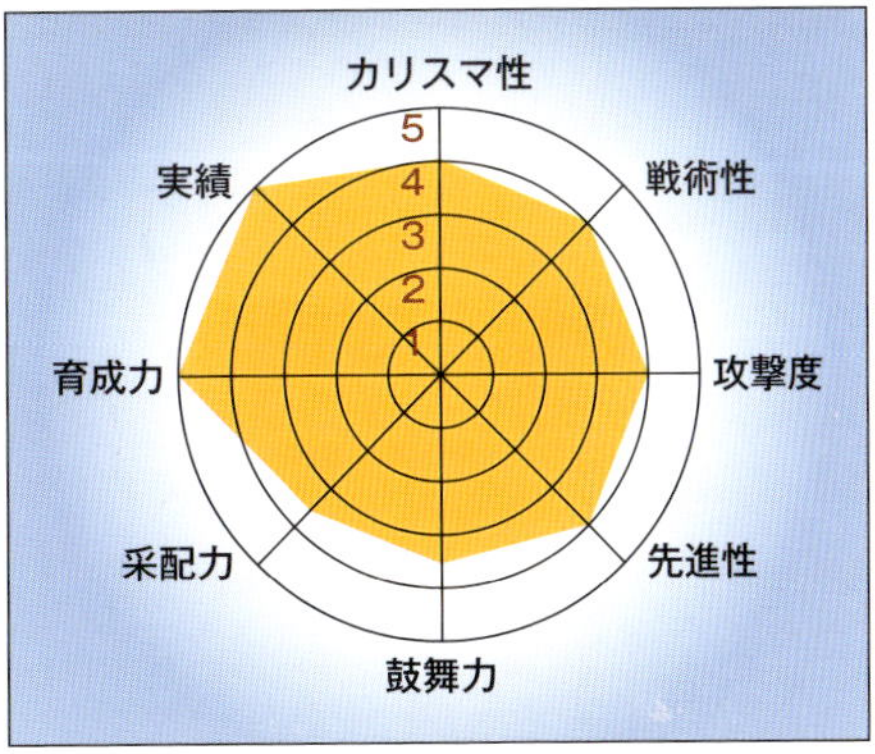

しばしば4−4−1−1を使うこともある

名古屋時代に披露した布陣は、中盤フラット型4−4−2ベースの4−4−1−1。10番ストイコビッチは、トップ下というよりトップ脇だった。アーセナルの黄金時代を築いた10番、ベルカンプもトップ脇。布陣も4−2−3−1より4−4−1−1に近かった。

監督の哲学のもと、攻撃的サッカーを貫き続けるアーセナル

ンリが段差で2トップを張るサッカーは、よいサッカーと強いサッカーが融合したその理想的な姿を描いた。

惜しかったのは、バルサと対戦した05―06シーズンのCL決勝（1―2）。前半に退場者を出し、10人での戦いを強いられなければ、あるいはと言いたくなる善戦を披露した。

サッカーの志向は「勝利と娯楽性をクルマの両輪のように追求する」バルサのサッカーに近い。「勝つサッカー」と「良いサッカー」を同じくらいの比重で考えている監督。ピッチをワイドに使い、相手のセンターバックの間隔をあけておいてから、パスを駆使して真ん中をグイと突くスタイルも似ている。実際、国内リーグ戦の最中、忙しい合間を縫って、バルサの試合を観戦に行く姿を何度となく目撃されている。

若手の発掘に余念がないことも、ほかの欧州トップ10監督との違いだ。好素材はいないかと、常に世界各地に目を配る若手好きな監督としても知られる。

フランス

ウィリー・サニョル
Willy SAGNOL

日本代表お勧め度
B

PERSONAL DATA

■1977年3月18日生まれ、フランス・サンテティエンヌ出身

選手キャリア(右サイドバック)
95−97＝サンテティエンヌ(46/1)
97−00＝モナコ(71/0)
00−09＝バイエルン・ミュンヘン(184/7)
○フランス代表＝58/0(00−08)

主な獲得タイトル(選手時代)
CL 優勝 1 回(00−01/ バイエルン・ミュンヘン)
IC 優勝 1 回(01/ バイエルン・ミュンヘン)
国内リーグ優勝 6 回(99/00 モナコ、00−01、02−03、04−05、05−06、07−08/ バイエルン・ミュンヘン)、
国内カップ優勝 4 回(02−03、04−05、05−06、07−08/ バイエルン・ミュンヘン)

指導キャリア
13−14 フランス U−21代表監督
14−16 ボルドー監督

採用フォーメーション

4−2−3−1

選手時代の知名度

★★★★★

キャラクター数値

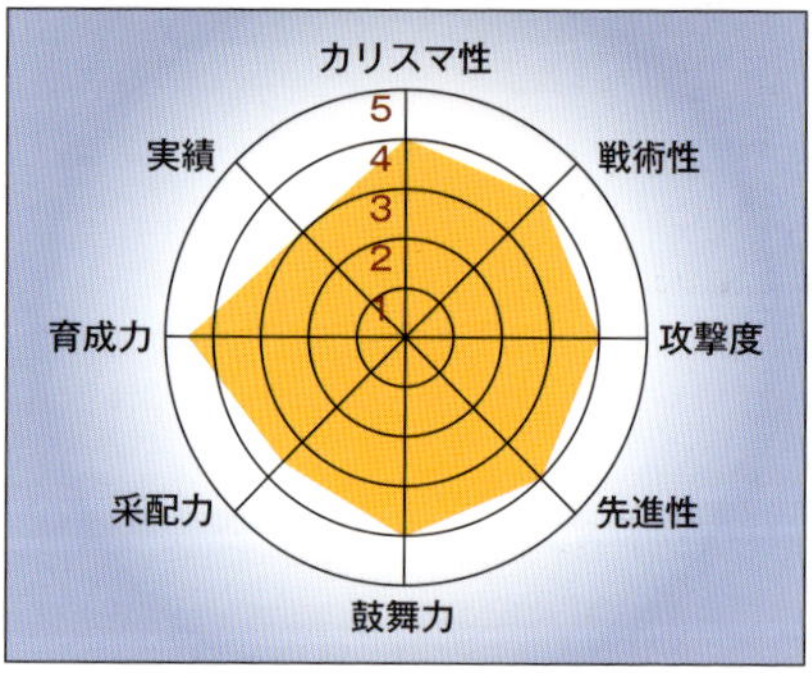

現役時代は攻撃的右サイドバック

元バイエルンの右ＳＢ。サニョルが加入する少し前までバイエルンは5バックと同義語の3バックを敷いていたので、彼は攻撃的にスタイルを変えた同チームを象徴する選手と言えた。監督としてもその路線上を行くが、最初のクラブのボルドーでは、2年で解任された。

フランスサッカー界期待の監督は、ボルドーを指揮して解任された

元フランス代表の右SB。バイエルンでも00年代のある時期、不動のメンバーとして君臨。00—01シーズンのCL優勝にも貢献した。引退後は指導者に。フランスU—21チームの監督に、35歳で就任。フランスサッカー界期待の若手指導者であることが、この事実から垣間見える。14年、続いて37歳のときに、名門ボルドーの監督に就任。06年ドイツW杯準優勝メンバーの中で、引退後、最も順調なステップを踏んでいるサニョル。報道によれば、黒人を差別する発言を吐いたとされる。かつての同僚テュラムらが非難の声を上げたが、フランス協会は誤解だと擁護《ようご》。将来フランス代表監督もあり得そうなムードだ。

ただ、ボルドーのサッカーはいまひとつ。15—16のELでは1勝もできず、グループリーグ最下位に終わった。16—17は休養中。

フランス

ジネディーヌ・ジダン

Zinedine ZIDANE

日本代表お勧め度
C

PERSONAL DATA

■1972年6月23日生まれ、フランス・マルセイユ出身

選手キャリア(攻撃的ミッドフィルダー)

89－92＝カンヌ(61/6)
92－96＝ボルドー(139/28)
96－01＝ユベントス(151/24)
01－06＝レアル・マドリー(155/37)
○フランス代表＝108/31(94－06)

主な獲得タイトル(選手時代)

CL 優勝 1 回(01－02/ レアル・マドリー)
IC 優勝 2 回(96/ ユベントス、02/ レアル・マドリー)
国内リーグ戦優勝 3 回(96－97、97－98/ ユベントス、02－03/ レアル・マドリー)
W杯優勝 1 回(98/ フランス代表)
ユーロ優勝 1 回(00/ フランス代表)

指導キャリア

13－14　レアル・マドリー(スペイン)アシスタント
14－16　レアル・マドリー・カスティージャ(スペイン)監督
16－　レアル・マドリー(スペイン)監督

主な獲得タイトル(選手時代)

CL 優勝回数 1 回(15－16/ レアル・マドリー)

採用フォーメーション

4－3－3

選手時代の知名度

★★★★★

キャラクター数値

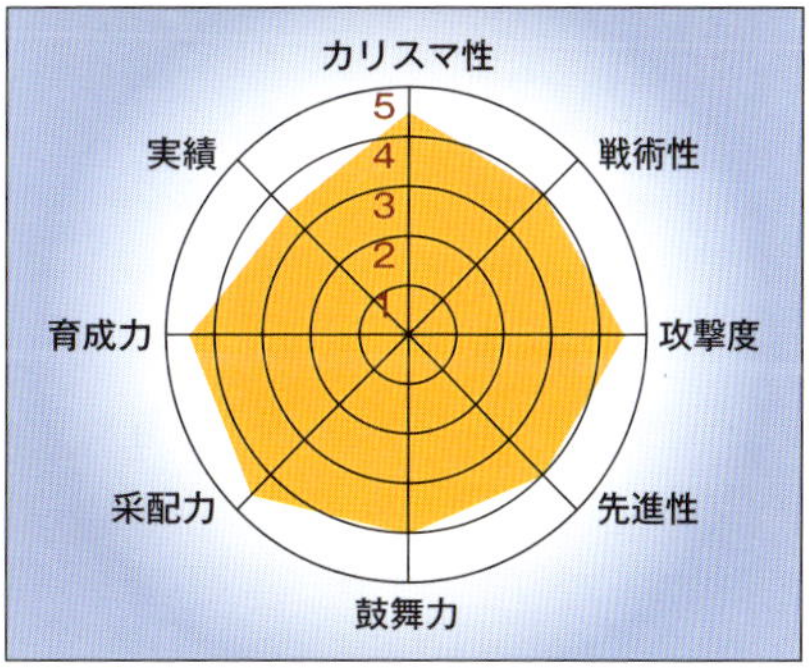

「名選手、名監督にあらず」を覆《くつがえ》せるか

レアル監督に就任した当初、どうなるものかと心配させたが、徐々に落ち着き国内リーグ、CLで的確な采配を行った。選手時代に勝《まさ》る才能の持ち主か否かは定かではないが、かなりのレベルにあることは確か。「名選手、名監督にあらず」の格言を覆《くつがえ》す構えだ。

レアル・マドリーの監督に就任して監督キャリアが本格的に始まった

16年1月、ペレス会長はベニーテス支持の姿勢を一変。下部組織で助監督を務めていたジダンを、その後任監督に任命した。「監督で勝ってきたバルサに対し、選手で勝ってきたマドリー」とは、現地長老記者氏の両クラブ評だが、例えば、ジダンがマドリーに所属していたときの監督デル・ボスケは、哲学者でもなければ、斬新な戦術を打ち出す戦術家でもなかった。スター選手の気持ちがわかる、彼らをまとめることが得意な監督だった。01―02のCL決勝の対レバークーゼン戦と言えば、ジダンのスーパーゴールを連想するが、これは監督がスターにプラスアルファの力を発揮させた典型的な例。ジダンもデル・ボスケ的だ。就任1年目の15―16はリーグ2位。バルサに競《せ》り負けたが、CLでは決勝でアトレティコを下し、見事優勝。特段これだ！という采配を見せたわけでもないのにだ。

サブリ・ラムシ

Sabri LAMOUCHI

日本代表
お勧め度
A

PERSONAL DATA

■1971年11月9日生まれ、フランス・リヨン出身

選手キャリア(守備的ミッドフィルダー)

90−94＝アレス(106/29)
94−98＝オセール(129/19)
98−00＝モナコ(56/4)
00−03＝パルマ(90/7)
03−05＝インテル(16/0)
04−06＝ジェノア(20/1)
05−06＝マルセイユ(36/5)
06−07＝アル・ラーヤン(7/6)
07−08＝ウム・サラル(19/0)
08−09＝アル・ハリティヤット(10/1)
○フランス代表＝12/1(96−01)

主な獲得タイトル(選手時代)

国内リーグ優勝２回(95−96/ オセール、99−00/ モナコ)
国内カップ優勝２回(01−02/ パルマ、04−05/ インテル)

指導キャリア

12−14　コートジボワール代表監督
14−　　エル・ジャイシ(カタール)監督

採用フォーメーション

4−2−3−1

選手時代の知名度

★★★★☆

キャラクター数値

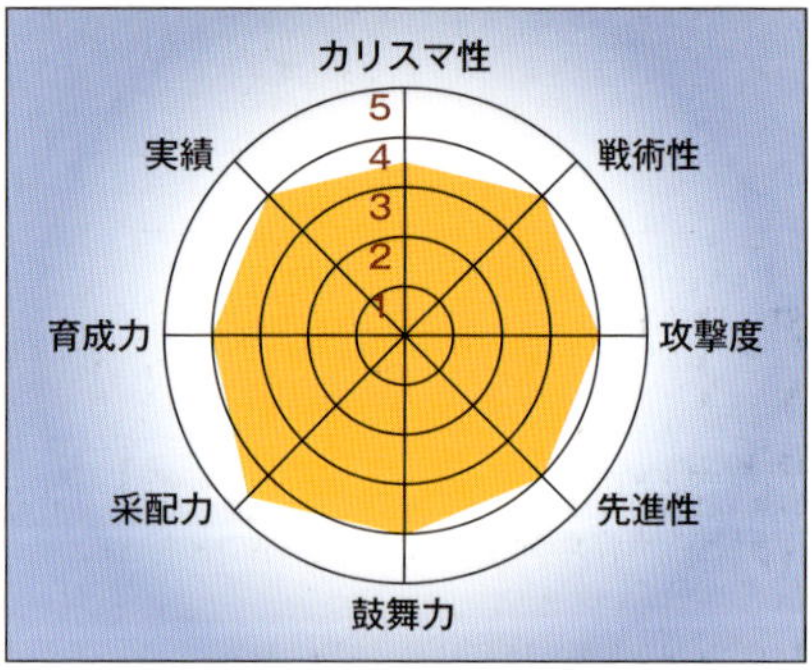

14年W杯初戦で日本の弱点を突いた

14年W杯、対コートジボワール戦。日本の敗因は相手の監督ラムシに、香川真司が所定の位置を離れ、真ん中で構えてしまうという左サイドの特殊性を突かれた点にあった。相手の同点弾と逆転弾を演出したのは、いずれも右ＳＢオーリエ。ラムシの監督力を見た。

コートジボワールを率いたW杯で、香川が中央による癖を見事に分析

14年ブラジルW杯初戦。ラムシ監督率いるコートジボワールと対戦した日本は、先制したものの、後半2ゴールを奪われ、逆転負けを許した。

「日本の左サイドの傾向を、相手に分析されていたようだ」とは、原博実専務理事（当時）の言葉。真ん中に入りがちな香川真司の癖を、見抜いていたラムシは、香川と対峙《たいじ》する右サイドバックを上手に活用。2ゴールに絡《から》ませた。ザッケローニとの差を見せつけたのだった。フランス代表として活躍した、少し地味めな中盤選手。パルマ在籍時代は、中田英寿とポジションを争い、彼をサイドに追いやった過去がある。中田は、にもかかわらず、真ん中に再三進出。14年ブラジルW杯の香川と全く同じ癖を披露した。コートジボワール監督になったラムシが、そのあたりを見逃すはずはない。彼にはやさしすぎる設問だった。

ア
カ
サ
タ
ナ
ハ
フランス
マ
ヤ
ラ
日本

クリストフ・ガルティエ

Christophe GALTIER

フランス

日本代表お勧め度 **B**

選手時代の知名度 ★★★☆☆

採用フォーメーション

4-1-4-1

キャラクター数値

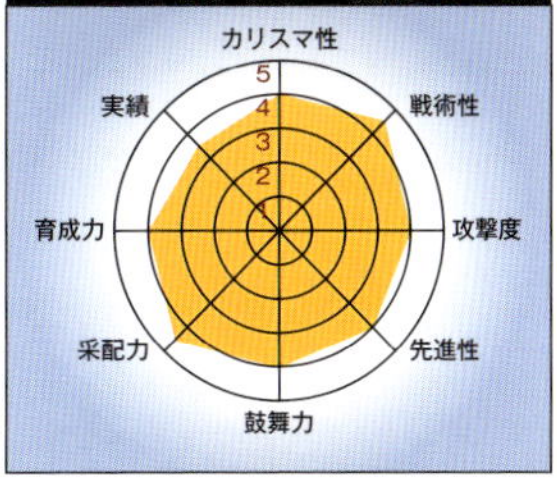

PERSONAL DATA

■1966年8月23日生まれ、フランス・マルセイユ出身

選手キャリア(ディフェンダー)

85−87＝マルセイユ(52/0)
87−90＝リール(93/0)
90−93＝トゥールーズ(83/0)
93−94＝アンジェ(33/1)
95−97＝マルセイユ(52/0)
97−98＝モンツァ(24/0)
98−99＝遼寧宏運(23/0)

指導キャリア

00　マルセイユ アシスタント
01−02　アリス・テッサロニキ(ギリシャ)監督
09−　サンテティエンヌ監督

マルセイユでプロの道へ。フランスU-21には選ばれるも、代表には選出されず。その一歩手前の選手という立ち位置で、現役生活を送った。晩年はセリエBのモンツァを経て、中国の遼寧宏運足球倶楽部でプレイ。98-99年の話だが、現在のような華々しさのない当時の中国Cリーグに出かけていくパイオニア精神に、監督としての適性を垣間見る気がする。01-02シーズンの途中、アンリ・ミシェルが解任されたアリス・テッサロニキ（ギリシャ）の監督を務めたことがあるが、本格的な監督としてデビューしたのは、引退から10年後。09-10になる。サンテティエンヌの監督の座に就いたが、当時から16-17まで、その座を維持している。降格圏ギリギリのリーグアン17位でバトンを受けてから、3シーズン後には、1ケタの真ん中までをポジションを上げ、現在に至っている。今後に期待が高まる監督だ。

クロード・ピュエル

Claude PUEL

フランス

日本代表お勧め度 **D**

選手時代の知名度 ★★★★☆

採用フォーメーション

4-4-2(中盤ダイヤモンド型)

キャラクター数値

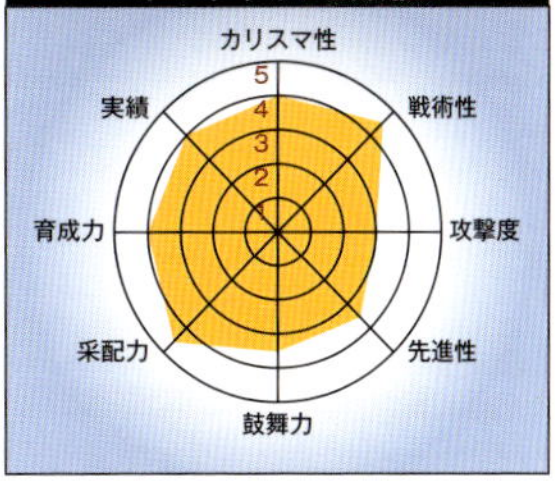

PERSONAL DATA

■1961年9月2日生まれ、フランス・カストル出身

選手キャリア(守備的ミッドフィルダー)

79−96＝モナコ(488/4)

主な獲得タイトル(選手時代)

UCWC 優勝 1 回(91−92/ モナコ)
国内リーグ優勝 2 回(81−82、87−88/ モナコ)
国内カップ優勝 3 回(79−80、84−85、90−91/ モナコ)

指導キャリア

99−01　モナコ監督
02−08　リール監督
08−11　リヨン監督
12−16　ニース監督
16−　サウサンプトン(イングランド)監督

主な獲得タイトル(監督時代)

国内リーグ優勝 1 回(99−00/ モナコ)

モナコで79-80シーズン、プロ選手に。以来、22年間モナコ一筋で生きてきた。リーグ優勝の経験は、併せて3度。2度は選手、3度目は監督として、になる。モナコで公式戦に601試合出場し、96年に引退。モナコのリザーブチームの指導者に。そして99-00トップチームの監督の椅子に就くのだが、3度目の優勝は、この新人監督時代のもの。快挙と言えた。ところが、翌シーズン、11位に順位を落とすと、解任の憂《う》き目に。ピュエルは翌02-03、ハリルホジッチの後任としてリールの監督に就任した。08-09には、リーグ7連覇中のリヨンの監督に。だが彼は、その記録を途絶えさせ、常勝軍団から転落させる。12-13、ニースへ。格を下げたが、16-17、再浮上をかけ、サウサンプトンの監督に就任。気がかりなのは、サッカーが非攻撃的であることだ。

マルク・ヴィルモッツ

Marc WILMOTS

ベルギー

日本代表お勧め度

D

PERSONAL DATA

■1969年2月22日生まれ、ベルギー・ドンヘルベルフ出身

選手キャリア（ミッドフィルダー、フォワード）

87−88＝シント・トロイデン（30/9）
88−91＝KV メヘレン（87/22）
91−96＝スタンダール・リエージュ（136/67）
96−00＝シャルケ（104/21）
00−01＝ボルドー（30/8）
01−03＝シャルケ（34/6）
○ベルギー代表＝70/28（90−02）

主な獲得タイトル（選手時代）

UC 優勝 1 回（96−97/ シャルケ）
国内リーグ優勝 1 回（88−89/KV メヘレン）
国内カップ優勝 1 回（92−93/ スタンダール・リエージュ、01−02/ シャルケ）

指導キャリア

03−　シャルケ（ドイツ）暫定監督・選手兼任
04−05　シント・トロイデン監督
09−12　ベルギー代表アシスタント
12−16　ベルギー代表監督

主な獲得タイトル（監督時代）

ベルギー年間最優秀監督賞 2 回（13、14）

選手時代の知名度

★★★★★

綺麗なサッカーでベルギー代表を欧州屈指のチームに育てた監督

日本戦でオーバーヘッドを叩き込むなど、02年日韓共催W杯で大活躍したベルギーの元主将。

1トップ下という花形ポジションらしからぬ、いかついオッさん風情《ふぜい》。ストイチコフを想起させる俺様的な厚かましさも垣間見せるなど、派手なのか地味なのかわかりにくいスター性を備えたアタッカーとしてベルギーを牽引《けんいん》した。いずれにせよ、将来の監督像が想像しにくいタイプだった。

ユーロ2016の優勝予想でブックメーカー各社は、フランス、ドイツ、スペインに次ぐ4番手としてベルギーを挙げた。評判は、14年ブラジルW杯前から高く、大会のダークホースと目されていた。

結果はベスト8。02年日韓共催W杯と同じ成績ながら、物足りなさを感じた。その欧州予選で見せた勢いはすっかり失われていた。

採用フォーメーション

4−2−3−1

4−3−3

キャラクター数値

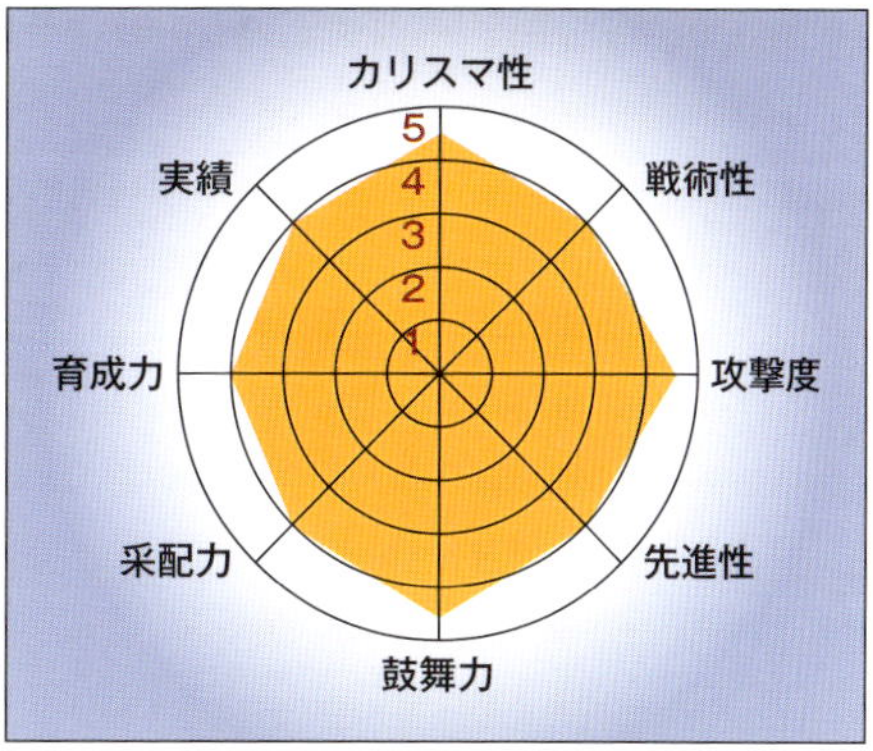

タレント豊富なチームを、布陣で生かせず

ベルギー代表監督として4−3−3を採用するが、右肩上がりを示しているこの国の力が、布陣の中に落とし込めていない感じ。知名度の高い選手が増えたにもかかわらず、サッカーに高級感が出せずにいる。両SBの攻め上がりが控え目すぎるのも、その一因だ。

期待されたユーロ2016では、8強止まり

にもかかわらず、ユーロ２０１６の前評判は相変わらず高かった。サッカーは４―２―３―１をベースにした攻撃的に属するサッカーだ。14年W杯予選では、ボールがピッチの各所によく散るパスワークに優れたサッカーを展開。監督の現役時代のイメージには程遠い、美しいサッカーを見せた。ところが、その面影はもはやない。ベルギーの選手の質は高いが、サッカーそのものの質は低い。

４―２―３―１の３の両サイドが真ん中に入る中央攻め。サイドを全く使わない強引で単調な攻めを繰り返し、相手のカウンターの餌食になった。

ユーロ２０１６の準々決勝で伏兵ウェールズに敗れた試合は、その典型。１―３という結果は、かなり恥ずかしい敗戦だった。ヴィルモッツは、暴れる選手をコントロールできない指揮官に成り下がっていた。

大会後、更迭《こうてつ》。ロベルト・マルティネスにその座を譲った。

ハイン・ヴァンハーゼブルック
Hein VANHAEZEBROUCK

ベルギー

日本代表お勧め度 D

選手時代の知名度

★★☆☆☆

採用フォーメーション

3-4-1-2

キャラクター数値

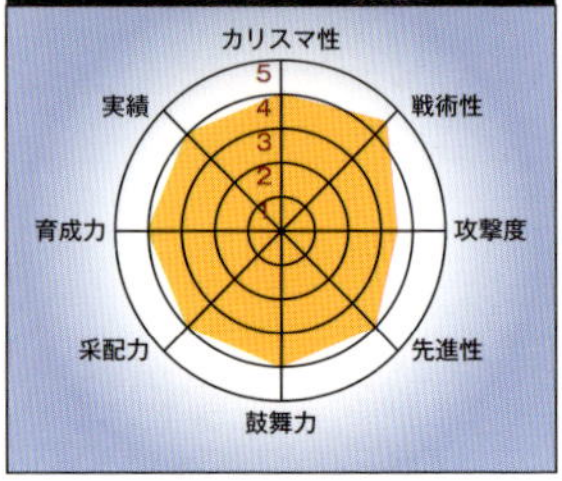

PERSONAL DATA

■1964年2月16日生まれ、ベルギー・コルトレイク出身

選手キャリア(リベロ、センターバック)

83−84=ホワイトスター・ラウエ
84−85=トゥルネー
85−86=コルトレイク(18/1)
86−89=ラウエ
89−98=ハレルベーケ(217/14)
98−00=ロケレン(38/1)

指導キャリア

97−98 ハレルベーケ・ユース監督
00−02 ロケレン アシスタント
02−03 インゲルミュンスター監督
03 ハレルベーケ監督
04−06 ホワイトスター・ラウエ監督
06−09 コルトレイク監督
09 ゲンク監督
10−14 コルトレイク監督
14− ヘント監督

主な獲得タイトル(監督時代)

国内リーグ優勝1回(15/ヘント)
ベルギー年間最優秀監督賞1回(15)

11−12シーズン、コルトレイクの監督として、ベルギー年間最優秀監督に。欧州に名前を売ったのは、その4シーズン後だった。15−16のCLで、ヴァンハーゼブルック率いるヘントがゼニト、リヨン、バレンシアと同じグループで戦うことになったとき、誰もがその突破はあり得ないと思った。泡沫《ほうまつ》候補そのものだったが、蓋《ふた》をあけてみるや、相手によって4−2−3−1で戦ったり、それとは正反対の特徴を持つ。3−4−1−2で戦ったりと、意表を突く作戦で相手を翻弄《ほんろう》。ホームでゼニト、バレンシアに勝利。アウェイでもリヨンを下し、堂々2位でグループを突破。ベルギー勢として、00−01のアンデルレヒト以来、2度目の16強入りを決めた。

ミシェル・プロドーム
Michel PREUD'HOMME

ベルギー

日本代表お勧め度 B

選手時代の知名度

★★★★★

採用フォーメーション

4-2-3-1

キャラクター数値

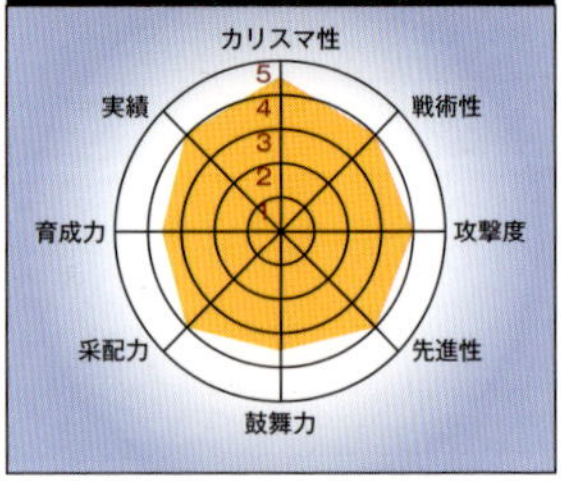

PERSONAL DATA

■1959年1月24日生まれ、ベルギー・リエージュ州出身

選手キャリア(ゴールキーパー)

77−86=スタンダール・リエージュ(240/0)
86−93=メヘレン(263/0)
94−99=ベンフィカ(147/0)

主な獲得タイトル(選手時代)

UCWC優勝1回(87−88/メヘレン)、国内リーグ優勝3回(81−82、82−83/スタンダール・リエージュ、88−89/メヘレン)、国内カップ優勝3回(80−81/スタンダール・リエージュ、86−87/メヘレン、95−96/ベンフィカ)

指導キャリア

01−02 スタンダール・リエージュ監督
06−08 スタンダール・リエージュ監督
08−10 ヘント監督
10−11 トゥエンテ(オランダ)監督
11−13 アル・シャバブ(サウジアラビア)監督
13− クラブ・ブルージュ監督

主な獲得タイトル(監督時代)

国内リーグ優勝2回(07−08/スタンダール・リエージュ、11−12/アル・シャバブ)
国内カップ優勝3回(09−10/ヘント、10−11/トゥエンテ、14−15/クラブ・ブルージュ)
ベルギー年間最優秀監督賞3回(07−08、14−15、15−16)

94年アメリカW杯で華麗なセーブを連発。最優秀GK賞を獲得したベルギーの英雄的なGK。スタンダール・リエージュ、ベンフィカなどでプレイしたあと、40歳で引退。その翌年、古巣のリエージュの監督に就任した。だが、監督職を2シーズンで退《しりぞ》き、テクニカルディレクターに。復帰は4年後。すると07−08シーズン、リーグ優勝を果たし、年間最優秀監督に輝く。同賞は、13−14から監督に就いたブルージュでも、2度受賞している。「GK出身者に名監督はいない」という格言を覆《くつがえ》すリーダー的な存在。近い将来、ベルギー代表監督に就く可能性も。

ポーランド

アダム・ナバウカ

Adam NAWALKA

日本代表お勧め度 **B**

PERSONAL DATA

■1957年10月23日生まれ、ポーランド・クラクフ出身

選手キャリア(ミッドフィルダー)

75−85＝ウィスタ・クラクフ(190/9)、85−88＝ポリッシュ・アメリカン・イーグルス

○ポーランド代表＝34/1(77−80)

主な獲得タイトル(選手時代)

国内リーグ優勝 1 回(77−78/ ウィスタ・クラクフ)

指導キャリア

96−98 スィト・クルゼゾワイス監督
00 ウィスタ・クラクフ監督
01 ウィスタ・クラクフ監督
02 ザグレビー・ルビン監督
03−04 サンデチャ・ノウェー・サツ監督
04−06 ヤギエロニア・ビャウィストク監督
06−07 ウィスタ・クラクフ監督
08−09 GKS カトヴィツェ監督
10−13 ゴルニク・ザブルツェ監督
13− ポーランド代表監督

主な獲得タイトル(選手時代)

国内リーグ優勝 1 回(00−01/ ウィスタ・クラクフ)
国内カップ優勝 1 回(99−00/ ウィスタ・クラクフ)

ピッチを広く使う4−4−2を採用

一般的に平均的なポジションが、布陣図どおりになるケースは少ない。真ん中に固まる傾向がある中で、ナバウカの4−4−2は、最後まで綺麗に整っている。ピッチを大きく使い、相手を広げておいて、レバンドフスキーが間隙《かんげき》を突く。

採用フォーメーション

4−4−2(中盤フラット型)

選手時代の知名度

★★★★☆

キャラクター数値

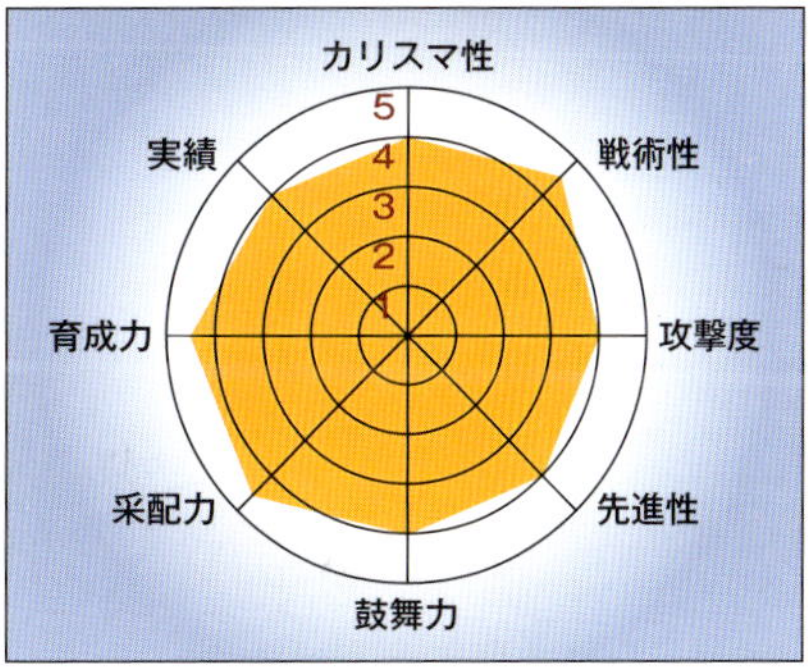

13年にポーランド代表監督に就任。ユーロ2016では準々決勝に進出

ポーランドのW杯での最高位は74年西ドイツ大会の3位。その流れは、準々決勝でブラジルに敗れた、78年アルゼンチンW杯にも引き継がれた。ナバウカは守備の要《かなめ》として活躍。大会のベスト11にも選ばれた。だが、そのとき彼は、弱冠20歳。世界的な選手になるものと、誰もが思った。悲劇が待ち受けていたのは、その年の秋。大ケガに見舞われたことで、選手として下降線を迎え、若くして引退。

ポーランド代表監督就任は、14年W杯予選敗退後の13年10月。するとユーロ2016予選を突破。本大会でも準々決勝に進出。優勝したポルトガルにPK負けという惜しい幕切れだった。サッカーの中身も上々。就任わずか2年数か月で、チームを大変身させた。74年、そしてナバウカ自身が活躍した78年W杯当時の域に迫れるか。ナバウカのポーランドには勢いを感じる。

ボスニア・ヘルツェゴビナ

サフェト・スシッチ

Safet SUSIC

日本代表お勧め度

B

PERSONAL DATA

■1955年4月13日生まれ、ボスニア・ヘルツェゴビナ・ザビドビッチ出身

選手キャリア(攻撃的ミッドフィルダー)

73－82＝FKサラエボ(221/86)
82－91＝パリ・サンジェルマン(287/67)
91－92＝レッドスターFC(17/3)
○ユーゴスラビア代表＝54/21(77－90)
○ボスニア・ヘルツェゴビナ代表＝2/0(93)

指導キャリア

94－95 カンヌ(フランス)監督
96－98 イスタンブールシュポル(トルコ)監督
01 アル・ヒラル(サウジアラビア)監督
04－05 コンヤシュポル(トルコ)監督
05－06 アンカラグズ(トルコ)監督
06 ジャイクルリゼシュポル(トルコ)監督
08 ジャイクルリゼシュポル(トルコ)監督
08－09 アンカラシュポル(トルコ)監督
09－14 ボスニア・ヘルツェゴビナ代表監督
15－16 エビアン(フランス)監督

主な獲得タイトル(監督時代)

国内リーグ優勝1回(85－86/パリサンジェルマン)
国内カップ優勝1回(82－83/パリサンジェルマン)

採用フォーメーション

4－2－3－1

選手時代の知名度

★★★★★

キャラクター数値

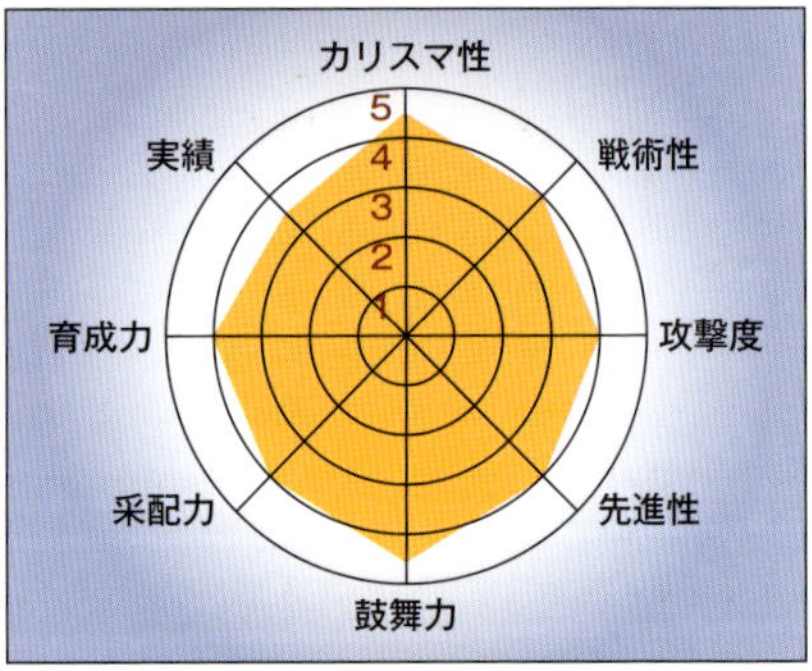

初のW杯出場でアルゼンチンに惜敗

14年W杯で、初めて本大会の土を踏んだ小国ボスニア・ヘルツェゴビナ。初戦の相手は準優勝したアルゼンチンで、スシッチは4－2－3－1の正攻法で、ひるむことなく前に出た。しかし、開始早々オウンゴールで先制を許し、終盤追い込んだものの、1－2で惜敗した。

現役時代と監督時代に、W杯の舞台で主審の誤審に涙を飲んだ不運な指揮官

W杯はユーゴスラビア代表選手として82年と90年、ボスニア・ヘルツェゴビナ監督として14年大会に出場。だが、82年と14年ではそれぞれ、主審の誤審にあい、涙を飲んでいる。82年大会は開催国のスペイン戦。これはW杯史上最大の大誤審と言える。ペナルティエリア外からの相手のあからさまなダイブをPKに取られ、失敗すると今度はやり直しの判定。背景には、開催国を1次リーグで落とせない事情が絡《から》んでいた。

14年ブラジル大会は、ナイジェリア戦でジェコがオフサイドを取られたシーン。それがなければ、ボスニアはベスト16に進んでいた。瞬間、スシッチの脳裏には32年前の問題のシーンが去来したに違いない。その後、日本代表監督候補として名前は挙がったが、実際に日本にやってきたのは、82年大会でスシッチの一つ上のCFとしてプレイしたハリルホジッチだった。

ボスニア・ヘルツェゴビナ

メフメト・バスダレビッチ

Mehmed BAZDAREVIC

日本代表お勧め度

B

PERSONAL DATA

■1960年9月28日生まれ、ボスニア・ヘルツェゴビナ・ビシェグラード生まれ

選手キャリア(ミッドフィルダー)

78−87＝FK ジェリェズニチャル・サラエボ(229/22)
87−96＝ソショー(308/20)
96−97＝ニーム(32/0)
98　＝エトワ・カルージュ(6/0)
○ユーゴスラビア代表＝54/4(83−92)
○ボスニア・ヘルツェゴビナ代表＝2/0(96)

指導キャリア

98−03　ソショー(フランス)アシスタント
03−05　イストル(フランス)監督
05−06　エトワール・サヘル(チュニジア)監督
06−07　アル・ワクラ(カタール)監督
07−10　グルノーブル(フランス)監督
11−12　ソショー(フランス)監督
12−13　アル・ワクラ(カタール)監督
14　アルジェ(アルジェリア)監督
14−　ボスニア・ヘルツェゴビナ代表監督

採用フォーメーション

4−2−3−1

選手時代の知名度

★★★★★

キャラクター数値

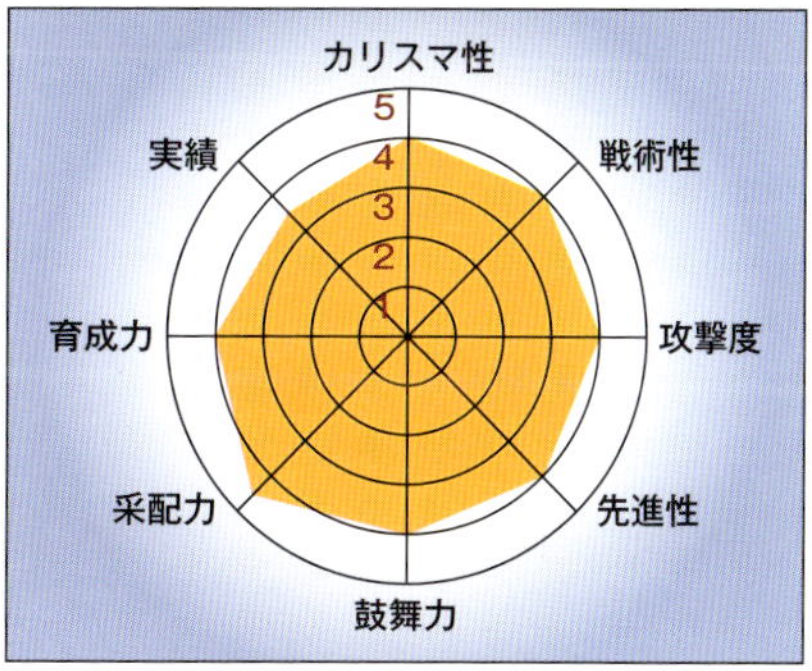

ハリルホジッチ現日本代表監督より上

4−2−3−1がメイン。同じ布陣同士の対戦となった16年6月の日本戦では、ハリルホジッチの4−2−3−1より、その特性がよく現れた美しいサッカーを展開。2−1の勝利とそれは密接な関係がある。ハリルホジッチより上と見た。

ボスニア・ヘルツェゴビナを率いた キリン杯で、日本に2―1の勝利

ハリルホジッチ、ボスニア・ヘルツェゴビナの前代表監督スシッチより一世代若い、ボスニア・ヘルツェゴビナ出身の元ユーゴ代表。FKジェリエズニチャル・サラエボで現役時代の前半を、フランスのソショーで後半を過ごした。似たような経歴の持ち主であるイビチャ・オシムは、ジェリエズニチャル・サラエボ時代の監督。84―85、バズダレビッチは、オシム監督のもとでUEFA杯の準決勝に進出。10番を背負うチームの中心として活躍した。

指導者としてのキャリアは地味だ。クラブ監督としての最高位は、グルノーブル。チュニジア、カタールなど、欧州外での監督経験のほうが長い。

14年ブラジルW杯終了後、スシッチの退任に伴い、ボスニア・ヘルツェゴビナ代表監督に就任。16年6月、大阪で同郷のハリルホジッチ率いる日本代表と対戦。2―1で勝利を収めている。

ポルトガル

カルロス・ケイロス

Carlos QUEIROZ

日本代表お勧め度

B

PERSONAL DATA

■1953年3月1日生まれ、旧ポルトガル領モザンビーク出身

選手キャリア(ゴールキーパー)

68−74＝フェロビアリオ・デ・ナンプラ

指導キャリア

84　エストリル・プライア アシスタント
89−91　U−20 ポルトガル代表監督
91−93　ポルトガル代表監督
94−96　スポルティング監督
96　NY/NJ メトロスターズ(アメリカ) 監督
96−97　名古屋グランパスエイト(日本)監督
98−99　UAE 代表監督
00−02　南アフリカ代表監督
02−03　マンチェスター・ユナイテッド(イングランド) アシスタント
03−04　レアル・マドリー(スペイン)監督
04−08　マンチェスター・ユナイテッド(イングランド) アシスタント
08−10　ポルトガル代表監督
11−　イラン代表監督

主な獲得タイトル(監督時代)

国内カップ優勝 1 回(94−95/ スポルティング)

選手時代の知名度

★☆☆☆☆

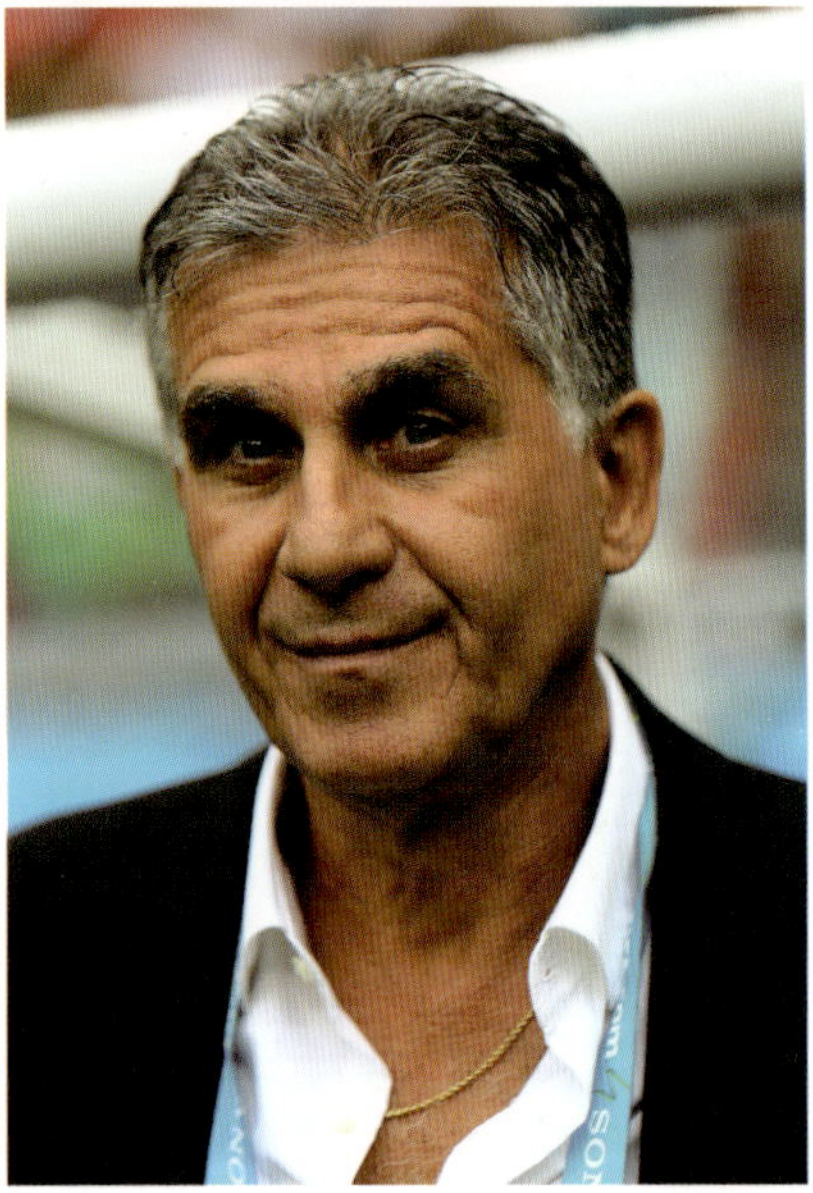

大学で指導を学んだ先生タイプは、いまも世界を巡って指導を続ける

インターナショナルな感覚を備えた、モザンビーク生まれの指導者。大学時代スポーツトレーニング方法論を学び、研究のかたわら、中学の教師も務めた。「ケイロス先生」。ポルトガル人は彼のことをそう呼ぶ。代表強化のため、若くしてポルトガル協会に招かれ、フィーゴ、ルイ・コスタ、パウロ・ソウザ、ビトール・バイーア、ジョアン・ピント、フェルナンド・コウト、ザビエル等々を発掘。89年、91年のワールドユース選手権では、彼らを主軸に構成したチームを編成し、2連覇を飾る。

91年、持ち上がりでA代表監督に就任したが、94年アメリカW杯出場を逃す。ケイロスは代表の仕事から離れ、スポルティング、NYメトロスターズ、名古屋グランパス、UAE代表監督、南アフリカ代表監督に就任。航海の国ポルトガルの指導者らしく、世界各地を渡り歩き、02年、マンUコーチに就

採用フォーメーション

4−2−3−1

4−3−3

キャラクター数値

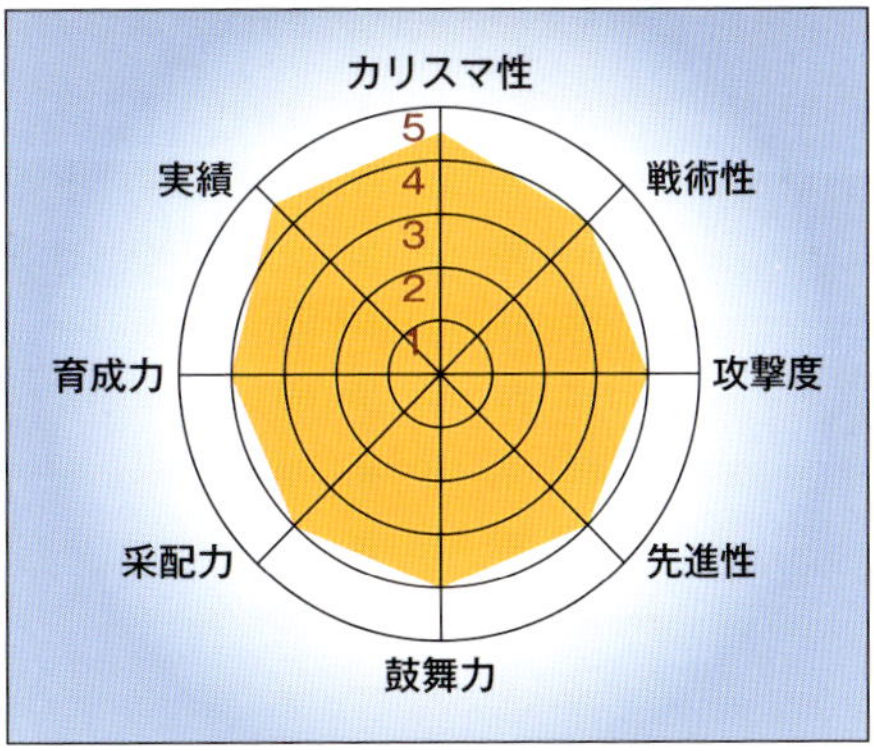

イラン代表ではカウンターが効果を発揮

ロスタイムにメッシに決められ、0−1。14年W杯で最も惜しい戦いをしたのがケイロス率いるイランだ。守りを固めてカウンター。だが、カウンターのルートは真ん中と左右、計3つ。攻撃的だった。幅と奥行きのあるカウンターは、絶大な効果を発揮した。

14年W杯でケイロスが率いたイラン代表

任。ファーガソン監督の参謀として、欧州のクラブ戦線を戦った。03—04シーズン、デル・ボスケの後任として、レアル・マドリーの監督に就任した。国内リーグ4位。CLベスト8。スター軍団をコントロールすることができなかった。

このシーズン、CLで優勝を飾ったのはモウリーニョ率いるポルト。そしてルイス・フェリペ・スコラーリに率いられたポルトガル代表は、直後のユーロ2004で準優勝。

ケイロスがポルトガルを離れている間、母国はステップアップをとげていた。その後4シーズン、マンUでファーガソンと仕事をしたあと、ポルトガル代表監督に就任。10年南アフリカW杯に臨んだ。結果は、ベスト16で優勝したスペインに0—1の惜敗。ケイロスは直後、再びポルトガルを離れ、イランの監督に就任した。モザンビーク生まれの航海王。再び日本に来る日も近い？

ポルトガル

ジョルジェ・ジェズス

JORGE JESUS

日本代表お勧め度
A

PERSONAL DATA

■1954年7月24日生まれ、ポルトガル・アマドーラ出身

選手キャリア(ミッドフィルダー)

73－76＝スポルティング、73－74＝ペニシェ(29/5)、74－75＝オリャネンセ(12/1)、76－77＝ベレネンセス、77－78＝リオベレ(32/4)、78－79＝ジュベントゥーデ・エボラ、79－80＝ウニオン・レイリア(22/1)、80－83＝ビトーリア・セトゥーバル(37/4)、83－84＝ファレンセ、84－87＝エストレラ・アマドーラ、87－88＝アトレティコ、88－89＝ベンフィカ・カステロ・ブランコ、89－90＝アルマンシレンセ

指導キャリア

90－93 アモラ監督
93－96 フェルゲイラス監督
97－98 フェルゲイラス監督
98 ウニオン・マデイラ監督
98－00 エストレラ・アマドーラ監督
00－02 ビトーリア・セトゥーバル監督
02－03 エストレラ・アマドーラ監督
03－04 ビトーリア・ギマランイス監督
05 モレイレンセ監督
05－06 ウニオン・レイリア監督
06－08 ベレネンセス監督
08－09 ブラガ監督
09－15 ベンフィカ監督
15－ スポルティング監督

主な獲得タイトル(監督時代)

国内リーグ優勝３回(09－10、13－14、14－15/ ベンフィカ)
国内カップ優勝１回(13－14/ ベンフィカ)
ポルトガル年間最優秀監督賞３回(09－10、13－14、14－15)

選手時代の知名度

★★★☆☆

クライフの影響を受けたとされる、実績で国内屈指のポルトガル人監督

ポルトがCLを制した03―04シーズンだが、その最中、監督のモウリーニョはこう言った。

「ポルトガル人を勤勉でない怠惰《たいだ》な国民だと思っている人が多いようだが、そうではないことがまもなく証明されることになるだろう」と。

そして彼はそのシーズンのCLを制し、新たなポルトガル人像を作り上げることに成功した。CLの直後に行われた自国開催のユーロ2004でも準優勝。ポルトガルは欧州サッカー界で一躍メジャーな存在になった。

代表はその後も、ハイレベルを維持しているが、クラブのレベルはそれに比べて落ちる。ビッグクラブの牙城を崩せずにいる。だが、監督は元気がある。14―15のCLで指揮をとった監督は6人、15―16も5人を数える。国籍別では最多。

その中で近年、一番の功績を残して

採用フォーメーション

4−4−2(中盤フラット型)

4−2−3−1

キャラクター数値

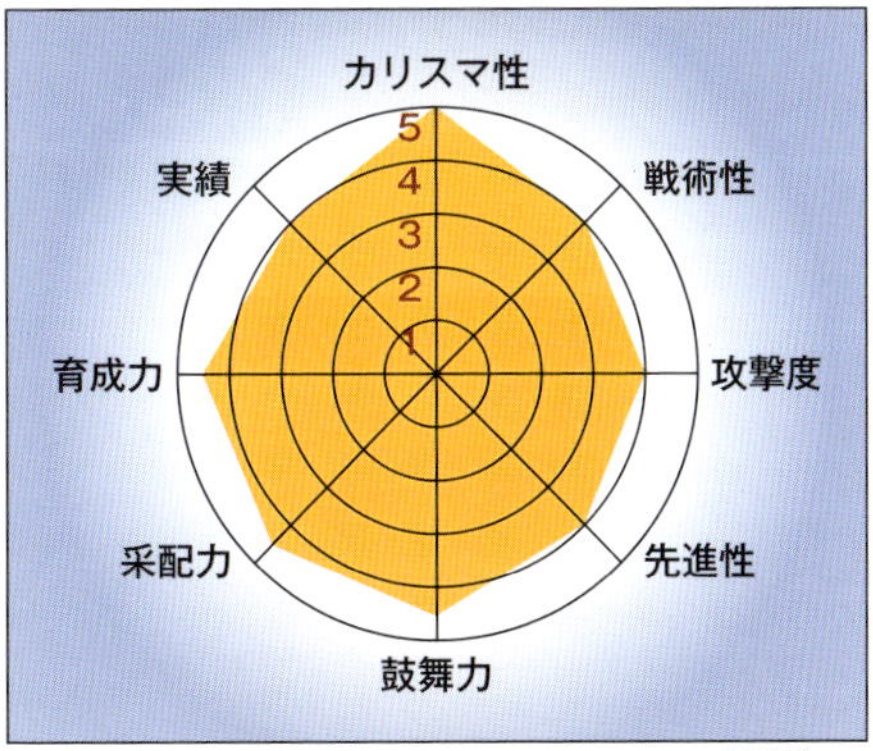

4−4−2を基本に、攻撃サッカーを標榜《ひょうぼう》

モウリーニョに限らない。いまや優秀な監督を多く抱える国として有名なポルトガル。その重鎮的な存在であるのがジョルジェ・ジェズス。モウリーニョとは異なり、攻撃的。中盤フラット型4−4−2の布陣から、より高い位置で奪おうとするサッカーだ。

12−13のEL決勝では、チェルシーに惜敗した

いるのがジョルジェ・ジェズスだ。ベンフィカを12—13、13—14と2シーズン連続でEL決勝に導いている。

結果はいずれも準優勝ながら、ともに惜敗。13—14は、セビージャに対して0—0延長PK負け。12—13の対チェルシー戦は、後半45分まで1—1。ロスタイムにイバノビッチに決勝点を許す、金星まであと一歩という敗退劇だった。

ジョルジェ・ジェズスは、チェルシー監督のベニーテスに内容で勝《まさ》っていた。サッカーは攻撃的だ。ピッチをワイドに使う深みのある攻撃に特徴がある。影響を受けたとされるのはクライフのサッカー。この試合を観戦したクライフから祝福の言葉が贈られたとのエピソードもある。バルサでコーチを経験しながら、その影響を受けていないモウリーニョとは対照的な姿を描く。

15—16からは、ベンフィカのライバルチームであるスポルティングの監督を務めている。

アンドレ・ビラス・ボアス
André VILLAS BOAS

ポルトガル

日本代表お勧め度 **A**

PERSONAL DATA

■1977年10月17日生まれ、ポルトガル・ポルト出身

指導キャリア

00−01 ヴァージン諸島代表監督
03−04 ポルト アシスタント
04−08 チェルシー（イングランド）アシスタント
08−09 インテル（イタリア）アシスタント
09−10 アカデミカ監督
10−11 ポルト監督
11−12 チェルシー（イングランド）監督
12−13 トッテナム（イングランド）監督
14−16 ゼニト・サンクトペテルブルク（ロシア）監督

主な獲得タイトル（監督時代）

EL 優勝 1 回（10−11/ ポルト）
国内リーグ優勝 2 回（10−11/ ポルト、14−15/ ゼニト）
国内カップ優勝 2 回（10−11/ ポルト、15−16/ ゼニト）

選手時代の知名度

★☆☆☆☆

モウリーニョ2世の異名をとるも、サッカー自体は師匠より攻撃的

その名前が欧州に知れ渡ったのは、32歳のとき（10—11シーズン）。FCポルトを国内リーグで全勝優勝に導き、ELでも優勝を飾った。

その余勢を駆り、翌11—12、チェルシー監督に就任。当時、まだ33歳。まさに日の出の勢いだったが、7か月後に解任。12—13はトッテナム・ホットスパーで指揮をとる。成績は5位。13—14も続投したが、12月に解任される。狂想曲は終わりを告げたが、そのときでさえ36歳。だが、英国サッカー界は、ポルトガルの青年監督に厳しかった。その能力に疑いの目を傾けた。

ポルト生まれ。同じマンションに住んでいた、時の監督ボビー・ロブソンに目をかけられ、ポルトで働くようになったという話だが、そのときわずか16歳。チームスタッフには、モウリーニョがいた。

モウリーニョとロブソンが、バルサ

採用フォーメーション

4−3−3

4−2−3−1

キャラクター数値

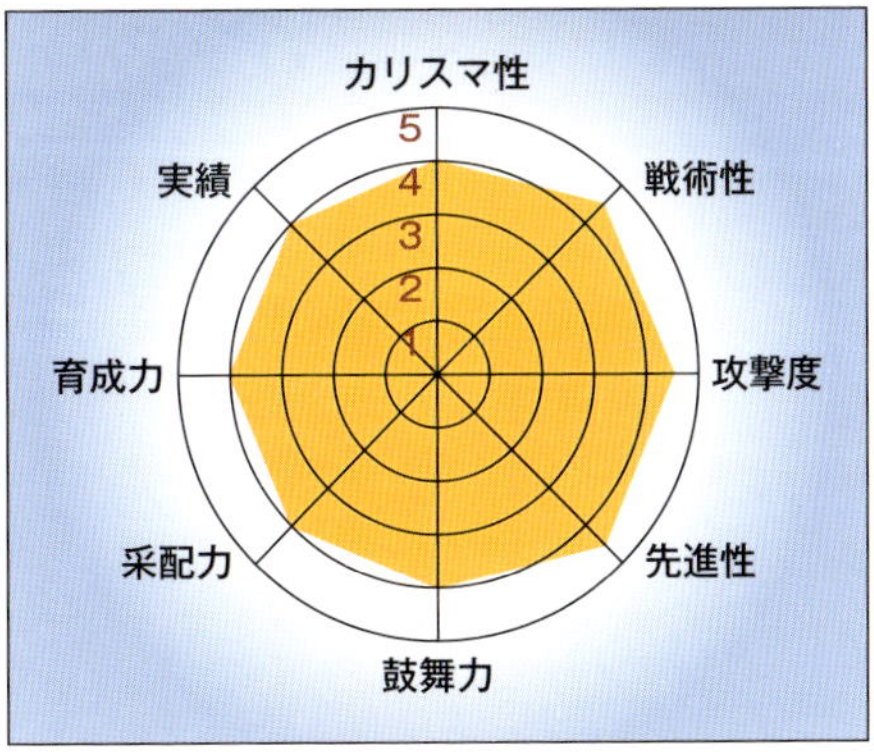

4−1−2−3的な布陣の攻撃サッカー

ほかの一般的な監督同様に4−2−3−1を好むが、4−1−2−3に近い、より攻撃的でピッチを広く使った、見た目に美しいサッカーを好む。03−04シーズン、CL優勝したポルトで、監督とコーチの師弟関係にあったモウリーニョとは、全く異なるサッカーをする。

ビラス・ボアスが15−16まで指揮したゼニト

に買われていく中、コーチライセンスを取得。21歳でヴァージン諸島代表の監督に就任した。モウリーニョがポルトに監督として戻ると、コーチとして加わり、03―04の欧州一を経験。

モウリーニョ2世と言われるゆえんだが、ビラス・ボアスのサッカーは、師匠より攻撃的だ。勝利のためなら守備的サッカーも辞さないモウリーニョ。グアルディオラらと比較して、彼を哲学不在と揶揄《やゆ》するのはバルサ関係者だが、ビラス・ボアスはその点で合格だ。「勝利と娯楽性をクルマの両輪のように追求する」バルサの哲学に合致する。

14―15、スパレッティの後任としてゼニトの監督に就任。EL準々決勝で、優勝したセビージャと接戦を演じ、存在をアピール。15―16は、CLのグループリーグを圧倒的な力で突破。だが、ベスト16で、祖国の名門クラブであるベンフィカに惜敗。シーズン後の退任を、自ら決断した。有望な若手監督の今後はいかに。

ジョゼ・モウリーニョ

ポルトガル

José MOURINHO

日本代表お勧め度

B

PERSONAL DATA

■1963年1月26日生まれ、ポルトガル・セトゥーバル出身

選手キャリア(ミッドフィルダー)

80－82＝リオ・アヴェ(16/2)、82－83＝ベレネンセス(16/2)、83－85＝セジンブラ(35/1)、85－87＝コメルシオ・エ・インドゥストリア(27/8)

指導キャリア

92－93　スポルティング・アシスタント
94－96　ポルト アシスタント
96－00　バルセロナ(スペイン)通訳兼コーチ
00　ベンフィカ監督
01－02　ウニオン・レイリア監督
02－04　ポルト監督
04－07　チェルシー(イングランド)監督
08－10　インテル(イタリア)監督
10－13　レアル・マドリー(スペイン)監督
13－15　チェルシー(イングランド)監督
16－　マンチェスター・ユナイテッド(イングランド)監督

主な獲得タイトル(監督時代)

CL 優勝 2 回(03－04/ポルト、09－10/インテル)
UC 優勝 1 回(02－03/ポルト)
国内リーグ優勝 8 回(02－03、03－04/ポルト、04－05、05－06、14－15/チェルシー、08－09、09－10/インテル、11－12/レアル・マドリー)
国内カップ優勝 4 回(02－03/ポルト、06－07/チェルシー、09－10/インテル、10－11/レアル・マドリー)
FIFA 年間最優秀監督賞 1 回(10)
UEFA 年間最優秀監督賞 2 回(02－03、03－04)
プレミアリーグ年間最優秀監督賞 3 回(04－05、05－06、14－15)
イタリア年間最優秀監督賞 2 回(08－09、09－10)

選手時代の知名度

★☆☆☆☆

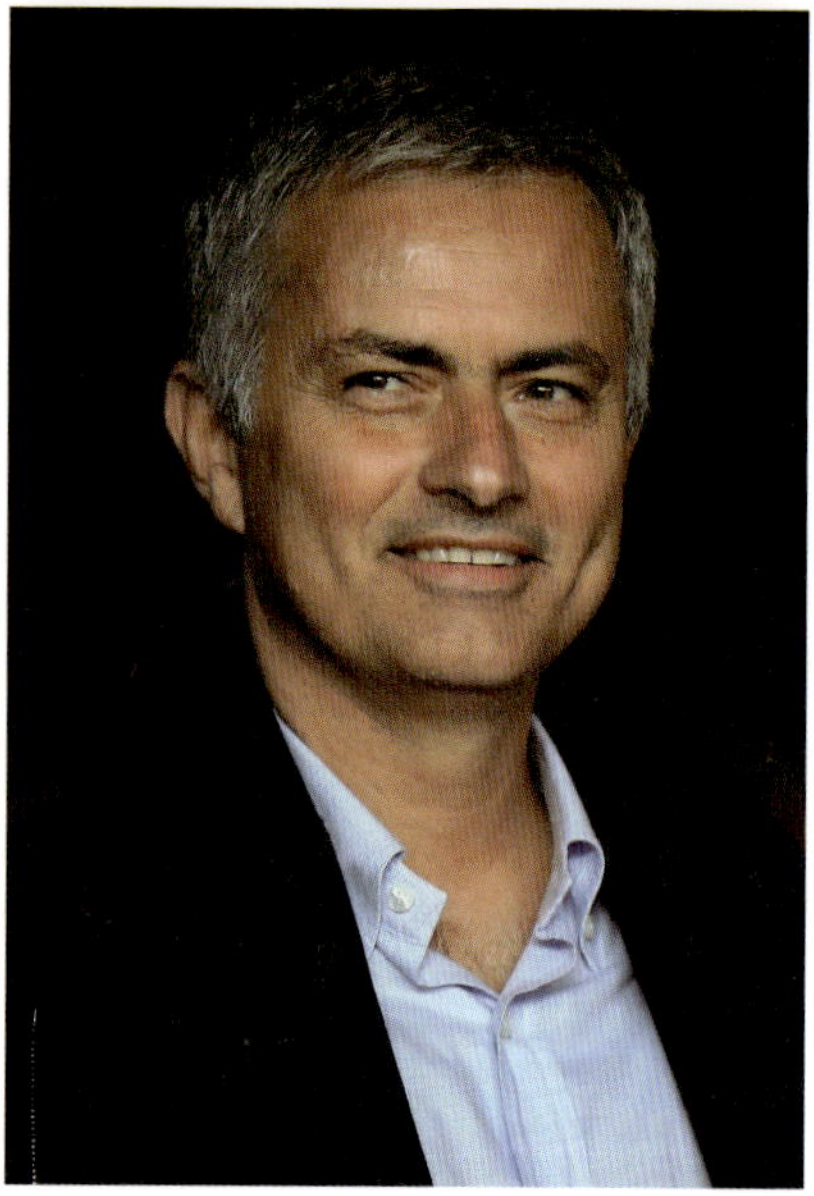

一貫したサッカー哲学を持たず、手段を選ばない勝利至上主義者

その特徴は、グアルディオラと比較することで鮮明になる。モウリーニョには哲学がない。攻撃的サッカーの方法論を追求しているわけではない。良く言えば、バラエティ。何でもありだ。相手に勝とうと思えば、手段は選ばない。試合によって、相手によって戦い方を変える。

3バックも4バックも使う。3バックで言えば、守備的な3―4―1―2も使えば、攻撃的な3―4―3も使う。カメレオンのような臨機応変さ。こだわりのなさを逆利用している点に、最大の特徴がある。ポルト、チェルシー、インテルではそれが可能だった。幅の広い選択肢が武器になったが、マドリーではそうはいかなかった。王者のサッカーを求められたからだ。何でもありではなくなっていた。

バルサ、バイエルンを叩き、欧州一の座に就いたのはインテル時代（09―

採用フォーメーション

4−3−3

4−4−2（中盤ダイヤモンド型）

キャラクター数値

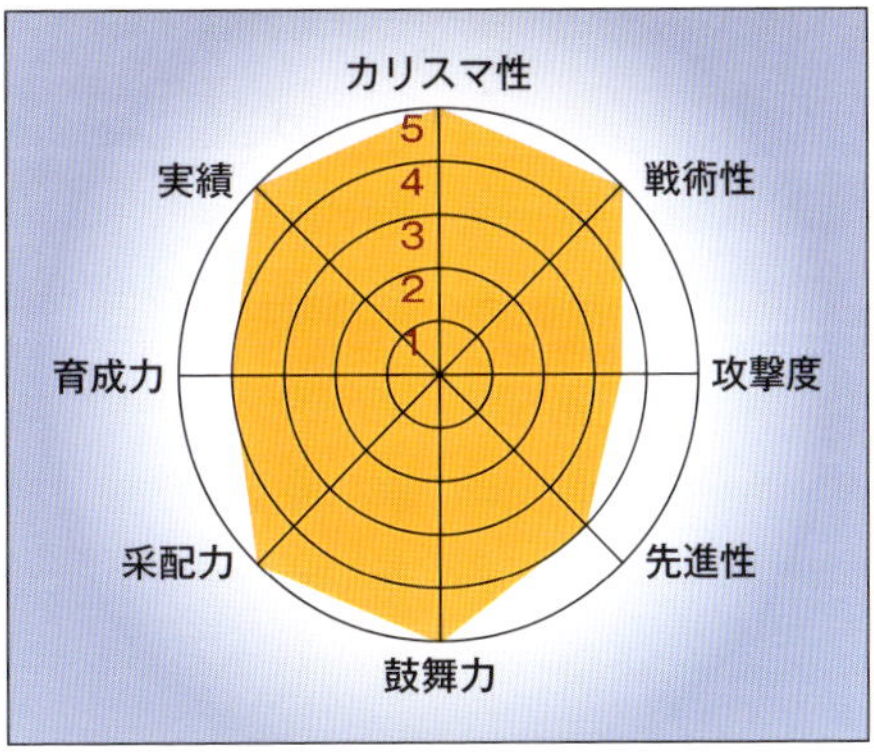

布陣の使い分けと柔軟性が最大の武器

自在型の監督だ。4−3−3がスタンダードだが、守備的な3−4−1−2で戦ったこともあれば、攻撃的な3バックを採用したこともある。ポルトで優勝したときは、中盤ダイヤモンド型4−4−2。何でもあり。柔軟さ、臨機応変さが強みだが、時に弱みにもなる

15−16のチェルシーは、チームが完全崩壊してしまった

10）だが、このときは守備的サッカーを恥も外聞もなく敢行。後ろを固めて、少人数で攻める、典型的なカウンターサッカーで、勝利をものにしたが、正統派マドリーでは、この手は使えなかった。モウリーニョ色は出せなかった。

王道を行くサッカーを目指すクラブには不向き。マドリー監督を解任されたあと、再びチェルシーに舞い戻ったのは、居心地の良さを求めた結果だと思われるが、15—16シーズン、そこでまさかの失速。解任の憂《う》き目にあった。

次の選択肢は多いようで、少ない。チェルシー、インテル、マドリーを立て続けに渡り歩いた、欧州屈指の名将だ。欧州トップ10クラブにとどまっていたいはずだが、モウリーニョの特性が生かせそうなクラブは、思いのほか数少ない。

16—17、マンU監督就任はそこしかないという意味で当然の帰結だった。まだ余力を感じるマンCのグアルディオラとは、少し事情が違う。

ポルトガル

ヌーノ・エスピリト・サント

NUNO Espírito SANTO

日本代表お勧め度

C

PERSONAL DATA

■1974年1月25日生まれ、サントメ・プリンシペ民主共和国・サントメ出身(二重国籍)

選手キャリア(ゴールキーパー)

92−96=ビトーリア・ギマランイス(34/0)
93−94=ビラ・レアル(19/0)
97−02=デポルティーボ・ラ・コルーニャ(4/0)
98−00=メリダ(69/0)、00−01=オサスナ(33/0)
02−04=ポルト(6/0)、05−06=ディナモ・モスクワ(11/0)
07=アベス(15/0)、07−10=ポルト(8/0)

主な獲得タイトル(選手時代)

CL 優勝 1 回(03−04/ ポルト)
UC 優勝 1 回(02−03/ ポルト)
I C 優勝 1 回(04/ ポルト)
国内リーグ優勝 4 回(02−03、03−04、07−08、08−09/ ポルト)
国内カップ優勝 4 回(01−02/ デポルティーボ、02−03、08−09、09−10/ ポルト)

指導キャリア

12−14 リオ・アヴェ監督
14−15 バレンシア(スペイン)監督
16− ポルト監督

採用フォーメーション

4−3−3

選手時代の知名度

★★★☆☆

キャラクター数値

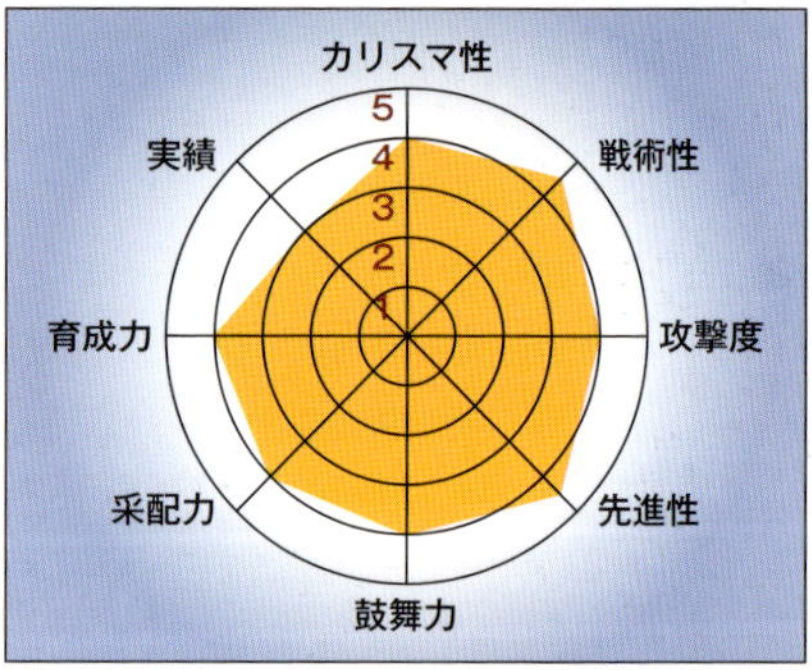

バレンシアで国内4位の成績を残した

14-15、40歳でバレンシアの監督に就任すると、今日的な良いサッカーを展開。スペインで話題を集めた。国内リーグ4位。CLプレイオフでもモナコに競り勝ち、15-16の序盤まで、飛ぶ鳥を落とす勢いにあった。その後、失速したが、監督としての力は十分。

現役時代はサブに甘んじた選手が引退後にGK出身監督として成功

GKに名監督は少ない。というより、絶対数が少ない。古くはディノ・ゾフ、レオン、日本では横山兼三。最近の欧州ではロペテギ。監督ではないが、シメオネの右腕ヘルマン・ブルゴスぐらいしか、サッと名前が出てこない。しかもヌーノの場合はサブだった。03−04シーズンのCLでポルトが優勝したときは、ビトール・バイーアのサブ。97~02年まで在籍したデポルティーボでも、ユーロ2008本大会に臨んだポルトガル代表でもサブ。結局、ポルトガル代表選手としては、一度も出場歴がない。ベンチからピッチを眺《なが》める時間が大半を占めた。監督のように。イルレッタ(デポル)、スコラーリ(ポルトガル代表)、モウリーニョ(ポルト)。名将と言われる彼らと、同じ目で試合を眺めてきたわけだ。15年11月、バレンシア監督を解任されたが、16年6月、ポルトの監督に就任。

ポルトガル

パウロ・ソウザ

PAULO SOUSA

日本代表お勧め度
D

PERSONAL DATA

■1970年8月30日生まれ、ポルトガル・ビゼウ出身

選手キャリア(守備的ミッドフィルダー)

89—93=ベンフィカ(87/1)、93—94=スポルティング(31/2)、94—96= ユベントス(54/1)、96/97=ボルシア・ドルトムント(27/1)、98—00=インテル(31/0)、00=パルマ(8/0)、00—01=パナシナイコス(10/0)、02=エスパニョール(9/0)

○ポルトガル代表=51/0(91—02)

主な獲得タイトル(選手時代)

CL 優勝回数 2 回(95—96/ ユベントス、96—97/ ボルシア・ドルトムント)、IC 優勝回数 1 回(97/ ボルシア・ドルトムント)

国内リーグ優勝 2 回(90—91/ ベンフィカ、94—95/ ユベントス)

国内カップ優勝 2 回(92—93/ ベンフィカ、94—95/ ユベントス)

指導キャリア

05—08 ポルトガルU—16代表監督

08—09 QPR(イングランド)監督

09—10 スウォンジー(ウェールズ)監督

10 レスター・シティ(イングランド)監督

11—13 ビデオトン(ハンガリー)監督

13—14 マッカビ・テルアビブ(イスラエル)監督

14—15 バーゼル(スイス)監督

15— フィオレンティーナ監督

主な獲得タイトル(監督時代)

国内リーグ優勝 1 回(13—14/ マッカビ・テルアビブ)

国内カップ優勝 1 回(11—12/ ビデオトン)

採用フォーメーション

3—5—2

選手時代の知名度

★★★★★

現役時代から3バックを貫いている監督

現役時代のピークをドルトムントとユベントスで迎えたが、そのとき、それぞれの監督が採用していた布陣は3-3-2-2と3-4-1-2だった。そして監督となった現在、主に採用している布陣も攻撃的とは言えない3バック。ポルトガル人監督の中では逆サイドにいる。

キャラクター数値

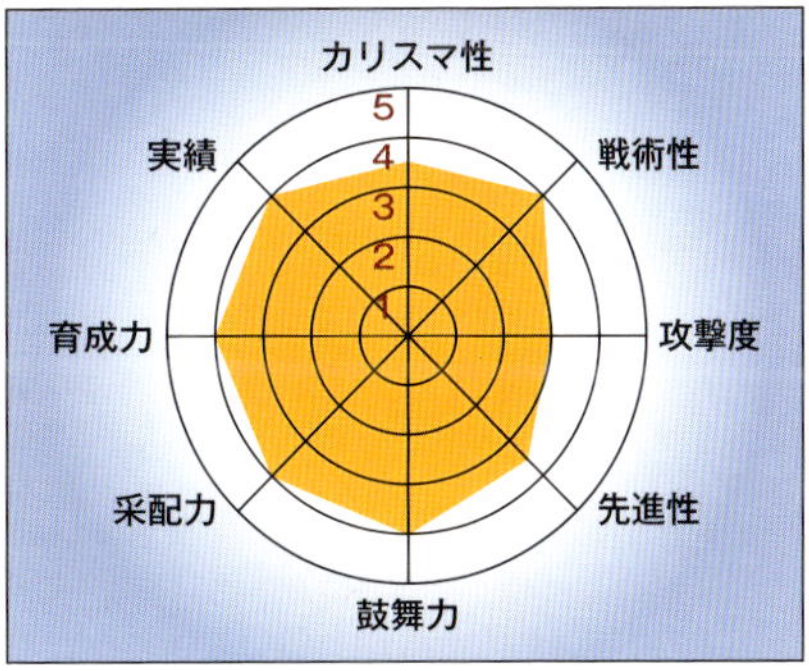

現役時代は2季連続でCL優勝。しかし監督としては順調ではない

ケイロスによって発掘されたポルトガル黄金世代の1人。プレイは渋いが、マスクは……。好男子で通る選手だった。ハイライトは、95—96と96—97。ユベントスの一員で欧州一に輝いた翌シーズン、今度はドルトムントの一員として、欧州一に輝いた。異なるチームで2年連続欧州一に輝いた選手は、このとき2人目。デサイーに次ぐ快挙だった。

ポジションは守備的MF。名監督としての条件は揃っているかに見えた。が、監督としての道のりは順風満帆《じゅんぷうまんぱん》ではない。これまで歩んできた道は裏街道。15—16にやってきたフィオレンティーナが初のメジャークラブ。表舞台の端にようやく到達したという感じだ。しかし、ELではベスト32で敗退。選手として活躍したCL上位クラスには遠い位置にいる。もし、監督として現役時代の栄光を超えたなら、それは事件だ。

ポルトガル

パウロ・ベント

PAULO BENTO

日本代表
お勧め度

C

PERSONAL DATA

■1969年6月20日生まれ、ポルトガル・リスボン出身

選手キャリア(守備的ミッドフィルダー)

87−88＝オリエンタル(13/0)
88−89＝ベンフィカ(20/2)
89−91＝エストラ・ダ・アマレラ(37/0)
91−94＝ビトーリア・ギラマンイス(95/13)
94−96＝ベンフィカ(49/2)
96−00＝オビエド(136/4)
00−04＝スポルティング(92/2)

主な獲得タイトル(選手時代)

国内リーグ優勝1回(01−02/スポルティング)
国内カップ優勝3回(89−90/エストラ・ダ・アマレラ、95−96/ベンフィカ、01−02/スポルティング)

指導キャリア

05−09 スポルティング監督
10−14 ポルトガル代表監督
16 クルゼイロ(ブラジル)監督
16− オリンピアコス(ギリシャ)監督

主な獲得タイトル(監督時代)

国内カップ優勝2回(06−07、07−08/スポルティング)

採用フォーメーション

4−3−3

選手時代の知名度

★★★★☆

キャラクター数値

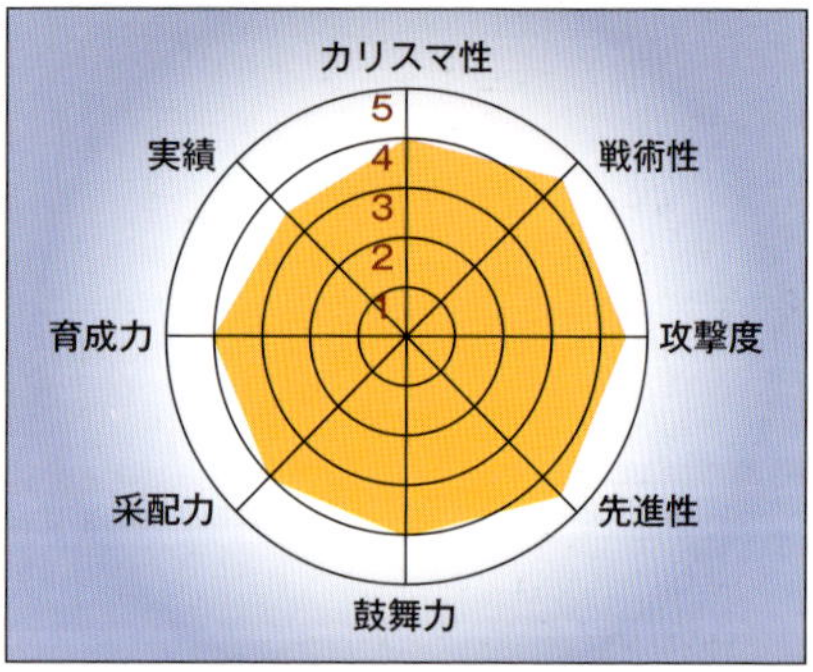

14年W杯では、グループリーグ敗退を経験

現役時代は守備的ＭＦ。引退後の姿が見えるような頭脳的選手だった。ポルトガル代表監督として臨んだ14年W杯。初戦でドイツに4-3-3の布陣を用いて攻めたてたが、同じ布陣でかつバランスとパワーに勝《まさ》る相手に打ち負け、完敗。グループリーグで姿を消した。

ユーロ2012でベスト4進出を達成。かつて日本代表監督候補にも挙がった

とりわけユーロ２００４で準優勝して以降、高位で安定しているのがポルトガル。パウロ・ベントはそれ以前、つまり、さほど強くなかった時代にプレイした元同国代表選手だ。非力で地味な守備的ＭＦ。日本で言えば、森保一。ポルトガルからイメージする派手な技巧派ではない。言い換えれば、現役時代から、将来の監督像がうかがえるような選手だった。

同国代表監督の座に就いたのは10年。ユーロ２０１２では、すかさず結果を出す。ベスト４。準決勝の対スペイン戦は、延長ＰＫ負けだった。欧州内でスペイン、ドイツに次ぐ成績を収めたが、14年ブラジルW杯では、不運にもグループリーグでドイツと同組になり、０―４で敗戦。グループリーグ落ちすると同時に、パウロ・ベントも更迭《こうてつ》の憂《う》き目に。直後には、日本代表監督候補に名前が挙がっていた。

ポルトガル

ビトール・ペレイラ

VITOR PEREIRA

日本代表お勧め度
A

PERSONAL DATA

■1968年7月26日生まれ、ポルトガル・ポルト出身

選手キャリア（ミッドフィルダー）

86−87＝アバンサ、87−88＝オリベイレンセ、88−90＝アバンサ
90−91＝エスモリッツ、91−93＝エスタレハ、93−94＝フィアエス
94−95＝サン・ジョアン・デ・ベル、95−96＝ロバオ

指導キャリア

02−03 パドロエンセ・ジュニア監督
03−04 ポルト・ジュニア監督
04−05 サンジョアネンセ監督
05−07 エスピーニョ監督
07−08 ポルト・ジュニア監督
08−10 サンタ・クララ監督
10−11 ポルト アシスタント
11−13 ポルト監督
13−14 アル・アハリ（サウジアラビア）監督
15 オリンピアコス（ギリシャ）監督
15−16 フェネルバフチェ（トルコ）監督

主な獲得タイトル（選手時代）

国内リーグ優勝３回（11−12、12−13/ ポルト、14−15/ オリンピアコス）
国内カップ優勝１回（14−15/ オリンピアコス）

採用フォーメーション

4−2−3−1

選手時代の知名度

★★★☆☆

ポルトガルらしい攻撃サッカーを実践

ポルトの監督として実績を残し、ギリシャ（オリンピアコス）、トルコ（フェネルバフチェ）へ。モウリーニョスタイルとは異なる、ポルトガルの攻撃的なサッカーを宣伝する旗手の1人。“何となく”ではなく、意図的に攻撃的を宣言して実践する分、カリスマ性がある。

キャラクター数値

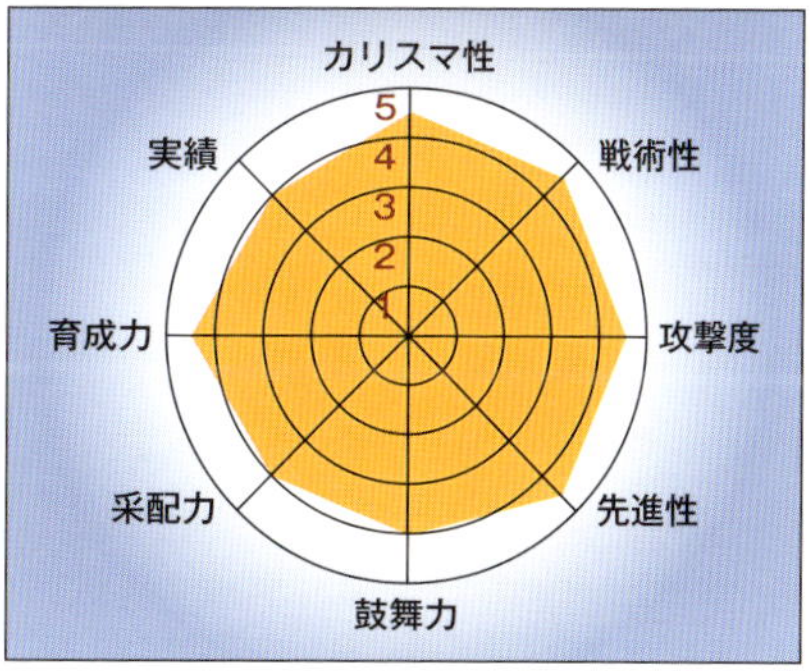

ビラス・ボアスのアシスタントを経験。各国を渡り歩いて実績を積む指導者

ポルト出身。10歳近く年下のビラス・ボアスのもとでヘッドコーチを務め、10－11シーズン、ポルトのEL優勝に貢献した。ビラス・ボアスがチームを去ると、監督に昇格。だが、チームの柱だったファルカオをアトレティコに引き抜かれたことで、チーム力は減退。欧州にビラス・ボアス並みのインパクトは残せなかった。だが、モウリーニョ、ビラス・ボアスなどほかのポルトガル人指導者同様、その後、持ち前の航海士気質を全開に。サウジアラビア（アル・アハリ）、ギリシャ（オリンピアコス）、トルコ（フェネルバフチェ）に渡り、監督を務めている。15－16のELでは、フェネルバフチェを率いてベスト16に進出。しかしパウロ・フォンセカ率いるブラガに敗れた。欧州サッカー界で、いま最も勢いのあるポルトガル人監督たち。ビトール・ペレイラも例外ではない。

ポルトガル

フェルナンド・サントス

FERNANDO SANTOS

日本代表お勧め度

A

PERSONAL DATA

■1954年10月10日生まれ、ポルトガル・リスボン出身

選手キャリア(ディフェンダー)

73－79＝エストリル(91/2)、79－80＝マリティモ(26/0)
80－87＝エストリル(65/1)

指導キャリア

87－88　エストリル アシスタント
88－94　エストリル監督
94－98　エストレラ・アマドーラ監督
98－01　ポルト監督
01－02　AEK アテネ(ギリシャ)監督
02　パナシナイコス(ギリシャ)監督
03－04　スポルティング監督
04－06　AEK アテネ(ギリシャ)監督
06－07　ベンフィカ監督
07－10　PAOK(ギリシャ)監督
10－14　ギリシャ代表監督
14－　ポルトガル代表監督

主な獲得タイトル(選手時代)

国内リーグ優勝 1 回(98－99/ ポルト)、国内カップ優勝 3 回(99－00、00－01/ ポルト、01－02/AEK アテネ)
ユーロ優勝 1 回(16/ ポルトガル代表)

採用フォーメーション

4－1－4－1

選手時代の知名度

★☆☆☆☆

14年W杯の日本戦では、10人でドロー

14年ブラジルW杯、対日本戦。ギリシャ代表監督として臨んだフェルナンド・サントスは退場者を出して10人になると、4－1－4－1を4－1－4、あるいは4－1－3－1に変更。0－0の逃げきりに成功した理由は、1人減っても守備的な布陣に変更しなかった点にある。

キャラクター数値

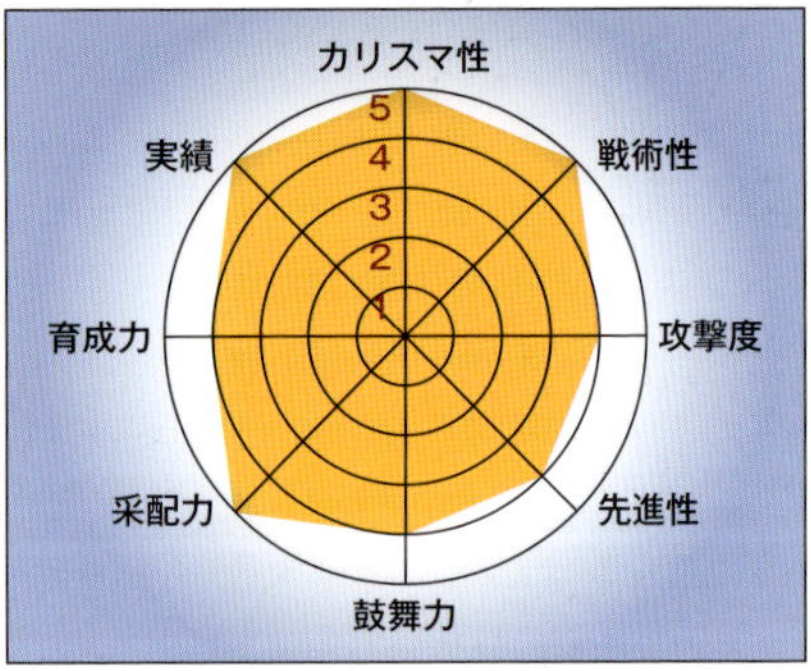

ギリシャを率いてW杯初のベスト16。ポルトガル代表監督として欧州制覇

ポルトガルか、ギリシャか。両国のクラブ監督を長年、ほぼ交互に務めてきたフェルナンド・サントス。代表チーム監督でも、14年ブラジルW杯にはギリシャ監督として臨み、それ以後はポルトガル監督の座に就いている。

日本人の記憶に残るのは、同組で戦ったブラジルW杯。対戦したのは第2戦で、前半38分、カツラニスが退場処分にあうと、日本の優位は明らかになった。だが、10人になっても、ギリシャは粘った。結局0―0に終わったが、その戦いは見事の一言に尽きる。日本代表監督ザッケローニとの差を、まざまざと見せつけた。そしてギリシャ代表を、史上初めて決勝トーナメントへ導いた。そして迎えたユーロ2016では、世界にその名を轟《とどろ》かせた。決して前評判の高くなかったポルトガル代表を欧州一に導いた。お見事！と言うしかない采配で。

ポルトガル

マルコ・シルバ

MARCO SILVA

日本代表お勧め度

A

PERSONAL DATA

■1977年7月12日生まれ、ポルトガル・リスボン出身

選手キャリア(右サイドバック)

96−97＝ベレネンセス(1/0)
97−98＝アトレティコ CP(0/0)
98−99＝トロフェンセ(0/0)
99−00＝カンポマイヨレンセ(1/0)
00−01＝トロフェンセ(36/1)
01　　＝リオ・アヴェ(9/0)
02−03＝ブラガ B(28/1)
03−04＝サルゲイロス(22/0)
04−05＝オディベラス(34/0)
05−11＝エストリル(109/2)

指導キャリア

11−14　エストリル監督
14−15　スポルティング監督
15−16　オリンピアコス(ギリシャ)監督

主な獲得タイトル(選手時代)

国内リーグ優勝 1 回(15−16/ オリンピアコス)
国内カップ優勝 1 回(14−15/ スポルティング)

採用フォーメーション

4−2−3−1

選手時代の知名度

★★★☆☆

キャラクター数値

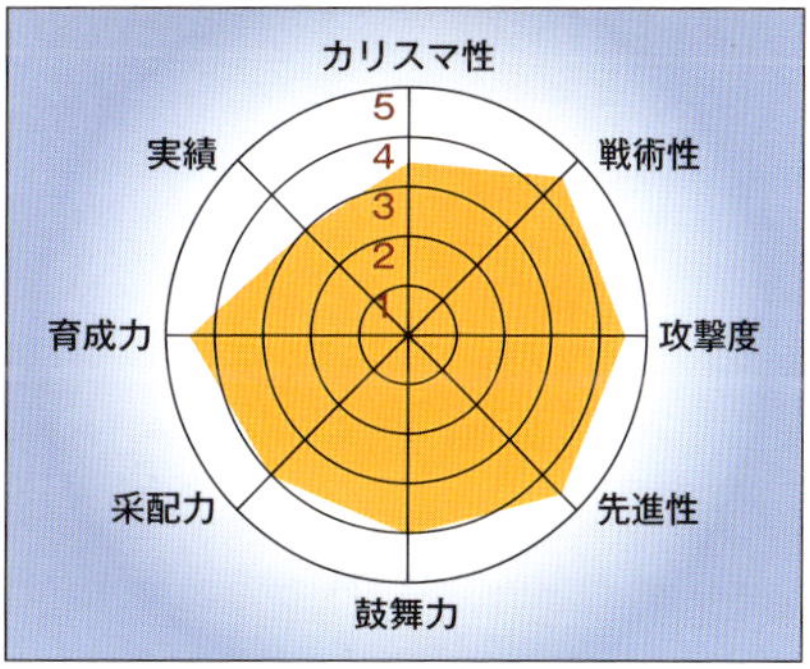

綺麗なデザインの4−2−3−1を採用

布陣が鮮明に浮かび上がる、綺麗な4−2−3−1を採用する。エストリルで初めて監督になったのが11年。スポルティングで1シーズンを経て、オリンピアコスの監督に就任。15−16のＣＬでベスト8入りは逃したが、けれんみのないサッカーを展開。まだ30代の若手だ。

エストリルを昇格させて高評価。ギリシャのオリンピアコスへ昇進

監督王国ポルトガル。その中で若手監督と言えば、ビラス・ボアスを即イメージするが、マルコ・シルバも負けていない。11―12シーズン、当時2部だったエストリルの監督に就任すると、即2部優勝。翌12―13は、昇格したばかりの1部リーグで、いきなり5位。さらに13―14は4位。ＥＬ出場も果たした。翌14―15は、同国3強の一角スポルティングへ。そこで、ＣＬに初出場。結果は、グループステージでチェルシー、シャルケに次ぐ3位。勝ち点1差に泣いた。

だが、若手選手を登用しながら戦うその姿勢を評価していたのがオリンピアコス。15―16のＣＬに、38歳のポルトガル人監督を立てて戦った。結果はバイエルン、アーセナルに次ぐ3位ながら、後者とは同勝ち点。アウェイ戦では、3―2の勝利を収めている。株は上昇したままの状態にある。

ポルトガル

ルイ・ビットリア
RUI VITORIA

日本代表お勧め度
B

PERSONAL DATA

■1970年4月16日生まれ、ポルトガル・アルベルサ・ド・リバテージョ出身

選手キャリア(ミッドフィルダー)
98−90＝ファンホス
90−96＝ビラフランケンセ
96−97＝アルベルサ(18/1)
97−99＝ビラフランケンセ
99−01＝セイシャル(26/0)
01−02＝カサ・ピア(11/1)
02−03＝アルコチェテンセ

指導キャリア
02−04 ビラフランケンセ監督
04−05 ベンフィカ・ユース監督
06−10 ファティマ監督
10−11 パコス・フェレイラ監督
11−15 ビトーリア・ギマランイス監督
15− ベンフィカ監督

主な獲得タイトル(監督時代)
国内リーグ優勝1回(15−16/ ベンフィカ)
国内カップ優勝2回(12−13/ ビトーリア・ギマランイス、15−16/ ベンフィカ)
ポルトガル年間最優秀監督賞1回(15−16/ ベンフィカ)

幅の広い良質な攻撃的サッカーを展開

15-16のＣＬ準々決勝でバイエルンに惜敗。鮮やかな散り方をした。中盤フラット型4-4-2と4-4-1-1と4-2-3-1をかけ合わせたような布陣から、幅の広い良質な攻撃的サッカーを展開。同ラウンド16では、ビラス・ボアス率いるゼニトに勝利。同郷対決を制した。

採用フォーメーション
4−4−2(中盤フラット型)

選手時代の知名度
★★★☆☆

キャラクター数値

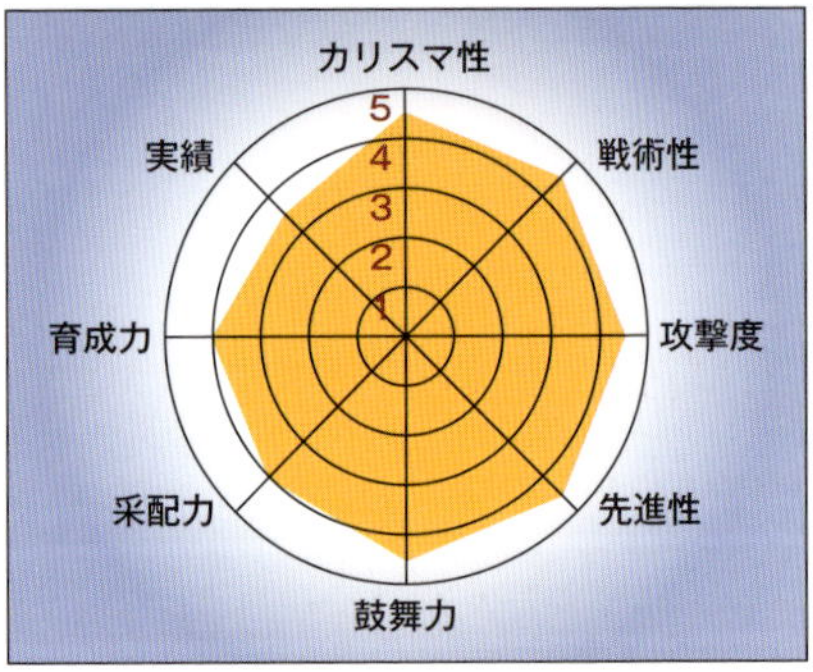

ベンフィカを率いてCL8強に進出。最も勢いのあるポルトガル人監督

15―16シーズン、スポルティングの監督に就任したジョルジェ・ジェズスの後任として、ベンフィカに招かれたルイ・ビットリア。クラブに数々のタイトルをもたらした前任者と比較されると、実績で見劣りするが、CLでベスト8進出。CL実績に限っては、ジョルジェ・ジェズスに並んだ。

決勝トーナメント1回戦の相手はゼニト。ポルトガル人監督としてモウリーニョの次に有名なビラス・ボアスが率いるチームだ。そのロシアの強豪との一戦に、ルイ・ビットリア率いるベンフィカは勝利。ポルトガル国内では、インパクトに富む結果だった。

15―16は、国内リーグでもスポルティングと大接戦を演じた末、優勝。国内で6、7番手だったポジションを1、2位に押し上げた。監督大国ポルトガル。その中でも、いま一番勢いのある監督だ。

ポルトガル

レオナルド・ジャルディム

LEONARDO JARDIM

日本代表
お勧め度
A

PERSONAL DATA

■1974年8月1日生まれ、ベネズエラ・バルセロナ出身(二重国籍)

指導キャリア

01−03 カマーチャ アシスタント
03−08 カマーチャ監督
08−09 チャベス監督
09−11 ベイラ・マル監督
11−12 ブラガ監督
12−13 オリンピアコス(ギリシャ)監督
13−14 スポルティング監督
14− モナコ(フランス)監督

主な獲得タイトル(監督時代)

国内リーグ優勝 1 回(12−13/ オリンピアコス)
国内カップ優勝 1 回(12−13/ オリンピアコス)

採用フォーメーション

4−2−3−1

選手時代の知名度

★☆☆☆☆

キャラクター数値

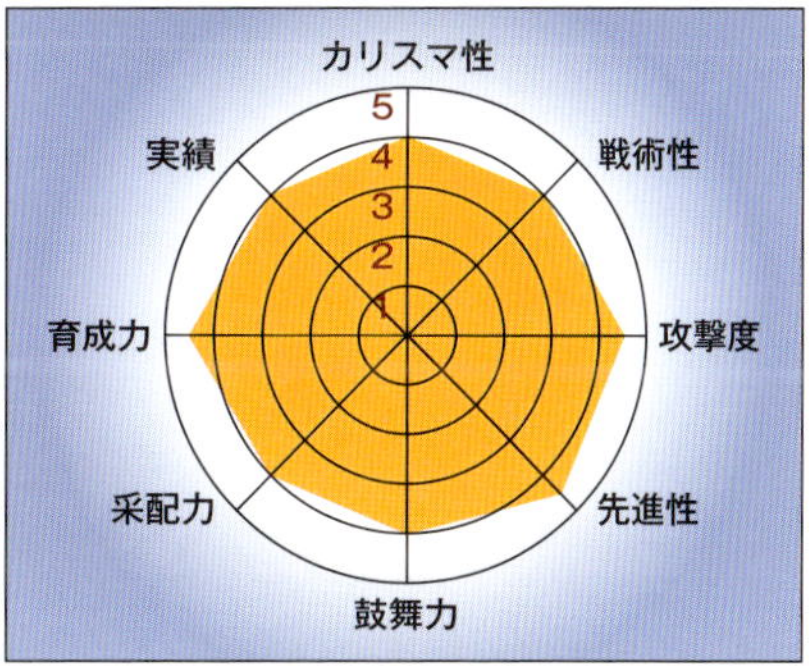

評価を上げる若手ポルトガル人監督

欧州を席巻《せっけん》するポルトガル人監督の中でも、一際輝く若手監督。モウリーニョ系というより、ビラス・ボアス系。14−15シーズン、中盤フラット型4−4−2と4−2−3−1の中間のような布陣から、ピッチを広く使う攻撃的サッカーで、モナコをＣＬベスト8に導いた。

モナコ就任初年度の14―15ＣＬで、若手主体のチームを8強に導いた

優秀な若手監督が生まれ続けているポルトガルサッカー界。スポルティングで最近、監督を務めた顔ぶれに、それは現れている。ジョルジェ・ジェズス(15―16)、マルコ・シルバ(14―15)、そしてレオナルド・ジャルディム(13―14)だ。ジャルディムは14―15、モナコ監督に就任。国内リーグは3位だったが、ＣＬではアーセナルを倒し、ベスト8に進出。セリエＡの覇者で準優勝したユベントスと大接戦を演じ、話題を集めた。ファルカオ、ハメス・ロドリゲスを引き抜かれた直後のシーズンで、満足な補強がなされなかったにもかかわらず、それまで以上に攻撃的なサッカーを披露した。そのとき、まだ39歳。監督大国ポルトガルを象徴する、いま最も勢いを感じる青年監督の1人。モナコとの契約は19年までだが、満了までいることはないであろう、いまをときめく監督だ。

ポルトガル

パウロ・フォンセカ
PAULO FONSECA

日本代表お勧め度 B

選手時代の知名度 ★★☆☆☆

採用フォーメーション
4-4-2(中盤フラット型)

キャラクター数値

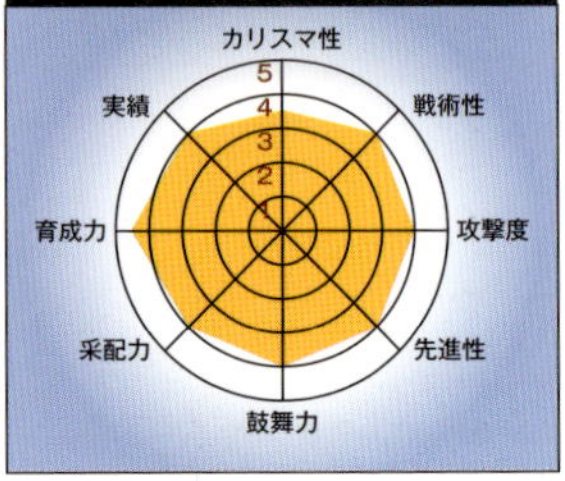

PERSONAL DATA

■1973年3月5日生まれ、旧ポルトガル領モザンビーク出身(二重国籍)

選手キャリア(センターバック)
91−95=バレイレンセ(91/6)
95　=ポルト(0/0)
95−96=レサ(22/0)
96−97=ベレネンセス(27/1)
97−98=マリティモ(31/2)
98−00=ビトーリア・ギラマンイス(6/0)
00−05=エストレラ・ダ・アマドーラ(72/4)

指導キャリア
05−07 エストレラ・ダ・アマドーラ・ユース監督
07−08 1°デ・デゼンブロ監督
08−09 オディベラス監督
09−11 ピニャルノベンセ監督
11−12 アベス監督
12−13 パコス・フェレイラ監督
13−14 ポルト監督
14−15 パコス・フェレイラ監督
15−16 ブラガ監督
16− シャフタール・ドネツク(ウクライナ)監督

主な獲得タイトル(監督時代)
国内カップ優勝 1 回(15−16/ ブラガ)

ポルトガルの植民地だったモザンビーク出身の若手監督。優秀な監督が急増しているポルトガルの実情を象徴する監督だ。ポルト監督時代(13−14)に、CL出場。ブラガ監督時代(15−16)には、EL出場。結果はいずれもグループリーグで敗退したが、上昇階段は用意されていた。16−17は、海外志向の強いポルトガル人監督らしく、ルチェスク監督が退陣したCL常連のシャフタール・ドネツクへ。ところが予備予選3回戦で、スイスの伏兵、ヤングボーイズにまさかの敗戦を喫してしまう。久保裕也に2ゴールを許し、延長PK戦の末に敗退。またもや欧州に名前をアピールする機会を逃してしまう。運に巡り合えずにいる。

ポルトガル

ジョゼ・ペセイロ
José PESEIRO

日本代表お勧め度 B

選手時代の知名度 ★☆☆☆☆

採用フォーメーション
4-2-3-1

キャラクター数値

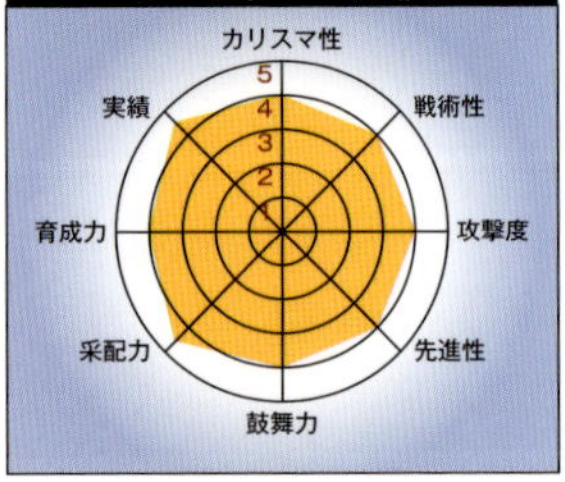

PERSONAL DATA

■1960年4月4日生まれ、ポルトガル・クルシェ出身

選手キャリア(フォワード)
79−80=カルタシオ、80−82=クルシェンセ
82−83=オリエンタル、83−84=アモラ
84−87=オリエンタル、87−88=サモラ・コレイア
88−89=トルレンセ、89−91=ウニオ・サンタレム
91−92=アルカネネンセ
92−94=ウニオ・サンタレム

指導キャリア
92−94 ウニオ・サンタレム監督
94−96 ウニオ・モンテモール監督
96−99 オリエンタル監督
99−03 ナシオナル監督
03−04 レアル・マドリー(スペイン)アシスタント
04−05 スポルティング監督
06−07 アル・ヒラル(サウジアラビア)監督
07−08 パナシナイコス(ギリシャ)監督
08−09 ラピド・ブカレスト(ルーマニア)監督
09−11 サウジアラビア代表監督
12−13 ブラガ監督
13−15 アル・ワヒダ(UAE)監督
15−16 アル・アハリ(エジプト)監督
16 ポルト監督
16− ブラガ監督

ギリシャ、ルーマニア、サウジアラビア、レアル・マドリーのアシスタントコーチとしての経験を含めれば、計5か国。海洋国家ポルトガル人の血が流れるのだろう。国外での指導実績が目を惹《ひ》く。サウジでは同国代表の監督として采配を振るった経験もある。10年南アフリカW杯予選。ペセイロ率いるサウジは、グループ3位になり、プレイオフに進出。バーレーンと戦ったが、敗戦。続く01年アジアカップではグループリーグで日本と同じ組になったが、ペセイロは初戦のシリア戦に敗れると、日本と戦うことなく解任の憂《う》き目に。16−17は、ポルトガルのブラガで采配を振るう。

メキシコ

ハビエル・アギーレ

Javier AGUIRRE

日本代表
お勧め度

A

PERSONAL DATA

■1958年12月1日生まれ、メキシコ・メキシコシティ出身

選手キャリア(ミッドフィルダー)

79−80＝アメリカ(9/1)
80−81＝ロサンゼルス・アズテックス(30/4)
81−84＝アメリカ(128/31)
84−86＝アトランテ(31/3)
86−87＝オサスナ(13/0)
87−93＝グアダラハラ(181/17)
○メキシコ代表＝59/14(83−92)

指導キャリア

95−96 アトランテ監督
98−01 パチューカ監督
01−02 メキシコ代表監督
02−06 オサスナ(スペイン)監督
06−09 アトレティコ・マドリー(スペイン)監督
09−10 メキシコ代表監督
10−11 サラゴサ(スペイン)監督
11−14 エスパニョール(スペイン)監督
14−15 日本代表監督
15− アル・ワヒダ(UAE 監督)

採用フォーメーション

4−3−3

選手時代の知名度

★★★★★

日本代表監督時代は4−3−3がメイン

日本代表では、4-3-3のアンカー（長谷部誠）を、マイボール時になると最終ラインの両ＣＢ間に下げ、代わって両ＳＢを高い位置に押し上げ、4-3-3を3-4-3気味にして戦った。結果は残せなかったが、サッカー的には、歴代の代表チームの中で最も安定していた。

キャラクター数値

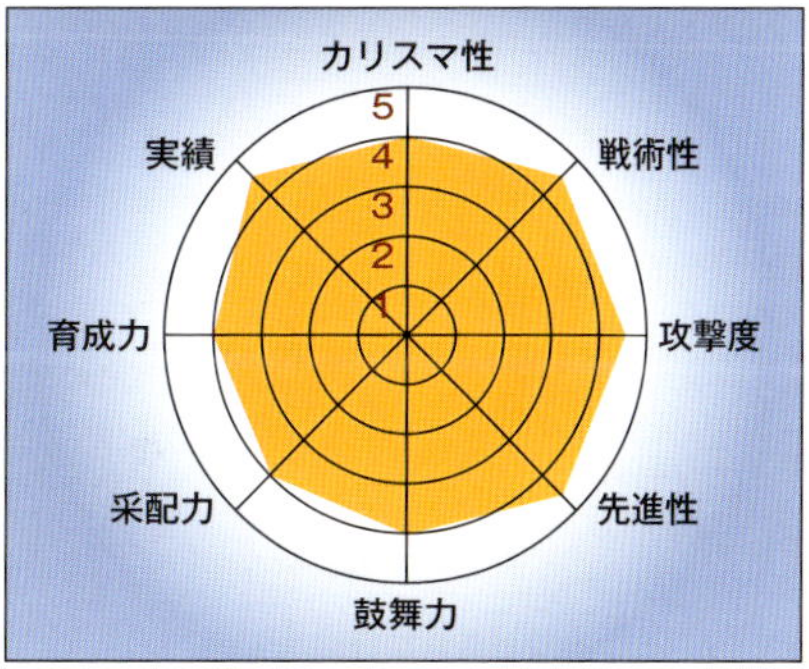

ソリッドなサッカーで実績を積み、アトレティコ監督まで上り詰めた

実績で一番光るのは05—06シーズン、オサスナをクラブ最高位タイであるスペインリーグ4位（CL圏内）に持っていったこと。両親はバスク系の移民で、オサスナがあるパンプローナはバスク地方の都市。故郷に一花咲かせたことになる。「ソリッド（強固）」なサッカーで。

翌06—07に就任した、アトレティコの監督が、これまでの最高位。代表チームの監督としては、母国メキシコを02年、10年両W杯でベスト16に導いている。選手としても、86年メキシコW杯に出場。ベスト8入りした。

14年ブラジルW杯後、日本代表監督に就任。悪くないサッカーを見せたが、サラゴサ監督時代の八百長疑惑が取り沙汰されたことで、アジアカップ準々決勝敗退後、惜しまれつつ退任。15年6月から、UAEのアル・ワヒダの監督を務めている。

メキシコ

ミゲル・エレーラ
Miguel HERRERA

日本代表お勧め度
C

PERSONAL DATA

■1968年3月18日生まれ、メキシコ・イダルゴ州出身

選手キャリア（ディフェンダー）
85−86＝デポルティーボ・ネサ、87−88＝UAG
88−89＝サントス・ラグナ（30/4）、89−90＝アトランテ（36/4）
90−91＝ケレタロ（30/2）、91−95＝アトランテ（125/9）
95−99＝トロス・ネサ（109/2）、99−00＝アトランテ（33/0）
○メキシコ代表＝14/0（93−94）

主な獲得タイトル（選手時代）
国内リーグ優勝 1 回（92−93/ アトランテ）

指導キャリア
02−04　アトランテ監督
04−07　モンテレイ監督
08　ベラクルス監督
08−10　エストゥディアンテス・テコス監督
10−11　アトランテ監督
12−13　クラブ・アメリカ監督
13−15　メキシコ代表監督
15−　ティユアナ監督

主な獲得タイトル（監督時代）
国内リーグ優勝 1 回（13後 / アメリカ）
ゴールド杯優勝 1 回（15/ メキシコ代表）

採用フォーメーション
3−3−2−2

選手時代の知名度
★★★★☆

キャラクター数値

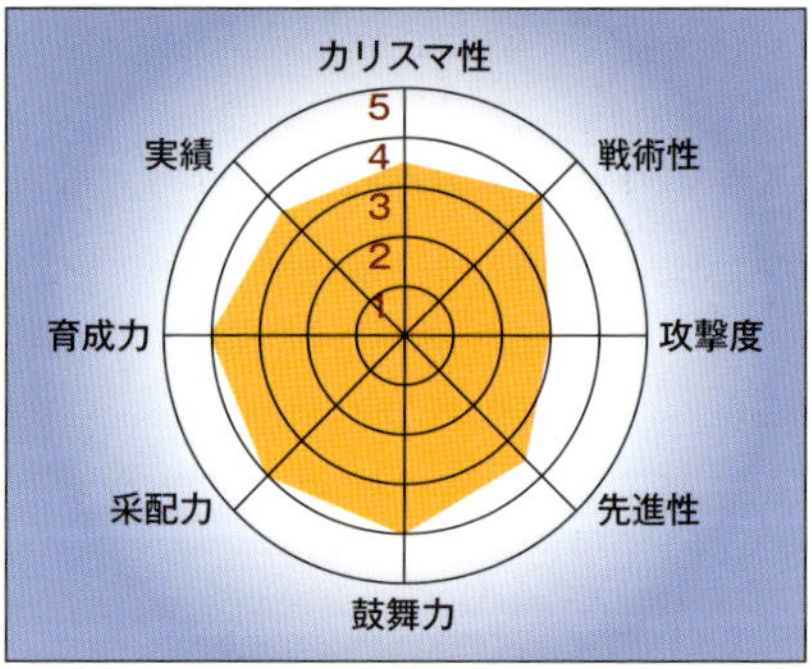

攻撃的ではないほうの3−3−2−2を採用

メキシコは伝統的に３バックを好む国として知られるが、明らかに守備的な3−4−1−2を使った例は少ない。3−3−2−2か3−4−3になる。中庸《ちゅうよう》か攻撃的か。ミゲル・エレーラの選択は攻撃的ではないほうの3−3−2−2で、第2列の攻撃的ＭＦも内に構え、より非攻撃的だった。

3バックの布陣を好むメキシコで、下がって守りきるサッカーを実践

メキシコ代表と言えば、W杯ベスト16を6大会連続維持している国。それ以下でも、それ以上でもない国。悪く言えば、殻を破れずにいる国だ。サッカー的には、3バックを好む国としても知られる。5バックになりにくい、守備的ではない3バックになるが、守備的か否かを見分けることは簡単ではない。気がつけば守備的になっていることもある。

14年ブラジルW杯。決勝トーナメント1回戦、対オランダ戦に臨んだミゲル・エレーラ率いるメキシコは、先制点を奪い、いい感じで試合を進めていた。だが、残り時間が少なくなるにつれ、その3バックは5バックそのものになっていった。後方に下がって、守りきるサッカー。オランダに綺麗な逆転勝ちを許した理由そのものでもあった。5―3―2の布陣でベスト8が狙えるほど、今日のサッカーは甘くない。

ルーマニア

ミルチェア・ルチェスク

Mircea LUCESCU

日本代表お勧め度
C

PERSONAL DATA

■1945年7月29日生まれ、ルーマニア・ブカレスト出身

選手キャリア(ディフェンダー)

63−77=ディナモ・ブカレスト(250/57)、65−67=シュティンツァ・ブカレスト(39/12)
77−82=コルヴィヌル・フネドアラ(111/21)、89−90=ディナモ・ブカレスト(1/0)

○ルーマニア代表=70/9(66−79)

主な獲得タイトル(選手時代)

国内リーグ優勝7回(63−64、64−65、70−71、72−73、74−75、76−77、89−90/ディナモ・ブカレスト)、国内カップ優勝1回(67−68/ディナモ・ブカレスト)

指導キャリア

79−80 コルヴィヌル・フネドアラ監督、81−86 ルーマニア代表監督
85−90 ディナモ・ブカレスト監督、90−91 ピサ(イタリア)監督
91−96 ブレッシャ(イタリア)監督、96−97 レッジャーナ(イタリア)監督
97−98 ラピド・ブカレスト監督、98−99 インテル(イタリア)監督
99−00 ラピド・ブカレスト監督、00−02 ガラタサライ(トルコ)監督
02−04 ベシクタシュ(トルコ)監督、04−16 シャフタール・ドネツク(ウクライナ)監督
16− ゼニト・サンクトペテルブルク(ロシア)監督

主な獲得タイトル(監督時代)

UC優勝1回(08−09/シャフタール・ドネツク)、国内リーグ優勝11回(89−90/ディナモ・ブカレスト、98−99/ラピド・ブカレスト、01−02/ガラタサライ、02−03/ベシクタシュ、04−05、05−06、07−08、09−10、10−11、11−12、12−13、13−14/シャフタール・ドネツク)、国内カップ優勝9回(85−86、89−90/ディナモ・ブカレスト、97−98/ラピド・ブカレスト、03−04、07−08、10−11、11−12、12−13、15−16/シャフタール・ドネツク)

欧州カップ戦で上位の常連となっている

インテルなど、イタリアの各クラブで監督を務めていた頃(90年代)は、当たり前のように、守備的な3バックで戦っていたが、シャフタールでは、そうした過去をみじんも感じさせない大らかなサッカーを武器に、欧州カップ戦で上位の常連となった。

採用フォーメーション

4−2−3−1

選手時代の知名度

★★★★★

キャラクター数値

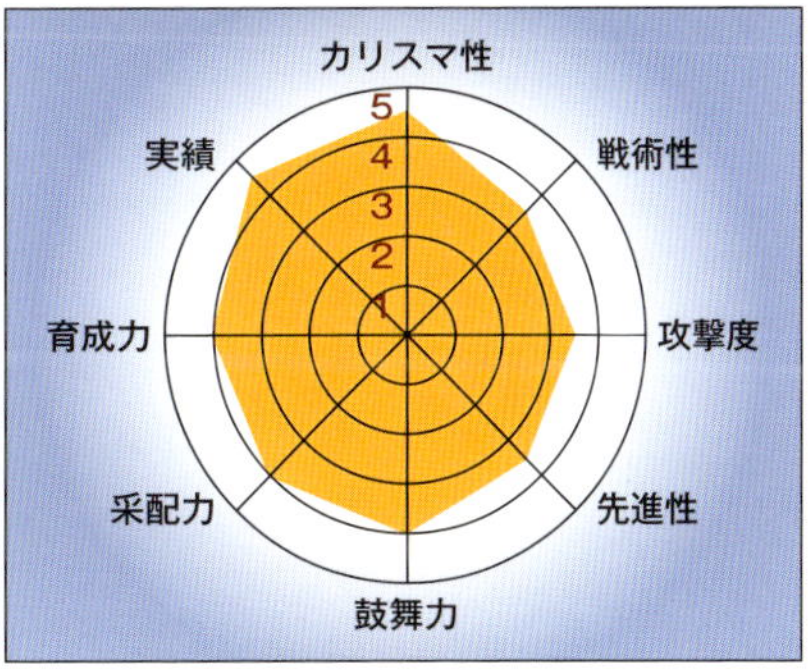

ルーマニアの顔とされる大ベテラン。CL出場回数は史上5番目を記録

ルーマニアと言えば、ルチェスク。かつてはハジと言っても良かったが、いまとなっては、70歳を過ぎたルチェスクのほうが、偉大さという点で勝《まさ》るように見える。監督としてのCL出場回数は、15—16のグループステージ、対マルメ戦で100試合を数えた。ファーガソン、ベンゲル、アンチェロッティ、モウリーニョに次ぐ史上5人目の快挙だ。インテル3試合、ベシクタシュ6試合、ガラタサライ26試合、シャフタール・ドネツク68試合がその内訳。ウクライナのシャフタールの監督に就いたのは04—05。資金力にものを言わせ、獲得したブラジル人選手を中心にチーム力アップを図ってきた。だが、ロシアとのあいだで勃発《ぼっぱつ》した武力衝突の影響で、本拠地ドネツクで戦えない状況にある。それを反映してか、CLではグループリーグ落ち。16—17はゼニトで采配を振るっている。

ダン・ペトレスク
Dan PETRESCU

ルーマニア

日本代表お勧め度 **C**

選手時代の知名度
★★★★★

採用フォーメーション

4-2-3-1

PERSONAL DATA

■1967年12月22日、ルーマニア・ブカレスト出身

選手キャリア(ディフェンダー、左ウイング)

85－86=ステアウア・ブカレスト(2/0)、86－97=オルト(24/0)、87－91=ステアウア・ブカレスト(93/26)、91－93=フォッジャ(55/7)、93－94=ジェノア(24/1)、94－96=シェフィールド(37/3)、95－00=チェルシー(150/18)、00－01=ブラッドフォード(17/1)、01－02=サウサンプトン(11/2)、02－03=ナシオナル・ブカレスト(20/0)

○ルーマニア代表=95/12(89－00)

主な獲得タイトル(監督時代)

UCWC優勝1回(97－98/チェルシー)、国内リーグ優勝3回(85－86、87－88、88－89/ステアウア・ブカレスト)、国内カップ優勝4回(86－87、88－89/ステアウア・ブカレスト、96－97/チェルシー)

指導キャリア

04　ラピド・ブカレスト監督
04－06　SSブカレスト監督
06　ヴィスワ・クラクフ(ポーランド)監督
06－09　ウニレア・ウルジチェニ監督
09－12　クバン・クラスノダール(ロシア)監督
12－14　ディナモ・モスクワ(ロシア)監督
14　アル・アラビ(カタール)監督
15　トゥルグ・ムルシェ監督
15－16　江蘇蘇寧(中国)監督
16－　クバン・クラスノダール(ロシア)監督

主な獲得タイトル(監督時代)

国内リーグ優勝2回(08－09/ウニレア・ウルジチェニ、10/クバン・クラスノダール)
国内カップ優勝1回(15/江蘇蘇寧)

元ルーマニア代表95回を誇る技巧派の左ウイング。母国の最強クラブ、ステアウア・ブカレストでプレイしたあと、91-92シーズン、ズデネク・ゼーマンが指揮をとるフォッジャへ。前シーズン、セリエBで優勝。4-3-3の布陣から攻撃的サッカーを展開し、一世《いっせい》を風《ふう》靡《び》したフォッジャを象徴するサイド攻撃の旗手として活躍した。監督としては、計6か国のクラブで采配を振るった豊富な海外経験がある。16年の途中まで、中国Cリーグの江蘇蘇寧の監督を務めていた。

キャラクター数値

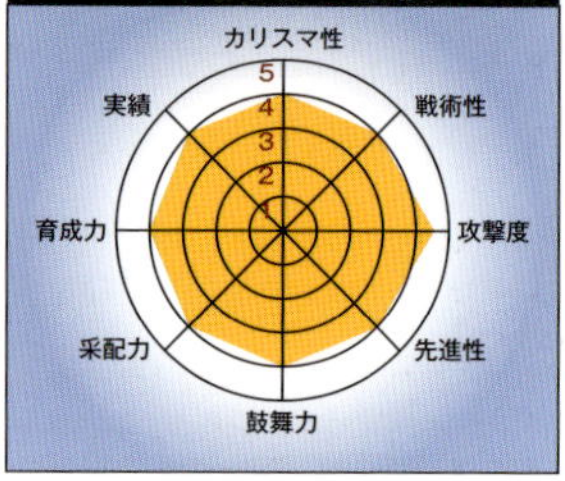

アンゲル・ヨルダネスク
Anghel IORDANESCU

ルーマニア

日本代表お勧め度 **B**

選手時代の知名度
★★★★★

採用フォーメーション

4-2-3-1

PERSONAL DATA

■1950年5月4日生まれ、ルーマニア・ヤシ出身

選手キャリア(フォワード)

68－82=ステアウア・ブカレスト(317/155)、82－84=クレタ(54/7)、85－86=ステアウア・ブカレスト(1/0)

○ルーマニア代表=57/21(71－81)

主な獲得タイトル(選手時代)

CC優勝1回(85－86/ステアウア・ブカレスト)、国内リーグ優勝2回(75－76、77－78/ステアウア・ブカレスト)、国内カップ優勝4回(69－70、70－71、75－76、78－79/ステアウア・ブカレスト)

指導キャリア

84－86　ステアウア・ブカレスト アシスタント
86－90　ステアウア・ブカレスト監督
90－92　アノルトシス(ギリシャ)監督
92－93　ステアウア・ブカレスト監督
93－98　ルーマニア代表監督
98－99　ギリシャ代表監督
99－00　アル・ヒラル(サウジアラビア)監督
00　ラピド・ブカレスト監督
01－02　アル・アイン(UAE)監督
02－04　ルーマニア代表監督
05－06　アル・イテハド(サウジアラビア)監督
06　アル・アイン(UAE)監督
14－16　ルーマニア代表監督

主な獲得タイトル(監督時代)

ACC優勝1回(99－00/アル・ヒラル)
ACL優勝1回(04－05/アル・イテハド)
国内リーグ優勝4回(86－87、87－88、88－89、92－93/ステアウア・ブカレスト)
国内カップ優勝4回(86－87、99－89/ステアウア・ブカレスト、99－00/アル・ヒラル、01/アル・アイン)

ユーロ2016本大会を戦ったルーマニア代表監督。同国代表監督への就任はこれが3度目で、98年フランスW杯ではイリエ、モルドバン、ペトレスクなどを擁《よう》し、ベスト16に。07年、サッカーの世界からいったん引退。政治家に転身した。復帰後、臨んだ大会がユーロ2016。フランスには1-2で善戦したが、アルバニアに敗れ、グループリーグで敗退した。監督の力不足というより、選手の力不足に原因があるように見えた。

キャラクター数値

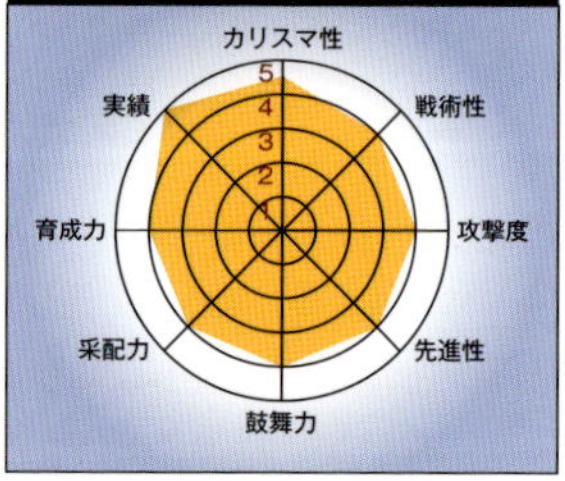

ロシア

レオニード・スルツキ

Leonid SLUTSKY

日本代表お勧め度 **C**

PERSONAL DATA

■1971年5月4日生まれ、ロシア・ヴォルゴグラード出身

選手キャリア（ゴールキーパー）

89＝ズベズダ・ゴロジシチェ（13/0）

指導キャリア

00　オリンピア・ヴォルゴグラード監督
02−03　エリスタB監督
03−04　エリスタ監督
04−05　FCモスクワB監督
05−07　FCモスクワ監督
08−09　クリリア・ソビトフ・サマーラ監督
09−　CSKAモスクワ監督
15−16　ロシア代表監督（CSKAモスクワ監督兼任）

主な獲得タイトル（監督時代）

国内リーグ優勝3回（12−13、13−14、15−16/CSKAモスクワ）
国内カップ優勝2回（10−11、12−13/CSKAモスクワ）

採用フォーメーション

4−2−3−1

選手時代の知名度

★☆☆☆☆

キャラクター数値

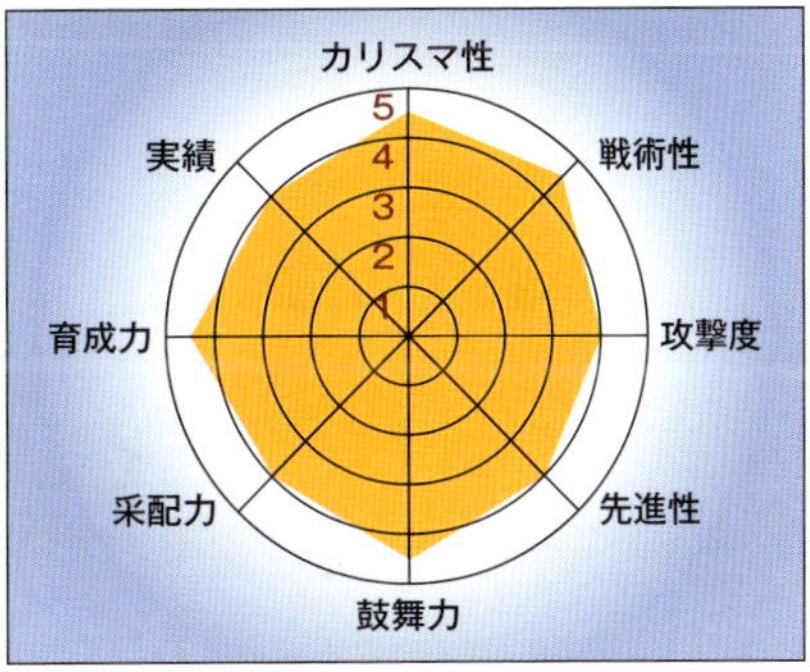

クラブでも代表でも、4−2−3−1を採用

ＣＳＫＡモスクワの監督とロシア代表監督を一時兼務。いずれも4−2−3−1がメイン。ケガのため、19歳でプロ選手としての道を断念。30歳でプロのクラブの監督に。選手としての経験はほぼゼロだが、理論家で通る。「名選手、名監督にあらず」の逆パターン。

ＣＳＫＡを率いてＣＬ8強に進出。本田はその偉業に大きく貢献した

スルツキのキャリアハイは、ＣＳＫＡモスクワ時代の09—10シーズン。ＣＬで収めたベスト8の成績だ。グループリーグ2試合を残した時点でＣＳＫＡは最下位だったが、ヴォルフスブルク、ベシクタシュに連勝。2位に滑り込み、決勝トーナメント進出を決めたわけだが、直後にＣＳＫＡ入りした本田圭佑の移籍は、それ以前に決まっていたことだった。本田は強運の持ち主と言えた。決勝トーナメント1回戦の相手は、実力上位のセビージャ。だが、スルツキは移籍で加わったばかりの本田を先発で起用。第2戦ではそれが奏功。本田は、直接ＦＫがＧＫの顔面を直撃しながらゴールする離れ業《わざ》を披露。ルスツキを語るうえで、本田は欠かせない選手になっている。15年8月よりロシア代表監督に就任。ユーロ2016に臨むも、パッとしないサッカーで、グループリーグで消えた。

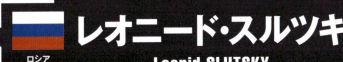

ロシア

オレグ・コノノフ

Oleg KONONOV

日本代表お勧め度 B

選手時代の知名度

★★★★☆

採用フォーメーション

4-3-3

キャラクター数値

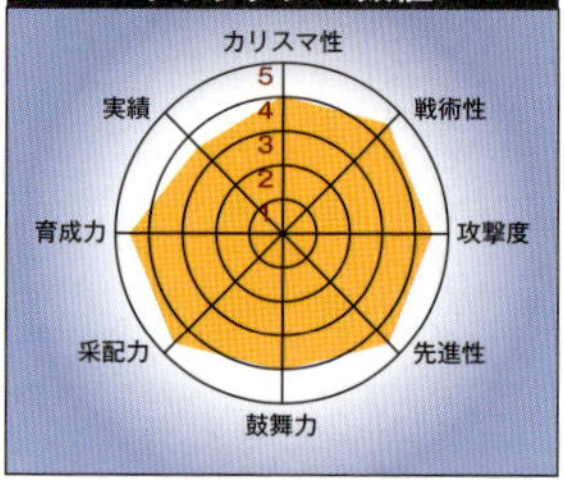

PERSONAL DATA

■1966年3月23日生まれ、ロシア・クルスク出身（二重国籍）

選手キャリア（ミッドフィルダー）

83−85=イスクラ・スモレンスク
86−88=ドニエプル・モジレフ(70/8)
89　=ズリャ・リュハンスク(8/0)
89−92=KIM ビーチェブスク(101/9)
93−94=ロコモーティブ・ビーチェブスク(14/2)
94　=ドビナ・ビーチェブスク(11/0)
95　=ルフ・ホジューフ(3/0)
96−97=ナフタン・ナバポラツク(59/3)
98−99=トルペド・ミンスク(30/9)

指導キャリア

01−02 トルペド・ミンスク(ベラルーシ)アシスタント
03 ロコモティフ・ミンスク(ベラルーシ)
04 メタルルフ・サポリージャ(ウクライナ)監督
05−08 シェリフ・ティラスポル(モルドバ)アシスタント
08−11 カルパティ・リヴィウ(ウクライナ)監督
12−13 セバストポル(ウクライナ)監督
13−16 FCクラスノダール(ロシア)監督

主な獲得タイトル(監督時代)

国内リーグ優勝 1 回(12−13/ セバストポル)

87−88シーズン、ベラルーシリーグの年間最優秀選手に選ばれた実績を持つ、ベラルーシと二重国籍を持つ指導者。12−13、ウクライナリーグ2部のセバストポルを1部に昇格させると、翌13−14、黒海にほど近いロシア南部に位置するクラスノダールの監督に就任した。そのとき、ロシアプレミアリーグの中位を定位置にしていた同クラブは、この新監督就任を機に、上昇気流に乗る。以降3シーズン、5位、3位、4位の成績を収め、15−16にはＥＬの本選にも進出した。いまロシアで最も勢いのあるチームだ。サッカーは攻撃的で、シグルドセンを最後尾にすえた4−3−3の布陣から、奥行きのあるサッカーを展開。コノノフ監督の評価も上昇中だ。

ロシア

スタニスラフ・チェルチェソフ

Stanislav CHERCHESOV

日本代表お勧め度 C

選手時代の知名度

★★★★☆

採用フォーメーション

4-3-3

キャラクター数値

PERSONAL DATA

■1963年9月2日生まれ、ロシア・アラギール出身

選手キャリア（ゴールキーパー）

81−84=アラニア・ウラジカフカス(5/0)、84−87=スパルタク・モスクワ(13/0)、88=ロコモーティブ・モスクワ(30/0)、89−93=スパルタク・モスクワ(121/0)、93−95=ディナモ・ドレスデン(57/0)、95=スパルタク・モスクワ(8/0)、96−02=チロル(7/0)、02=スパルタク・モスクワ(7/0)
○ソビエト連邦代表＝8/0(90−91)、CIS 代表＝2/0(92)、ロシア代表＝39/0(92−02)

主な獲得タイトル(選手時代)

国内リーグ優勝 7 回(86−87、88−89、91−92、92−93/ スパルタク・モスクワ、99−00、00−01、01−02/ チロル)
国内カップ優勝 1 回(92/ スパルタク・モスクワ)

指導キャリア

04 クフスタイン(オーストリア)監督
04−06 ヴァッカー・インスブルック(オーストリア)監督
07−08 スパルタク・モスクワ監督
10−11 FC ジェムチュジナ・ソチ監督
11−13 テレク・グロズヌイ監督
13−14 アムカル・ペルミ監督
14−15 ディナモ・モスクワ監督
15−16 レギア・ワルシャワ(ポーランド)監督
16− ロシア代表監督

主な獲得タイトル(監督時代)

国内リーグ優勝 1 回(15−16/ レギア・ワルシャワ)
国内カップ優勝 1 回(15−16/ レギア・ワルシャワ)

15−16レギア・ワルシャワの監督に就任し、ポーランドリーグ優勝に導くも、１シーズンで退団。ユーロ2016で惨敗した（グループリーグ敗退）ロシア代表監督に就任した。前任者のスルツキ監督がモウリーニョだとすれば、チェルチェソフはデル・ボスケのタイプ。何より光るのは、迫力ある風《ふう》貌《ぼう》と存在感だ。元ロシア代表のＧＫ。ディナモ・キエフで、世界的名ＧＫリナト・ダサエフの後釜として活躍。オーストリアのチロル・インスブルックでも、長期間プレイした。自国開催の18年Ｗ杯を控えたロシアを立て直すことができるのか。注目したい。

Head Coaches in Japan

「日本の監督10人」

日本

石井正忠
ISHII Masatada

日本代表お勧め度
B

選手時代の知名度
★★★☆☆

採用フォーメーション
4-4-2(中盤フラット型)

キャラクター数値

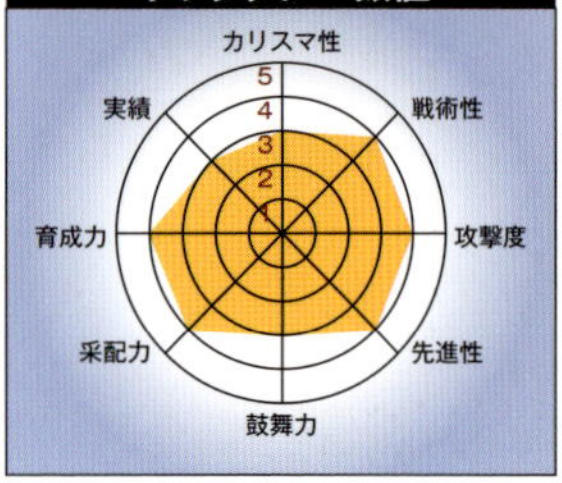

PERSONAL DATA

■1967年2月1日生まれ、千葉県市原市出身
選手キャリア(ミッドフィルダー・ディフェンダー)
85−88=順天堂大学
89−91=NTT 関東(43/0)
91−92=住友金属工業(15/0)
92−97=鹿島アントラーズ(95/3)
98　　=アビスパ福岡(1/0)
主な獲得タイトル(選手時代)
全日本大学サッカー選手権大会優勝２回
(87、88/ 順天堂大学)
総理大臣杯全日本大学サッカートーナメント優勝１回
(87/ 順天堂大学)
Ｊリーグ優勝１回(96/ 鹿島アントラーズ)
天皇杯優勝１回(97/ 鹿島アントラーズ)
Ｊリーグカップ優勝１回(97/ 鹿島アントラーズ)
指導キャリア
15−　鹿島アントラーズ監督
主な獲得タイトル(監督時代)
Ｊリーグカップ優勝１回(15/ 鹿島アントラーズ)

ジーコに代わって途中から守備固め的な役割で出場するパターンが多かった現役時代。代表歴もないその地味な姿から、将来の監督像など想像できなかった。が、いまとなっては、監督としての適性は名選手ジーコより上のように見える。Ｊリーグ創設時から現在に至るまで、福岡で過ごした1シーズンを除けば、鹿島一筋。そのすべてを知り尽くした人物だが、15年第2ステージ途中、セレーゾに代わり監督に就任すると、ブラジル的だった従来とは異なる匂いをチームに提供。一言で言えば、欧州的だ。Ｊのどのチームより今日的に見える。15年の第2ステージは2位。16年の第1ステージは優勝。相変わらず存在は地味だが、サッカーは悪くない。

日本

井原正巳
IHARA Masami

日本代表お勧め度
D

選手時代の知名度
★★★★★

採用フォーメーション
4-4-2(中盤フラット型)

キャラクター数値

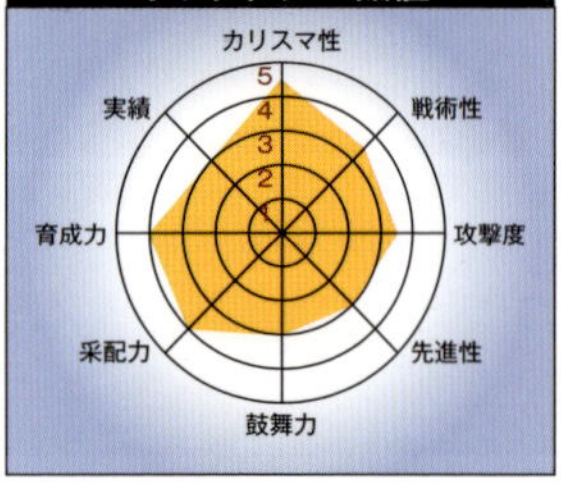

PERSONAL DATA

■1967年9月18日生まれ、滋賀県甲賀市出身
選手キャリア(センターバック・リベロ)
86−89=筑波大学
90−92=日産自動車(44/2)
93−99=横浜Ｆ・マリノス(223/3)
00　　=ジュビロ磐田(20/1)
01−02=浦和レッズ(73/2)
○日本代表=122/5(88−99)
主な獲得タイトル(選手時代)
総理大臣杯全日本大学トーナメント優勝１回
(88/ 筑波大学)
関東大学サッカーリーグ優勝２回
(87、88/ 筑波大学)
Ｊリーグ優勝１回(95/ 横浜マリノス)
天皇杯優勝１回(91/ 日産自動車)
ＪＳＬカップ優勝１回(90/ 日産自動車)
アジアカップウィナーズカップ優勝１回
(91−92/ 日産自動車)
指導キャリア
06−08　日本U−23代表アシスタント
09−14　柏レイソル ヘッドコーチ
09、13　柏レイソル代行監督
15−　　アビスパ福岡監督

日本代表歴122回を誇る元名選手ながら、大物気取りのない謙虚な態度に、人柄が偲《しの》ばれる。引退後、テレビ解説者としてメディアに登場していたが、08年の北京五輪を目指す反町ジャパンのコーチに就任。だが、控え目な立ち位置は、相変わらずだった。その傾向は柏のコーチになった09年以降の5年間も変わらず、だった。その将来が心配になるほど、きわめて地味にその間を過ごした。初めて監督の座に就いたのは15年。引退から13年目の遅咲きとなったが、満を持していた様子でもあった。Ｊ2福岡をシーズン終盤の快進撃で即、昇格に導いたのだ。Ｊ1ではさすがに苦戦。転落必至の情勢で、サッカーも日に日に守備的になっている。

日本

風間八宏

KAZAMA Yahiro

日本代表お勧め度
C

選手時代の知名度

★★★★☆

採用フォーメーション

4−2−3−1

キャラクター数値

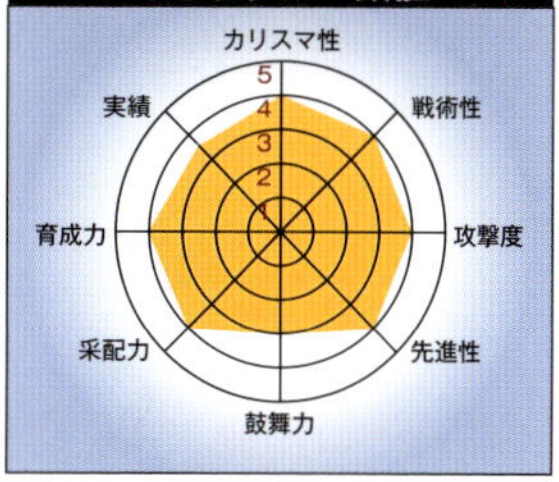

PERSONAL DATA

■1961年10月16日生まれ、静岡県静岡市出身

選手キャリア(ミッドフィルダー)

80−83＝筑波大学
84−85＝レバークーゼン･アマチュア
85−88＝レムシャイト
88−89＝ブラウンシュバイク(15/0)
89−92＝マツダＳＣ(63/7)
92−95＝サンフレッチェ広島(103/6)
96−97＝レムシャイト
○日本代表＝19/0(80−83)

主な獲得タイトル(選手時代)

全日本大学サッカー選手権大会優勝１回
(80/ 筑波大学)
総理大臣杯全日本大学サッカートーナメント
優勝１回(81/ 筑波大学)

指導キャリア

97−04　桐蔭横浜大学監督
08−12　筑波大学監督
12−　　川崎フロンターレ監督

高校2年生のとき、マラドーナが出場した日本開催のWユース大会（79年）に、日本の中盤選手としてスタメン出場。筑波大時代には、日本代表にも選出された。時の日本にあっては屈指のテクニシャンとして名をはせたが、卒業後は実業団チームに所属せず、ドイツへ渡る。帰国は5年後。マツダ、そしてＪリーグがスタートすると、広島で3年間プレイした。引退後は、協会の理事、大学の監督を務めるかたわら、スポーツニュースにもレギュラー出演。コメンテイターとして高い評論性を発揮した。12年、川崎の監督に就任。高い期待とは裏腹に、思うような結果を残せずにいたが、16年シーズンは一転、好調をキープ。初優勝が望める位置にいる。

日本

相馬直樹

SOMA Naoki

日本代表お勧め度
C

選手時代の知名度

★★★★★

採用フォーメーション

4−4−2(中盤フラット型)

キャラクター数値

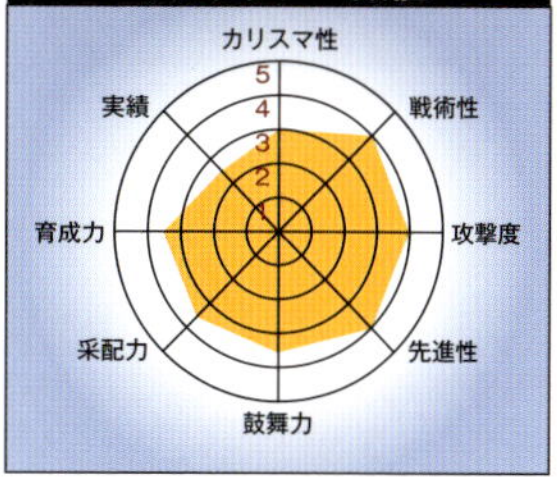

PERSONAL DATA

■1971年7月19日生まれ、静岡県静岡市出身

選手キャリア(左サイドバック)

90−93＝早稲田大学
94−01＝鹿島アントラーズ(230/8)
02　　＝東京ヴェルディ 1969(27/0)
03　　＝鹿島アントラーズ(20/2)
04−05＝川崎フロンターレ(27/0)
○日本代表＝58/4(95−99)

主な獲得タイトル(選手時代)

全日本大学サッカー選手権優勝２回
(91､93/ 早稲田大学)
Ｊリーグ優勝４回
(96､98､00､01/ 鹿島アントラーズ)
天皇杯優勝２回(97､00/ 鹿島アントラーズ)
Ｊリーグカップ優勝２回
(97､00/ 鹿島アントラーズ)

指導キャリア

08−09　川崎フロンターレ U−18 アシスタント
10　　　町田ゼルビア監督
11−12　川崎フロンターレ監督
13　　　モンテディオ山形ヘッドコーチ
14−　　町田ゼルビア監督

90年代後半、日本代表不動のサイドバックとして活躍。だが、サッカーをしていなければ東大も狙えたとささやかれるほど学業優秀で、将来の監督像は、現役時代から予想できた。引退後、テレビ解説者を経て、10年、町田の監督に就任。そして翌年、10年に5位だった川崎の監督に、38歳の若さで就任した。町田は当時ＪＦＬ。川崎への昇格は二階級特進に値したが、チームは途中から失速。Ｊ1昇格以来最低の11位で終わる。翌12年4月、相馬は経験不足を露呈し、解任の憂《う》き目にあう。山形のコーチを経て、14年、捲《けん》土《ど》重《ちょう》来《らい》を期し、再度、町田（Ｊ2）の監督に就任。汚名を払《ふっ》拭《しょく》しつつある状態だ。頭脳派監督として大成するのか、注目だ。

日本

反町康治
SORIMACHI Yasuharu

日本代表お勧め度
D

選手時代の知名度
★★★★☆

採用フォーメーション
3-4-2-1

キャラクター数値

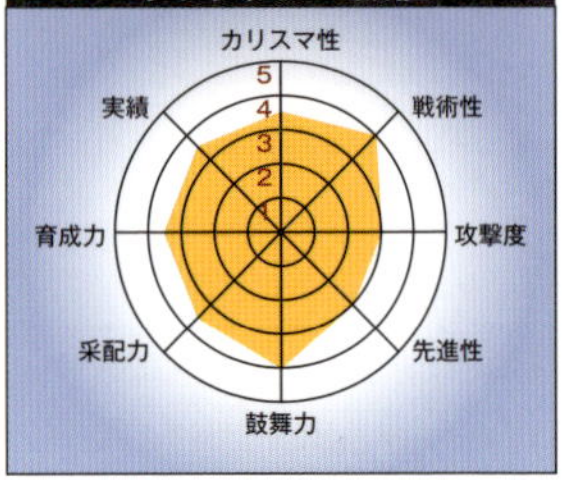

PERSONAL DATA

■1964年3月8日生まれ、埼玉県さいたま市出身
選手キャリア(ミッドフィルダー)
83−86＝慶應義塾大学、87−92＝全日空
92−93＝横浜フリューゲルス(26/1)
94−97＝ベルマーレ平塚(82/8)
○日本代表＝4/0(90−91)
主な獲得タイトル(選手時代)
天皇杯優勝１回(93/横浜フリューゲルス)
指導キャリア
01−05 アルビレックス新潟監督
06−07 日本代表コーチ
06−08 日本U−21、22、23代表監督
09−11 湘南ベルマーレ監督
12− 松本山雅監督

清水東高時代は高校サッカーのスター選手。卒業後、一浪して慶應義塾大学法学部へ自力入学。さらに全日空へ進み、社員の立場で当時の日本リーグに出場した。その頭脳的かつトリッキーなプレイと、頭の回転が速い、しゃべり上手な現在の姿とは密接にリンクしている。だが、図太いように見えて、繊細な面も。北京五輪アジア予選、勝てば本大会出場決定というサウジアラビア戦では、緊張からか選手交代を1人も行えなかった。出場決定後のインタビューでは、涙で声を詰まらせる一幕も。だが、北京五輪では3連敗。評判を落とす。09年、J2平塚の監督に就任。1年で昇格させるが、1年で降格。12年、J2松本の監督に就任。3年で昇格するも、同様に1年で降格。昇降ラインで一進一退を繰り返している。J1常連クラブに復帰する日は訪れるのか。志《こころざし》は高いはずだが現実に埋没している感あり。

日本

手倉森誠
TEGURAMORI Makoto

日本代表お勧め度
C

選手時代の知名度
★☆☆☆☆

採用フォーメーション
4-4-2(中盤フラット型)

キャラクター数値

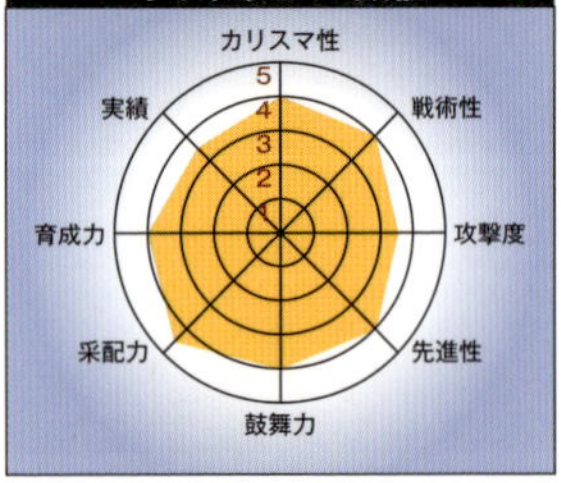

PERSONAL DATA

■1967年11月14日生まれ、青森県三戸郡五戸町出身
選手キャリア(ミッドフィルダー)
86−92＝住友金属、92＝鹿島アントラーズ
93−95＝ＮＥＣ山形
指導キャリア
95−00 NEC山形コーチ
01−03 大分トリニータ コーチ
04−07 ベガルタ仙台コーチ
08−13 ベガルタ仙台監督
13−16 日本U−21、22、23代表監督
16− 日本代表コーチ

双子の弟、浩とともども五戸すずかけ少年団時代から知られた存在だった。その後もユース代表に選ばれるなど、順調にステップを踏み、のちに鹿島アントラーズとなる住友金属へ。だが、Ｊリーグ開幕を翌年に控えた92年に解雇。鹿島での激しい競争に勝てず、選手生命を終えた。と同時に、指導者の道へ。そして08年、ベガルタ仙台監督の座にたどり着く。11年Ｊ14位、12年は2位にまで上り詰める。そして14年、リオ五輪を目指す日本U−21チームの監督に就任。しゃべり口調から受ける印象は粗野だ。とても理知的な監督には見えないが、少なくとも采配は歴代の監督より優れていた。強行日程で行われたリオ五輪アジア予選をタイムシェアの考えに基づき、選手をローテーションで起用したことが奏功。苦戦の前評判を覆《くつがえ》し、トップ通過を果たした。本大会では強豪相手に1勝1分1敗の成績だったが、挑戦者にふさわしい果敢な戦いはできなかった。

日本

名波 浩

NANAMI Hiroshi

日本代表お勧め度 E

選手時代の知名度 ★★★★★

採用フォーメーション 3-4-1-2

キャラクター数値

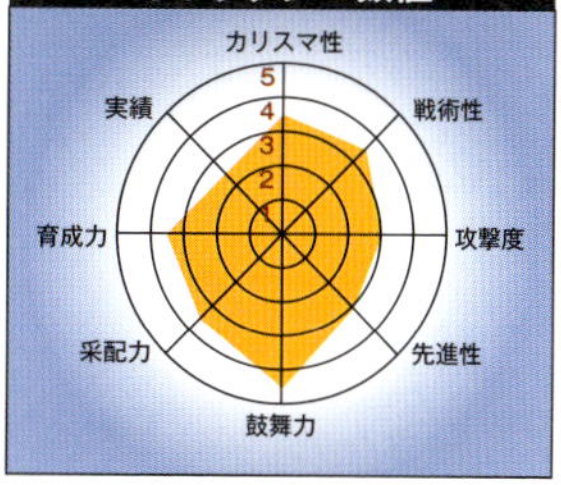

PERSONAL DATA

■1972年11月28日生まれ、静岡県藤枝市出身

選手キャリア(ミッドフィルダー)

91−94＝順天堂大学、95−99＝ジュビロ磐田(150/22)
99−00＝ベネツィア(24/1)
00−06＝ジュビロ磐田(138/10)
06　＝セレッソ大阪(13/2)
07　＝東京ヴェルディ(17/0)
08　＝ジュビロ磐田(13/0)
○日本代表＝67/9(95−01)

主な獲得タイトル(選手時代)

総理大臣杯全日本大学サッカートーナメント
優勝 1 回(93/ 順天堂大学)
Ｊリーグ優勝 2 回(97、02/ ジュビロ磐田)
天皇杯優勝 1 回(03/ ジュビロ磐田)
Ｊリーグカップ優勝 1 回(98/ ジュビロ磐田)
アジアクラブ選手権優勝 1 回(98−99/ ジュビロ磐田)

指導キャリア

14−　ジュビロ磐田監督

ベネツィア、C大阪、東京Vで各1年過ごしたが、正真正銘のミスター磐田だ。中村俊輔と並ぶ日本を代表する左利きでもある。08年で引退。09年からテレビ解説者に。古巣の磐田に新人監督として復帰したのは14年。誰かのもとでコーチ業に携《たずさ》わることなく、だ。オランダに長期コーチ留学中の先輩・藤田俊哉とは異なる方法論で、いきなり監督の座に就いた。当時2部だったチームは2年で昇格。クラブとしての総合力を考えれば、当然の結果と見るか、純粋に監督の力を評価すべきなのか。微妙な線だが、解説者時代のような勢いのある言動は、影を潜めている。メッセージ性の高くないサッカーだ。昇降格争いという厳しい現実の中で、もがき苦しんでいる様子。「名選手、名監督にあらず」を覆《くつがえ》すには至っていない。

日本

長谷川健太

HASEGAWA Kenta

日本代表お勧め度 C

選手時代の知名度 ★★★★★

採用フォーメーション 4-2-3-1

キャラクター数値

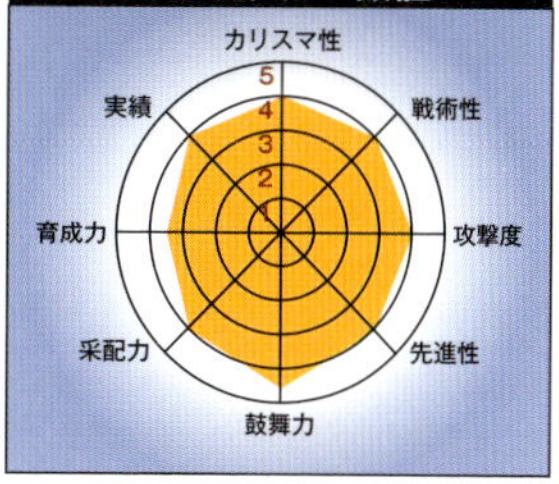

PERSONAL DATA

■1965年9月25日生まれ、静岡県静岡市出身

選手キャリア(フォワード・右ウイング)

84−87＝筑波大学、88−91＝日産自動車(33/9)
92−99＝清水エスパルス(207/45)
○日本代表＝27/4(89−95)

主な獲得タイトル(選手時代)

関東大学リーグ優勝 1 回(87/ 筑波大学)、JSL 優勝 2 回(88−89、89−91/ 日産自動車)、天皇杯優勝 2 回(88、89/ 日産自動車)、JSLカップ 3 回(88、89、90/ 日産自動車)、Ｊリーグカップ優勝 1 回(96/ 清水エスパルス)

指導キャリア

00−04　浜松大学監督
05−10　清水エスパルス監督
13−　ガンバ大阪監督

主な獲得タイトル(監督時代)

Ｊリーグ優勝 1 回(14/ ガンバ大阪)
天皇杯優勝 2 回(14、15/ ガンバ大阪)
Ｊリーグカップ優勝 1 回(13/ ガンバ大阪)
Ｊリーグ年間最優秀監督 1 回(14/ ガンバ大阪)

77年に始まった全日本少年サッカー大会の第1回大会優秀選手。子供時代から現在まで、常に日本サッカーの表舞台を歩み続けてきた数少ない人物だ。現役時代は、将来、日本を代表する監督になるとは全く想像できない、言わばわがまま系のＦＷだった。引退後、解説者としてメディアに露出するようになってからも同様。05年、コーチ業などの下積みを経ることなく清水監督就任が決まったとき、その将来が案じられた。だが、それ以来、失敗らしい失敗もなく、ここまで順調に来ている。陰で勉強した様子が偲《しの》ばれる。俺様キャラも、奏功しているようだ。怒らすと怖い性格なようで、いざとなれば、鉄拳制裁も辞さないと聞く。どこかチャラく見える日本のサッカー界にあって、数少ない硬派。存在感を発揮している。

日本

森保 一

MORIYASU Hajime

日本代表お勧め度 **D**

選手時代の知名度

★★★★☆

採用フォーメーション

3-4-2-1

キャラクター数値

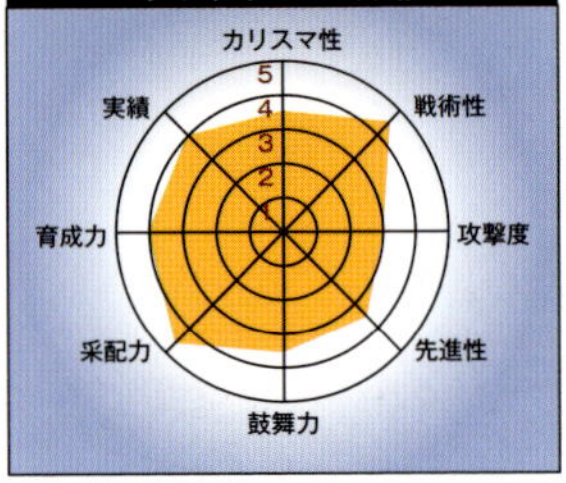

PERSONAL DATA

■1968年8月23日生まれ、長崎県長崎市出身

選手キャリア(守備的ミッドフィルダー)

87−92=マツダSC(64/25)
92−97=サンフレッチェ広島(151/13)
98　　=京都パープルサンガ(32/1)
99−01=サンフレッチェ広島(65/1)
02−03=ベガルタ仙台(45/0)
○日本代表=35/1(92−96)

指導キャリア

05−07　U−19、20日本代表コーチ
07−09　サンフレッチェ広島コーチ
10−11　アルビレックス新潟コーチ
12−　　サンフレッチェ広島監督

主な獲得タイトル(監督時代)

Jリーグ優勝3回
(12、13、15/ サンフレッチェ広島)
Jリーグ年間最優秀監督3回
(12、13、15/ サンフレッチェ広島)

監督の現役時代のポジションで最も多いのが、守備的MF。両者には近しい適性がある。現役時代の森保は、ともすると頼りない選手に見えた。体力があるわけでも、技術が高いわけでもない。そして地味。当時の代表にあって、最も華のない選手だった。しかし、チームには欠かせなかった。ファンが欲する選手というより、監督が欲する選手。潜在的に、監督的な目を備えた選手だった。ただし、サッカーは広島の前任監督であるペトロビッチの受け売りに近い。相手ボールになると、守備的MFが一枚最終ラインまで下がり、4バックを形成する3-4-2-1。このサッカーで4年間で3度、Jリーグを制覇すると、3-4-2-1は瞬《またた》く間に拡散。日本以外で見かけることがまれなガラパゴス的サッカーの流行に、一役買った監督と言える。

日本

吉武博文

YOSHITAKE Hirofumi

日本代表お勧め度 **A**

選手時代の知名度

★☆☆☆☆

採用フォーメーション

4-3-3

キャラクター数値

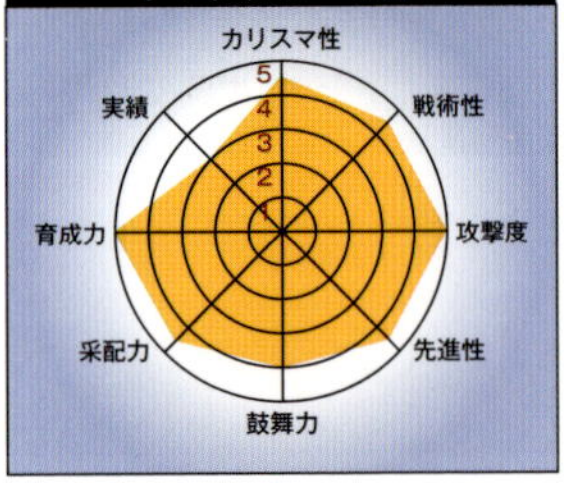

PERSONAL DATA

■1960年6月8日生まれ、大分県出身

選手キャリア(守備的ミッドフィルダー)

指導キャリア

85−91　大分市立明野中学校監督
95−98　大分市立王子中学校監督
99　　　大分市立東陽中学校監督
96−06　大分トリニータU−15監督
06　　　日本U−18代表監督
09−14　日本U−15、16、17代表監督
16−　　FC 今治監督

バルサのようなサッカーがしたいのだけれど、実際にはなかなか——と、あるJクラブ監督経験者は言う。理想と現実の狭間で葛藤していたが、吉武監督はそれを躊躇《ためら》うことなく実践。鮮やかに決めた。クライフ・イズムとは何かを、日本で誰よりも把握している監督。感覚的ではなく、具体的に。そう断言できる。それが披露されたのは13年のU−17W杯。吉武監督率いる日本は、そこでまさにバルサを彷彿《ほうふつ》とさせる圧倒的なボール支配を展開。世界各地から取材に訪れたメディアを驚嘆させた。選手起用でも従来にはない画期的なアイディアを披露した。最大5試合戦おうとすれば、固定メンバーで戦うと限界が来ると、選手を均等に出場させた。同時に選手を試合ごとに異なるポジションで使い、多機能性を養わせることも忘れなかった。勝利とクルマの両輪の関係で追求した。結果はベスト16だったが、これまで見てきた「日本」の中では最良のチーム。

JFA（日本サッカー協会）S級ライセンス取得者リスト

萩原武久
平田生雄
平林健一
木村和司
鈴木武一
濱口和明
川野淳次
浅野満夫
中西義和
品村敏明
北村彰治

1997年

ピエール・リトバルスキー
阿部信義
高橋真一郎
勝俣進
小林伸二
上田栄治
須藤茂光
菅野将晃
大熊清
大野真
大渕龍介
池谷友良
竹本一彦
佃哲章
藤原義三
望月一仁
里内猛
鈴木隣

1998年

乾真寛
桑原隆
結城治男
佐々木則夫
山野孝義
小見幸隆
小林寛
城福浩
瀬田龍彦

斉藤和夫
石井肇
川勝良一
曽我見健二
楚輪博
早野宏史
大木武
大澤隆
池田司信
長澤和明
田中孝司
田嶋幸三
内山篤
副島博志
平木隆三
望月一頼
望月達也
望月保次
堀井美晴
木村浩吉
木村文治
柳下正明
与那城ジョージ
来栖孝治
落合弘
鈴木政一
鈴木満
釜本邦茂

1996年

井上尚武
郡晴己
今井雅隆
三浦俊也
志波芳則
若杉透
小野剛
小嶺忠敏
松永英機
松永章
眞藤邦彦
石崎信弘

～1995年

碓井博行
永井良和
塩沢敏彦
奥寺康彦
横山謙三
岡田武史
加藤寛
加藤久
河内勝幸
関塚隆
菊川凱夫
吉村大志郎
吉田弘
宮本行宏
宮本征勝
栗本直
桑原勝義
原博実
古前田充
高橋武夫
高祖和弘
高田泰樹
高田豊治
今井敏明
今西和男
佐藤長栄
山口芳忠
山田松市
山本昌邦
手塚聡
小松義典
松本育夫
松木安太郎
植木繁晴
森孝慈
神戸清雄
水口洋次
清雲栄純
清水秀彦
西村昭宏
西野朗

JFA（日本サッカ　協会）
S級ライセンス取得者リスト

美濃部直彦
風間八宏

2004年

東泰
安達宏道
有田一矢
石井知幸
今川正浩
沖野等
川俣則幸
岸野靖之
三浦哲治
倉又寿雄
熊田喜則
幸谷秀巳
斎藤誠
佐野達
沢入重雄
高木琢也
松本吉英
水沼貴史
宗政潤一郎
森保一
堀孝史
安井孝志

2005年

井原正巳
坂下博之
ハーフナー・ディド
三浦泰年
島田信幸
武田修宏
安達亮
越後和男
古賀琢磨
斎藤登
伊達倫央
松山博明
成嶋徹
野村貢

2001年

横内昭展
加藤好男
吉見章
吉田靖
吉武博文
境田雅章
行徳浩二
小野明
松田浩
上野山信行
中村潤吉
柱谷哲二
田中真二
保坂不二夫
李清敬
倉田安治

※2002年は公認S級コーチ養成コース未開講

2003年

ラモス瑠偉
安部一雄
吉永一明
今泉守正
佐久間悟
漆間信吾
上野展裕
霜田正浩
村松浩
大出裕之
大西正幸
大石弘道
瀧利明
池谷孝
中田康人
中田仁司
長谷川健太
都並敏史
藤代伸世
内田一夫
樋口靖洋

川合廣征
大橋浩司
柱谷幸一
張外龍
矢作典史

1999年

鎌田安久
黒田和生
坂木嘉和
三浦哲郎
山下立次
山口隆文
小松晃
千疋美徳
前田秀樹
足達勇輔
中村重和
塚田雄二
福井哲
牧内辰也
木村孝洋
野崎正治

2000年

下條佳明
関根繁
原隆弘
広瀬龍
山田耕介
松田保
上間政彦
信藤健仁
大貫啓一
池内豊
田浦美鶴
田口孝広
反町康治
布啓一郎
平野直樹
鈴木淳

JFA（日本サッカー協会）S級ライセンス取得者リスト

財前恵一
松本直也
皆川新一
勝矢寿延
中三川哲治

2009年

上野優作
大平正軌
慶越雄二
東海林毅
長澤徹
松原良香
森下仁志
山口素弘
石丸清隆
梶野智幸
加藤望
金相煥
楠瀬直木
堀野博幸
松波正信
森山泰行
秋葉忠宏
下平隆宏
布部陽功
吉田謙
城彰二
大熊裕司
橋川和晃

2010年

池田太
尹晶煥
前田浩二
小村徳男
鳴尾直軌
三浦雅之
半田悦子
石井正忠
佐藤一樹
高倉麻子

↖

畠山正樹
砂金伸
岩渕弘幹
鈴木康仁
金光浩
杉山弘一
松田岳夫
高田哲也
篠田善之
木村康彦
草木克洋
越田剛史
昌子力
田口禎則
立石敬之
内藤就行
中口雅史
野村雅之
古矢武士
森下仁之
湯田一弘

2008年

藤川孝幸
澤登正朗
秋田豊
曺貴裁
青嶋文明
飯島寿久
島田貴裕
横山雄次
井尻明
大木誠
松島芳久
喜熨斗勝史
相馬直樹
沢田謙太郎
藤原英晃
池田晃一
石末龍治
浮氣哲郎
菊原志郎

↖

奥野僚右
羽中田昌
貴志俊治
本並健治
黒崎久志
水島武蔵
山本富士雄
吉田暢
吉田光範
田坂和昭

2006年

岡中勇人
江尻篤彦
大嶽直人
片野坂知宏
黒田剛
後藤義一
小林慎二
瀧上知巳
森下申一
山崎茂雄
星原隆昭
手倉森誠
手倉森浩
福田正博
浅野哲也
本田美登里
和田昌裕
高畠勉
長島裕明
柴田峡
望月聡
大榎克己
山橋貴史
岩井厚裕
金子隆之

2007年

安間貴義
木山隆之
北野誠

↖

JFA(日本サッカー協会)
S級ライセンス取得者リスト

2014年

大石篤人
小菊昭雄
鈴木貴浩
萩村滋則
林健太郎
藤吉信次
間瀬秀一
眞中幹夫
森岡隆三
吉田康弘
四方田修平
村松大介
安永聡太郎
和泉茂徳
井上卓也
大岩剛
清川浩行
久藤清一
原田武男
松橋力蔵

2015年

宮本恒靖
藤代隆介
大橋昭好
須藤大輔
中村忠
石原孝尚
伊藤彰
岡本三代
高橋秀治
西村俊寛
福永泰
吉田孝行
狩野倫久
遠藤善主
服部年宏
三浦淳寛
森岡茂

佐熊裕和
ゼムノビッチ・ストラヴゴ
星川敬
藤田俊哉
堀池巧
有馬賢二
太田真司
菊原伸郎
木村哲昌
小島伸幸
阪倉裕二
薩川了洋
賤機徳彦
嶋田正照
藤崎義孝
村田一弘
山尾光則
吉田恵

2013年

渡邉晋
加藤慎一郎
長谷部茂利
鬼木達
冨樫剛一
戸田光洋
村田達哉
永島昭浩
浮嶋敏
田中誠
鳥居塚伸人
海本慶治
片渕浩一郎
濱崎芳己
望月重良
米田徹
小笠原唯志
渋谷洋樹
野田朱美
森山佳郎
猿澤真治

↖

岩本慎二郎
小池直文
柳楽雅幸
吉田達磨
須永純
山路嘉人
松永利弘
吉澤英生
岡本武行
風巻和生
辛島啓珠
金鍾成
戸塚哲也
西ヶ谷隆之
本吉剛

2011年

三浦文丈
實好礼忠
時岡宏昌
石川研
中森大介
沖山雅彦
斉藤俊秀
秋庭武彦
名波浩
服部浩紀
衛藤元
小倉隆史
海津英志
神川明彦
菊池利三
神野卓哉
寺峰輝
中田一三
前園真聖
宮崎純一
柳田伸明

2012年

大槻毅
栗原圭介

↖

全１７６人監督名　索引

ア

カ

サ

タ

ナ

ハ

マ

ヤ

ラ

あとがき

Afterword

4年に一度のW杯が終了すると、話題は次期代表監督探しに移る。すかさず候補者の名前が次から次へとメディアを賑《にぎ》わすことになるのだが、それに完全対応できる人はかなりの通。「その監督なら、詳しく知っている」と胸を張ることができる候補者の絶対数は多くない。聞きかじった程度が大半だろう。お勧め監督の名前が、口を突いてすらすら出てくる人は珍しいはずだ。

選手の名前に比べ、監督の名前は覚えにくい。選手の姿は、テレビで試合の模様を眺《なが》めていれば、自ずと目に止まる。良い選手、お気に入りの選手の名前はすぐに覚える。記憶に刻まれやすいが、監督はそうはいかない。日本のファンには、思いのほか遠い存在だ。

監督話は平素、試合がない日のお楽しみ。週末というより週中の話題。サイドネタではあるけれど、週末は週中より長いため内容は濃く、また引きずるものでもある。現地にいると、監督の存在感、職業としての重要性について、幾度となく実感する。メディアが率先して、そこを突く。

実況と解説の音声を東京のスタジオからつける日本のオフチューブ中継を見ている限り、監督に関心を寄せたり、その采配に感情を移入させたりすることは難しいのだ。

監督にスポットが当たるのは、主に記者会見の席上だ。その実態は、試合前あるいは試合後の会見で記者とやりとりする姿を通して浮かび上がる。記憶に残る名采配に遭遇する機会は、現場観戦でも、テレビ観戦でも滅多に訪れない。１２４～１２７ページで述べた、ユーロ２０１６におけるポルトガル代表監督、フェルナンド・サントスの采配にしても、1試合見ただけでは浮かび上がってこないのだ。

情報が届いていない。絶対量が足りていないのだ。日本代表監督探しで、ファンは自らの見解を述べにくい状態にあるので、受け身になる。沈黙しがちで、思考停止に陥りやすい。だが、ご覧のとおり、候補者は大袈裟《おおげさ》に言えば、ごまんといる。世界はその話題で溢れているはずなのに、情報を共有することができない。キチンと向き合えないもどかしさを抱えているのだが、日本はそうした自身の姿さえ見えにくい状況に置かれている。

その結果、協会の人選に素直に従わざるを得なくなる。メディアもほぼ同じ状況だ。アギーレ、ハリルホジッチという名前を聞いてから、必死に調べることになるが、やっつけ取材で、ほぼ０の知識を１００のレベルに押し上げることはできない。サッカーは監督で決まると言われるにもかかわらず、だ。

本書の刊行理由はそこにある。代表の監督選びをもっとみんなで楽しみましょう、と言いたい。

例えば、時の代表監督に不満があっても、日本では「辞めろ！」という声は湧いてこない。「では、誰がいいのか。対案がないのに『辞めろ』は無責任だ」と、もっともらしい突っ込みを入れ、ブレーキを踏もうとする人が必ず現れる。僕自身、そういった目に幾度かあったことがあるが、それで話が収束してしまうほどつまらないことはない。候補者は実際にはごまんといるにもかかわらず、監督批判は建設的な意見とは見なされない。

18年ロシアW杯最終予選。日本は初戦の対UAE戦に敗れ、苦戦を強いられている。22年カタールW杯予選では、その傾向はさらに強まると見る。それは、より良い代表監督を求める必要性が高まることを意味する。そこで、従来のように沈黙しないためにも、監督選びにおいて受け身にならないためにも、世界の監督について知識を深めておきたい。そのほうが、いろいろな意味でサッカーと楽しく向き合えるものと確信する。本書という「対案」に、目を凝《こ》らしてほしい。

だが、対案に日本人監督の名前は多く挙がらない。一時、そろそろ日本人にもやらせてみたらと言う声をよく耳にしたが、最近は、とんと聞かれなくなってしまった。日本人監督の誰かがやりたがっているという話も聞かない。

「日本人選手と日本人監督、レベルが高いのはどちら？」の答えを見せられている感じだ。本場でプレイする日本人選手はそこそこいる。もっと増えなければならないが、日本人監督に比べればずいぶんマシだ。こちらはほぼゼロ。言葉の問題もあるだろうが、何より海外志向に欠けている。

選手を指導する監督のレベルが、指導を受ける選手より低い。冒頭の「サッカーの進化」でも述べたが、両者の関係がこれでは、良い選手は生まれない。あるいは生まれにくい。選手の足を監督が引っ張る姿ほど、哀《あわ》れなものはない。

本田、香川、岡崎に匹敵する日本人監督は、いったいいつ誕生するのだろうか。そうした人材が次から次へと誕生しない限り、「日本代表監督は日本人で」は、理屈的に時期尚早となる。

ユーロ２０１６を制したのはポルトガルだった。戦前の下馬評では７番人気。ダークホースが演じた、意外と言えば意外な優勝劇だったが、欧州内におけるポルトガル人監督の活躍度を踏まえると、その優勝に必然を感じる。監督でいま最も勢いを感じるのはポルトガル勢。良い監督が多い国は、サッカーも強い。ポルトガルのポテンシャルは総合的に見て高いのだ。日本がユーロ２０１６から学ぶべき一番の事実だと思う。

２０１６年９月

杉山茂樹

[著者プロフィール]

杉山茂樹 *Shigeki Sugiyama*

1959年静岡県生まれ。

海外取材歴豊富なスポーツライター。スタジアム評論家。

五輪には夏冬合わせて9回、FIFAワールドカップには9回、UEFAチャンピオンズリーグには、
22回の決勝観戦を含む300試合以上の取材歴がある。

著書に、『ドーハ以後』(文藝春秋)、『日本サッカー偏差値52』(実業之日本社)、

『「決定力不足」でもゴールは奪える』(双葉新書)、『バルサ対マンU』(光文社新書)、『3−4−3』(集英社新書)など。

日本初の布陣の教科書として刊行した『4−2−3−1』(光文社新書)は、サッカー本としては異例の10数万部を記録。

ベストセラーとなり、2008年の新書大賞で7位にランクされた。

[著書一覧]

①ドーハ以後 世界のサッカー革新のなかで(1998/5)/文藝春秋(文庫版 2000/10)
②サッカーだけじゃ、つまんない。EURO CITY33(2000/2)/ビクターエンターテインメント
③闘う都市 欧州クラブサッカー戦線記(2001/7)/文藝春秋
④失われた日本代表 欧州発・勝つためのサッカー哲学(2002/5)/廣済堂出版
⑤闘う国家 21世紀サッカー新勢力図(2002/7)/文藝春秋
⑥熱狂 ワールドカップ 2002、夢のような31日間(2002/8・木下健二共著)/実業之日本社
⑦欧州クラブ戦線異状あり! 真の王者決定戦への誘惑(2002/9)/廣済堂出版
⑧ワールドカップが夢だった(2005/12・赤木真二共著)/ダイヤモンド社
⑨サッカー世界基準100 日本人だけが知らないサッカーツウ! の常識(2006/4)/実業之日本社
⑩杉山茂樹の史上最大のサッカーランキング(2007/11)/廣済堂出版
⑪4−2−3−1 サッカーを戦術から理解する(2008/3)/光文社新書
⑫日本サッカー偏差値52 これじゃ番狂わせも起こらない! (2009/3)/実業之日本社・じっぴコンパクト
⑬「決定力不足」でもゴールは奪える(2009/12)/双葉新書
⑭杉山茂樹のワールドサッカー「4−2−3−1」観戦ツアー(2010/2)/河出書房新社
⑮チャンピオンズリーグ決勝 バルサ対マンU「世界最高の一戦」を読み解く(2010/3)/光文社新書
⑯サッカー「見るプロ」になれる! 50問50答 選手、監督、戦術── 〝これだけは知っておきたい〟話(2010/4)/三笠書房・王様文庫
⑰日本サッカー現場検証 あの0トップを読み解く(2010/10)/実業之日本社・じっぴコンパクト
⑱ザックジャパン「頭脳的サッカー」で強豪は倒せる(2011/7)/PHP研究所
⑲3−4−3 究極の攻撃サッカーを目指して(2011/9)/集英社新書
⑳ザックJAPAN 三つの選択 攻撃的サッカーが日本を変える(2011/8)/枻《えい》出版社
㉑「ドーハ以後」ふたたび 世界から見た日本サッカー 20年史(2012/6)/PHP研究所
㉒日本サッカーMF論(2012/10・藤田俊哉共著)/実業之日本社
㉓敗北を恐れぬ監督たち 結果至上主義からの脱出(2013/3)/実業之日本社
㉔脱「スポーツ貧国・ニッポン」・電子版(2013/5)/PHP研究所
㉕日本サッカー向上委員会(2014/2・野口幸司共著)/洋泉社新書
㉖サッカー布陣図鑑(2014/4)/廣済堂出版
㉗「負け」に向き合う勇気(2014/5)/星海社新書
㉘崩壊以後(2014/9)/実業之日本社・じっぴコンパクト
㉙攻撃的サッカー(2015/10)PHP新書

[責任編集・監修本一覧]

①杉山茂樹編 ヨーロッパ・サッカー完全選手名鑑 2000-2001(2001/1)/ザ・マサダ
②杉山茂樹編 欧州サッカー選手名鑑 2002-2003(2003/2)/廣済堂出版
③杉山茂樹編 欧州サッカー選手名鑑 2003-2004(2003/12)/廣済堂出版
④杉山茂樹編 欧州サッカー選手名鑑 2004-2005(2005/2)/廣済堂出版
⑤杉山茂樹編 欧州サッカー選手名鑑 2005-2006(2006/2)/廣済堂出版
⑥欧州サッカー・クラブ&代表カラー選手名鑑 2006-2007(2006/9)/廣済堂出版
⑦サッカー番長0号 ヨイショ記事にはもう飽き飽きだ。(2008/2)/飛鳥新社
⑧サッカー番長杉山茂樹責任編集 オールナイトサッカー(2009/3)/コスミック出版
⑨通も知らない サッカーの鉄板常識(2010/12)/中経出版・中経の文庫
⑩サッカー日本代表「史上最強」のウソ(2013/1)/宝島社

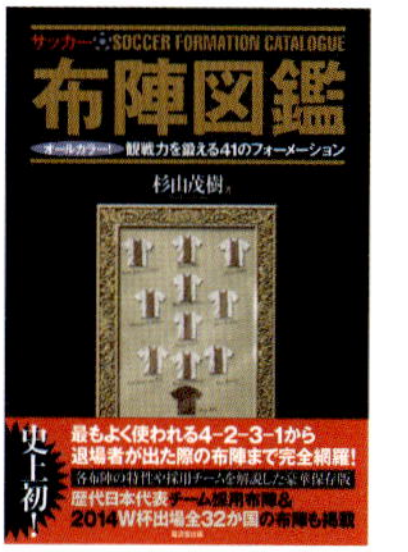

『サッカー 布陣図鑑』
オールカラー!
観戦力を鍛える41のフォーメーション
杉山茂樹 著
最もよく使われる4−2−3−1から退場者が出た際の布陣まで、各布陣の特性や採用チームをわかりやすく解説した豪華保存版! 歴代日本代表チーム採用布陣も収録。 廣済堂出版刊

サッカー監督図鑑
オールカラー! 世界と日本の現役サッカー監督176人のすべて

2016年11月1日　第1版第1刷

著者	杉山茂樹
装丁・本文デザイン	鈴木秀明(ahg)
写真協力	ゲッティイメージズジャパン
DTP	プロスト
編集	中山淳・仲村高廣(有限会社アルマンド)
	矢島規男　松本恵
	岩崎隆宏(廣済堂出版)
発行者	後藤高志
発行所	株式会社 廣済堂出版
	〒104-0061 東京都中央区銀座3-7-6
	電話　編集 03-6703-0964／販売 03-6703-0962
	FAX　販売 03-6703-0963
	振替　00180-0-164137
	URL　http://www.kosaido-pub.co.jp
印刷所・製本所	株式会社 廣済堂

ISBN978-4-331-52065-9 C0075

定価は、カバーに表示してあります。